U0066828

發現地球的故事

房龍的地理書

Van Loon's Geography

亨德里克‧威廉‧房龍　著

李銘輝、趙紹棣、黃其祥　譯

「公共圖書館」叢書序

　　當網際網路的發展愈來愈快，當閱讀已經成為快速消費的行為，現在所看到的書，很快就會被人們遺忘！同樣地，五十年前（或甚至更久以前）人類的智慧結晶也曾經被書本記錄下來，經過時間的淬練，均已成為人類的共同文化財產；這些文化財產，在過去，可能從來沒有被介紹到國內，或者有，但版本已舊陋，不合現代人的閱讀習慣。

　　揚智文化為了要讓國人能夠再次親炙人類歷史發展中的時代心靈，特地穿梭時空千百年、千萬里，延請各領域的「方家」，聚集他們的智慧，在揚智文化的第一個十年、人類的第三個千禧年開始之際，共同打造這座「公共圖書館」。

　　揚智文化的「公共圖書館」提供了一個讓您可以喘息的角落，在這個知識殿堂裡頭，您可以慢條斯理地選擇自己最舒適的姿態，沏一壺好茶、或者啜飲一口左岸咖啡，在閱讀的神遊之中，不斷地與偉大的時代心靈對話，沒有緊迫盯人的的眾聲喧譁，也沒有過多後現代的雜音。

　　閱讀是相當個人的，「公共圖書館」大門永遠為您開！

譯序

　　十年前前往美國參加國際會議，在一偶然的機會購得美國名作家房龍（Hendrik Willem van Loon 1882-1946）所寫的《地球的故事》一書，他以生動簡潔的文筆，自繪插圖，將一位現代世界公民所應具備的知識，尤其是人類在地球表面活動的歷史，以橫跨時空、宗教、黨派與種族的方式，精彩扼要的呈獻在讀者眼前，令人一打開該書，就不忍釋手。

　　房龍出生荷蘭，後入籍美國，畢生從事寫作，曾在美國及德國接受教育，並獲得博士學位，能說英語、法語、德語、西班牙語、義語及荷語等六國語言；一生中出版二十七本膾炙人口的暢銷書，被翻譯成二十餘國語文，包括「人類的故事」、「寬容」、「聖經的故事」、「論藝術」等名著。他不談深奧的理論，而採取一般常識的闡釋方式，使讀者在其妙趣橫生的生花彩筆中得到啟迪，他那迷人雋趣的寫作風格與理念，風靡全球，即使其著作已跨過半個世紀，仍留給後人無限的遐思與啟示，至今仍不斷被各國翻譯與出版。

　　傳統學習地理，通常是由描述地球的形成開始，它包括海陸分布、地形、氣候、高山、湖泊與河流，次外還要研讀各國經濟、社會、人口、種族、文化歷史、城市、交通、礦產等，最後再加上一大串的數據資料，但這些數據經常難以有系統的連貫，所以常會造成讀了某一章，卻也忘了另一

章；但在這本書中，房龍把高山、城市、大海、人類活動等，融會貫通並以地圖加以解說，他告訴我們某個地區的人們，他們從何處遷徙而來？為何住在那裡？他們在那裡做什麼？他把我們關心的事物，寫進本書中，一經他的妙筆，平常我們看來枯燥無味的地理知識，立刻變得栩栩如生，他將人類歷史與活動，融入到地理中，讓我們讀地理如同讀小說一般，既好懂又容易記憶，對國人而言，不論是為了瞭解人類歷史，或是觀光旅遊，或為研究各國之歷史、政治、社會、宗教等，本書絕對是一本基本且必備的工具書。

本書歷經半個世紀，許多的國家與地名，有些已不復存在，但為忠於原著精神，係以當時之制度與事實加以翻譯，例如談及中國大陸時，當時尚未有中華人民共和國，但基本上與中華民國在大陸時的狀況吻合，此外房龍雖然在文中嘲諷種族主義，同情黑人與其它弱小民族，但在字裡行間也流露出白人的優越感，從文章中可以洞悉白人對其它種族的認知與根深蒂固的觀念，如能將其應用在今日與西方國家交往，作為瞭解白種人的思想淵源的橋樑，將有莫大的助益。此外，書中所有的插圖，都取之於原著，皆為房龍親手所繪製，插圖簡潔明瞭，雖部分與現今有些出入，但頗具特色，故仍以原圖製版付梓。

本書係由本人與趙紹棣、黃其祥等三人共同翻譯，最後由本人做統籌校訂與編撰，因才疏學淺，譯文有不當之處，敬請不吝指正，以利再版時修正。

李銘輝謹識

自序

　　十年前，你寫給我一封信，今天，你得到了答覆。你在信中是這樣寫的（我引用信的原文）：「……是的，什麼是地理學？我不再要一種全新的地理學。我需要的是我自己的地理學。這種地理學將有我想知道的內容，省略所有我不想知道的東西。我希望你能為我寫出這樣的地理學。我所在的學校對每一門課程都十分認真。我學習了所有國家的概況以及它們的疆界是如何形成的，學習了不同城市的概況以及各市的人口數，學習了所有高山的名稱以及它們的高度，每年的煤產量。但是，我一學完就全忘了。它們之間沒有聯繫，是雜亂無章、難以融會貫通的往事，就像一個塞滿圖片的博物館，或一個沒完沒了的音樂會。他們對我沒有任何價值。我需要一些事實時，不得不查看地圖或地圖冊，翻閱大百科全書或藍皮書，我想不少人大概也有相似的經歷。我代表所有可憐的受害者，請求你寫本對我們有所幫助的新地理書。在這本地理書裡，把所有的高山、城市、大海統統放進地圖裡，只告訴我們生活在那裡的居民的情況，告訴我們他們為什麼會居住在那裡，他們來自哪裡，他們在幹什麼──把人類關心的類似故事寫進地理學。而且還應突出那些確有趣味的國家，不要把大量的筆墨用於那些僅有一個名稱的國家，只有這樣我們才有可能把它們都記住，否則……」

如同以往一樣，我接到你們的命令就迫不及待地去完成，我轉過身來說：「親愛的，這就是！」

　　房龍的地理學

　　「歷史是地理學的第四維，它賦予地理學時間和意義。」

亨德里克‧威廉‧房龍

（Hendrik W. van Loon）

目錄

「公共圖書館」叢書序	I
譯序	III
自序	V

第一篇　緒論 　　1

我們生活的地球　　3
地球與人類　　11
地球的故事　　15
地圖　　49
四季及其形成　　69
地球的陸塊　　73

第二篇　各洲導論　　83

【亞洲】　　85
亞洲的發現　　87
亞洲對世界的貢獻　　93
亞洲中央高原　　95
亞洲西部高原　　105
阿拉伯　　125
印度　　129

緬甸、泰國、越南、新加坡　　145

中華民國　　151

韓國、蒙古　　171

日本　　177

菲律賓　　193

荷屬東印度公司　　197

【歐洲】　　205

歐洲的發現　　207

希臘　　215

義大利　　229

西班牙　　251

法國　　267

比利時　　285

盧森堡　　293

瑞士　　295

德國　　305

奧地利　　317

丹麥　　323

冰島　　329

斯堪地那維亞半島　　333

荷蘭　　347

英國　　355

蘇格蘭　　373

愛爾蘭　　377

俄國　　　　　　　　　383

波蘭　　　　　　　　　409

捷克斯洛伐克　　　　　413

南斯拉夫　　　　　　　417

保加利亞　　　　　　　421

羅馬尼亞　　　　　　　425

匈牙利　　　　　　　　429

芬蘭　　　　　　　　　433

【美洲】　　　　　　　435

美洲　　　　　　　　　437

【非洲】　　　　　　　479

非洲　　　　　　　　　481

【大洋洲】　　　　　　527

澳大利亞　　　　　　　529

紐西蘭　　　　　　　　541

太平洋群島　　　　　　545

第三篇　結語　　　　　549

新的世界　　　　　　　551

第一篇

緒論

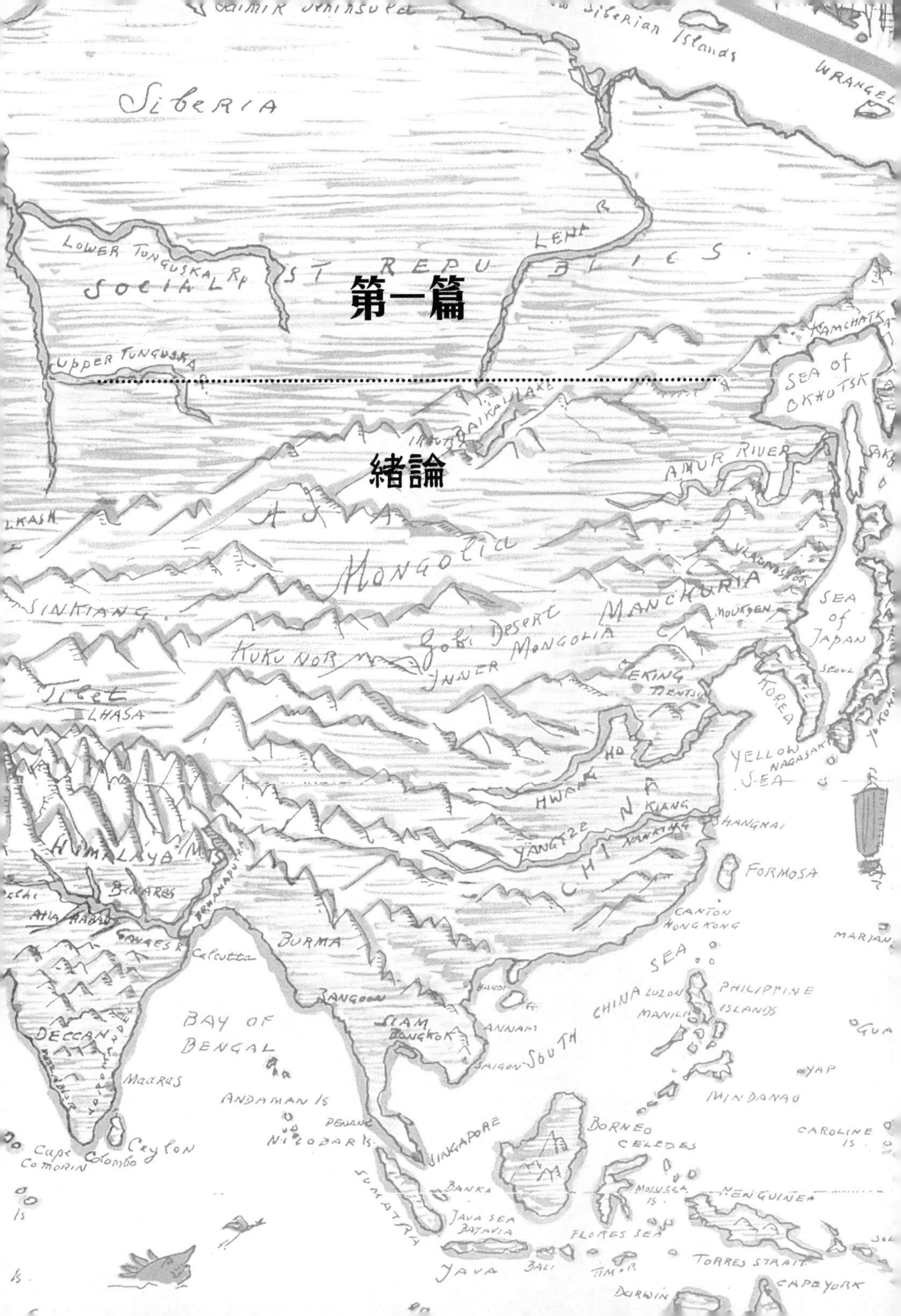
Siberia
Siberian Islands
WRANGEL
LOWER TUNGUSKA
UPPER TUNGUSKA
LENA R.
SOCIALIST REPUBLICS
SEA of OKHOTSK
KAMCHATKA
BAIKAL LAKE
AMUR RIVER
ASIA
Mongolia
SINKIANG
VLADIVOSTOK
MANCHURIA
MOUKDEN
SEA of JAPAN
Gobi Desert
INNER MONGOLIA
KUKU NOR
Tibet
LHASA
PEKING
TIENTSIN
SEOUL
KOREA
YELLOW SEA
NAGASAKI
HWANG HO
CHINA
YANGTZE KIANG
NANKING
SHANGHAI
FORMOSA
HIMALAYA MTS
BRAHMAPUTRA
BENARES
ALLAHABAD
GANGES R
Calcutta
BURMA
CANTON
HONG KONG
SEA
SOUTH CHINA
LUZON
MANILA
PHILIPPINE ISLANDS
RANGOON
HANOI
ANNAM
SIAM
BANGKOK
SAIGON
BAY OF BENGAL
DECCAN
Madras
ANDAMAN Is
PENANG
NICOBAR Is
SINGAPORE
BORNEO
CELEBES
MINDANAO
YAP
CAROLINE Is
Ceylon
Colombo
Cape Comorin
SUMATRA
BANKA
JAVA SEA
BATAVIA
MOLUCCA Is
NEW GUINEA
FLORES SEA
JAVA
BALI
TIMOR
TORRES STRAIT
CAPE YORK
DARWIN

我們生活的地球

　　這是事實，儘管聽起來難以置信。如果我們地球上的每個人都是六英尺高、一點五英尺寬、一英尺厚（這比真實的人要高大些），所有的人都可以擠進一個長寬高各為半英里的大箱子。正如我剛才說的，這有些難以置信。如果你不相信，請自己計算，你會發現我的計算是正確的。

　　我們把這個大箱子送到亞利桑那州的科羅拉多大峽谷，平穩地放置在低矮的石壁上，以免他們面對永恆的力量這個沉默的見證人落雁沉魚般美色時，不知所措而折斷脖頸。然後叫來一條名為小精靈的德國種小獵狗，告訴牠（這個小傢伙非常聰明，喜歡執行命令）用牠棕色的柔軟鼻子輕輕頂一下那個龐然大物。大木箱往下掉的時候，不時地撞擊山石、灌木和樹木，發出長長的轟隆聲和撕裂聲，隨後是低沉甚至可稱之為非常柔和的劈啪聲，突然傳來水的飛濺聲，大木箱砸在科羅拉多河的河岸上。

　　接著是寂靜，忘卻！

　　在死亡箱裡的人類沙丁魚很快就被遺忘了。

　　大峽谷一如既往，繼續同風霜雨雪搏鬥。

　　地球繼續在神秘的太空中按照既定的軌道運行。

　　遠處的天文學家和近處的星球竟不可思議地未發現任何異常現象。

一個世紀之後，被厚厚的植物腐化物覆蓋著的小土丘有可能表明，人類就是被埋葬在這裡。

　　這就是故事的全部。

　　我完全可以想像得到，有些讀者不太喜歡這個故事。看到人類落得如此極端可鄙的下場，他們感到非常難受。

　　然而需要從另外一個角度去看待這個問題—— 這個角度使人類數量的微小和弱小軀體的無助具有深遠意義，也使人類具有發自內心的自豪。

　　我們在這裡僅僅是一些軟弱並且沒有自衛能力的哺乳動物。從第一天破曉開始，我們就被成群結隊的生物包圍著，它們已為生存鬥爭作了更充分的準備：有的體長達百英尺、重如一輛小型的火車頭，有的牙齒鋒利如圓鋸；多數身披像中世紀騎士那樣的盔甲去處理日常瑣事，還有一些是人的肉眼所無法看見的，但是，它們可以以驚人的速度成倍地繁殖，如果沒有以它們那樣成倍繁殖的速度去快速消滅它們的天敵，它們可能用不了一年就占領了整個地球。然而，人類只能在非常優越的環境中生存，只能尋找位於高山與深海之間的小塊陸地棲身。而我們的旅伴們卻胸有大志，從不認為山頂太高，大海太深，它們顯然是由能在任何自然環境中生存的物質製成的。

　　我們從經典名著中瞭解到，有相當多種類的昆蟲能夠在石油（難以想像我們可以把它作為日常飲食的主要成分）中歡快地嬉戲，還有一些可以在溫度懸殊的條件下生存，而這種懸殊的溫度可以在幾分鐘內奪去我們的生命；那些令人討厭的棕色小甲蟲，似乎非常喜歡文學，總是不厭其煩地光顧

我們的書櫥，即使失去兩條腿，甚至三條、四條，仍能繼續它們日復一日的生活歷程。而我們自己呢？如果腳趾僅被扎一下，就會變成傷殘。有時我們會認識到，從我們一出現在這個旋轉的星球上，直至消失在冷漠宇宙的黑暗中，為了同對手競爭，我們不得不堅持下去。

對於我們這些麻木不仁的現代人，人類的經歷是多麼可笑。我們站在一旁，觀看原始人所做的具有進步意義的遊戲：執著地練習，第一次用後腿走路，儘管有些笨拙，卻不依賴於樹枝或手杖。

誰是二億平方英里土地和水面（還不包括遼闊的空氣層）的驕傲和唯一的擁有者？這些擁有者憑藉基於暴力和狡詐的支配權進行著極權統治。

大部分擁有者已經消失了，除非它們以「展品A」或「展品B」的形式在我們的自然歷史博物館裡占有一席之地。還有一些為了能生存到今天，被迫從事家務勞動，而且僅僅為了謀生，還得用它們的皮毛、蛋和兩肋上的肉來取悅我們，或拖拉我們認為自己力不從心的重物。更多的是遷徙於荒郊野地，我們允許它們在那裡吃草，延續種族，因為到現在我們還認為，讓它們離開那裡不值得，沒必要把它們的土地佔為己有。

簡單地說，僅在數千世紀裡（在時間的長河裡只是短暫的一瞬），人類使自己成為每一塊土地無可爭辯的統治者，現在又有可能把大氣和大海歸入自己的版圖。所有這一切竟然都是由數以億計的人來實現的。除了神授理智外，人比其敵人擁有更多的優勢。

在此我有些言過其實。最高形式的理智和獨立思考的能力只為一部分男人和女人掌握，因而他們成為領導人。其它人不管對現實如何憤憤不平也只能跟隨。這個結果怪誕並且阻礙進步，但不管人們如何努力，數千個奮鬥的人中只會出現一個真正的先驅。

我們不知道這條前進的道路會把我們引向何方。但是從過去四千年來已取得的成果來看，我們今後可能獲得的成就不可估量，除非我們被自身奇異的固有的殘忍本性所引誘，偏離了正常的發展道路。我們自身的這種本性會使人們殘酷地對待同類的其它成員，而我們從不敢用類似方式對待一頭牛、一條狗甚至一棵樹。

因此地球及其一切都處於人的支配中。如果還有哪些地方未被控制，他就會利用他機靈的大腦和深謀遠慮，利用他的短槍去占有它。

我們這個家園是美好的家園。它給予我們充足的食物，有豐富的岩石、泥土和森林，我們每一個人都可以利用這些東西建起寬敞的住所。牧場上溫順的羊群，開著綠花的亞麻波浪起伏、一望無垠，還有那勤勞的中國小桑蠶—— 它們都向我們提供了遮體的原料，使人們的身體免受冬季的寒冷和夏季的曝曬。我們這個家園是美好的家園。它給予我們的如此之多，每個男人、女人以及兒童在未來的歲月裡只需稍作投入就可分享其成。

大自然有其自身的規律。這些規律是公正的，卻是無情的。在此不存在上訴法院。

大自然施惠於我們，而且從不吝嗇，它要求我們學習它

的規則，服從它的意旨作為回報。

在一塊只能放五十頭牛的牧場上放養了一百頭牛，就會導致災難── 這是每一個農民都非常熟悉的小常識。在只能居住十萬人的地方集中了一百萬人，就會造成擁擠、貧困和無為的痛苦。這一事實顯然被那些期望支配我們命運的人忽略了。

然而，那不是我們所犯的許許多多錯誤中最嚴重的。我們還在其它方面傷害了我們寬宏大量的大地之母。在現存的生物群體中，只有人敵視同類。狗不會吃狗，虎不會吃虎，甚至令人厭惡的鬣狗也能與同種的伙伴和平相處。但是人恨人，人殺人。在當今世界，做好準備，防止來自鄰國的殺戮，是每個國家的頭等大事。

這是公然違背要求同種成員之間和平友好相處的創世大法典第一款的行為，這種行為會把我們引入種族滅絕的絕境。因為我們的敵人一直處於戒備狀態。如果人類（這個稱謂太阿諛奉承了，它是由玩世不恭的科學家賦予我們種族的，以表示我們的智力要優於動物界其它成員）不能或不願表明自己是所獲得的一切的主人，數以千計的候選人就會覬覦這個職位。一個由貓、狗、大象或一些組織嚴密的昆蟲（它們是多麼看重它們的機遇！）控制的世界，似乎會比擁有大量軍艦和加農炮的星球具有更明顯的優勢。

答案在哪裡？擺脫這種可悲可恥的事態的出路在哪裡？

這本小冊子冒昧地試圖尋找一條唯一的途徑，以走出充滿悲哀和災難的死胡同。由於先人的愚昧無知，我們在這條死胡同裡迷失了方向。

我們需要時間，需要接受數百年乏味而痛苦的教育，才能使我們尋找一條自我解救的出路。這條出路會使我們意識到我們大家都是同一個星球上的伙伴。一旦我們掌握了這個絕對真理，一旦我們了解和領會了這樣一個事實：不管怎樣，它是我們共同的家園——我們不知道還有其它可供居住的地方——我們絕不會離開我們誕生的那個地方，因而我們應該彬彬有禮，就好比我們是在駛往不明目地的火車或輪船上，這樣，我們就會邁出解決這個可怕問題的第一步，也是最重要的一步。這個可怕問題是我們面臨的所有困難的根源。

　　我們都是同一星球上的伙伴，一人的禍福就是我們大家的禍福！

　　叫我夢想家！叫我傻瓜吧！或者就叫我空想家！讓警察或救護車把我送到一個地方去，使我再也不能傳播這種不受歡迎的異端邪說。記下我的話，並在遭遇不幸的時候——人類將被要求收拾起小玩物，把幸福的鑰匙交給更稱職的後繼者——回想起我的話。

　　生存下去的唯一希望就在下面這段話裡：

　　　　我們大家都是同一個星球上的伙伴，為了我們賴以生存的世界的福祉，我們大家都要共同承擔責任。

地球與人類

我們在旅行前總是或多或少的想知道去哪裡以及如何去。讀者打開一本書,應該看到一小段類似的訊息。

我桌子上正好有本《簡明牛津辭典》(*Concise Oxford Dictionary*),這本1912年版的辭典可以像其它辭書那樣做出很好的解釋。我要查找的詞在344頁的下面:

> 「地理學:研究地球表層、形態、自然特徵、自然和政治區域、氣候、物產和人口的科學。」

我不期望我能解釋得更好,但我會突出某些內容,簡化其它一些方面,因為我打算把人放在舞台的正中。我的這本書不僅僅討論地球的表層及其自然特徵、政治和自然區域。我寧願把它稱之為一本研究人的書,研究人如何為自己和家人尋找食物、住所和娛樂,如何嘗試找到既能適合自己的背景,又可改變自己的自然環境的方法,以便獲得與其自身有限的力量相稱的舒適、強健和幸福。

上帝有一些非常奇怪的忠實信徒,這種說法很對。確實,我們會發現,在我們的星球上有一些古怪的非同尋常的同伴。只要你跟他們一接觸,他們中的大多數人就會流露出非常令人反感的個人習慣,在我們的孩子身上絕不會出現這樣的性格。但二十億人,即使在蓋棺論定時他們還不是十全

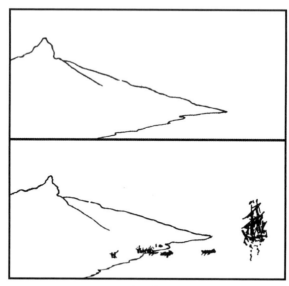

人類的接觸

十美的人，這仍是非常可觀的數字。這麼多的人，當然會出現各種各樣的具有經濟、社會和文化性質的試驗。對我來說，這些試驗應該首先得到關注。一座大山，在人眼看到或被人踩踏之前，其山坡和山谷被一代代飢餓的定居者占有、清理和開墾之前，終究只是一座山。

大西洋在十三世紀初的前後，是一樣的寬闊，一樣的深淺，一樣的濕潤，一樣的鹹淡。但人類利用它形成了今天的狀況──一座連接新舊世界的橋梁，一條連接東西貿易的大道。

數千年來一望無垠的俄羅斯平原等著向所有不怕艱辛播下第一次種子的人奉獻豐富的食糧。但是，如果由德意志人或法蘭西人，而不是斯拉夫人，使用帶有鐵製尖頭的工具開

墾出第一片農田，俄羅斯的面貌就今非昔比了。

日本諸島不論是由土著日本人居住還是由現已絕種的塔斯馬尼亞人的後裔居住，都會持續不斷的發生動盪。如果是後一種情況，塔斯馬尼亞人根本無力養活六千萬人。如果英倫各島被那不勒斯人或柏柏爾人蹂躪，而不是被來自北歐的永不滿足的鬥士征服，它們永遠不可能成為一個帝國的中心，這個帝國的面積是它母國的一百五十倍，人口占全球總人口的1／6。

總之，我更注意地理學中純粹的「人類」的問題，而不是被認為對大地生產一直具有極其重要意義的商業問題。

經驗告訴我，無論你如何強化諸如此類主題——進出口、煤產量、石油儲藏量和銀行存款額——的說服力，你都難以提供給讀者一些他短時間就能記住的東西。一旦他需要這些數字，他不得不再次查詢，並借助許多相互矛盾（有時是自我矛盾）的商業統計手冊來證實這些數字。

人類最先在當地的地理學中出現。

接著是當地的自然環境和背景。

只要篇幅允許，其它內容我們也要介紹。

地球的故事 它的特點、風俗和習慣

　　　　我們先從一個古老而可信的定義說起，這個定
　　義說：「地球是宇宙空間中一個小型黑色的物體。」

橢圓形的地球

　　地球不是「圓體」，也不是球形，而是「橢圓體」。這就
是說它相似於圓體，是兩極稍扁的球形。所謂「兩極」，你
用一根毛線針穿過蘋果或桔子的正中，直立著拿住，就可以
發現它們。毛線針從蘋果或桔子穿出來的地方，就是兩極的
所在位置，一個在深海的正中（北極），另一個在崇山峻嶺
的高原之上。

　　根據橢圓體的定義，極地是扁平的，因為地球兩極之間
的中心線（經線）只比赤道線上的直徑（緯線）短1／300。
換個說法，如果你驕傲地擁有一個直徑為三英尺的地球儀
（在商店裡買不到這麼大的地球儀，只能到博物館裡才能看
到），它的軸線只比赤道的直徑短1／8英寸。除非做工極其
精確，否則此一差距難以在地球儀上反應出來。

　　不管怎麼說，這個事實對那些想到極地去探險的人和對
那些想在更高層次從事地理學研究的人來說是極有意義的。
但是對本書來說，我前面所講的內容就足夠了。你的物理學
教授的實驗室內可能會有這種小裝置，它們可以向你展示，

只要一個小物體圍繞它的軸心旋轉，其兩極就不會不由自主地變平。請你的教授表演給你看，這樣你就不用跑到極地去看個究竟了。

我們都知道，地球是一顆行星。行星（Planet）這個名詞是我們從希臘人那裡繼承過來的，他們觀察到（或認為觀察到），一部分星星永遠在天空中運動，其它的則靜止不動，因而把前者稱之為「行星」或「流浪星」，把後者稱之為「恆星」。當時沒有望遠鏡，他們不可能跟著這些「恆星」遨遊。至於「星」這個詞，我們不知道它的出處，但可能與梵語中轉變為動詞「撒」的詞根有關聯。如果這是正確的，星星就是「撒」向天空的小火花，這個形容非常美好貼切。

地球圍繞太陽運轉，向太陽索取光與熱。太陽相當於七百個地球那樣大，表面溫度將近攝氏六千度，持之以恆地提供地球光和熱，只是舉手之勞。因此，地球不必為向太陽借用了光與熱而感到歉意。

在古代，人們相信，地球處於宇宙的中心，是一小塊平坦的圓形陸地，四周完全被海水包圍，而且懸浮於空氣中，就像穆罕默德的棺木或從孩子手中脫逃的氣球。一些很有悟性的希臘天文學家和數學家（第一批不經神父同意就敢於自我思考的人）非常明確地認定，這個理論有誤，而經過數百年艱苦執著的思慮，他們得出結論，認為地球不是平坦的，而是圓形的；既不是靜靜的懸浮於空氣中，也不是處於宇宙的正中心，而是在太空中飄浮，並以相當快的速度圍繞著一個叫太陽的物體飛行。

古人同時提出，其它一些閃閃發光、被稱之為「恆星」

的小天體，看起來好像是在一個共同的環境中圍繞著我們運轉，其實是我們的伙伴星球，是同一個太陽之母的孩子。它們服從於類似規範我們日常行為的那種準則——例如在一定的時間裡起床和睡覺，被迫遵循在我們誕生之時就有的行為模式，如果偏離它，可能會立即遭難。

在羅馬帝國最後二百年裡，那部分有理性的人接受了這個假說，而且這個假說又如此令人信服，以致不再成為辯論的主題。但是，第四世紀剛開始不久，教會主宰了一切，再三強調這種思想，尤其地球是圓的學說，變得毫無棲身之地。首先，最早屈服於基督教的，是那些較少接觸新知識的社會人士；其次，他們堅信，地球的末日就要來臨，耶穌將要回到他受難的故土來辨別善惡，而且一定會在萬眾矚目中凱旋而歸。從他們的觀點來看，他們的推斷是非常正確的。如果事實（他們絲毫不懷疑）果真如此，地球必然是平坦的，否則，耶穌就要出現兩次：一次為了西半球的人，另一次為了東半球的人。當然，這個過程是荒謬、不嚴肅的，所以完全不可信。

近一千年來，教會反覆強調，地球是平坦的盤狀體，是宇宙的中心。在知識界、一些寺院科學家中以及一些發展迅速的城市裡的天文學家，皆認為地球是圓的這種未曾被棄置一旁的古希臘思想。相信這種思想的人不敢公開談論它，只能作為秘密留藏在自己的心裡。因為他們知道，公開的討論只會擾亂老百姓們的安寧生活，絕不會對解決問題有任何幫助。

從那時起，教會人士，逐漸接受了我們居住的星球是圓

只有圓形物才有圓形背景

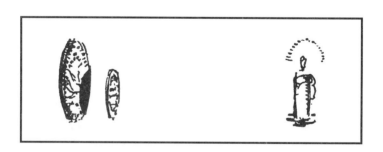

月蝕

我們穿過宇宙的速度要比飛行得最快的砲彈快多了

形的思想。到了十五世紀末,贊同這種古希臘思想的人已占絕對優勢,再也不可能被壓制。這種思想過去和現在都是以下述之觀察為基礎:

首先,我們都有這樣的經歷,從遠處走向一座大山或在海邊看到一艘船,我們先看到的是山頂或船帆的頂部,靠近後才可看到其它部分。

其次,不管在什麼地方,我們四周的景物似乎形成一個圓圈。因此我們的眼睛在觀察時必須平行地從陸地或大海的一個景物移向另一個景物。如果我們乘坐氣球或站在高塔的頂部,我們會發現離開地面愈遠,圓圈就愈大。如果地球是蛋形的,我們就會發現我們處於一個大橢圓形的中心;如果地球是方形或是三角形,地平線也會是方形或三角形。

第三,當月偏蝕出現時,反映在月球上的地球陰影是圓形的,只有圓球物才會形成圓形陰影。

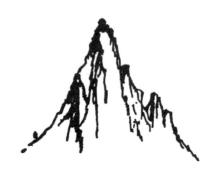

那幾個小斑點—這就是我們所瞭解的宇宙

第四，其它行星和恆星都是圓形，為什麼我們的地球在億萬星球中就會成為絕無僅有的例外？

第五，麥哲倫的船隊一直向西航行，他們最終回到了出發地。庫克船長也有同樣的經歷，他的船隊由西向東行駛，此次探險的倖存者也回到了出發時的港口。最後，我們如果向著極點朝北行走，一些熟悉的星座（古希臘人的黃道十二宮星座）就會愈來愈低，直至落入地平線；當我們返回後愈靠近赤道，它們又升了起來，而且愈升愈高。

地球與宇宙

我相信我已提出了充足的證據來證明，我們居住的星球肯定是圓的。你如果認為這些證據還不足以使你信服，就去請教一位可靠的物理學教授。他由高塔擲出了一塊石頭，這塊石頭一定會下落至地面，並根據地心引力原理重複這種小把戲。地心引力原理毫無疑問可以證明地球必然是個圓體。如果他使用非常淺顯的語言，講得也不很快，你就會理解他

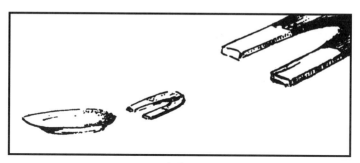

潮汐

所講的東西，但唯一的條件是，你應該比我掌握更多的數學
和物理知識。

我可以在這裡引用大量對你沒有絲毫用處的專業性數字
資料。以光為例，光以每秒18.6萬英里的速度傳播，你彈指
一次，光就要繞地球七圈。光從最近的一顆恆星（叫比鄰星）
上以每秒18.6萬英里的速度照射過來，需要四年四個月才能
被我們的眼睛看見。太陽光只有八秒鐘就可照射到我們，木
星需要三分鐘，而在航海方面具有極其重要作用的北極星，
需要用四十光年的時間才能讓我們看到它的一縷光芒。如果
要我們去「想像」一段距離或一光年這個概念，即光在一年
裡運行的距離，或者365×24×60×60×186,000英里，這個
數字如此之大，按常理來說我們只好說「是」，我想我們大
多數人都會如墜五里霧中，因此只好走開去逗貓玩，或去聽
聽收音機。

若以大家熟悉的火車為例 ：

一列普通旅客列車晝夜不停地運行，需要走二百六十多
天才能到達月球。倘若現在就出發，要到公元2232年才能抵

空氣層

達太陽。而到海王星的附近，需要八千三百年。如果與去最近的恆星的旅程相比，上面所說的只能稱之為兒童遊戲罷了。前往最近的恆星要走七萬五千萬年。至於到北極星，火車要行駛七億年。七億年是一段很長很長的時間。如果把人的平均壽命算作七十歲（估計得非常高），需要一千萬代人的生死更替之後火車才會抵達目的地。

太陽與月球

我們現在只談論宇宙可見的部分。現有望遠鏡的品質要遠遠優於伽利略時期天文學家觀察天空時所使用的可笑裝置。他們利用這些裝置很意外地獲得了重要的發現。今日我們對鏡片做了重大的改良後，才使觀察有了突破。因此，我們談論宇宙時，實際上是指「宇宙的一小部分，這部分是可見的，可以被我們直接觀察到或被靈敏的光學鏡片觀察到。至今光學鏡片已替代了人們的肉眼 」。至於宇宙的其它部分，即靜止、不可見的部分，我們仍對它一無所知，更惶論

他們像許多毯子，使我們保持溫暖

去猜測。數以百萬計的各種星球，包括恆星和其它星體，是離我們較近的鄰居，其中只有兩顆星以非常直接而顯著的方式影響著我們的生存，它們就是太陽和月亮。太陽每隔二十四小時向地球提供熱和光。月亮離我們太近了，可以影響海洋的變化，產生奇特的水流現象，我們稱之為「潮汐」。

月亮確實離我們太近了。雖然它比太陽小多了（如果我們把熟悉的直徑為三英尺的超大型地球儀比作太陽，地球就像一粒青豆，月亮就只有針尖那麼大），月亮對地球表面的「引力」要大於太陽。

如果地球完全是由固體物質構成的，月亮的引力就覺察不出來。但是地球表面的3／4是水，這些水會追隨著繞地球運行的月亮，就好比你拿著玩具磁鐵在桌上移動，放在紙上的鐵屑也跟著移動。整日整夜，一片遼闊的水域，足有數百英里寬，尾隨著月光流動。它進入海灣、港灣或河口時就會加強，形成二十或三、四十英尺高的潮汐。在這樣的水域裡航行，是一項非常艱難的工作。當太陽和月亮恰巧在地球的

Rain
雨

同一邊，引力當然要比只有月亮時強大得多，這時我們會看到所謂的「大潮」。在世界的許多地方，一次大潮就如同一次小水災。

　　地球完全被一層氮氧混合物所包圍，我們稱之為大氣層或「空氣」。大氣層估計約有三百英里厚，團團包裹著地球，如同橘子皮包裹它的果肉，具有保護作用。僅一年多以前，一個瑞士教授乘坐一個特別設計的熱氣球，升空十英里，到達了人從未去過的那部分大氣層。這可說功績卓著，但還有二百九十英里的大氣有待探索。

地球上的風雨

　　大氣層，以及地球的表層和大海，是一所實驗室，各種各樣的天氣、風、暴雨、暴風雪以及乾旱，都可在裡面產

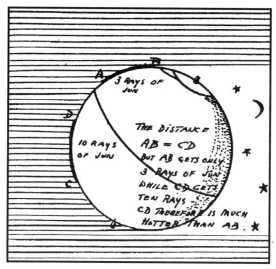

加熱地球的太陽光

生。因為這些天氣時時刻刻影響著我們的幸福與福利，我們不得不進行較詳細的討論。影響氣候變化（難以按我們的願望變化）的三個條件，是土壤的溫度、暴風和空氣的濕度。「氣候」原意是指「地表的傾斜度」。因為希臘人注意到，地球的表面愈靠近極點愈「傾斜」，他們所到之處的溫度和濕度也有變化，這樣，「氣候」就用來指某一特定地區的氣象狀況，而不再表示它原有的含意。

現在，我們說一個國家的「氣候」，是指一年裡不同時期所盛行的平均天氣狀況。

首先談奇特的「風」，它對人類的文明具有重要地位。如果沒有熱帶海洋盛行的「信風」，美洲大陸有可能要到蒸汽船出現後才能被發現。如果沒有濕潤的微風，加州和地中

海沿岸國家絕不會有現在的繁榮，風使他們與北部和東部的
鄰居拉開了距離。其它如隨風飛舞的微小石粒和沙子，它們
就像一張巨大的無形砂紙，幾百萬年以後，可以把地面上最
雄偉的山脈磨平。「風」這個字的象形表示「迂迴前進」的
事物。因此，風是一股從一地「迂迴前進」到另一地的氣
流。為什麼氣流會從一地迂迴前進到另一地呢？因為某地空
氣通常比其它地區的空氣熱而輕，因此它會有上升的現象。
這種情況一旦發生，便會形成一個真空帶，此時較重的冷空
氣就湧入此真空帶，正如二千年前希臘人所發現的那樣：
「大自然厭惡真空」，空氣與水同人類一樣，都仇恨真空。

我們都知道如何在房間裡製造熱空氣——採用簡單的燒
火辦法。在行星中，太陽是火爐，其它則是被加熱的房間。
最熱的地方當然是離火爐最近（沿赤道地區）的地方，得到
熱量最少的地方是離火爐最遠（北極和南極的周圍）的地
方。

火爐使空氣劇烈動盪形成循環運動。熱空氣升向頂部，
它一旦升至那裡，就遠離了原先的熱源，結果就會冷卻下
來。冷卻的過程使它變重並向地面下降。下降之後，它再次
靠近了火爐，再次變熱變輕，重新向上升去。如此反覆，直
至火爐熄滅。但是房間的牆壁在火爐燃燒的時候吸收了大量
的熱量，可以保持房間的溫度，保溫時間的長短，取決於牆
體的材料。

這些牆可以比作我們賴以生存的土地。沙子和石塊若與
積滿雨水的沼澤地相比，沙石吸熱快，散熱也快。結果，只
要太陽一下山，沙漠就快速冷得讓人難受，而森林直到深夜

暴雨是地區性的

時仍讓人感到溫暖和舒適。水是名副其實的熱量儲存體，因此，近海和沿海國家的氣溫要比內陸的氣溫均衡得多。

　　我們的火──太陽，燃燒了很長時間，而且夏天比冬天燒得更旺，因此夏天要比冬天熱。但是還有一些其它因素影響太陽的作用。如果你在嚴冬把一個小型電熱器放在浴室裡加熱，以減輕洗澡時的寒顫，你就會發現，電熱器擺放的角度會使浴室溫度產生變化。太陽也同樣如此。赤道地區的太陽光要比極地周圍的太陽光更直接地照射到地面。因此，一百英里寬的太陽光可以均衡地照射在一百英里寬的非洲森林上或南美洲的荒漠上，並且可以把全部熱量釋放在這塊土地上，而不會釋放到其它地方。但是，在極地周圍，一百英里寬的太陽光照射到的地面或冰面面積要擴大一倍（插圖要比數千字的解釋更容易讓你理解），這一百英里寬的太陽光的熱能也因此正好下降一半，這就好比將一個房間的空間擴大一倍，則供熱就力不從心，達不到舒適的溫度了。

宇宙

地殼就像海綿那樣有許多空洞

　　我們這個天體火爐，工作起來更為複雜，因為太陽還必須使我們周圍的空氣保持恆溫。但它不能直接做到這一點，必須透過地球間接完成。

　　太陽光照射到我們地球上時要穿過大氣層，因穿過得太容易、太迅速，對這塊忠實的地球大毛毯的溫度幾乎不產生影響。太陽光照到地面，地面儲存熱量，並緩慢地向大氣層釋放部分熱量。這個事實，順便插一句，解釋了山頂為什麼這麼冷？我們上升得愈高，所感覺到的地面熱量就愈少。如果（像以往那樣想像）太陽直接加熱大氣層，大氣層再加熱地面，情況就會大不一樣，我們的山頂就不會被白雪覆蓋了。

　　現在我們要涉及問題的最困難部分。空氣不是我們所理

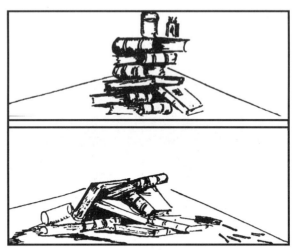

為什麼自己不製造一次地震

解的那種「空氣」。它有物質，有重量。下層空氣承受的壓力要高於上層空氣。如果你想把一片樹葉或一片花瓣夾在書中壓平，你就會在這本書上再放上二十本書，因為你知道，最底下這本書得到的壓力最大。我們人類所承受的壓力要遠遠超出大多數人的猜測：

每平方英寸十五磅。這表示，要不是存在著這種幸運的環境——我們身體內外都有相同的空氣，我們就有可能被壓扁。即使如此，三萬磅（中等個子的人承受的壓力）是個了不起的重量。如果對這個主題有疑問，你就去試試，看能否舉起一輛小型卡車。

然而，在大氣層內，壓力不斷地變化著。我們是透過伽利略（Galileo）的學生托里契利（Evangelista Torricelli）的發明來瞭解的。在十七世紀，托里契利發明了氣壓表這種舉

山的隆起與下沈

世聞名的儀器。無論在白天還是在黑夜，我們隨時可以利用
這個儀器測量出空氣的壓力。

托里契利的氣壓表一投入市場，人們就用它來進行試
驗。他們發現，每上升九百海拔英尺，氣壓就下降一英寸。
隨後又有了新的發現，對氣象學做出長遠的貢獻。氣象學研
究大氣現象，是一門預測天氣可信賴的科學。

一部分物理學家和地理學家開始懷疑，空氣壓力與盛行

美洲的冰川

風之間是否有確切的聯繫。為了確立控制氣流運動的的規律，首先有必要花費數百年的時間去蒐集資料，再根據這些資料得出一些明確的結論。由實證發現，在世界上有部分地區的氣壓要比海平面平均氣壓低得多。因此前述地區稱之為高壓區，後述地區稱之為低壓區。此外尚發現，風總是從高壓區吹向低壓區；風的速度與強度取決於高壓區的高壓度和低壓區的低壓度。如果高壓區的壓力很大，而低壓區的壓力很小，這時我們就會看到非常強烈的風、風暴、旋風或颶風。

　　風不僅使我們的居室──地球保持良好的通風換氣，而且還對雨量的分布有重要的影響。沒有雨，植物和動物根本不可能正常生長。

歐洲的冰川

　　雨只不過是一種水的蒸發，它來自海洋、來自內陸海、來自內地的雪原，以蒸氣的形式被空氣攜帶著。熱空氣要比冷空氣攜帶更多的蒸氣，因此空氣變冷前很容易攜帶水蒸氣。但當一部分水蒸氣凝聚起來後，會以雨、雹或雪的形式降落於地球表面。一個地區的降雨量幾乎完全是由該地區的風向決定的。如果受地形影響，沿海地區與內陸被高山隔開（這種現象很普遍），沿海地區會較濕潤，內陸變得乾燥，其原因是風被迫向上升（壓力小了），離海平面愈高就變得愈冷，並使水蒸氣以雨、雪的形式分離出去。風越過高山到達山的另一邊後，就成了沒有一點水氣的乾燥風——「焚風」，因此背風面變得非常乾燥。

　　熱帶地區的降雨穩定而充沛，因為地面上的巨大熱量使

空氣升向高空，空氣在高空降溫後，被迫釋放掉水蒸氣，水蒸氣就變成大雨返回到地面。但太陽不是永遠固定在赤道之上，它稍稍向南北兩側移動，因此，赤道附近的大部分地區都有四個季節，其中兩個季節暴雨連連，還有兩個季節乾旱不斷。

有些地區常年盛行由寒冷地區吹向溫暖地區的氣流，因為從寒冷地區吹向溫暖地區的風，吸收水蒸氣的能力逐步增強，不可能釋放所攜帶的水蒸氣，使地球上的許多地方十年中難得下一、二場雨，因而成為了沙漠。

關於風和雨的一般原理就介紹到這裡。在講述各國情況時還將作詳細的討論。

地球的地殼

現在簡單介紹一下地球本身，以及我們生活於其上，由堅硬的岩石形成的地殼。

關於地球內部真實情況的論述已有不少，但我們還遠遠沒有達到對它有確切認識的程度。

我們應該謙虛些。我們去過多高的高空？去過多深的地球內部？

在一個直徑為三英尺的地球儀上，世界上最高的山峰珠穆朗瑪峰（聖母峰）只有一張薄紙那麼高；菲律賓群島以東的最深的海溝只以一個大小如郵票狀的凹痕來表示。我們從未下過海底，也從未上過珠穆朗瑪峰（Everest Mts.）。我們曾乘坐氣球和飛行器到達過稍稍比巨大的喜馬拉雅山峰（Himalayan Mts.）高一點的地方。一切都說了，也都做了，

如果把最高的山放入海洋的最深處

即使是瑞士教授皮卡德進行了成功的飛行之後，仍還有29／30的大氣層有待探索。至於水，我們從未下沉到超過太平洋總深度1／40的地方。順便插一句，海的最深處要遠遠超過最高的山峰。我們為什麼不該知道這些情況呢？如果我們把各洲最高的山沉入大海最深處，珠穆朗瑪峰和阿空加瓜山（Aconcagua Mts.）的峰頂仍然比海平面低幾千英尺。根據我們現有的知識，這些令人費解的事實，根本證實不了地殼的起源和隨後的發展。我們不能夠（我們的祖輩們卻天真地

希望）求助於火山來獲得地球內部的真實情況，因為我們逐步認識到，火山不是充滿於地球內部的熾熱物質的出口。儘管比喻不太確切，我還是把它們比作地球表皮的癤子，癤子令人痛苦，但完全是病人身體局部的病痛，絕不會深入到深層部位。

現在大概有三百二十座活火山。還有四百座火山曾經列入活火山名單中，現在都已退出，加入了普通高山的行列。

許多火山坐落在離海岸線不遠之處。全球地殼最不穩定的地方是島嶼，如日本（那裡的地震儀顯示，火山的小噴發每天有四次，一年一千四百四十七次），馬提尼克島（Martinique Island）和喀拉喀托島（Krakatoa Island）也是如此，都是近代火山噴發最慘重的受害者。鑑於海洋和火山有密切的關聯，早期人們這樣解釋火山噴發：海水滲入地球內部，引發了「巨型鍋爐」的爆炸，熔岩、蒸氣和其它東西噴湧而出，造成駭人聽聞的災難。後來我們發現，幾座噴發頻繁的活火山距離海洋幾百英里遠，因此上述理論變得毫無價值。讓我們現在就預測今後兩百年的火山噴發情況，我們都只能搖搖頭，並重複說：「我們不知道。」

同時，什麼是地表本身呢？我們常常會很隨意談論岩石的歷史，認為它們永遠不會隨時間流逝而變化。現代科學不那麼有信心，把所有的岩石都看做有生命力的東西，因此容易不斷的發生變化。雨水沖刷地表，大風吹刮它，雨淋和風吹，可以讓高山每一年降低三英寸。如果沒有造陸運動之陸地上升抵銷侵蝕的反作用，所有的大山早就消失了，即使是喜馬拉雅山也早在1.16億年前就變成了一塊廣闊的平原。同

時反作用確實存在，並有許多證據存在。

　　為了對我們周圍所發生的一切，有一些概括的瞭解，我們可以做個實驗：拿半打乾淨的手帕，一塊一塊平整地疊放在一起，然後用手從兩邊同時慢慢地向中間推，你就會發現，它們變成了奇怪的起伏不平的布堆，有的鼓起來、有的凹下去、有的折疊，有的平展。這一奇怪的起伏不平的布堆與地殼極其相似。地殼是一個在宇宙中飛行並不斷散失熱量的龐大組織之一小部分。它與其它物質冷卻時的情況一樣，它會緩慢收縮。你可能知道，物體收縮時，其表面會出現奇怪的皺褶，就像前述被推在一起的那堆手帕。

地球的山脈

　　目前，最準確的猜測（請記住僅僅是猜測）告訴我們，從地球成為一個獨立的星球以來，其直徑已經收縮了三十英里。把三十英里看作一條直線，並不顯得有多長。但是請記住，我們面對的是一個巨大的曲面，地表的面積是1,9695億平方英里。其直徑突然發生變化，哪怕只有幾碼，就足以造成大災難，沒有一個人能倖存。

　　因此，大自然總是非常緩慢地創造驚世之作。它無論做什麼，一定要考慮保持適當的平衡。如果要讓某個大海乾涸〔死海（Salt Lake）正在迅速縮小，瑞士的康斯坦茨湖（Constance）十萬年後也將消失〕，就會在另外某個地方造就一個；如果允許某座山脈消失（歐洲中部的阿爾卑斯山脈（The Alps）六千萬年後將變得如同大草原那樣平坦），就會在其它地方對某部分地殼進行緩慢的重新塑造，使之隆起，

幾百萬年前的大陸與現在有很大的差別

成為一座新生的山脈。不管怎樣，我們相信這一切都是事實，但是，這一過程一般說來是極其緩慢漸進的，不可能讓我們對這種變化進行任何具體的觀察。

　　但是也有例外。大自然本身是個慢性子，但是在人的幫助、縱容下，有時會變成令人討厭的頑皮鬼。自從人真正進入文明階段並發明蒸汽機和炸藥之後，地表被迅速改變，以至於我們的老祖宗無法認出他們的牧場和花園。要是能起死回生，他們真該回來同我們聚一聚。我們對木材的貪婪，無情地濫砍濫伐，使得山脈的地毯——森林和灌木，已在許多地區轉變成了原始的荒漠。森林一旦消失，長期牢固地覆蓋於山坡岩石上的肥沃泥土，就會被殘酷地沖刷掉。光禿禿的山坡對附近的地區構成了危險。雨水不再被草皮樹根截留，而是形成急流或大水，滾滾黃流沖向山谷和平原，摧毀沿路

上的一切地形與地物，這種不幸已非危言聳聽。我們不必回憶冰河時期的情況，那時，不知是什麼原因，整個北歐和北美都被厚厚的冰雪覆蓋著，危險的冰雪溝壑峭壁遍布所有山脈。我們只須回顧羅馬帝國時代，那時候的羅馬人都是第一流的開拓者（他們難道不是古代的「現實主義者」嗎？）。義大利原本是一個生態平衡、氣溫宜人的國家，可是在不到五個世紀的時間裡，因盲目地破壞一切，徹底改變了這個半島的氣候。西班牙人在南美洲山區，把勤勞的印第安人世世代代開墾出來的肥沃梯田破壞殆盡。

當然，要剝奪土著居民的生計，使他們成為臣民，採用飢餓手段是一種最簡單的方法──正如我們的政府所做的那樣，為了把強悍的鬥士變為骯髒懶散的保護地居民，殺絕水牛是最有效的手段。這些殘忍愚蠢的措施是把雙刃刀，本身就伴隨著報應，瞭解我們大平原情況的人都可看到這種報應，安地斯山（Andes Mts.）也會向你訴說。

幸運的是，這只是自然地理學面臨的問題之一，而現在，應用地理學的重要性終於為那些掌握權力的人所認識。今天，沒有哪一個政府會容忍肆無忌憚地破壞造福大家的土地。我們無力控制地殼發生的自然變化，但是，在一定程度上能夠控制大量的細微變化，如改變某一地區降雨量的大小和防止肥沃土地變為荒漠。我們對地球的內部還不甚瞭解，但對它的外部至少可以說瞭解甚多。我們每一天都會獲得新的認識，並明智地運用這些實用的知識去造福大眾。

我遺憾地說，我們還不能控制地球表面的大部分──我們把這部分稱作大洋、大海。幾乎3／4的地球表面是不適合

人類居住的，因為這些地方被水覆蓋了，水淺的地方只有幾英尺（靠近岸邊），深的地方，如菲律賓東部著名的「深洞」，約有3.5萬英尺。

這層水可以粗略地分為三部分。最重要的部分是太平洋（The Pacific Ocean），面積為六千八百五十萬平方英里。大西洋（Atlantic Ocean）面積是四千一百萬平方英里，印度洋（Indian Ocean）是二千九百萬平方英里。湖泊與河流的總面積是一百萬平方英里。所有這些水下土地，過去是，現在仍是，將來也還是我們無法居住的地方，除非我們重新長出鰓來，就像我們幾百萬年前的祖先那樣，我們現在出生時還保留有一絲那種印記。

如果把世界最高的山放入位於菲律賓和日本之間的海洋最深處（34,210英尺），即使是珠穆朗瑪峰也要低於水面五千多英尺，其它的就更不用說了。山的高度依次是：

1. 珠穆朗瑪峰（34,210英尺，下同）。
2. 干城章嘉峰（Kinchinjinga Mt., 282,250），也在亞洲，靠近尼泊爾。
3. 阿根廷的阿空加瓜山（Aconcagua Mt., 22,834）。
4. 厄瓜多爾的欽博拉索山（Chimborazo Mt., 20,702）。
5. 阿拉斯加的麥金利山（Mckinley Mt., 20,300），這是北美洲的最高山。
6. 非洲的吉力馬扎羅山（Kilimanjaro Mt., 19,710）。
7. 加拿大的洛根山（Logan Mt., 19,850）。
8. 高加索的厄爾布魯士山（Elbruz Mt., 18,465），歐洲的最高山。

9.墨西哥的波波卡特佩特山（Popocatepetl Mt.,
17,543）。

10.亞美尼亞的阿拉臘山（Ararat Mt., 17,090）；諾亞方
舟就擱淺在此。

11.法國阿爾卑斯山脈的白朗峰（Mont Blanc, 15,781）。

12.日本的富士山（Fujiyama Mt., 12,395）。

喜馬拉雅山脈有十二座山峰高於阿空加瓜山，由於沒有
多少人知道，我在這裡就不提它們了。

人類終年居住的最高地點如下：

13.（順序接上），西藏的嘎托（Gartok, 14,518）。

14.秘魯的最高湖的的喀喀湖（Titicaca, 12,545）。

最高的城市：

15.基多(Ouito, 9,343)。

16.波哥大（Bogota, 8,563），基多和波哥大都在南美
洲。

17.瑞士的城市，這裡是歐洲常年有人居住的最高地方
（8,111）。

18.墨西哥城（Mexico City, 7,415），這是北美洲最高的
城市。

19.最低的一個地方，即巴勒斯坦的死海（Dead Sea），
比海平面低1,290英尺。

充沛的水量，給人的第一印象，似乎是對極其有用的土
地的一種浪費，還讓人對地球擁有這麼多水而感到遺憾。因

為我們知道，被我們棄置的五百萬平方英里土地是沙漠，一千九百萬平方英里是類似於西伯利亞的無樹木平原或部分可開發的平原，還有數百萬平方英里的地方是無人居住區，原因為不是太高（如喜馬拉雅山和阿爾卑斯山），就是太冷（如南北極周圍地區），或太潮濕（如南美洲的沼澤地），或是被密林覆蓋（如中部非洲的森林區），因此都必須從五千七百五十一萬平方英里被算為「陸地」的土地中扣除。每當想起這些，我們都會感到，如果能額外地增加幾英寸土地的話，我們一定會充分利用的。

但是，如果沒有這巨型的熱量儲存體──我們稱它為海洋，我們是否還能生存下去，實在值得懷疑。史前時期的地質遺跡明確地顯示，有好幾個時期，陸地面積要比現在的大，海洋面積比現在的小。但是出現這種情況的都是處於非常寒冷的時期。如果要永遠保持現有的氣候條件，目前的水域與陸地的四比一比例是合適的，只要這個比例不發生變化，我們大家都可受益匪淺。

包圍整個地球（從這個意義上說古人的猜測是對的）的巨大海洋，和堅硬的地殼一樣，是不停地在運動。依靠月亮和太陽它們的引力，吸引海水，使它升高到相當的高度。白天的熱量蒸發掉一部分海水，嚴寒的極地被冰覆蓋著。從直接影響人類福祉的觀點來看，氣流或風之所以受到歡迎，是因為它們首先影響海面的海象變化。

你如果長時間向盛湯的盤裡吹氣，你就會發現湯從你的嘴邊向前流去。有一股氣流如果年復一年地吹向海面，就會形成「漂流」，海水順著氣流向前流去。當幾股氣流從不同

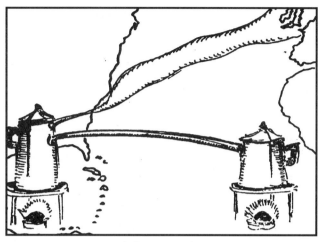

水壺中的墨西哥灣流

方向同時吹來，不同的「漂流」就會相互抵消。如果風是持續穩定的，好比赤道兩側吹來的風，漂流就成為名符其實的洋流了。洋流在人類歷史中具有極其重要的影響，它使地球的某些地方變得適合人類居住，否則這些地方就會像格陵蘭島冰凍的海岸那樣寒冷。

這些洋流河圖（許多洋流確實像河）標出了海流的位置。太平洋有幾條這樣的海流，最重要的一條是黑潮（Kuro Siwo）也叫藍色鹽海流，它是由西南吹向東北的信風所引起。這條洋流與大西洋的墨西哥灣流（The Gulf Stream）一樣重要。黑潮完成了在日本的使命之後，穿越北太平洋，造福了阿拉斯加，使阿拉斯加較同緯度溫暖而適合人們居住。隨後它又折返回來向南流去，給加州帶去了舒適宜人的氣候。

我們談論洋流的時候，首先想到的是墨西哥灣流。這條神秘的洋流，五十英里寬，二千英尺深，世世代代向歐洲北部輸送墨西哥灣的熱帶暖流，並使英國、愛爾蘭和所有北海沿岸國家成為富饒之國。

墨西哥灣流本身的經歷十分有趣。它起始於著名的北大西洋暖流（North Atlantic Eddy）。北大西洋暖流其實是漂流而不是洋流。它像個巨大的漩渦在大西洋中部不停地旋轉，把一片半流動的水域擁入自己的懷抱，使之成為億萬小魚的家鄉，這片水域被稱作馬尾藻海（Sargasso Sea），也叫「海藻海」，在早期的航海上發揮了極其重要的作用。一旦信風（在赤道北側刮的東風）把你的船吹進馬尾藻海，你就會迷失方向，至少中世紀的水手對此堅信不移。你的船被綿延數英里的堅韌海藻纏住，船上的每一個人都會慢慢地餓死渴死，而令人毛骨悚然的船體殘骸在無雲的天空下永遠晃盪著，像一塊無聲的警告牌，警告那些膽敢冒犯上帝的人。

當哥倫布最終平安地穿過這片危險水域時，那裡有綿延數英里堅韌海藻的傳說，被證實是誇大其辭了。但是時至今日，對大多數人來說，馬尾藻海仍是神秘和可怕的。它聽起來好像是中世紀的事情，很有點像「但丁」所描寫的地獄。實際上，它還不如中央公園裡的天鵝湖那麼令人興奮。

還是回到墨西哥灣流上吧！北大西洋暖流最終進入加勒比海（Caribbean Sea），與來自非洲沿岸向西流動的一條洋流匯合。這兩條洋流的湧入，再加上自身的海水，加勒比海的海水流進入墨西哥灣。墨西哥灣容納不下全部外來海水，就把佛羅里達與古巴之間的海峽作為水龍頭，向外排放一股

寬闊的熱水流（華氏八十度），這股熱水流就被稱作墨西哥灣流（Culf of Mexico）。灣流出了龍頭後以每小時五英里的速度前進，這就是為什麼古代航船對灣流敬而遠之的原因之一。航行船隻寧願繞道前進，也不願逆流而行，因為灣流嚴重影響了船速。

灣流從墨西哥灣向北前進，流經美洲沿岸，隨後沿著東海岸蜿蜒而行，並從這裡開始其穿越北大西洋的旅程。在紐芬蘭大淺灘附近，墨西哥灣流與自己的一條支流——拉布拉多洋流（Labrador Current）匯合。拉布拉多冷流直接來自格陵蘭（Greenland）的冰山區，既冷又不受歡迎，而墨西哥灣流溫暖而友善。這兩條強大洋流的匯合，產生了可怕的大霧，使大西洋的這一地區有了令人懼怕的聲名。兩條洋流的匯合也造成了該地區出現大量的冰山。這些冰山在過去的五十年裡對航運產生了駭人聽聞的影響。這些冰山被夏季的陽光從堅固的格陵蘭冰川（冰川仍覆蓋了這個巨大海島的90％）切割開來，緩慢地向南漂移，最終被由墨西哥灣流的拉布拉多洋流匯合而產生的亂流截住。

冰山一邊在那裡打轉一邊慢慢融化。這種融化過程是它們具有危險性的原因，因為只有冰山的頂部能夠被看見，而參差不齊的邊緣深深地沉入水下，足以像小刀切黃油般刺穿船體。今天，整個水域禁止海輪航行，美國的巡邏船（冰海特別巡邏隊，費用由各國共同承擔）經常進行瞭望觀察，爆破小冰山，向船舶發出大冰山靠近的警報。然而漁船喜歡這塊水域。生產於北極的各種魚類，適應了拉布拉多洋流的低溫，卻不喜歡墨西哥灣流的溫暖。正當牠們在慢慢琢磨該是

回到北極去還是穿越溫暖的墨西哥灣流時，牠們就落入法國漁民的大網之中。法國漁民的先祖們光顧這塊具有傳奇色彩的美洲大淺灘，要比其它人早幾百年。離加拿大海岸不遠的兩個小島——聖皮埃爾島（St.Pierre Island）和密克隆島（Miquelon Island）不僅僅是龐大的法蘭西帝國最後的幾個領地，兩百年前法蘭西帝國占領了北美洲相當大的地盤，而且還為諾曼地（Normandy）漁民英勇的表現作見證，諾曼地漁民早在哥倫布出生前一百五十年就到達了該處的海岸。

墨西哥灣流把所謂的冷牆（Cold Wall，由墨西哥灣流和拉布拉多洋流的溫差產生的）留在北部之後，從容地穿過大西洋，呈扇狀形散開，流向西歐海岸。它到達西班牙、葡萄牙、法國、英國、愛爾蘭、荷蘭、比利時、丹麥和斯堪地納維亞半島，把非常溫暖適中的氣溫送到這些國家，否則它們的氣溫就要降低許多。完成了慈善任務後，這條奇特的洋流，其攜帶的水量超過了全球河水量的總和，悄悄撤回北冰洋。北冰洋因而發現自己有了大量的水生物質，並為自己送出的洋流——格陵蘭洋流而感到寬慰。格陵蘭洋流本身又促成了我前面講到的拉布拉多洋流。

這是一個迷人的故事。

這個故事如此迷人，使我難以控制自己，只得給這一章這麼多的篇幅。不然的話，我絕不會這樣做。

這一章只能是個背景介紹——氣象學、海洋學和天文學的一般情況，依照這些情況，我們戲劇中的演員馬上就要上場表演了。

現在讓我們暫時拉上布幕。

布幕升起後，新的一幕戲的場景和道具已經在舞台上布置好了。

　　這一幕將會告訴你，人們是如何設法跨越高山、大海和沙漠的。這些障礙必須被克服，只有這樣我們才能真正地稱這世界為我們的家園。

　　布幕升起來了。

　　第二幕：地圖和航海的方法。

這一章很簡單，但涉及的問題卻很大、很吸引人，還要對人們如何在我們這個星球上尋找通路的方法做些考察

　　我們都很熟悉地圖，我們簡直無法想像那種情景：如果沒有地圖，如果一個人根本不知道要如何依據地圖來旅行，這就如同我們根本不知道要依據數學公式來穿越宇宙一樣。

　　古代巴比倫人都是出色的幾何學家，能夠對他們的王國進行實地勘查測繪。他們留給我們一些土質的平板，上面畫有確實為其王國版圖的輪廓，但以現在的眼光來看，這些根本算不上是地圖。埃及人為了要從辛勞的臣民身上榨取稅款，也測繪了他們的王國。由測繪圖可看出，他們擁有豐富的數學知識，足以勝任這項困難的工作。但是在王室墓穴中，未曾發現任何具有現代意義的地圖。

　　希臘人是古代世界裡最具好奇心與最愛管閒事的人。他們撰寫了無數的有關地理學的專論，但是人們迄今尚且無法瞭解他們的地圖。在各地的大型商業中心裡，有些刻在銅牌上的圖，標出商人想從東地中海的某地到另一地的最佳途徑。亞歷山大大帝占領的地盤超過了他的前人和他的後人。他具有某種「地理意識」，因為他供養了一批特殊人物——專業的「步測者」，他們走在軍隊的前面，不斷回報馬其頓人的準確方位。這些馬其頓人不知疲倦地四處尋找印度黃金。然而，對我們來說，能看懂的是常規地圖，而不是一種痕跡、一張畫片或一條線。

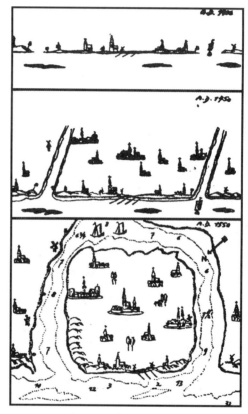

地圖是怎樣變成地圖的

　　羅馬人為了掠奪財物（是組織最完善的「系統掠奪
者」，直到歐洲的殖民時代開始，對他們的所作所為才有所
記錄），走到哪裡，就住到哪裡；把路修建到哪裡，稅徵收
到哪裡；殺人與虐待人也到哪裡，把他們的廟宇和游泳池的
廢墟亦留在哪裡。他們似乎不需要一張名副其實的地圖就能
夠管理一個世界帝國。的確，他們的作家和說客經常提到他
們的地圖，而且說這些地圖非常精確可靠。唯一留傳下來的

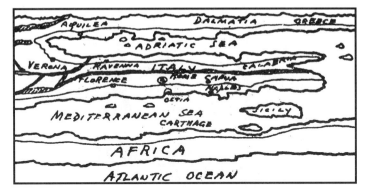

羅馬地圖

一張羅馬地圖（如果不算公元二世紀那張小小的重要古羅馬規劃圖）看起來很簡單，很粗陋，對我們現代人來說，毫無任何價值，只能當作一件古代珍品。

　　歷史學家都知道有一張普廷吉地圖（Peutinger Map），它是以康拉德‧普廷吉（Conrad Peutinger）的名字命名的。普廷吉是奧格斯堡市所轄小鎮的職員，他最先想到利用由斯特拉斯堡（Strassburg）的約翰‧古騰堡（Johann Gutenberg）新近發明的印刷機，把羅馬地圖傳播開來。但是他沒有可用於複製的原件。他採用的底稿是一張在十三世紀時複製三世紀地圖的複製品，由於年代久遠，地圖上的許多重要細節被老鼠和蛀蟲破壞了。

　　儘管如此，這張羅馬地圖的輪廓毫無疑問與原件一樣。如果這是羅馬人所能達到的最好水準，那麼他們還真的要好好學習一番。我把這張圖印在這裡，讓你自己判斷。對有關材料做長期和耐心的研究，你會慢慢地悟出羅馬地理學家的想法，而且還能發現，這種麵條型的「世界」是向要去英國

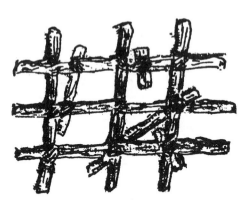

波里尼西亞人編織的地圖

或黑海的羅馬將軍提供的旅行文件中的最後一個辭彙,從那時起,我們已經取得了多麼巨大的進步。

至於說中世紀的地圖,我們不需要任何說明就可以看懂。教會反對一切「無用的科學研究」。通向天堂的道路比起從萊茵河河口(The Rhine)到多瑙河河口(The Danube)的通道重要的多。地圖變成滑稽可笑的圖畫,上面有許多無頭的怪物(這種怪誕的想法源自於可憐的愛斯基摩人,他們喜歡蜷縮在皮毛衣服裡,連頭都不露在外面)、鼓著鼻子的獨角獸、噴水的鯨、半鷹半馬的有翅怪獸、海妖、美人魚、鷹頭獅身的有翅怪獸,以及所有因恐懼和迷信所幻想出的怪物。耶路撒冷當然被放置在世界的中心,而印度和西班牙處在最遙遠的地方,沒有人能到達那裡,蘇格蘭變成獨立的島嶼,通天塔有巴黎全城十倍那麼大。

與這些中世紀製圖員的作品相比,波里尼西亞人的編織地圖(它們看起來完全像幼兒園裡的孩子做的小玩意,但十

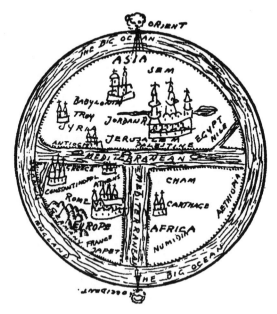

中世紀的地圖

分實用，十分精確）確實是航海家創造才能的傑作。我們不
談同一時代的印度人和中國人的成果，因為他們被當作卑鄙
的異教徒而排除在外。直到十五世紀末，航運才最後提升到
科學的行列，在這之前，航運業沒有取得任何實質性進步。

羅盤

　　由於土耳其人攻克了連接歐洲與亞洲的橋頭堡，由陸路
通往東方的交通長期中斷，迫使當時需從海上另尋一條通向
印度的道路。這就意味著需要放棄舊有而的熟悉的航行方
法，這種方法是靠觀察最近的陸上教堂屋頂或辨別沿岸的狗

近鄰

叫聲來航行。在大海裡航行，除了天空和海水外，往往一連幾個星期看不見任何東西。正因這種需求，使得當時的航海方法取得重大改進。

埃及人好像抵達過克里特島（Crete），再遠的地方可能沒去過。他們到達這個島，不像是一次精心計畫的航海探險結果，更像是一次在航行中，意外被風刮離了航道後的巧遇。腓尼基人和希臘人實質上是「教堂屋頂水手」。雖然他們也曾做過非常顯赫的事蹟，甚至冒險到過剛果河（Congo）和斯里蘭卡島（Scilly Islands）。即使如此，他們在航行時亦毫無疑問儘量靠近岸邊。在夜裡，就把船拉上岸來，以免被風刮到遼闊的大海裡去。中世紀的商人都有固定的航線，或去地中海（The Mediterranean），或走北海（The North Sea），或往波羅的海（The Baltic），他們每隔幾天就要看看遠處的山脈。

如果他們發現自己在大海中迷失了方向，他們唯一能做的事就是確定最近的陸地在哪裡。正因為如此，他們總是隨身攜帶一些鴿子。他們知道，鴿子能夠用最短的路程到達最近的陸地。他們一旦感到無路可走時，就會放出一隻鴿子，並觀察它的飛行方向，隨後就朝著鴿子飛去的方向航行直至看到山頂，然後駛往最近的港口停泊，以便打聽到達何處。

在中世紀，即使是一般的人也要比我們現在的人更熟悉星座。那時的人所以能這樣，是因為他缺少各種訊息，而今天，這類訊息以曆書和日曆的形式傳送給我們。較聰明的船長可以透過研究星星來辨別方位，或根據北極星（The Polar Star）和其它星座來確定自己的航線。但是在北方，常常是

多雲天氣，就難以觀察星星了。如果航海不是一種外來發明
——它是在十三世紀下半葉傳到歐洲的——那麼，它有可能
繼續成為一種既痛苦、又花錢，還要聽從上帝，又要憑猜測
（多半是後者）來航行的職業。但是羅盤的由來和歷史始終
有一種神秘感。我在這裡告訴你們的，與其說是正統的知
識，倒不如說是某種傳聞。

成吉思汗（Genghis Khan），一個矮小、斜視的蒙古
人，在十三世紀上半葉統治了一個面積稍大於以往任何一個
帝國的大帝國（從黃海直到波羅的海，1480年以前占領著俄
羅斯）。他在跨越廣闊的中亞荒漠，前往歐洲尋歡作樂時，
似乎攜帶了一些類似羅盤的東西。但是，迄今還無法斷定，
當時被地中海的水手看到的那種被神職人員稱作「褻瀆上帝
的撒旦發明」的東西是否為羅盤。但在此之後，地中海的水
手就把船開到了世界各地。

類似的具有世界價值的發明，其起源似乎是相當模糊，
或從雅法（Jaffa）或法馬古斯塔（Famagusta）回來的某個
人，可能帶了一個羅盤，但他的羅盤是從一個波斯商人那裡
買來的，而波斯商人告訴他，這個羅盤是他從一個剛從印度
回來的人那裡買來的。流言就從海濱的啤酒屋裡傳開了。其
它人都要去親眼目睹這個被撒旦施予魔力的奇妙小指針，無
論你走到哪裡，小指針都會告訴你哪兒朝北。當然他們不會
相信這是真的。不管怎樣，他們要朋友下次從東方回來時也
給他們每人帶一個，甚至還把錢交給朋友。六個月後他們也
有了自己的羅盤。撒旦的魔力名不虛傳！從此每一個人都必
須有一個羅盤。大馬士革（Merchants）和士麥那（Smyrna）

依靠教堂尖塔來航行

的商人接到了需要更多羅盤的緊急請救，威尼斯（Venice）和熱那亞（Genoa）的儀器製造商就開始獨自製作羅盤。突然，我們聽說歐洲各地都有了羅盤。僅僅幾年時間，這個有玻璃蓋的金屬小盒如此普及，沒有一個人會想到這個小玩意值得寫一本書，因為大家都認為它的存在是理所當然的。

關於羅盤的來歷有很多，但它的來歷卻永遠是個謎。自從這個靈敏的指針第一次引導威尼斯人從環礁湖到達尼羅河三角洲（The Nile）以來，我們對羅盤已有很多的認識。例如，我們發現羅盤的指針除了在某些地點外不是指向正北，或稍微偏東，或稍微偏西——這種差別從技術上講是由羅盤的「磁差造成的」。這是由於北磁極和南磁極與我們地球的北極和南極不是處於同一地點，而是相差數百英里。北磁極在布西亞島（Boothia Felix）上，這是加拿大北部的一個島嶼，而南磁極位於南緯七十三度東經一百六十五度上。

因此，船長在船上只有羅盤是不夠的，他還必須有海圖，以便告訴他在世界不同的地區羅盤所產生的差異。這涉

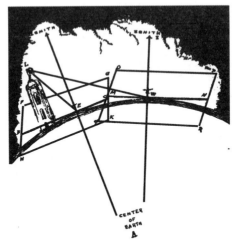

平面圖

及到航海科學了，而本書不是航海手冊。航海是一門極其困難極其複雜的學問，它絕不是用寥寥數語所能講清楚的。目前，你只要能記住以下內容就足夠了：「羅盤是在十三世紀至十四世紀時流入歐洲的，它使航海術有了長足的進步，成為一門可靠的科學，而不再依賴僥倖的猜測和無望的複雜計算，而這又是常人智力無法勝任的。」

然而，上面說的僅僅是個開頭。

現在你能夠知道你的航向是朝北，或是朝北偏東、或北－北－東、或北－東－偏北、或北－東、或北－東－偏東、或由羅盤指示的三十二個「一般方向」中的任何一個。而中世紀的船長只能依靠另外兩種儀器來確定自己在大海中所處的位置。

首先是「測深繩」。測深繩的歷史幾乎與船一樣久遠。

它可測出大海某一點的深度。如果某個船長有一張標明不同深度的海圖，並依照海圖來慢慢行駛的話，測深繩能告訴他附近水域一些情況，他據此可確定自己的方位。

另一種是「測程儀」。測程儀原是一小塊木頭，把它從船頭拋入水中，並仔細觀察它從船頭走到船尾用多長時間。船的長度是已知的，這樣就可計算出船經過某一點要多長時間和每小時大約能走多少英里。

測程儀的小木塊逐步被繩子取代。這是一種很長很細但很結實的繩子，繩頭有一塊三角形的木塊。繩子預先按照一定的長度打上一個一個的「節」（結）。當把繩子從船頭放入水中時，另一個船員就打開沙漏。沙子漏完時（事先就知道要二、三分鐘），就把繩子拉上來，邊拉邊數結，計算沙漏漏完時繩子上有多少個結下到水中。之後，只要經過非常簡單的計算就可知道船走得有多快，用船員的習慣說法，就是「多少節」。

即使船長知道船的速度和船航行的大致方向，海流、海浪和風也會打亂他的甚至是最謹慎的計畫。結果，一次普通的海洋航行，即使在羅盤引入之後很久一段時間裡，仍是危險的事情。那些從事航運理論研究的人認識到，要改變狀況，就要尋找到替代教堂尖頂的東西。

我這麼說並不是在開玩笑。教堂上的尖頂、土丘上的樹木、堤壩上的風車和看門狗的叫聲，都在航運史上產生過極其重要的意義。因為他們都是固定點，無論發生什麼事情，都不會改變位置。水手有了一個這樣的「固定點」，就可以推算出自己的位置。他會對自己說：「我必須繼續朝東

走」，因為他記起他上次是在哪個地方。或者說：「繼續朝西、朝南、朝北、直至到達我要去的地方。」那裡的數學家（順便插一句，他們都是才華橫溢的人）依靠不充分的訊息和不精確的儀器，他們同樣可以把事情做得像本職工作一樣好）準確無誤地找出了問題的癥結所在。他們必須尋找一個自然的「固定點」，取代人造的「固定點」。

早在哥倫布橫渡大西洋（我提及他的名字，因為不論男女老幼都知道是在1492年）前大約二百年就開始了尋找，一直沒有結束，甚至延續到今天。今天我們已經具有了無線報時系統、水下通訊系統和機械操舵裝置，幾乎可以讓老式的舵手失業。

假定你站在圓球上一座高塔的腳邊，高塔頂上有一面旗子。旗子這時就在你的頭頂上方。只要你不移動，旗子就一直在你的頭頂上方。如果你離開高塔一點距離並看塔上的旗子，你必須抬起頭，使之有一定的角度，這個角度取決於你與高塔之間的距離，正如你研究下面的插圖後所發現的那樣。

一旦這個「固定點」被發現後，剩下的工作就比較容易了，因為只是個角度問題。希臘人知道怎樣計算角度，因為他們為三角學這門科學奠定了基礎。三角學是解決三角形邊、角關係的學科。

這就把我們引入了本章最難的部分了。的確，我也許會說，整本書就是探索我們現在稱作緯度和經度的東西。確定緯度的正確方法要比確定經度的方法早數百年發現。經度（現在我們已經知道怎樣去確定）看起來比緯度簡單，但它

MAPS

6₃

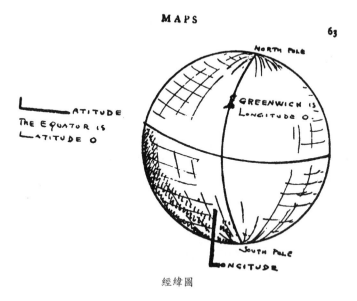

經緯圖

給我們沒有時鐘的祖先造成了幾乎無法克服的困難。而緯度只是仔細觀察、細心計算的問題，因此能被我們的祖先相對早一點發現了。

緯度的發明與航海需求有關，但你即使用最簡單的形式，它仍然如此複雜。所以，我只能告訴你一些現代航海學基本原理的概況。如果你想成為一個海員，你就得到專門的學校去上學幾年，學習怎樣進行必要的計算，等你使用了二、三十年的儀器、表格和海圖後，老闆會任命你為船長，希望你能駕船駛向各個港口。如果沒有這個雄心大志，你就永遠也不會理解這些東西。如果這一章寫得簡短，一般概念太多，只好請你原諒了。

既然航海學完全是一種計算角度的工作，如果不是歐洲

人重新開發了三角學，它就不可能取得進步。一千多年前，希臘人就為三角學這門科學奠定了基礎，但是托勒密（Ptolemy，來自埃及亞歷山大的著名地理學家）死後，三角學就被遺忘了或被當作過於奢侈的東西而拋棄——它稍許靈活一些可能不會這樣。印度人，在他們之後是北部非洲的阿拉伯人以及西班牙人沒有這麼多顧忌，豁達地把三角學從希臘人停頓下來的地方繼續向前推去。天頂和天底（這兩個詞純粹是阿拉伯語）等辭彙最有力地證明，三角學再次被列入歐洲學校的課程中（約在十三世紀），是作為一種穆罕默德的學問，而不是看作基督的學問。在隨後的三百年裡，歐洲人彌補了時間上的損失。雖然他們也能夠計算角和三角，但他們仍意識到所面臨的困難，這就是從地面以外的地方尋找一個固定點，用以取代教堂的尖頂。

可以接受這個崇高榮譽的最可信賴的候選者是北極星。北極星距離我們遙遠，看去似乎從不移動，而且，非常容易辨認，即使是最愚蠢的小人——漁民在見不到陸地的地方也能辨認出它。他所要做的無非是在北斗星右邊最遠的兩顆星間畫一條直線，這樣就不會看不見北極星了。當然我們總是可以見到太陽，但它的軌跡從未被科學地勘測過，只有最有經驗的航海者才敢誇口他能靠太陽來航行。

只要人們相信地球是平的，所有的計算必然與實際存在的矛盾。十六世紀初，地球為「平盤」的理論被「圓球」理論取代了，地理學家終於確立自己的地位。

地理學家做的第一件事是，先找出與連接南北極的軸線中心，並以中心點為準做出與中心點相互垂直的平面，由此

冰

平面把地球分割成兩半。分割線稱作赤道。因此無論從北極還是從南極的任何地方到赤道都是等距的。極點到赤道之間的那部分被分為九十等份。這九十條平行線（是圓線，請記住地球最終是圓的）是畫在極點與赤道之間，每條線間隔約六十九英里，因此六十九英里是表示極點與赤道之間假設距離的1／90。

地理學家把這些圈編上號碼，從赤道開始，向上（或向下）到達極點。赤道本身為零度，極點為九十度。這些線就稱為緯度（緯度圖可以幫助你記憶），通常用一個小空心圓點作為簡單明暸的符號來代替「度」這個字，它寫在數字的右上角，因在數學運算中寫「度」這字太麻煩了，例如九十度記為「90°」。

所有這一切概念意味著思想前進了一大步。但是即使如此，航海仍然是一項危險的工作。好幾代的數學家們和水手們致力於收集有關太陽的資料。確定每個地方、每一年、每一天的準確位置，以便一般的船長也能解決緯度問題。

最終，任何一個有一定理解能力的船員，只要能讀能寫，都可以在較短時間內確定他離北極或赤道有多遠，或用術語來說，就是在北緯幾度上或南緯幾度上。以前要越過赤道不是那麼容易的，因為在南半球看不見北極星，船就不可能依靠北極星返回來。科學最終解決了這個問題，十六世紀末之後，駕船出海的人再也不會被緯度問題困擾了。

還有一個確定經度的問題（你應該較容易地記住它是垂直線）。整整花了兩百多年的時間才成功地解開了這個謎。為了確定不同的緯度，數學家們是從兩個固定點──北極和

南極開始的。他們說：「教堂尖頂就豎立在這裡，這叫北極（南極），並讓它永遠留在這裡。」

　　但是地球上沒有東極，也沒有西極，因為地球的軸恰巧不在那個位置上，當然，你可以畫出無數的子午線，即環繞地球和穿過兩極的圓圈。這幾百萬條圓線中哪一條是把地球分割為兩半的「子午線」（The Meridian）呢？如果有了這條線，船員就可以說：「我在『子午線』以東（以西）一百英里。」把耶路撒冷當作地球中心的傳統觀念太牢固了，以致許多人要求把穿越耶路撒冷的子午線作為本初子午線，即縱向的赤道。民族自尊阻止了這個計畫。每一個國家都要求讓本初子午線穿過自己的首都。即使在思想比較開放的今天，德國、法國和美國的地圖仍然把本初子午線穿越柏林、巴黎和華盛頓。結果，由於英國在十七世紀（經線問題最終解決的時候）恰巧對航運知識的發展貢獻最大，也由於那時所有的航運事務都由英國皇家天文台管理，皇家天文台1675年建於倫敦附近的格林威治（Greenwich），所以，穿越格林威治的子午線終於被接受為本初子午線。本初子午線縱向地把地球分成兩半。

　　船員最終有了縱向的教堂尖頂，但他仍然面臨另一個問題。即一旦進入大海後如何確定他距離格林威治子午線以東或以西多少英里。為了永久解決這個問題，1713年英國政府任命了一個特別的「確定海上經度委員會」。該委員會為此設立了巨額獎金，把它作為實用的權宜之計來徵集「在公海上確定經度」的最好方法。十萬美元在二百年前可以說是一筆不小的款項，每個人都開始玩命工作。委員會在十九世紀

上半葉解散時已花了大約五十萬美元，用於獎勵那些有價值的發明。

　　這些人的大多數工作早已被遺忘了，他們的創作成果也已被廢棄不用了。但是在重獎之下產生的兩項發明已被證明是有長久價值的。第一項是六分儀。

　　「六分儀」是一種複雜的儀器（一種小型的海上觀察儀，一個人就能拿起），能讓船員測量各種角距離。它直接把中世紀的粗糙星盤和十字架以及十六世紀的象限儀融為一體。如同整個世界在同一時間裡尋找同一個東西時，經常會發生的那種事情，有三個人都宣稱自己是最早的發明人，並苦苦地爭奪這項榮譽。

　　航運界對第一個六分儀的問世所產生的興奮，與他們對天文鐘的關切相比，顯得溫和得多。「天文鐘」這種精確可靠的計時裝置，於1735年問世，比六分儀晚四年。由約翰·哈里森（John Harrison），一個製造鐘錶的天才（做鐘錶之前是個木匠）發明的天文鐘，是一個計時鐘，它計時如此精確，能夠把格林威治時間帶到世界任何一個地方，無論你採用哪種攜帶方法。約翰·哈里森所以能做到這一點，是因為他在鐘裡加了一個叫作「補償弧」的裝置。這個裝置能調整平衡簧的長度，使之與因氣溫變化而產生的膨脹或收縮相一致。天文鐘還是防水的。

　　對獎金額進行了長時間和不體面的討價還價之後，哈里森接受了十萬美元（在1773年，他去世前三年）。今天，一艘船無論走到哪裡，只要帶有天文鐘，就永遠知道格林威治的時間。既然太陽每二十四小時繞地球一圈（正好相反，為

了方便起見，我用了這種表述方式），每一小時走過經度的
十五度，為了確定自己離開本初子午線有多少距離，我們所
要做的，首先是確定所到達的地方的時間，然後把當地時間
與格林威治時間相比較，記下它們的差別。

舉例來說，如果我們知道（經過細心的計算，船上的每
一個船員都能做到）我們所在的地方是十二點鐘，天文鐘是
二點鐘（格林威治的準確時間）。我們還知道太陽每小時走
十五度（每四分鐘走一度），既然當地時間與格林威治時間
有二個小時的差別，那麼我們肯定已經走了正好$2 \times 15° =
30°$。在日誌（一種小本子，在紙沒有廣泛應用以前，往
往是用粉筆寫在木片上）上寫道：「某年某月某日的中午船
到達西經30°」。

時至今日，1735年的驚人發明已沒有多少重要意義了。
每天中午格林威治天文台都要向全世界播發正確時間。天文
鐘將迅速成為一種多餘的奢侈品，而這種情況確實在發生，
如果我們相信，自動導航儀、無線通訊必定能取代所有複雜
的工作台、孜孜不倦的分析和計算。

這是冗長的一章，這一章告訴你們，人們試圖穿越未經
勘測的大海，鋪天蓋地的大浪無望地壓下來，即使是最優秀
的水手也會一時不知所措，儘管持續時間很短，短得甚至寫
不完一句話─然後勇氣、毅力和高智商的光輝一章也將結
束。儀表堂堂拿著六分儀的人將從船橋上消失。他將坐在船
艙裡，頭戴耳機，問道：「喂，某某人！我在哪裡？」某某
人告訴了他。事情就是這樣簡單。

為了能平安、愉快和有效率地跨越地球表面，人類已經

努力了二十多個世紀。這二十多個世紀沒有白白浪費。這是第一次國際合作的成功試驗。中國人、阿拉伯人、印度人、腓尼基人、希臘人、英國人、法國人、荷蘭人、西班牙人、葡萄牙人、義大利人、挪威人、瑞典人、丹麥人、德國人，他們所有的人都為這項有益的工作做出了貢獻。

合作史上的特殊一章到此結束了。但是還有許多可寫的東西，足以使我們忙碌相當長時間。

四季及其形成

季節（season）這個詞出自於拉丁語，意思是「播種」。因此，「季節」應該用於表示春天——播種的時候。但在中世紀初期，「季節」失去了它唯一的涵義。另外三個季節被加了進去，把一年分成四個平等部分：冬季，或叫濕季；秋季，增加的時期（與增加 "augmentation" 和尊嚴 "august" 出自同一詞根，不僅是「增加的月份」的意思，而且還有「重要性增強的人」的意思）；夏季，這是古老的梵語中對整個一年的稱謂。

季節除了對人類產生實際而又浪漫的影響外，四季有著最普遍的天文背景，因為他們是地球年復一年環繞太陽旅行的直接結果。

地球二十四小時自轉一周，365.25 天繞太陽一周。為了省略掉這0.25天，使日曆完整一些，我們每隔四年就有一年為366天，即閏年。但像900、1,100、1,300或1,900這些結尾是兩個0的年份沒有閏年，而可以被400除盡的結尾兩個0的年份例外，最近一次例外是公元1,600年，下一次是2,000年。

地球繞太陽運行的軌道不是正圓形的，而是橢圓形的。它還不完全是橢圓形的，這就使研究地球在宇宙中運行軌道的工作增加了很多複雜的因素，要比研究正圓的運行軌道複

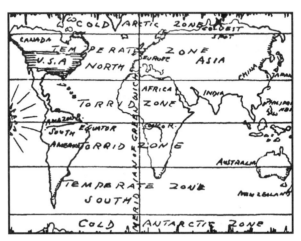

分區圖

雜很多。

　　地球的軸與太陽同地球之間的平面不是一個直角，而是一個66.5度的角。

　　在繞太陽運行時，地球的軸一直保持這個角度，這就是形成各地季節變化的直接原因。

　　三月二十一日，地球與太陽處於這樣的位置關係：太陽光平均地照射在地球表面的一半上，結果，在這一天，世界各地晝夜的長短都一樣。三個月後，地球繞太陽運行了1／4圈，北極偏向太陽，而南極遠離了太陽。結果，北極歡慶它一年一度持續六個月的白晝，南極過上一年一度持續六個月的黑夜；北半球分享日照時間長的夏季，南半球則過上只能守候在火爐邊看書的長長冬夜。請記住，當我們在聖誕節滑冰時，阿根廷人和智利人正在受酷暑的折磨；而當我們在熱

浪中煎熬時，他們正在磨冰刀。

　　下一個季節性重要日子是九月二十三日，因為這一天世界各地晝夜的長短又一次均衡了。然後是十二月二十一日，這一天南極靠近了太陽，而北極背向了熱源，因此北半球寒冷，南半球溫暖。

　　但是，地軸獨有的傾斜和地球的自轉，不是四季變化的唯一原因。66.5度角還帶給我們五個區：赤道兩旁是熱帶區，在這裡，太陽光垂直或幾乎垂直地照射在地面上；在熱帶與極地之間是南北溫帶區，在這裡，太陽光不那麼垂直照在地表上，因此其溫暖的地面和水面面積超過熱帶區。最後是兩個極地區，它們是處於這樣一個角度接受太陽光的：即使在夏季，六十九平方英里的太陽光所照射到的地表面積要比其自身大一倍。

地球的陸塊

　　我們所有人，沒有一個例外，都住在島嶼上。地球上的這些島嶼，有的大，有的小，因此我們決定把大的歸於一類，稱作「大陸」，小的稱為「島」。大陸「擁有」或「結合」的土地要多於一般的島嶼。美洲、亞洲和非洲作為最大的連續性陸地，根據它們巨大的面積，稱得上大陸。而歐洲看起來更像是亞洲的半島（可能比印度稍大些，但大不了多少），總是堅持自己是大陸。如果誰膽敢說澳大利亞人珍愛的島不夠大，人口也不夠多，不能列為大陸，那麼澳大利亞人非發動戰爭不可。格陵蘭人則相反，儘管他們的出生地是新幾內亞島（New Guinea）和婆羅洲島（Borneo）這兩個大海島的總面積的兩倍，但他們沒有為自己被排除在大陸之外而憤憤不平，很滿足於作為平凡普通的愛斯基摩人繼續生存下去。南極的企鵝如果不是如此謙卑、和藹的動物的話，也會要求承認自己是生活在大陸上，因為南極地區據信與北冰洋和地中海之間的所有陸地一樣大。

　　我不知道這些混亂是如何產生的。但是地理科學曾被徹底疏忽了數百年。在那個時期，大量的概念依附於我們的地理資料的主體上，就好比藤壺依附於被遺棄在港口的船舶的船底下那樣。隨著時間的流逝（被疏忽的黑暗時期持續了約一千四百年），藤壺中的一部分不斷生長擴大，最終被誤認

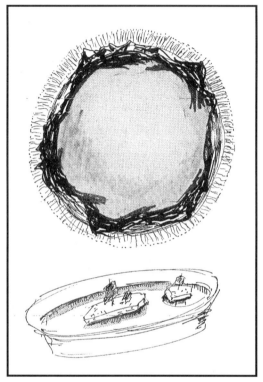

我們引以為傲的大陸難道是漂浮在地球內部較重物質
上的島嶼，就像軟木浮在盆中的水面上？

為是船體的一部分。

　　我不是要增加已有的混亂，而是堅持普遍承認的區分方
法。我要說現有五個大陸：亞洲、美洲、非洲、歐洲和澳大
利亞，亞洲是歐洲的四點五倍，美洲是歐洲的四倍，非洲是
歐洲的三倍，澳大利亞比歐洲小數十萬平方英里。亞洲、美
洲和非洲在地理書中理所當然地排在歐洲前面。但是我們不

羅克奧爾——大西洋北部一處沉沒大陸的頂部

但要注意面積，而且還需考慮每個地方在地球的發展史上所發揮的作用，那麼我們必須把歐洲放在前面。

我們首先看地圖。事實上，我們看的是日常用的地圖，而不是本書中的地圖。想學地理而沒有地圖，就如同想學音樂卻沒有樂器，想游泳卻沒有水。你一旦看了地圖，如果你對整個地球有所瞭解就更好了，你會注意到，與北冰洋、大西洋和地中海交界的歐洲半島，正好位於那半球的中心，那裡擁有最大面積的土地，而可憐、孤單的澳大利亞正處於另外半球的中心，那裡水占據的面積最大。這就是歐洲具有的最大優勢，它還有其它優勢。亞洲差不多是歐洲的五倍，然而亞洲有1／4的土地太熱，不舒適，還有1／4的土地離北極太近，除了馴鹿和北極熊之外，沒有人會選擇這塊地方作為永久居住地。

在這方面歐洲又得分了，因它擁有一些其它各洲不具備

的有利條件。義大利的足尖，即最南部的突出點，非常溫暖，但相距熱帶八百英里。瑞典北部和挪威離北極不是太遠，但墨西哥灣暖流恰巧光顧它們的海岸，帶給它們溫暖，而處在相同緯度上的拉布拉多島，則是冰凍的荒野。

此外，與其它大陸相比，歐洲有更多的半島和流向內陸的海水。想想西班牙、義大利、希臘、丹麥、斯堪地那維亞半島、北冰洋（North Sea）、北海、地中海、愛琴海（Aegean Sea）、馬爾馬拉海（The Sea of Marmora）、比斯開灣（Biscay Gulf）、黑海，並把這些情況同非洲和南美洲比較一下。非洲和南美洲的半島流向內陸的海水最少。因此在歐洲大量的水與大陸幾乎所有的地方相連，由此產生的結果是一種非常溫和的氣候。這意味著冬天不太冷，夏天不太熱。生活既不太寬裕，也不太困難，所以人既不會成為二等人（如在非洲），也不會成為馱獸（如在亞洲），而能夠比其它地方的人更合理、更實惠地把工作與休閒融合在一起。

但是，不僅僅是氣候幫助了歐洲人，使他們成為地球大部分地方的主人，而且使他們自給有餘。但是他們做出了自殺的蠢事：1914～1918年發生了四年不幸的內戰。地理背景也幫助了他們。當然這完全是偶然的，沒有哪個人能為此獲得殊榮。他們同樣得益於火山的大噴發、龐大冰山的入侵和洪水氾濫，這一切造就了這塊大陸，把山安置於最容易使之轉變為國境的地方，使河流的流向把內陸的每個地方與大海實際聯結了起來，在鐵路和汽車沒有發明之前，這是貿易和商業發展的最重要的運輸通道。

庇里牛斯山脈（The Pyrenees）把伊比利亞半島

（Iberian Peninsula）同歐洲的其它部分分割開來了，成為西班牙和葡萄牙的自然邊境。阿爾卑斯山為義大利起了同樣的作用。法國西部的大平原藏身於色文（C'evennes）、侏羅（Jura）和佛日（Vosges）三座山脈後面。喀爾巴阡山脈（The Carpathians）像座堡壘一樣，把匈牙利同俄羅斯大平原隔離開來。奧地利帝國在最近的八百年歷史中發揮了重要作用。一般說來，它是一塊圓形盆地，四周是難以攀登的山脊，可以保護它不受鄰國的侵擾。沒有這些屏障，奧地利帝國絕不會存在這麼長久。德國也不完全是偶然的政治事件的產物。它擁有大片土地，從阿爾卑斯山和波希米亞山（Bohemia）緩緩下降直至波羅的海。它有島嶼，像英國和古老的希臘在愛琴海中的島嶼一樣，也有像荷蘭和威尼斯那樣的澤地，所有這些自然要塞，似乎是上帝有意放在那裡的，以便讓它發展成一個獨立的政治實體。

甚至俄羅斯也一樣是自然和不可避免的因素產物，而不像我們經常聽說的那樣，俄羅斯是個可怕的權慾產物（羅曼諾夫皇朝的彼得大帝）。俄羅斯大平原坐落於北冰洋、烏拉山脈（Ural）、裏海（Caspian Sea）、黑海（Black Sea）、喀爾巴阡山脈（The Carpathians）和波羅的海（The Baltic）之間。它是建立一個高度中央集權帝國的理想之地。羅曼諾夫皇朝垮台後，蘇聯容易地生存下來就是例證。

歐洲的河流，正如我在前面提到的那樣，有其獨特的走向，使得它們可以為那個大陸的經濟發展發揮最重要、最實際的作用。在馬德里（Madrid）和莫斯科（Moscow）之間畫一條直線，你會注意到，所有河流無一例外地不是向北流

大山和大海成為最好的自然邊界

就是向南流，使內陸的每個地方能直接通向大海。文明總是水的產物而不是陸地的產物。這種幸運的水流安排對歐洲有極大幫助，使之成為我們地球上最富有的地方，因而也是統治的中心。這種狀況一直延續到1914～1918年進行的內戰。這場災難性、自殺性內戰使它失去了令人羨慕的地位。讓地圖證實我所說的吧！

　　把歐洲與北美洲做一比較。北美洲，兩座高大的山脈走向幾乎與大海是平行的，整個中部地區，即中西部中央大平原，只有一個直接的出海通道。流向墨西哥灣的密西西比河（Mississippi）和它的支流，只能算是一條遠離大西洋和太平洋的內陸河。拿歐洲與亞洲相比較，在亞洲，地表倉促的隆起和所有山脈不規則的坡度，使河流無序地流向各地，其

中最重要的一條河，穿越了西伯利亞大平原後流入了北冰洋，它除了對當地的漁民有點用處外，對其他人沒有任何使用價值。歐洲與澳大利亞相比，澳大利亞根本就沒有河流。再與非洲相比。非洲巨大的中部高原，迫使河流在海岸附近消失於大山高聳的峭壁之中，阻擋了海洋運輸通過自然水道進入內陸地區。歐洲擁有適宜的山脈和更為適宜的河流體系，擁有長長的海岸線（如果歐洲的海岸也像非洲和澳大利亞那樣整齊的話，其海岸線只能是現在海岸線的1／9），擁有適中的氣候和適中的位置，正好處於地球大片陸地的中心，現在你開始理解，為什麼歐洲注定會扮演第一大陸的角色。

但是具備這些自然優勢，還不足以使這個地球的小小一角對其所有的鄰居稱王稱霸。人的創造力也發揮了作用。這就容易解釋了。北歐的氣候非常理想，能夠促進人的大腦活動。氣候既不太冷，使人感到極其舒適；也不太熱，適合人進行日常工作。這樣的氣候讓人喜歡做一些事情。結果，當北歐國家剛建立起來並能夠以最起碼的法律和秩序來保護其居民時（因為沒有法律和秩序，腦力工作是無法進行的），北歐人就開始投身於科學研究中去了。這些科學研究最終使他們成為其他四個大陸的擁有者和剝削者。

數學、天文學和三角學知識教會了他們如何在七大洋裡航行並理智地保證能按原路返回。對化學的興趣使他們發明了一種內燃機（這種奇怪的內燃機叫做「槍」），用上它，他們能夠比其它民族、其它部落更迅速、更準確地殺死人和動物。對醫學的研究使歐洲人認識了如何以較佳方法增強免疫

風

力以抵抗各種疾病，而疾病係造成世界各地人口長期下降之原因。最終，歐洲土地相對貧瘠（與恆河流域和爪哇的山脈相比），但他們又想過「精緻」生活的願望，逐漸使他們養成了一種根深柢固的貪婪習性，因此歐洲人會不擇手段地去攫奪財富，沒有財富，鄰居就會輕視他們，把他們看作不幸的失敗者。

當引進的神奇的印度儀器羅盤剛剛使他們擺脫了對教堂的尖頂和熟悉的海岸的依賴，讓他們自由自在地漫遊大海，當船舵剛剛從船旁移到船後（這是十四世紀上半葉發生的變化，也是當時最重要的發明之一，它能讓人比以往任何時候都要容易地控制船的航向），歐洲人就能夠離開小小的內陸海，離開地中海、北海和波羅的海，把龐大的北冰洋變成他們進一步從事商業和軍事開發的大道。他們終於充分地利用了幸運的地理位置：正好處於地球大片土地的中心。

他們使這種優勢保持了五百多年。蒸汽船取代了帆船。既然貿易永遠是廉價的交流，歐洲有能力繼續處於領先位置。一些軍隊創始人認為，擁有龐大海軍的國家也是一個可以向別國發號施令的國家，這種看法是對的。這一規律見效了：挪威被威尼斯（Venice）和熱那亞（Genoa）取代了，威尼斯和熱那亞被葡萄牙取代了，號稱世界強國的葡萄牙被西班牙取代了，西班牙被荷蘭取代了，荷蘭被英國取代了，因為一國比另一國擁有更多的戰艦，然而在今天，海洋原有的重要性正在迅速下降。海洋作為貿易的大通道作用已被天空取代。第一次世界大戰把歐洲降為二等大陸，但它與能在空氣中飛行的飛行器的發明相比，其意義就微不足道的了。

熱那亞一個羊毛商人的兒子發現海洋的無限作用，改變歷史過程。

　　俄亥俄州代頓市郊一個簡陋的自行車修理店的主人，對天空做了同樣的事情。結果，數千年來孩子們最熟悉的克里斯多福‧哥倫布（Christopher Columbus），將會由威爾伯‧萊特（Wilber Wright）和奧維爾‧萊特（Oxville Wright）的名字所取代。

第二篇

各洲導論

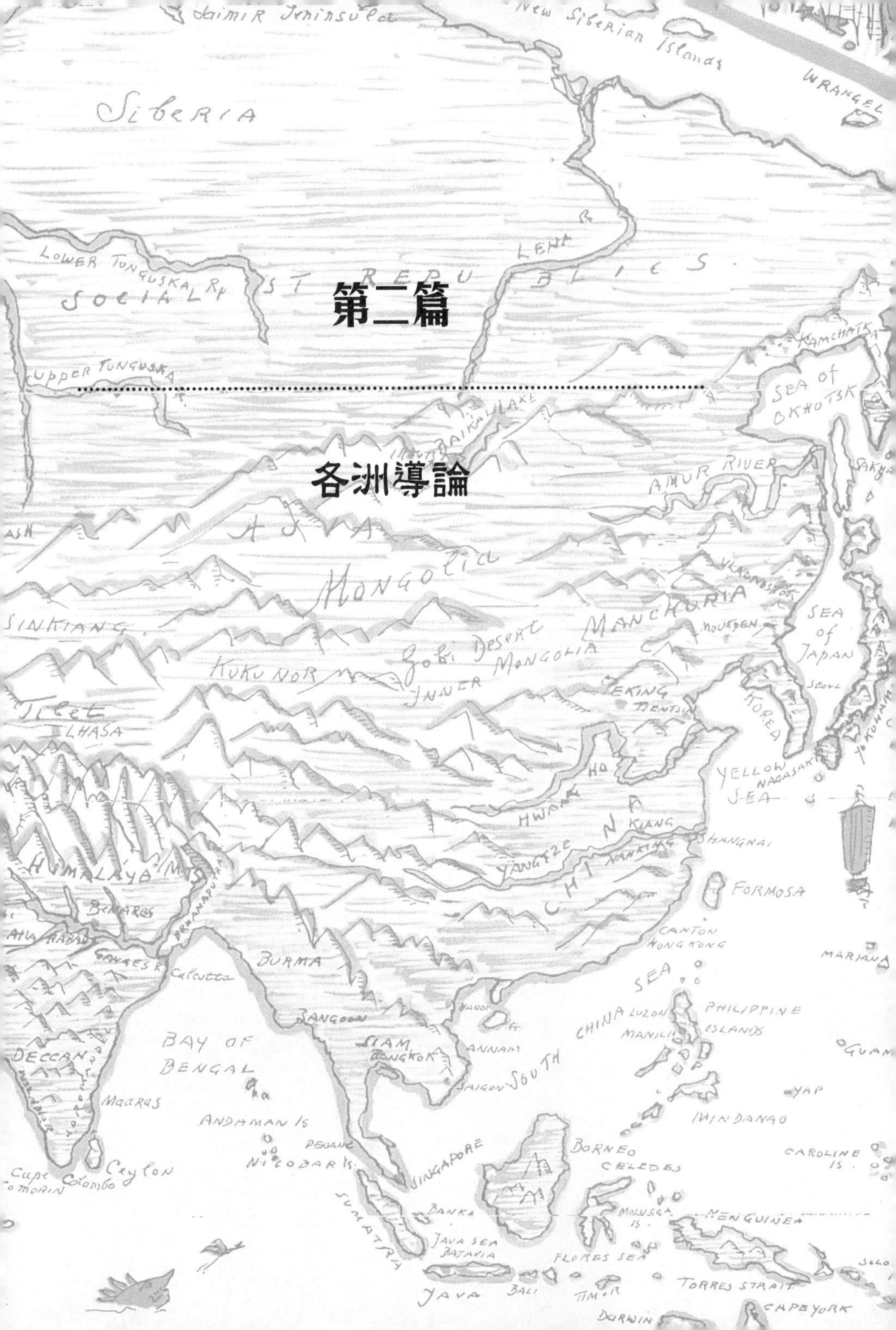
New Siberian Islands
WRANGEL
Siberia
LOWER TUNGUSKA R.
UPPER TUNGUSKA
LENA
BAIKAL LAKE
KAMCHATKA
SEA of OKHOTSK
AMUR RIVER
MONGOLIA
SINKIANG
MANCHURIA
MOUKDEN
SEA of JAPAN
Gobi Desert
INNER MONGOLIA
KUKU NOR
PEKING
TIENTSIN
Tibet
LHASA
KOREA
SEOUL
YELLOW SEA
NAGASAKI
HO
YANGTZE KIANG
NANKING
SHANGHAI
CHINA
HIMALAYA MTS
FORMOSA
BENARES
BRAHMAPUTRA
GANGES R.
Calcutta
CANTON
HONG KONG
BURMA
MARIANA
HANOI
RANGOON
CHINA SEA
LUZON
MANILA
PHILIPPINE ISLANDS
BAY OF BENGAL
SIAM
BANGKOK
ANNAM
DECCAN
GUAM
SAIGON
SOUTH
Madras
YAP
ANDAMAN IS
MINDANAO
PENANG
NICOBAR IS.
SINGAPORE
BORNEO
CELEBES
CAROLINE IS.
Ceylon
Cape Comorin
Colombo
SUMATRA
BANKA
MOLUCCA IS.
NEW GUINEA
JAVA SEA
BATAVIA
FLORES SEA
JAVA
BALI
TIMOR
TORRES STRAIT
CAPE YORK
DARWIN

亞洲
Islands
WRANGEL
beria
ST REPUBLICS
LENA R
BAIKAL LAKE
KAMCHATKA
SEA of OKHOTSK
AMUR RIVER
SAKHAL
MONGOLIA
VLADIVOSTOK
MANCHURIA
MOUKDEN
SEA of JAPAN
Gobi Desert
INNER MONGOLIA
KUKU NOR
PEKING
TIENTSIN
KOREA
SEOUL
YELLOW SEA
NAGASAKI
HWANG HO
CHINA
KIANG
YANGTZE
NANKING
SHANGHAI
FORMOSA
BRAHMAPUTRA
CANTON
HONG KONG
MARIANAS
BURMA
Calcutta
SEA
RANGOON
HANOI
SOUTH CHINA
LUZON
MANILA
PHILIPPINE ISLANDS
BAY OF BENGAL
SIAM
BANGKOK
ANNAM
GUAM
SAIGON
YAP
ANDAMAN IS
MINDANAO
PENANG
BORNEO
CAROLINE

 **亞洲的發現**

　　早在二千多年前，希臘的地理學家們就亞洲這個詞的基本概念進行過辯論，所以今天再花費精力去解決這個問題就沒有必要了。從小亞細亞來的水手們，把太陽落下去的地方叫「EREB」，原意是黑暗，也是指西邊那塊土地；而「AGU」是指太陽從東方升起來的地方。

　　歐洲是什麼時候及如何開始懷疑他們不是處於世界中心？他們自己的家只不過是由無數人居住的無限大的大地上的一個半島，並享受著高度文明。當特洛伊（Troy）的英雄們在互相交戰中使用一種史前形狀的武器時，聰明的中國人很早就把舊式的歷史古玩陳列在他們的博物館了。

　　我們通常提及，第一個訪問亞洲的歐洲人是馬可·波羅（Marco Polo），在他之前，肯定還有其它人到過亞洲，雖然今日我們對其所知之甚少。以歷史的觀點來看，地球上的戰爭從未中斷過，從地理這個範疇來說，戰爭的過程反而豐富了我們對亞洲版圖的認識。跨洋越山去做生意，使希臘有人有機會熟悉了小亞細亞，特洛伊戰爭並沒有積極的一面，三個波斯探險家一直向東往前走，就是非常了不起的舉動，我懷疑這三個人是否知道自己的最終目的在哪裡。希臘人對亞洲人的瞭解是否就比美國西部印第安人對進入荒野攻打杜肯要塞的布拉多克將軍瞭解要多一些？我對此也很懷疑。數世

紀後，亞歷山大返回時的訪問，已經純粹是一次軍事征討。這樣，歐洲人首次知道在地中海與印度洋之間還存在著一塊土地的科學概念。

羅馬人對奪取「外國領土」最感興趣，他們非常高興這樣做，因為那是增加稅收的一個主要來源，允許那些掠奪領土有功的人在家過著奢侈的生活，但他們對當地情況卻一無所知。

羅馬人除了要他們上朝進貢，對他們一路風塵樸樸的喜怒哀樂及自生自滅則一律視若無睹，甚至不想瞭解當地究竟發生了什麼事。如果出現危機，就召來警察大開殺戒，重新建立秩序以後，就溜之大吉。

龐修斯・派拉特（Pontius Pilate）不是無能，也不是無賴，而是個典型的羅馬殖民管理者。羅馬國內的人認為他是個難得的管理人才，有很快讓出現混亂的地方走上「正規化」的才能，而實際上他們只知其外表，而不知他對委托他管理的事務一竅不通。偶爾，某些奇怪的人如馬科斯・奧里利厄斯（Marcus Aurelius）登上王位，他心血來潮，派出一個外交使團去那個神秘的、斜著眼睛看人的遠東地區，當使團返回後，把他們在那兒所見所聞的新鮮事如數報告，聞者足足吃驚了一個星期。很快，羅馬這群暴徒就把此事忘到腦後，又沉醉於橢圓形競技場激動人心的表演中去了。

十字軍東征也告訴歐洲幾件關於小亞細亞、巴勒斯坦、埃及的事，但世界也只到死海邊就結束了。

最終使歐洲人具有「亞洲意識」的不是一系列「科學」探索的結果，而是一個喜歡胡編亂造的作者寫出的書產生了

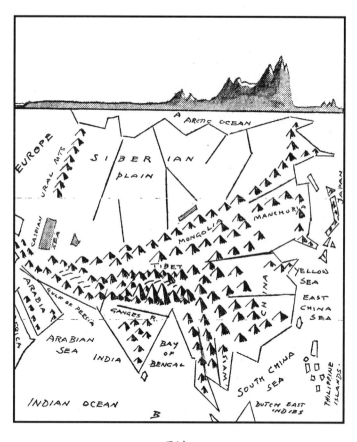

亞洲

轟動效應。這位窮極無聊的文人，對自己筆下的題目寫得非常通俗易懂，然而他卻從來沒有機會涉足這些國家。

馬可‧波羅的父親和叔叔都是威尼斯商人，因做生意有機會與成吉思汗的孫子忽必烈（Kublai Khan）接觸，忽必烈恰好也是一位極開明的人士，他認為，他的臣民們或許能從這些有關西方的介紹中得到些利益，他曾聽說有兩個威尼斯來的商人經常到布拉哈，這是一個位於阿爾泰山（Altai）腳下、在阿姆河（Amu-Darya）與錫爾河（Syr-Darya）之間的吐庫斯坦的城鎮。大汗邀請他們到北京，並給予極高的禮遇。數年後，他們認為家人需要他們，忽必烈便同意他們返家待一陣子。當他們再次來到東方時，把他們的兒子馬可和侄兒也帶來了，這些就是他們向周邊的人談論的東方故事。

1275年，經過三年半的旅行，波羅家庭又回到北京，年輕的馬可很快成了宮廷裡一位受寵的人，並做了一個省的大員，可謂加官晉爵。但二十四年以後，他又想家了，於是取道印度、波斯和敘利亞回到威尼斯（其中一部分道路是乘船）。

馬可把他的所見所聞對別人說了，他的鄰居對他所談的故事毫無興趣，反而給他取了個外號「百萬富翁」馬可，因為他總是喋喋不休地談著蒙古汗是如何富有，在他的宮殿和其它地方有多少金鑄的雕像，一個大臣擁有多少絲綢長袍和多少小妾。他們怎麼能相信這樣的謬論呢？眾所周知，就是君士坦丁堡皇帝的妻子也只有一雙絲綢襪子。

如果不是威尼斯與熱亞拉之間恰好在此時爆發了戰爭，如果可馬作為威尼斯一艘軍艦的指揮官，因與熱亞拉戰爭而

被俘虜，則「百萬富翁」馬可·波羅可能沒沒無聞地死去，他那動人的故事也可能隨著他的去世而消失得無影無蹤。

馬可當了一年的俘虜，與從比薩來的拉斯廷羅斯共同關在一間牢房裡。拉斯廷羅斯是位有寫作經驗的人，他曾寫過幾本關於亞瑟王的故事及一些描寫法國中世紀時期一個名叫尼克·卡拉的隨從的廉價小說，在他聽到馬可的故事後，很快認識到應該把這些偉大的事公布出來，於是他在監獄裡挖掘出馬可故事的每一個細節，馬可也將自己所經歷的一切全部告訴了他，該書在十四世紀出版，很快流傳開來，其傳播速度不比現在一般暢銷書來的慢。

促使該書成功的原因可能是書中對有關黃金資料和其它財富的描寫。以前，希臘人和羅馬人只能含糊其辭地說著東方君主如何如何富有，而馬可則是親臨其境，一切都是他親眼所見，親耳所聞。從那以後，找到一條通往印度之路的事就被提到行程表上來了。

終於，在1498年，一位葡萄牙人最遠到達好望角。十年後，他們到了印度，四十年後，到達日本。與此同時，麥哲倫（Magellam）從東方來到菲律賓群島（Philippine Islands），從那時起，對東方的探險就成了大熱門話題。

這就是概況，西伯利亞（Siberia）是如何發現的，我已經說了，當我們提到頭一個訪問其它國家的人都應該給他很高的榮譽。

亞洲對世界的貢獻

　　歐洲給了我們文明，但亞洲給了我們光榮。更有興趣的是什麼呢？亞洲給了世界三個現在只信奉的一神的宗教——猶太教、天主教和伊斯蘭教等三教都起源一亞洲。說來真是讓人不可思議，當宗教法庭審問官在質問猶太教徒時，劊子手和被審者都是信仰亞洲的神，東征的十字軍在殺害伊斯蘭教徒時的情景也差不多，實際上也是來自亞洲的兩種導致相互殘殺的宗教教義的衝突。當一個天主教徒和一個孔子信徒參與爭辯時，也純粹是亞洲式的爭吵而已。

　　亞洲不僅僅給了我們宗教信仰，也建構了人類兩大文明的基本思想。有人最近進行了一次引以為豪的技術發展調查，之後自豪地大聲宣稱「我們西方世界取得了巨大的進步！」（我們經常這樣說）。但是，不要忘記，西方這些最大成就僅是東方基礎的延續。如果西方不是從東方學校裡瞭解到所有事情的基本原理，要取得這些進步是不可能的。

　　希臘知識不是人的大腦自己燃燒的結果。數學、航空、建築和醫學也不是像帕拉斯·阿西妮由頭武裝到腳，往宙斯（Zeus）的頭上跳過去，準備為那些糊塗人進行決戰就順利產生。它是痛苦地、深思熟慮地、慢慢地積累的結果，真正的先行工作是幼發拉底河（Euphrates）和底格里斯河（Tigris）沿岸的人做的。

藝術和科學從巴比倫（Babylon）傳到非洲，埃及黑皮膚的人掌握了它們，隨著希臘人發明了美麗的幾何圖形，提出了完美的平衡原理，達到了文明的頂峰。也就是那時起，我們才有資格說，出現了真正的「歐洲」科學，但這個科學還有一個以前提出和發展它的亞洲祖先。

　　亞洲還把許多祝福給了我們，例如，家畜、狗、貓和有用的四足動物等，因為馴服的牛、忠誠的馬，還有羊和豬等，無一不是源自於亞洲。讓我們試想一下，當蒸汽機發明之前，這些動物對我們的貢獻，就會意識到我們欠了亞洲人多少債。此外，我們還要加上一個美麗的內容，因為我們吃的所有水果和蔬菜實際上都來自亞洲；我們欣賞的大多數鮮花以及多數家禽也出自亞洲，它們多由希臘人、羅馬人或十字軍東征時傳到歐洲的。

　　然而，亞洲也並非是東方一個慷慨的主婦，從恆河和黃河邊把祝福源源不斷帶給貧乏野蠻的西方。亞洲也曾有一個可怕的工頭，第五世紀時亞洲的漢人曾蹂躪過整個中歐。又過了七百年，從中亞沙漠裡傳出的歡呼聲使俄國成了亞洲的屬國，對歐洲其它國家也長期造成傷害。來自亞洲的另一個部族土耳其人，在長達五百年的時間裡，讓東歐流了那麼多血，造成那麼多悲劇，直至今日仍讓人能感受到。再過一百年，我們或許能看到一個聯合的亞洲，再次發動戰爭，急切地對自從伯索德·施瓦茨發明槍炮以來，我們對亞洲孩子們的所作所為進行報復。

亞洲中央高原 (The Central Asiatic Highlands)

亞洲陸地總面積有一千七百萬平方英里，由五個高底不平的大地組成。

　　首先，靠北極最近處有塊大平原，對此我們在講俄國時已提及。與它緊鄰的中央高原，然後是西南高原，再往南一點就是南部半島，最後是東部半島。

　　亞洲中央高原是由一系列相對較低的群山慢慢地升高而成，高原走向由東向西或由東南向西北蜿蜒平行延伸，但絕對不是從北向南走向。由於火山猛烈爆發，許多地方地殼嚴重地破裂、彎曲、摺皺，所以造成許多粗糙的輪廓。如在貝加爾湖（Baikal）的東邊是雅布洛諾山脈（Yablonoi），西邊是杭愛山（Khangai）和阿爾泰山（Altai）以及貝加爾湖（Baikal）正東的天山（Tien-shan）。這些山的西邊是大平原，東邊是蒙古高原，成吉思汗的祖先所在戈壁沙漠就在這個高原上。

　　戈壁沙漠西邊還有一個稍微低一點的土耳其斯坦高原，那裡有個帕米爾（Pamir）峽谷，瑞典旅行者斯文·赫定（Sven Hedia）發現了羅布泊，可是他也在附近失蹤了。在地圖上，帕米爾河似乎是沙漠裡的一條小溪，然而它實際上比萊茵河要長出1.5倍，別忘了，亞洲陸地所占的比例是最大的。

　　在土耳其斯坦（Turkestan）高原的正北面，也就是阿爾泰山脈和天山山脈之間，有一條大峽谷，直接與吉爾吉斯

（Khirgiz）大草原相連。正是通過這條大峽谷的一條走廊，直接與吉爾吉斯大草原相連。正是通過這條大峽谷的一條走廊，所有沙漠部族的漢人、韃靼人、土耳其人才能對歐洲進行了數次大掠奪。

塔里木（Tarim）盆地南方，更精確地說是西南方，地殼變得非常複雜。塔里木也被一個稱為「世界的屋脊」的帕米爾高原所隔斷，裡面有個克里蘇斯峽谷（Oxus），也被阿姆河（Amu─ Darya）（最後流入鹹海）隔斷。希臘人早就知道從小亞細亞和美索不達米亞有條路經過帕米爾山脈能直接到達中國，但必須通過無數山口，這些山口的平均高度在海拔1.5萬英尺以上。請記住，雷尼爾山（Ranier）才僅僅1.4萬四千英尺高，白朗峰是1.5萬英尺，這樣你對這些山口就會有些基本概念，它們的平均海拔比歐洲和美洲最高的山峰都高。正因為如此，我們把任何高山與這些摺皺起來的地殼相比，都使它們相形見絀。

帕米爾高原由此開始，大山脊從此處向四面八方輻射，向北有前面已提過的天山山脈、崑崙山脈；塔里木盆地將它與西藏隔開。喀喇崑崙山雖然不長，但非常陡峭，最後是喜馬拉雅山脈，它的南部是與印度的分界線，珠穆朗瑪峰（聖母峰）和干城章嘉峰的海拔都達二萬九千英尺，也就是五點五英里高，打破「海平面最高」的紀錄。

關於西藏高原，平均高度在一萬五千英尺以上，這是世界上最高的地方。南美的波利維亞（Bolivian）高原的平均高度是一萬一千英尺至一萬三千英尺，那兒實際上已無人居住，西藏的土地面積差不多是俄國的2／5，人口只有二百

西藏高原圖

萬。西藏的實例表明，人體對空氣壓力的忍受極限也有個習
慣問題。那些跨越里奧格朗德山（Rio Grande）、到墨西哥
首都小住幾天的美國人都會覺得很難受，但不知那裡的海拔
才僅有七千四百英尺。前往當地前他們事先都會被告知，如
果誰走到半路，心臟出了什麼毛病，千萬別像在國內一樣亂
壓亂擠，要沉得住氣，用拳頭猛擊患者的胸部。西藏人每天
不但要走近百個峽谷，而且要像騾馬一樣背馱重物翻山越
嶺，這是他們與外界進行交流的唯一方法。

　　西藏較同一緯度上的西西里（Sicily）島靠南方六十英
里，但是這兒常年積雪達六個月之久，溫度很少降低於三十
度。但是高原上常有可怕的風暴，猛烈地刮過南部荒涼乾燥

的鹽湖，揚起的塵雪，給人們的生活帶來極大的不便。同時西藏是非常嚴肅的體現宗教。

西藏的佛教，並非是基督出生又死去六百年，那位柔和的印度王子，所創造的教義，它已經完全改變，教義充滿魔鬼、邪門歪道，而把原創者許多高貴的大亞洲信念拋棄。但西藏一直是佛教的堡壘，它對於抵制西方來的穆斯林和南邊印度來的異教徒宗派的衝擊，有很大的保護作用。它的世襲制從未中斷過的部分原因，是它有一個非常特殊的制度，也就是由宗廟執行的一個幾乎可以自動繼承佛教繼承者的制度。

佛教徒們始終認為，人的靈魂是可以輪迴轉世。人死後的靈魂必然會自動出現在某一地方。當找到它，並與原來的人相印證，就十分的重要。對此人們也不難發現，基督教與它有許多相同的觀點和結構，儘管基督（Christianity）教要比佛教出現晚得多。虔誠的佛教徒有避開罪惡的習慣，而聖徒約翰（John）在回歸山野之前，過了一段很長的現實生活。佛教徒主張禁慾，在聖西米恩（Saintsimeon）爬上尼羅河峽谷柱子頂端前，他們就已經不娶妻生子了。西藏的佛教在政治上有很大的力量。成吉思汗（Genghis Khan）的孫子，也就是忽必烈（Kubla Khan），很高興被感化成為一位佛教徒，正是他，為了報答佛給他的恩情，指定了西藏一位非常重要的寺院主持為西藏全境的政治領導人，這位新的達賴喇嘛（Dalai Lama），整個佛教世界的精神領袖，就是被蒙古韃靼可汗（Tartar Khan）冊封。此事正如教皇科奧三世（Pope Leo III）冊封西羅馬帝國查理曼（Charlemang）大帝

兩山之間的峽谷

一樣。為了保證達賴這一家族享有至高無上的權力（精神上
的最高領袖），達賴一世打破禁慾的規則，結了婚並生有一
個兒子繼承他的地位。到了十四世紀，一個類似馬丁‧路德
（Martin Luther）的佛教徒，對西藏的宗教進行了一次強大
的攻擊，他提出，由於達賴的佛法無邊，如果他的肉體死
了，但他原來建立的佛教秩序還存在，他的精神在世界上1
／4以上的人的頭腦裡還保存，達賴的工作還由叫班禪喇嘛
（Pontshen Lama）的協助，班禪在佛教徒中有「光輝的佈道
者」之稱。作用有點像副教皇一樣，於是他們提出一種新的
繼承辦法，這種辦法以後未再改變。

　　當達賴喇嘛或班禪喇嘛之一去世後，活著的就必須馬上

把所有西藏出生的男孩的名單列出來，因為死人的精神已經附在活著的某個男孩身上。祈求者經過長期禱告，最後圈出三個孩子，並把他們的名字分別寫在紙條上，再一起放進一個小金箱子中選擇。這個辦法是七百年前中國一個皇帝心血來潮時提出的。然後西藏所有大寺院主持全部聚集到達賴喇嘛的大寺廟裡，全西藏約有三千個這樣的寺廟，但只有少數幾個這樣的寺廟有權派遣代表到這個佛教聖祖的同伴處。再經過一個星期的激烈的祈禱，他們從金匣子裡取出一張寫著某個孩子名字的紙條，這孩子就是達賴喇嘛轉世，於是活佛們就把孩子與其它人隔離開來，準備為他將要履行的職務作準備。

這個制度一直延續了下來，就如那一萬二千英尺的高山仍舊不變一樣。至於這些山，對防禦來自南邊的敵人有非常好的保護作用。直到數年前還沒有外國人涉足這塊延續了七百多年的佛家聖地，這些山在公開出版物中隨處可見，以至於瞭解它們的人比瞭解蒙特山（Vermont）的人來得多。在我們這時期，人們用羨慕的眼光盯著，仍然無法攀登的最重要山峰，看誰能打破那可愛的紀錄。在上個世紀中期，英國人為了從事大地測繪調查，一位工程兵上校把這部分地質情況繪到地圖上，埃佛勒斯峰（即珠穆朗瑪峰）因此聞名，它的高度是二萬九千英尺，正好比美國雷尼爾山高兩倍。所有企圖登上此峰的人都未成功，1924年那次嘗試離主峰只差數百英尺了。兩名志願者準備最後的衝刺，他們帶上氧氣瓶，與其它人員作了最後告別，最後看見他們時，離頂峰只有六百尺，從那以後，他們就消失了。珠穆朗瑪峰仍然沒有被征

服。

對那些登山愛好者來說，這兒是理想的地區。它處在亞洲的中心，面積寬闊，當然，這兒的山峰與瑞士的阿爾卑斯山比起來，阿爾卑斯山簡直就是小孩子在海灘邊堆起的沙丘一般。首先，正如印度說的那樣，這些山常年積雪不化，從長寬面積來說，它雖只有阿爾卑斯山的兩倍，但覆蓋的土地面積卻是阿爾卑斯山的十三倍。某些冰川比瑞典最重要的冰川要長四倍，有四十座山峰的高度超過二萬二千英尺，其中有幾座山峰的高度比阿爾卑斯山最高峰要高出兩倍。

就如西班牙、紐西蘭及其它所有的地質褶皺一樣，喜馬拉雅山相對來說比較年輕（形成的年代甚至不如阿爾卑斯山），約數百萬年而不是數千萬年。如果靠陽光和雨水把它們摧毀，使它們成為一個平坦的地方，那要經過無數時光，但是自然界的力量對地層岩，正在夜以繼日地進行侵蝕。雖然喜馬拉雅山被幾十條小溪和河流造成的深谷切割成大小不等的碎塊。印度的三大主要河流：印度河（Indus）、恆河（Ganges）、布拉馬普得拉河（Brahmaputer）正在對該山愉快地進行蠶食。

從政治上講，喜馬拉雅山也像它一千五百英里長一樣寬大無比。它所提供的光彩絢麗的情景比任何其它山峰都多。它們不僅僅是兩個緊鄰國家的自然分界線，就如阿爾卑斯山和庇里牛斯山一樣，而且因為它如此寬闊，正好把許多獨立國家藏在其中，它們中有一些如尼泊爾，就是著名的廓爾喀（Gurkhes）人之故鄉，其面積比瑞典大四倍，人口約六百萬，他們已經享受一定程度的獨立，還有如克什米爾

（Kashmir）（我們的祖母們的頭巾就來自這兒，英國人招募的著名的錫克（Sikh）軍團出自該地）現在還是英國的屬地，其面積有八萬五千平方英里，人口超過三百萬。

最後，如果你再遊覽一下地圖，你會發現關於印度河和布拉馬普得拉河一點奇怪的事，它們不是發源於喜馬拉雅山，不像萊茵河起源於阿爾卑斯山脈，密西西比河源於落磯山脈一樣；相反的，它們起源主要山峰的另一邊。印度河的源頭在喜馬拉雅山和喀喇崑崙山脊之間，而布拉馬普得拉河開始在西藏高原上由西向東流，然後一個急轉彎，縮短河道，突然改向，由東向西匯入流經喜馬拉雅山和德干（Deccan）高原的恆河，最後從印度半島入海。

眾所周知，流水有一種很強的沖刷作用。如果河流是山形成後才出現的，這兩條河流就會穿越喜馬拉雅山，可是現在我們不得不證明河的歷史比山要早的結論，印度河和布拉馬普得拉河是在地殼開始受到巨大壓力，此處緩慢升高，最終成為世界屋脊以前已經存在，只是這些山的形成過程非常緩慢（時間畢竟是人的發明，而宇宙是無窮無盡的），以致他們能憑借自已巨大永恆的沖刷力，仍然保持在地表層。我們只能這樣解釋。

地質學家們聲稱，喜馬拉雅山現在仍在緩慢地升高。我們現在生活的薄而硬的地殼，就如我們身上的皮膚一樣能伸能縮，地質學家們或許是對的。正如我們知道的一個事實一樣，瑞士的阿爾卑斯山正在慢慢地從東向西移動，喜馬拉雅山也可能如南美的安地斯山（Andes）一樣，也在緩慢升高。在自然實驗室裡只有一種規律，所有科學家都必須遵守

──事情總是在變化之中的，對那些至死都不承認這種事實的人必然會受到懲罰。

亞洲西部高原 (The Great Western Plateau Of Asia)

　　帕米爾（Parmir）高原中部有一寬大的山脈，那兒除了一系列的高原外，沒有任何特色，該高原蜿蜒向西，直到黑海和愛琴海邊才止。

　　我們對這些高原的名字比較熟悉，因為它們在人類歷史過程中佔非常重要的作用。如果僅提它的貢獻，除非我們現在所有的人種學家的推測都錯了，不然，從印度河到地中海沿岸之間的峽谷和高原，不僅是撫育各色人種最早的地方，還為人類奠定了一些教育的基礎，人類從那學會基礎科學以及人與動物的基本區別等道德信條。

　　依照它們對人類貢獻的先後順序排列，首先是伊朗高原，幾乎都是在海拔三千英尺以上寬闊的鹽漠，四周群山環繞，從北部的裏海和士蘭沙漠（Turanian）邊緣，到南部波斯灣（Persian）和阿拉伯海（Arabian）邊，廣闊地域沒有一條因降雨而讓我們叫得出名的河流。在俾路支地區有幾條不起眼的小河最後匯入了印度河。基爾塔爾山脈（Kirthar）正好把它與印度分開，從1883年起，這兒就成了英國統治的一部分。此塊不毛之地，使大部分亞歷山大的軍隊，從印度返回時因缺水而幾乎全軍瓦解。

　　數年前的阿富汗非常引人注目，因為它落入一個新的統治者手裡，他在前往歐洲旅行時故意一路招搖，企圖透過這

種公開宣傳方式，企圖得到別人的承認。那個國家有條赫爾曼德河（Helmond R.），發源於從帕米爾高原向南延伸的最高山脈之一興都庫什山脈（Hindu Kush），最後消失在波斯（伊朗）與阿富汗交界處的西斯坦湖（Seistan）。然而，阿富汗的氣候要比俾路支斯坦（Baluchistan）好多了，在許多方面具有重大的作用。印度和亞洲通往歐洲的貿易走廊，就是通過這個國家的中部，從西北部的一個省的省會白夏瓦（Peshawan）到首都喀布爾（Kabul）之間，有個著名的開伯爾山口，從這兒穿越阿富汗高原就可直達西邊的赫拉特（Herat）。

　　大約在五十年前，俄國與英國為控制這個緩衝國而發生了戰爭。恰好阿富汗人個個是出色的戰士，使得那些南來北往的人們不得不更加小心謹慎。歷史上第一次阿富汗戰爭在1838～1842年爆發，其情景很難讓人忘記。當時有一股英國人從阿富汗返回報告說，地方上一個不孚眾望的領導人如何對不服從他領導的阿富汗人大開殺戒，於是英國人小心翼翼地越過了開伯爾山口（Khyber），俄國人在1873年就占領了希瓦（Khiva），正在向塔什干（Tashkent）和薩馬爾卡（Samarkand）挺進。英國人害怕某天早晨醒來時會聽到從蘇里曼山（Sulaiman）那邊沙皇軍隊演習時的射擊聲，於是他們也從山這邊向前推進。最後，倫敦大英帝國的代表與聖彼得堡沙皇的代表都說請對方放心，他們在阿富汗的行動完全沒有什麼私利，也沒有什麼領土野心，對阿富汗人民表示尊重和頌揚。於是雙方政府工程師加緊工作，計畫修建一條鐵路讓貧苦的阿富汗人「從沙漠能直達出海口以便結束惡劣

的自然環境」，也可以讓愚昧無知的阿富汗人直接享受到西方的文明。

第一次世界大戰不幸使該計畫流產。俄國人深入到赫拉特（Herat），從那裡，你今天可以乘火車到土庫曼蘇維埃社會主義共和國的馬利（Mary），直到裏海邊上的港口城市克拉斯諾伏斯克（Krasnoyarsk）。轉乘船就可到巴庫（Baku）和西歐。另一條路是從馬利取道布卡拉（Bokhara）到烏茲別克（Uzbek）共和國的浩罕，它在當地是第三大鎮，建於三千年前，當時就如當今巴黎一樣重要的宏大古城貝克特亞廢墟上，這兒是佐羅斯特（又稱扎拉斯汗）發動道德宗教運動的中心。佐羅斯特不僅征服了整個波斯，而且其勢力迅速到達地中海區域。他改革過的宗教在羅馬人心中如此受歡迎，以至於很長一段時間裡，成了基督教最重要的競爭對手。

與此同時，英國人也正把它的鐵路由海德拉巴（Hyderabad）向俾路支的奎達（Quetta）推進。再到堪達哈（Kandahar）。1880年，英國人在堪達哈向在第一次阿富汗戰爭時抵抗過他們的阿富汗人進行了大規模的報復。

除此之外，伊朗高原還有一部分也應該引起注意，今天，它僅僅成了過去光輝歷史的陰影，然而它應該是一塊特別讓人感興趣的大地。當波斯人稱雄該地時，他們的藝術、繪畫都達到輝煌的頂點，某些藝術水平甚至不低於現在。這種輝煌的第一時期，比耶穌出生還早六百年，波斯當時是處於從馬其頓（Macedonian）到印度龐大帝國的中心，後來被亞歷山大摧毀了。但又過了五百年，在薩桑尼茲王朝，波斯

連接歐亞大陸的陸上橋樑

又恢復了以前的英雄謝賽斯和卡姆比斯時期的領土，恢復了佐羅斯特的信念 以及所有以前王朝時期的純淨，搜集失散的文學，編輯成冊，那就是波斯有名的《亞吠陀》經解合刊，讓伊朗法罕（Isfahan）之花再次在沙漠開放。

有人說，在七世紀初期，阿拉伯人征服了波斯，穆斯林打敗了佐羅斯特。如果情況真的如此，當時這個國家的文字應該對此有所記載，但在出生於尼沙普爾的那位帳篷製造商的兒子奧馬爾的著作中，對國家的繁榮還有耐人尋味的描寫：在庫爾德斯坦和霍拉桑之間的沙漠腹地，那時還有一片繁榮，有位數學教授，把主要時間分別用在代數和寫四行詩上，他有誠摯的愛和誘人的陳年葡萄酒，如果不是在一個既聰明又成熟的文明社會，這種現象幾乎不可能出現，更不會容忍在聖堂之上專門從事職業教育。

然而，今天波斯人的興趣更喜歡散文體裁。在這兒發現了石油，這不一定就是好事，因為他們國家還太弱小，以至於保護不了自己的利益。從理論上講，埋藏在祖先墳墓裡的任何財寶，所有當地人都應該是最主要的受益人，但實際情況並非如此，只有遠在德黑蘭蘇丹少數幾個最親密的朋友從土地轉讓權中變富了，油井附近住的數千男女只能偶爾才從雇主那裡獲得一份少得可憐的工資，而大量的利潤都進了那些認為波斯僅是個地毯之國的外國投資者手裡。

不幸的是，波斯在人們眼中似乎總是屬於貧窮、管理不善的國家之一。它的地理環境常常受到指責和詛咒，這全是沙漠，而且處於歐亞一條主要通道上，其中有塊土地是最重要兩個部分的聯接處，於是，這塊不毛之地就永遠是他國較

量之處，兩個敵對集團較量廝殺的戰場。我剛才就波斯所說的，也完全適合於亞洲西部所有地區。

從帕米爾高原一路向地中海方向延伸的一連串高原中，最後一個是亞美尼亞（Armenia）和小亞細亞（Asia Minor），亞美尼亞西部與伊朗高原相連，是一塊古老的大地，比這兒的火山土要古老，比正在這兒受苦受難的老百姓更古老。它是另一個橋樑通道國家，不管是誰，如果想從歐洲到印度去，就必須從這高高的庫爾德斯坦山脈（Kurdistan）的峽谷中穿行，當然，旅行者總有一些企圖抄近路者，其歷史可追溯到大洪水時期。

亞拉特山峰（Ararat）是該地區的最高峰，海拔1.7萬英尺，幾乎比埃里溫（Yerevan）平原高出整整1萬英尺，當地球上的洪水開始消落時，諾亞方舟就降落在這個平原，我們對此知道比較確切，因為約翰·曼德維爾爵士（John De Mande）在十四世紀初期訪問這個地方時，他還找到了大舟在山頂附近降落的遺跡。亞美尼亞人屬於地中海人種，因此也是我們的近親，他們是何時移居此地還說不清，然而，如果以他們現在的死亡速度推算，他們不應該還會有倖存者。因為僅僅在1895～1896年間，當時統治亞美尼亞高原的土耳其就屠殺了他們數萬之眾；與庫爾德（Kurds）人相比，這些土耳其人絕對不是亞美尼亞人最凶惡的敵人，他們的野蠻程度還不及庫爾德人的一半。

亞美尼亞人通常都是最虔誠的基督教徒，雖然他們在羅馬人之前承認基督教，但他們的教堂裡卻保存著幾種其它制度，如教士職位世襲制，在所有西方正統的基督教徒眼裡，

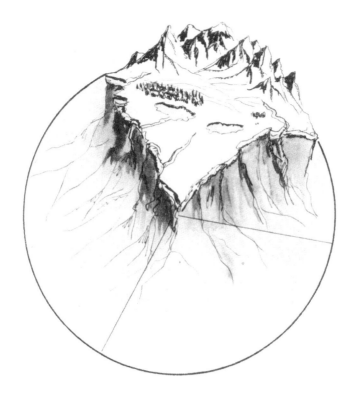

地球上水與陸地的總數

這是最不能容忍的事。因此，當穆斯林庫爾德人對亞美尼亞人大肆殺戮、搶奪他們的土地時，歐洲對此保持沉默。

後來爆發了世界大戰，英國在這一地區全線崩潰，為了解救在美索不達米亞（Masopotamia）的英軍，同盟國企圖從後面進入土耳其。像凡城湖（Lake Van）、烏米亞湖（Urmia Lake）這些名字，儘管它們都是世界上最大的高山湖之一，可是以前從不被外界知曉，現在突然天天出現在我們的報紙上，埃爾祖魯（Erzerum），這個老拜占庭帝國在小亞細亞前哨城鎮，自十字軍東征以來還從未這樣被人注意過。

當戰爭行將結束時，因為出了一件突發事情，亞美尼亞人希望那些長期折磨他們的人都遭瘟疫死掉，也是為了報復這些人，於是加入了蘇聯。俄羅斯人在19世紀就已經把這些地方併入俄國的版圖，戰後，蘇聯允許他們在外高加索山腳的裏海和黑海之間，分別組建亞塞拜然和亞美尼亞共和國。

然後，讓我們把目光從作出了傳統犧牲的土耳其人的憤怒轉向土耳其自己時，也把目光向西移動一點，進入小亞細亞高原。

小亞細亞，以前曾是老土耳其帝國的一個省，今天只不過成了土耳其人統治世界的一個惡夢而已。小亞細亞的北部是黑海，西邊是與歐洲分界的馬爾馬拉海（Marmara）、博斯普魯斯海峽（Bosporus）、達達尼爾海峽（Dardanelles），南部與地中海相鄰，它的中部被托魯斯山脈（Taurus）攔腰截成兩半。這兒的地形比伊朗、波斯、亞美尼亞要低，有一條著名的鐵路即所謂的巴格達（Bagdad）鐵路橫穿其中。

耶路撒冷

該路在過去的三十年中具有重要的地位，英國和德國都想控制它，因為它是君士坦丁堡（Constaninople）與幼發拉底河上的巴格達及小亞細亞西部港口城市伊士麥（舊稱伊茲密爾（Izmir））的交通動脈，它還與敘利亞的大馬士革（Damascus）、阿拉伯的聖城麥加（Mecca）相連。

　　英、德兩國剛就此事達成協議，法國就來插上一腳，希望能在未來的稅收利益方面也能分杯羹。法國人提出，鐵路應該把小亞細亞的北部城市、亞美尼亞和波斯的出海口，正等待著與西方建立適當聯繫的特拉布松（Trebizond）連接在一起。於是外國工程師們重新開始調查，準備建設一條能穿越這塊古老土地的鐵路。說它古老，因為雅典移民的希臘哲學家曾首次提出，那兒是人和宇宙的發源地；莊嚴的教會

委員會在那裡向世界宣告，歐洲人已經在那兒生活了一百年以上；這地方的塔爾蘇斯（Tarsus）就是保羅的出生地，也是他佈道的地方；土耳其人和基督教人為爭奪對地中海地區的控制權，曾多次在此惡戰；在沙漠裡一個被人遺棄了的村莊，一個阿拉伯趕駱駝人突然首次聲稱，他成了真主的化身和唯一的先知先覺者。

鐵路像計畫中的那樣向沿海延伸，繞過那些在古代和中世紀史幾乎是神秘的城鎮和港口——亞達納、亞歷山大勒達、安蒂奧克、的黎波里、貝魯特、蒂雷、西頓，以及巴勒斯坦石頭地上唯一的港口，做出一些對山地人的貢獻。

當戰爭爆發後，該鐵路正如德國人預料的那樣，具有極大的有作用。該路是用德國人最好的設備建築，加上德國人在君士坦丁堡停泊著兩艘軍艦，這兩大因素使土耳其人不得不「認真考慮」是加入軸心國好呢？還是參加同盟國好。在其後的四年中，從戰略的觀點上看，該路的作用很大！因為戰爭的勝負主要取決於海上和西線，當西線早已全面崩潰，東線還固若金湯。讓世界感到驚奇的是，土耳其人在1918年作戰時出色的表現，就如他們在1288年當謝爾朱克（Seljuk）的土耳其人征服整個亞洲時的表現一樣，歐洲人不得不對跨越博斯普魯斯海峽的君士坦丁堡帝國，它那堅不可摧的城牆一樣令人刮目相看。

直到此時，本地才完全平靜下來，適合於和平建設。以前雖為歐亞地區的小亞細亞、亞美尼亞、伊朗波斯高原的橋樑就從來沒有享受過像現在如此安寧的日子。這是基於以下事實：小亞細亞不僅是商業道路上的重要部分，也是印度、

中國通往希臘、羅馬的必經之道。當我們這個世界仍然年輕時，地中海多數知識性活動和商業生活都並非希臘本身所創，希臘其它地方的城市變成了雅典的殖民地時，西亞城市也跟著繁榮起來。亞洲古老的鮮血與新民族的血融匯在一起。即使是在現代地中海東部諸國人種中，在此從事買賣的公平性或忠實性等方面都是名聲狼藉。對此，我們或許能從其固有的傳統中發現他們的遺傳基因，因為在長達數百年的生活中，他們都身處敵人的包圍，因此很少會去相信別人。

在謝爾朱克的統治下，最終全面崩潰是不可避免的。由於土耳其經常處於沒有對手的情況下，因此軍隊的腐敗就不足為奇了。但是今天，這個半島仍然保持著鄂圖曼帝國所有的光榮，土耳其在歐洲的城市只剩下君士坦丁堡（Constantinople），他們的祖先在艾德里羅泊爾生活了整整一個世紀，於1453年搬回到君士坦丁堡，由君士坦丁堡發號施令，統治整個巴爾幹、匈牙利全部和俄羅斯南方大部分地區。

在長達四百年的統治中，因政策錯誤，統治毫無成效，帝國遭到毀滅性打擊，造就了今天這個版圖。君士坦丁堡，這個最古老且最重要的商業壟斷城市，數千年來一直是俄國南部穀物貿易的集散地，它的地理位置可以說是得天獨厚，它的港口被人稱之為金角灣和多角灣，海裡到處都是魚，以至於從來就沒聽說過此地曾發生過飢荒。可是現在它淪為一個三流省城。因為新的土耳其領導人在戰爭結束後，看到該城已是千瘡百孔的廢墟，於是明智地宣布，君士坦丁堡已經從原來光榮的歷史地位上嚴重退化，它裡面住滿了希臘人、

亞美尼亞人和地中海東部斯拉夫國家的鄉下人、十字軍東征留下來的各種賤民，土耳其人想要使這樣一個地方恢復其原有生機，建成一個現代化城市，幾乎是不可能的。於是他們自己選了一個首都，即安那托力亞高原腹地的安卡拉市（Ankara），這兒離君士坦丁堡差不多二百英里左右。

安卡拉（Ankara）也是一個非常古老的城市。在我們這個時代開始前四百年，有個叫高盧（Gauls）的部族曾生活在那裡，其中的一個分支後來轉移到了歐洲並占據了法國平原。安卡拉歷經這條主要貿易通道上的興衰，十字軍東征曾占據過，韃靼人曾在這兒停留過，甚至到了1832年，埃及一支軍隊還把此地所有的房屋付之一炬。然而，正是這個地方，卡邁爾·凰桑（Kemal Pasha）把它選為自己新建國家的首都，他把所有不能被同化的因素都排除在外，把住在希臘、亞美尼亞及其它國家的土耳其人吸引回國，他重整軍隊，提出平等的思想取得大眾的信任。在經過長達一千五百年的戰爭踐踏和被人忽視後，他使土耳其成為別人關注的地方，說得更精確點，是安那托力亞山脈（Anatolia）讓華爾街的銀行家們在環顧四周後，認為土耳其是值得投資的地方，是會產生巨額利潤的國家。

與此同時，小亞細亞與被認為在未來的歐亞貿易中會起具重要地位。伊士麥（Izmir）正恢復它原有的地位，在古時期亞馬遜族女戰士統治這個亞洲國家時，建立了她們奇特的國家制度，在這個國家裡，所有的男孩都被處死，男人們除一年一次外，是不允許涉足其境的，除非是為了延續這個種族才讓他們來一次。

愛夫塞斯（Ephesus），保爾在此仍能發現理想之神查斯特‧萊娜（Chaste Diana）的神聖之位。至於亞馬遜族，已經從地球上消失掉了，但在她們原來占據的地方附近，可能會成為最賺錢的無花果的公園之一。

　　再往北一點，經過帕爾馬（Palma）廢墟（古代最大的文學中心，羊皮紙文稿即出於此地），鐵路繞過羅伊平川與馬爾馬拉（Marmara Sea）海邊的潘德馬（Pandma）相連。從潘德馬乘船到斯庫台（Skuktai）僅一天就到。世界著名的「東方快車」〔倫敦－加萊－巴黎－維也納－貝爾格萊德（Belgrade）－索非亞（Sofiya）－君士坦丁堡〕道可以通過火車繼續與安卡拉、麥地那（Medina）相連再從這些地方轉到去阿勒坡（Alep）－大馬士革（Damscus）－盧德（Lourdes）（換汽車可到耶路撒冷和加發等）－加薩（Gaza）－伊斯美利亞（Ismailia）－坎拿哈（Qanaha），這兒又與蘇伊士運河（Suez Can）相連，可乘船沿尼羅河而上，最遠可達蘇丹。

　　如果沒有世界大戰，該路可能會從歐洲、印度、中國和日本運送人員和貨物，再從這個地區轉換船隻走完其餘部分，但目前需要一段時間維修，而飛機是乘客的主要交通工具。

　　小亞細亞的東部住著亞美尼亞人的宿敵庫爾德人，他們也像蘇格蘭和世上多數山地人一樣，庫爾德人也分成各種氏族，各部族之間各自為政，與他們進行商業交流和在那兒發展工業文明時一定要小心謹慎。他們是一個可怕的舊種族，對此，謝尼芬在《倒退一萬年》（多愚蠢的書！）中有過描

寫：「他們與我們歐洲本屬同一祖先，只不過他們皈依了伊斯蘭教」。正是這個原因，他們對其基督教鄰居從不信任，第一次世界大戰結束後所有新成立的穆斯林國家也都如此。經歷過第一次大戰的人都認為，他們這樣做不是沒有原因，當歐洲大國把「官方撒謊」公然作為國家的一種戰略使用時，人們有理由對此終生不忘。

最後當和平來臨時，沒有人對和平的結果表示滿意，因為舊恨加新仇，歐洲幾個強國馬上在原土耳其帝國各地，以「國際聯盟」委任的名義，安插自己國家的人。事實很快證明，他們對待當地人的行為比原來土耳其統治者的所作所為有過之而無不及。

法國為了控制敘利亞，在那裡大量投資，一個以金錢和軍隊作後盾的高級委員會進行著管理300萬敘利亞人的工作。敘利亞人並不問他們「歐洲特派員」是什麼角色，實際上這裡不過是強國蹂躪下的殖民地，只是名稱好聽一點而已。因此很快的讓敘利亞人四分五裂的各種因素消失，轉而恨起他們的共同敵人法國人，庫爾德人與他們的世敵黎巴嫩天主教馬龍派（老家是西亞古國腓尼基）握手言和，天主教徒停止虐待猶太人，猶太人也不再輕視天主教和穆斯林，法國為保持自己的地位，不得不建起許多大絞架台。隨後，秩序是明顯好轉起來，但敘利亞又很快成了另一個阿爾及利亞，這並非意味著老百姓轉而喜歡「歐洲委員」，而是他們的領導人被送上了絞架台，其它人缺少繼續戰鬥的勇氣而已。

關於底格里斯河（Tigris）和幼發拉底河（Euphates）

的峽谷，正在設法提高君主主義和巴比倫的廢墟而努力。尼尼微（Nineveh）現在成了伊拉克王國的一部分，但是，新君主似乎一點兒也不欣賞哈姆萊比或阿休─巴林─帕爾的自由行動。因為他們是被迫承認英國的宗主國地位，國王法薩爾如需決定比挖掘古代巴比倫的下水管道更重要的事，皆需等待來自倫敦的指令才能執行。

至於巴勒斯坦（Palestine），也屬於該地區。該國不比歐洲如石勒蘇益格─荷爾斯泰因（Schleswig-Holstein）這種第九流大公國大多少，但是，不知是怎麼回事，它在人類歷史上所起的作用比某些一流的帝國還要大。

猶太人原來的祖先，在離開他們在美索不達米亞（Mesopotamia）的村莊後，漫遊著穿過阿拉伯沙漠北部，再跨過西奈半島（Sina）和地中海之間的平原，到埃及住了數百年，終於又折回到原地。當他們來到朱迪亞（Judia）山脊與地中海之間那塊肥沃的狹長地後，與原來居住在此地的人進行了一場痛苦的戰鬥，最後當地人喪失大量的土地和村莊，於是猶太人就在這兒建立起自己獨立的猶太國。

他們的日子不可能有舒服。西邊有巴勒斯坦人和克里特島上的閃米特人，已經讓海岸邊人滿為患，也因此把猶太人與海徹底隔離開；在東邊，有個奇特的自然景觀，是個巨大的裂縫，由北向南一條直線，最深處比海平面要低一千三百英尺，這又使他們的國家與亞洲隔離。今天，也有人像約翰・巴普蒂斯特一樣，選中該處作為他最終住處。這個地縫北起黎巴嫩和前黎巴嫩山，向南延伸直到與約旦河谷相連，這兒的太巴列湖（Tiberias）、加利利湖（Galileel）都低於海

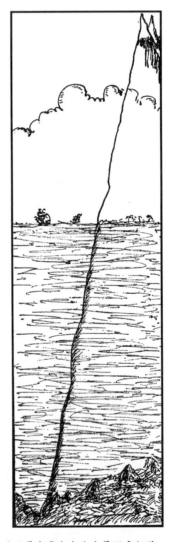

陸地的最高峰與與海底最深處相差11.5公里
相當於地球直徑的1／700

平面五百二十六英尺，死海（The Dead Sea）比海平面低一千二百九十二英尺（美國加利福尼亞死亡之谷低於海平面二百七十六英尺，是美洲大陸最低處），約旦河（Jordan）流入死海，由於蒸發太厲害，死海的含鹽量達25％，只要穿過這塊古老的土地，就到了紅海之角阿卡巴灣（Gulf of Aqaba）。

這個大裂縫的南邊是世界上最熱最荒涼的地區，地裡全是瀝青、硫璜、磷礦石和其它有腐蝕性的混合物質組成。只有現代的化學家們才能從中獲得巨額利潤（戰爭爆發前，德國人在該地成立了一個可怕的死海瀝青公司），此事很可能對過去相當長一段時間裡對當地老百姓造成恐怖和害怕是個鼓舞，當地群眾把偶然一次地震摧毀「罪惡之地」的建築一事歸咎於上帝對基督教行動不忠的報復。

當他們跨過與大裂縫平行的朱迪亞山脊後，這兒的氣候與風光都是另外一片景象，這對最早從東方沙漠地帶移民過來的人必定會留下深刻印象，他們一見此地就歡呼雀躍，認為這是塊「漂浮著牛奶和蜂蜜」的土地，現在到巴勒斯坦來訪問的人會覺得這兒牛奶並不多，蜜蜂也顯然沒有足夠的鮮花可供採蜜。然而這並非我們經常聽到的那種氣候變化的結果。這兒現在的氣候與耶穌的十二門徒之一從達恩閒逛到貝爾謝巴時相差無幾，當時他們有是的黃油與麵包供應，有足夠的大棗和山葡萄供遊客們享受。然而，對氣候起破壞作用的是土耳其人和十字軍東征統治時期。十字軍東征開始對該地獨立時期和羅馬統治時數百年期間興修水利設施進行破壞，土耳其人更把剩下的搗毀得一乾二淨。只要有水就能帶

來豐收的這塊土地就這樣徹底荒蕪了，9／10的人死的死走的走，耶路撒冷成了遊牧民族貝魯因人的一個村莊，住在附近的幾個基督教部族與穆斯林鄰居之間從來就沒有停止過爭吵。對穆斯林來說，耶路撒冷也是一個重要的聖城，阿拉伯人認為，他們就是那個不幸的伊斯梅爾的嫡傳子孫。據說，伊斯梅爾和他母親黑格是在亞伯拉罕的妻子的要求之下被驅逐進荒野之中，這個趕別人的女人無疑是薩拉。

但是伊斯梅爾和黑格並沒有從這塊不毛之地消失，他們認為撒哈拉就如一塊綠洲，伊斯梅爾還與埃及一位女子結了婚，並最終成了整個阿拉伯世界的創始人。因此，直到今日，他和他的母親的墳墓還在麥加最神聖的教堂中心卡巴（Kaaba），麥加（Mecca）是所有穆斯林人一生中必須朝拜一次的地方，不論他的居住地與這塊聖地的距離多麼遙遠，或路途多麼艱辛。

阿拉伯人在征服耶路撒冷之後，就在石頭上建起一座清真寺，根據傳說，建這座著名清真寺的人，正是所羅門的遠親、亞拉伯罕的另一直屬後裔。然而由巴勒斯坦人所管轄的神聖石頭與流傳下來的屬正統猶太的圍牆即「哭牆」之間的爭鬥，是兩個不同種族之間長期不和的直接原因之一。

誰能對未來的發展做預測？當英國人占領了耶路撒冷之後，他們發現這兒的居民中80%是穆斯林（敘利亞人和阿拉伯人），20%的是猶太人和猶太基督教人。作為現代阿拉伯世界中最大的統治者英國人，如果做出什麼事傷害眾多忠於他們的臣民的感情，那就不值得了，但又不敢為憐憫數萬另有所圖的猶太人而得罪五十萬巴勒斯坦穆斯林。

於是就出現了戰後不傷害任何人的凡爾塞條約式的妥協。現在的巴勒斯坦是英國人的托管地，英軍在不同派別之間維持秩序，政府的管理官員從能講流利的英語的猶太人中挑選。但這兒是個道道地地的殖民地，沒有完全的政治獨立。鮑爾斯先生在開始他的巴勒斯坦之行時，曾滔滔不絕卻含糊其辭，也拒絕答應這兒就是未來猶太人的國家。

如果猶太人自己知道與原來的祖國應該發生怎樣的關係，那問題可能就變得簡單多了。特別是俄羅斯的東歐正統猶太人，他們希望在這兒建一個大神學院，裡邊保留一個小型古色古香的希伯萊博物館。年青的一代，能記得那句聰明的預言「死者應該埋葬死者」，因為在感情上有過多的懺悔，總記著過去的輝煌與光榮，必然容易與未來的光榮與輝煌嚴重衝突。巴勒斯坦人希望能建立一個正式的現代化國家，就如歐洲的瑞士和丹麥那樣，他們的男男女女所關心的是如何擺脫猶太人的陰影，他們所感興趣的是希望有比經常與他們吵架的阿拉伯的鄰居們更好的水利灌溉設施和道路，至於那塊已成為他們前進中障礙的石頭，能不能從中抽出水來才最為重要。

阿拉伯（Arabia）何時是亞洲的一部分，何時又不是

　　根據一般的地圖或地圖集，阿拉伯都是亞洲的一部分。但如果根據火星的某位來客的箴言，由於他們不瞭解這個星球的歷史，很可能得出一個不同的結論，會把阿拉伯這個什麼也不長的沙漠，看成是撒哈拉的延續；只不過這個地方被印度洋一個無關緊要的、非常淺的海灣（即紅海）隔開而已。

　　紅海（Red Sea）的長是寬的六倍，裡面布滿暗礁，最深處約三百噚，與實際上屬於印度洋一部分的亞丁灣（Gulf of Aden）相連，其深淺不一，一般從二噚到十六噚不等。這個到處都是火山島的海灣，很可能原本就是一個內湖，在波斯灣（Persia Gulf）英吉利海峽形成前，北海並非一個真正的海一樣。

　　至於阿拉伯人自己，他們對屬於亞洲還是屬於非洲都無所謂，因為他們自稱是「阿拉伯島國」，那是一個面積比德國要大出六倍的一塊土地，人口與面積絲毫不成比例，還不及一個倫敦市多。但是，這七百萬現代阿拉伯人原來的祖先，必然具有特殊的體質和精神支柱，因為他們能世世代代讓自己銘記，世界上大多數的地方都是另一番天地，他們可是從沒有在自然那裡得到一丁點好處。首先，他們居住的這個國家，其氣候條件就根本不適合人類居住，這兒不僅像撒

哈拉沙漠一樣，沒有任何河流，而且是地球上最熱的地區之一，特別是南端和東邊，天氣潮濕多雨，很不適合歐洲人生活，但在半島的東部和在海拔六千英尺的西南部山區，氣溫的變化之大，只要太陽一下山，不到半小時，溫度就會從原來華氏八十度降到華氏二十度，人和動物都對這種突然驟變無法容忍。

如果沒有地下水，整個地區將成為無人區。至於沿海地區，並不比英國最北部的亞丁好多少。

然而，只要深究一下，我們就會發現，阿拉伯半島從來就沒有成為一個像法國和瑞典那樣國家。第一次世界大戰期間，因同盟國在這兒不負責地亂許諾，結果從波斯灣到阿卡巴灣（Gulf of Aqaba）之間，共有十三個所謂的獨立國家出現。即使是北部的外約旦、巴勒斯坦與敘利亞之間的那塊不毛之地，一味按耶路撒冷指令辦事的埃米爾也宣布獨立了。當然，他們獨立僅是名義上的獨立，如波斯灣、哈德拉茅南邊的矣爾·赫加茲。說赫加茲重要不僅是它自己的一段鐵路〔巴格達（Baghdad）鐵路最後的一段，現在已延伸到麥地納，計畫將修到麥加〕，而且它還控制阿拉伯世界兩座聖地：穆罕默德的出生地麥加，埋葬地麥地那（Medina）。

即使是在七世紀初期，如果不是出現了穆罕默德出生於此地這種激動人心的事，這兩個地方還是沒沒無聞的。享有極高聲譽的穆罕默德，生於公元567年或569年，生下幾個月後，其父就死了，沒過多久，母親也相繼去世，他只好與貧窮的祖父相依為命。年輕時，他是一名趕駝人，與其它人乘著大篷車，遊遍了整個阿拉伯世界，他甚至有可能渡過紅

海，也有可能到過阿比西尼亞（Abyssinia），當時阿比西尼亞企圖把阿拉伯變成非洲的殖民地（這並非難事，因為沙漠中那些不同部族之間的仇恨太深，經常發生的爭吵）。

穆罕默德因與一位寡婦結婚故放棄遊牧生涯，轉開一家小店，從事穀物買賣並為過往駱駝提供飼料。穆罕默德就像患有癲癇病或痙攣症的患者一樣，發病時會產生一種奇怪的幻覺，他就如其它受病痛折磨的病人一樣，希望能從訴說自己的不幸遭遇中得到一些自我安慰，他告訴左右鄰居們說，他發愣時從真主那裡得到了革命指示，他的想法可不是一般人的思考邏輯，他發現他要給他自己的宗教，提出某些明確、有系統的定義。他滔滔不絕地談論應如何恢復古代亞伯拉罕和伊斯梅爾的信念，有時甚至把基督教的某些觀點與他的觀點混在一起，以滿足那些未曾聽人說教者的需要。當他與不毛之地的部族談論任何事情時，當地人都會洗耳恭聽。某天，他在一家菜店突然放聲大笑，說自己成了預言家，起初，麥加的鄰居們給了他一些壓力，最後，他們對他有些不客氣，使他感到生命受到威脅，遂逃離麥加，開始專職佈道生涯。

關於他的教義，我列不出細節來，如果你感興趣，可以買一本《可蘭經》來讀一讀，你會發現讀起來很費勁。阿拉伯沙漠裡突然出來一個可以把閃米特各部族的人的頭腦充實起來的佈道機構，這對穆罕默德的勞動力來說，也足夠了。在不到一個世紀裡，他的教義傳遍了小亞細亞、敘利亞和巴勒斯坦，以及整個北非和西班牙。到十八世紀末，他們已對歐洲的安全形成威脅。

一個人在數年之內能有成就，必須具有特殊的精力和體力。凡是與穆斯林打過交道的人，都知道阿拉伯人是難鬥的武士（包括拿破崙，他在世時能看出誰是個好戰士，但判斷不了誰是個好女人）。他們在中世紀時的大學就證明了他們所具有的聰明才智和對科學的廣泛興趣，到後來為何失去了他們的聲望？我真說不清其原因。如果說這僅是地理條件對人的特點產生了什麼影響，其理論很難站得住腳，有人說，沙漠部族中經常湧現出偉大的世界征服者，但沙漠部族的多數人連基本數字都弄不懂；同樣，也有人認為山地人很善於做出驚天動地的大事，可多數山地人很難改變那種今朝有酒今朝醉、做事粗心大意和粗俗的形象。

十八世紀中期一次巨大的改革運動，使穆斯林內部各種繁多的禮節和盲目的崇拜現象得以淨化，瓦哈比茲斯（Wahhabi）式的勤儉樸素，清苦簡單的清教徒式的生活得以加強，這也可能促使阿拉伯再次走向戰爭道路，如果歐洲繼續在文明的道路上失掉優勢，穆斯林就可能會像十二世紀那樣對我們再次造成威脅，他們的半島是個儲存「強硬」人物的巨大水庫，他們很少微笑，沒有正常娛樂，總是道貌岸然，他們也不可能會被大量的物質財富腐蝕掉，因為他們的生活如此簡樸，從來就不感到缺少什麼。

這樣的民族本身就是一個潛在的危險，特別是當他們有理由對什麼事憤怒不平時，這種騷亂事情在阿拉伯、在亞洲、在非洲、美洲、澳洲都經常發生，這些地方，白人意識並不像我們所希望的那樣容易被人理解。

印度（India）　生產條件急劇改變，人口大量增加的國家

　　是偉大的亞歷山大（Alexander）發現了印度，那正好是耶穌出生前三百年。雖然亞歷山大越過了旁遮普（Punjab），就是錫克人的故鄉，但他並沒有深入印度多遠，絕對沒有進入這個國家的中心，當時印度人住的地方就像現在一樣，主要是居住在北邊是喜馬拉雅山，南邊是德干高原（Deccan Plateau）之間的恆河流域。十八世紀時，歐洲人對這塊奇妙的土地的瞭解主要是根據馬可·波羅提供的第一手材料。

　　一旦從歐洲到這塊盛產香料、大象和金塔大地的水上通道建立起來，地理學家們所要的訊息就滾滾而來，阿姆斯特丹的地圖繪製所就不得不加班加以修正。從那以後，該半島上的每個角落都被踏遍了，並盡可能地在地圖上增加新地名。

　　印度西北部與世界其它地方的聯繫被興都庫什山脈和庫萊克曼山脈切斷，北部是喜馬拉雅山形成的一個興都庫什山到孟加拉灣（Bay of Bengal）的半圓形的障礙。

　　別忘了，在地圖上與印度相關的每件事與在歐洲地圖上的相較之下，比例都被縮小了，看起來讓人覺得滑稽可笑。首先，如果歐洲不算俄國的面積，印度面積與歐洲相差不多，如果把喜馬拉雅山挪到歐洲，它就會從法國的加萊一直

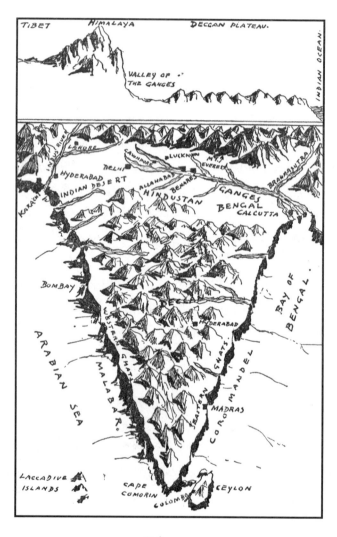

印度

稻田

延伸到黑海，喜馬拉雅山上至少有四十座山峰和歐洲一樣高或還高，山上的冰川比阿爾卑斯山平均大四倍。

　　印度是世界上最熱的地區之一，同時，它有好幾個地方的年平均降雨量也是世界上最多的地區（年平均降水1,274毫升），人口是3.5億，有一百五十種地方方言。如果老天爺幫忙的話，9／10的人可以依靠自給自足的生產方式養活自己，每年因饑荒而死亡的人數超過二百萬（我提供的數字是1890～1900年的），現在英國人已經控制住瘟疫的流傳，它平息了種族之間的混戰，建立了許多水利灌溉設施並引進了一些基本衛生條件設備（這些當然是由印度人自己出錢），但他們生孩子的速度也很快，如果瘟疫、饑荒再次來臨，孩子死亡的機率會增加，一天二十四小時都會有人往貝拿勒斯

山上（Benares）抬屍首，他們很快就會變得和以前一樣窮。

印度的主要河流都與山脈平行，西邊的印度河，上游流經旁遮普（Punjab）全境，然後衝過北部山區，它為來自亞洲北部的侵略者們進入印度斯坦心臟地區的通道。至於印度人的聖河恆河（The Ganges），幾乎完全是由西往東流過來的。在流入孟加拉灣前，也有發源於喜馬拉雅山群峰之中的布拉馬普得拉河（Brahmaputra）匯入，布拉馬普得拉河完全向東流，只是遇到卡西山，才改為從東向西流，並很快就匯入恆河。

恆河與布拉馬普得拉河平原地帶是印度人口最密集的地方，只有中國才有幾個地方像這兒一樣，數萬人擠在一起，必須為少得可憐的生活必需品而相互爭鬥不已。兩條大河交會處的西岸最潮濕、最泥濘的三角洲，是印度最主要的機械製造中心的加爾各答市（Calcutta）。

至於恆河流域的生產，通常稱印度斯坦，這兒人口眾多，如果整個地區沒有如此長期承受人口嚴重過剩的重擔，前景還是看好的。首先，該地出產大麥。日本、爪哇人不吃麵食，因為他們認為麵食太珍貴；印度人吃麵食，因為每平方英里（每平方英尺和每平方英寸都如此）生產的麵食要比同一塊地上的生產的其它種類的糧食既多又便於耕種。

稻米的耕種既困難又凌亂，那不是一個令人愉快的詞，但卻是描繪這種過程唯一的詞。因為它迫使數億的男男女女把他們的大部分時間用在稀泥和糞便之中，稻穀先播種於泥田裡，當小秧苗長成九英寸高時，用手拔出來，轉種到水田

裡，直到收穫時，它都生長於水裡，最後，這些令人討厭的水透過一些較高的排水系統，排入恆河，從這點來說，恆河在瓦拉納西（Varanast）（舊名貝那拉斯）盡到了供水和排水的功能，瓦拉納西是印度的羅馬，或許也是世界上最早的城市之一。到此時，那些腐爛的液體已經到了完全溶於水的地步，估計沒有一種沐浴可以把它洗乾淨。

恆河流域的另一種農產品是黃麻，一個半世紀以前首次送到歐洲的這種植物纖維可以用作棉花和亞麻的替代物。黃麻是植物內莖的皮，它的生長就如水稻一樣需要大量的水，收割的黃麻先要在水裡泡浸數週，再取出來送到加爾各答工廠加工成繩索和黃麻口袋，還可以造成一種比較粗糙的衣服供當地人穿。

還有一種植物就是靛蘭，我們可以從中提煉出藍色，最近人們才發現，這比從煤焦油中提取實在是經濟多了。

最後就是鴉片，原來是用來減少風濕病人的痛苦，在這個國家，大多數人長時間在浸泡在深及膝蓋的爛泥裡耕作，種植供養他們生活所需的稻穀，因此患有風濕病是難免的。

恆河流域平原外邊的山上，原來的森林改種成茶葉，生產出來這種小樹葉的灌木也需要大量的熱帶水蒸氣，生長的地方最好是在山坡上，流水傷害不了植物柔軟的根。

恆河平原的南部是德干三角高原，上面有三種各不相同的植被，北部山區和西部，是出產柚木的主要地方，柚木木質堅硬，不變形不彎曲，像鐵一樣耐腐蝕。在鐵船發明之前，這種木料大量使用在造船業上，現在還廣泛用在其它方面。德干高原中部，降雨量極少，是另外一個經常發生饑荒

的地方，主要適合種植棉花，也有少量的小麥。

至於沿海地區，西及馬拉巴爾，東至科羅曼德，這兒盛產大麥、小麥，完全能養活這兒眾多人口，所謂小麥就是我們進口用來作雞飼料的那種糧食，當地人寧願吃這種東西而不是麵包。

德干平原僅是印度的一部人，這兒發現了煤、鐵和金礦，只是這些礦藏從來就沒有認真開採過，部分原因是德干高原水流湍急，不便航行，建設鐵路又沒有誰能負擔得了龐大的費用。另外，此地也還沒有發現任何其它有價值的東西，老百姓也從未走出過他們的村莊多遠。

科摩林角（Cape Comorin）東部的斯里蘭卡（Ceylon），實際上是印度半島一部分，把它與德干高原分開的保克海峽（Palk）裡面，布滿了各種暗礁，挖泥船必須不停地工作，才能保持其水路暢通。在錫蘭島和大陸之間由暗礁和沉船搭起的一種天然橋樑，當地人稱之曰「亞當橋（Adam Bridge）」，因為亞當與夏娃沒有服從上帝的安排而招惹上帝生氣後，他們害怕了，就是從這種橋逃離天國。根據當地人的傳說，錫蘭就是原來的天堂。如果與印度相比，說這兒是天堂一點也不過分，該島氣候溫和，雨量適中，土地肥沃，物產豐富（絕不是過剩），而且是躲避印度罪惡世界的避難所。由於老百姓都信仰印度教，這個能抓住每一個人心的精神力量，可以用它來掩蓋等級森嚴的統治制度，正因為這樣，直到最近，印度教中的種性制度還是印度宗教中不可分割的一部分。

地理與宗教的關係比我們通常所想像還要緊密。在印

全是印度人的印度

度，做任何事情，宗教都會處於最高地位，這是因為數千年來，宗教一直在人的思想中具有絕對的主導作用，甚至可以指導每一個人日常生活中的一切，包括能說什麼、能想什麼、能做什麼，什麼可吃、什麼可喝，當然也能指導你什麼不能說，什麼不能做，什麼不能吃，什麼不能喝。

還有一個國家也是如此，宗教經常干預人的正常生活的發展。中國人為了表示對去世的祖先的崇敬，常常把他們埋葬在南邊山坡上，而把背陰又常刮北風的北坡用作他們糊口耕作地。這樣做的結果是，人們對他們死去的親戚表示讚

頌，而他們自己的孩子有可能餓死或被迫賣掉成為奴隸。的確，每個民族（包括我們自己的）都會受到一些奇怪的清規戒律和古代留下來的神秘法律所阻礙，並對整個國家的進步產生一些影響。

為了瞭解宗教如何對印度產生影響，我們有必要回到史前時代，回到一千三百年前，也就是希臘人首次到達愛琴海（Aegean）的時候。

那時印度島上住著一個黑膚色種族，即達羅毗蒂亞人（Dravidians），他們原先或許就住在德干地區。雅利安種族的人（我們就屬這個種族）後來分成兩大支族，他們離開在亞洲的家，以便尋找更適合生活的地方。一支向西，後來在歐洲定居下來，或許還飄洋到美洲。另一支通過興都庫什山脈和喜馬拉雅山之間的布拉馬普得拉河、印度河和恆河後也定居下來，並從那裡來到德干高原，再沿海岸線到了西部的加茨和阿拉伯海，也終於到了印度半島最南部和錫蘭島。

這些新來者與原來的居民相比，不僅人數眾多，而且武器精良，他們對土著人就像所有的強大民族對弱小民族一樣，嘲笑他們是黑人，把他們從稻田裡趕走，自己的女人不夠分配時，就強占他們的女人（穿過開伯爾山口是那麼困難，不可能讓他們從亞洲攜帶那麼多女人同行），當地凡露出一點點造反的跡象都被殺掉，倖存者被強行送到半島最荒涼的地方，讓他們自尋生死。

但是，當地的聖羅毗蒂亞人在總人數上要比雅利安人多得多，結果出現文明程度低的影響文明程度高的現象，防止此類事情繼續發生的唯一方法，就是把黑人們嚴格地控制在

他們原來居住的地方不讓其出來。

現在的雅利安人，也像我們人種一樣，經常傾向把社會分成許多完全不同的階層和等級。「社會等級制」的概念和含義，全世界都存在。美國甚至在啟蒙時期就已經有了，例如，對猶太人的歧視，就是基於不成文的社會偏見，在美國南部甚至有正式的法律規定黑人只能乘坐專用的火車或電車，紐約市可以說是個最能接納各種不同意見的城市，但我拚了老命也找不出一個能與我共進晚餐的有色皮膚的朋友來（黑人、印度人和爪哇人）。我們的火車提供普爾門臥車的方式，對我們的種族等級制表示敬意。我對在哈萊姆的黑人等級制度瞭解不多，但我看過德籍猶太的女兒與波蘭籍的兒子結婚時，他們所受到的恥辱使我深深地感到，在我們之中，「人性的共通性裡的差異」是多麼普遍。

但是，我們之中的等級制度還絕對沒有演變成強硬的社會和經濟形式。從這個階層通往另一階層的門是非常小心地關閉著的，然而，我們都知道，有的人擁有通往裡邊的金鑰匙，有的人則在猛烈地推門，有的僅在敲打窗戶發出點聲音而已，他們或遲或早都會承認這種等級制度。另一方面，那些征服了印度的雅利安人，把從這個等級通往另個等級的門用石頭砌死了，從那時起，社會的每一個集團都把自己的分隔空間鎖起來，他們都被迫留在原來的位置上，直到今日。

出現這樣一種制度絕對不是偶然現象，人們不會突發奇想創造出一個讓自己高興而讓鄰居們發怒的制度。之所以在印度出現，那是有人害怕的結果。宗教人士、武士、農戶、做工的以及原來的雅利安征服者，他們對剛剛失去了國家、

橫越亞洲的山

但人數眾多的達羅毗荼亞人毫無辦法，於是鋌而走險，採取某些讓人絕望的措施，例如，把所有的黑人圈圍在「他們原來的土地上」。當他們這麼做時，並沒有覺得這一步邁得太過分，世界上當時還沒有任何一個種族採取如此步驟對待其它種族的。他們還給這個人為的「種姓制度」披上一層宗教外衣，印度的佛教只被三個等級的人所獨占，所有地位低下的人都被排除於宗教大門之外，讓他們自求多福。為了清除與其它下階層接觸後帶來的不純思想，每一個不同等級的人都用一個完全屬於宗教儀式或宗教習慣的柵欄把自己的人與外界隔離開來，其最後結局是，除他們自己外，沒有人能在這個毫無實際意義的迷宮中找到出路。

如果你想知道這個體制在日常生活中發揮了怎樣的作用，不妨這樣設想一下，如果我們的文明在過去三千年中，我們的父親、祖父、曾祖父等等，沒有一個人允許超越規定的範圍，我們個人的獨創精神將會怎樣？

各處的跡象表示，印度正處於社會和精神甦醒的前夜，但是，直到最近，印度各階層的統治階級，如婆羅門、印度等各種高級世襲家庭、各級僧侶是在有意識阻撓此類變革的發生。那些被認為是理所當然的領導人所堅持的正統宗教，本來就是些含糊不清的宗教名稱，如來佛在印度就如奧林帕斯山上的宙斯和邱比特，他在世時建立起來的這個宗教，任何事情的開始和結束，都是神的意識的創造力的表現，但是，只要一涉及到具體事實，對所有人又是含糊不清。因此，當他盡了自己的義務，創造出這個世界，成為一位令人肅然起敬的神，被所有的人頂禮膜拜，而我們這個世界的實

際管理者,卻放棄作為一個神的責任,某些閻王和小鬼可不像佛本身堅持那完善的社會標準,更有甚者,社會中最高層的親戚順便搭車,享受最尊貴的地位。

把介紹各種奇怪的、超自然的造物者的範圍再擴大一點的話,惡神、妖魔鬼怪等惡神,把那些讓人毛骨悚然的傳說都扯進佛的教義中,人們不再希望成為好人,因為要成為好人必須經過痛苦的奮鬥,大眾唯一的出路在於逃避所有罪惡之神對我們的懲罰。

釋迦牟尼,這個偉大的宗教改革者,比耶穌早生六百年,他希望佛教是件崇高的事,是件純潔的事,他努力把佛教推廣成一種流行的大眾教義,成為人們的精神支柱,雖然起初他非常成功,但他的思想脫離實際,太高貴,對多數地位低下的老百姓來說是高不可攀。所以一旦熱情消失,原來佛的教義又捲土重來。只有在過去的五十年裡,印度的領導人才認識到,一個幾乎完全依靠繁瑣儀式和空洞紀念活動,各種口號和具有獻身精神的宗教(就街上老百姓來說),實際上就成了地球上一棵枯萎的樹一般。印度教不再是數世紀以前那樣,一直是精神上垂死且駭人聽聞的的苦事。舊廟宇的門窗正逐步敞開,這對印度年輕的男女一代來說,是災難性的意識,因為如果有什麼思想與他們的思想相牴觸,就可能摧毀他們,但印度人一直不能組成一個聯合陣線反對外國主義,恆河沿岸一些奇怪的事正在發生,當這種奇怪的事在3.5億人中出現時,他們會在世界歷史上寫下新的一章。

印度雖然也有幾個大城鎮,但實際仍是一個以農村為主的國家,因為71%的人仍生活在鄉村,其餘人分布在你至少

知道名字的幾個城市裡。如加爾各答，坐落在恆河和布拉馬普得拉河口，它開始時是個無足輕重的漁村，但在十八世紀時，它成了反對法國克利弗的行動中心，並發展成印度的主要港口。當蘇伊士運河開通以後，它所起的作用就不像以前那樣重要了，因為如果有貨要運到印度地區或旁遮普地區，汽船直接到孟買（Bombay）和喀拉蚩（Karachi）比到加爾各答還要方便。建在一個小島上的孟買市也是東印度公司的一個工廠，開始主要是用作海軍基地和出口德干地區的棉花。這個港口因地點適中，因此吸引來自亞洲各地的人，也成了波斯的預言者所羅斯特最後一批追隨者的定居點。這些波斯人於是成了當地最富有知識的一群，他們崇拜火，把火看成是神聖的東西，他們也不並列行走，以便被火燒死。因此，當孟買的波斯人發展成一種劫掠成性的組織時，引起了許多走投無路者的注意，這個極端組織發展如此迅速，解決它的最好辦法是用普通寄生蟲從內部慢慢地把它吃垮。

德干半島的東部是馬德拉斯（Madras），是科羅曼德海岸（Coromandel）最主要的港口城市。稍南一點的是法國在當地能統治的一個城市。這實際是讓人不要忘記，當時法國是英國最主要的對手，杜普萊克斯和克利弗為了控制整個印度曾進行過激烈戰鬥，那次戰爭最終導致加爾各答黑洞的恐怖事件。

印度最重要的城市都在恆河流域。西部有德里（Delhi），它是臥莫兒王朝的舊都，臥莫兒王朝之所以選中它做首都，是因為它徹底扼住了中亞進入恆河地區的主要門戶，誰只要控制德里也就成了整個印度的主人。沿河再下一

點，是阿拉哈巴德（Allaeabad），正如其名一樣，是穆斯林人的一座聖城，與它鄰近的是盧克諾維和坎浦，因與1857年發生的大叛亂有關而聞名。再往南是亞格拉（Arga），臥莫兒王朝有四位成員在此稱王，其中之一是不屈服的泰姬·瑪哈，他始終追求一位他深深愛著的女人。

沿河順流而下，就到了貝拿勒斯（Benares），這是全體印度人的羅馬和麥加，印度人不僅來此到河中沐浴聖水，而且就是死了也希望埋在這裡的沿岸山上，渴望把骨灰撒進河流中。

我最好在這兒打住，無論如何，你只要接觸有關印度的任何事，不管你是以歷史學家、化學家、地理學家、工程師或僅僅是個旅遊者前往，你都會感到自己處在深奧的道德和精神問題的中心。

當我們作為一個好奇者或新訪客，進入這個神秘莫測的地方時，我們西方應小心對待之。

兩千年以來，來自尼加（Nicea）和君士坦丁堡組成的聖人研究委員會企圖把宗教信條公式化，他們不久就成了西方世界的征服者，對這些人的祖先，我已經寫得非常清楚了，我們在其教義和信念中建立了很難懂的觀點，那些日子把我的鄰居的頭都攪暈了，或許在未來的十二個或許更長的世紀內還得把他們攪暈。漫不經心地指責依舊使我們奇怪的事，太容易了。就我所知的印度的事情中，多數是奇怪的，給我一個不舒服的感覺，一種不易興奮的而讓人迷惑不解的感覺。

然而我記得，這種感覺在我祖父母一輩中也同樣存在。

這一課對我不輕鬆，但我認為很有必要，因為它教給了
我一點點謙虛的精神，只有上帝知道，我需要它。

緬甸、泰國、越南、新加坡
（Burma, Thailand, Vietnam, Singapore）
誰占據亞洲南部半島的其它地方？

這個半島包括獨立、半獨立或從屬地位的四個古王國，它的總面積有巴爾幹半島（Balkam Pen.）四倍大。當我們從西往東數時，四個國家的第一個是緬甸，直到1885年，它才得以完全獨立，當時英國把當地最後一位統治者流放，將該國吞併進大英帝國的版圖，象徵性地向當地和世界表示該國已獨立。除國王外，沒有人拒絕，但他是此一象徵的真正代表，沒有再存在的理由，除非是在電影裡，同意「原來的君主」，而他作為統治者，除了是個未被查出的精神病者外，無其它作為。他甚至不是當地出生的，而是從北方進口來的傀儡而已。從整體來看，在這個半島上會遇到許多這類紳士。那兒的山具有重要的功能。由於印度的北部為高山隔阻，這些山由東向西，因此具有保護作用，整個半島被南北走向的五個獨立的山脈分割，如果要從中亞廣闊草原移居到孟加拉灣、暹羅灣（Gulf of Sian）和南中國海富裕之地，這裡是非常理想的通道。來自中亞的人，到處都可遇到。整個地區都是被他們毀掉的城市和被掠奪過的農場。

唯恐你過早地對最後一個獨立的緬甸君主的命運流下不必要的眼淚，我得先說明一件事，他為了慶祝自己登上寶座，再次拾起殺掉所有親戚的古老遺風。以前土耳其蘇丹經常如此做，但僅是一個預防措施。就如當你當選為南美某個

共和國的總統後，為防止突然發生什麼改變一樣，在十九世紀八十年代，他把一百多個兄弟、堂兄弟和侄兒冷酷無情地屠殺，聽起來讓人感到不舒服，於是一位英國總督趕走了他並取而代之，從那以後，這個印度族僅占3％、而且90％以上信佛教的國家漸漸地強盛起來，從仰光（Rangoon）可一直航行到曼德勒（Mandalay）的伊洛瓦底河（Irrawaddy），成了歷史上前所未有的貿易運輸大動脈，河裡運輸大米、石油和各種其它物質的船隻比以前任何時期都多。

至於緬甸正東的國家暹羅（Thailand，即現在的泰國），被多納山脈（Dawna）和他念他翁山脈（Tanen-Taung-gyi）把兩國分開，它能繼續享有獨立一事，應歸功於此地相互依存的地理環境，即使西邊是英國占領，東邊是法國人殖民地，但彼此間都小心地防護。無獨有偶，暹羅的統治者還有一件幸運的事：四十年前繼承王位的老國王丘拉龍科恩，正是十八世紀後半期把暹羅從緬甸分出去的那位領袖的後裔，他小心而巧妙地與西邊的鄰居和東邊的放對者打交道，他不計較小事，治國不受英法兩國的顧問所左右，而是從威脅不大的少數民族中挑選專家來輔佐治國。他開導暹羅人，在他統治下，人民的文盲人數由原來的90％減少到20％，他成立大學，修建鐵路，疏通湄南河（Menam），使其境內的通航線路長達四百英里以上，建成了一個出色的通信和電話系統，他重整軍隊，使暹羅不僅成為一個十分可靠的同盟者，而且成了一個潛在的危險的敵人。

湄公河三角洲上的曼谷市（Bangkok）不斷擴大，前不久的統計幾乎有一百萬人口，但多數現在仍然住在河裡的小

筏子上，看上去給人一種東方威尼斯的樣子。由於沒有阻止外國移民的進入，勤勞的中國人可以自由地到首都定居，他們現在已占總人數的1／9，對暹羅很快成為最重要的稻米出口國具有重要貢獻。內地覆蓋著茂密經濟價值很高林相，柚木就是一種很重要的出口項目。特別幸運的是，暹羅的統治者至少保住了麻六甲半島（Malacca）的一部分，那裡蘊藏著世界上最豐富的錫礦。

整體而言，暹羅政府是反對國家工業化的。所有赤道土地上居民如果要生存的話，不得不把主要興趣放在農業上和其它簡單的職業上，暹羅可能是把這樣一個政策看成是合理的少有的幾個亞洲國家之一：讓歐洲人去辦他們自己的工廠和住宅，只有亞洲能保留村莊和農田，它們可能是西方人不喜歡的那種村莊，但它適合於東方人的性格，而工廠則不適合。

順便一談，暹羅的農業富裕與多數農業發達的國家多少有些異樣。移民當地的中國人至少飼養了一百萬頭豬，六萬頭馴服的水牛和六千八百二十二頭大象，牠們在國內就可以當作起重機和載重卡車一樣使用。

法屬印度支那共分五個部分，其名稱多半是法國人占領期間起的‧從南向北數，第一個是柬埔寨（Cambodia，即現今高棉），在湄公河大平原（Mekong）的三角洲上，這兒出產棉花和胡椒。它雖然名義上是王國，但是法國的監管之下，在柬埔寨的腹地，也就是稱為洞里湖（Tonl'e-Sap）的北邊茂密森林之中，發現一處最引人入勝的歷史遺跡——吳哥窟（Ankor）。它是一個神秘種族高棉族（Khmers）所

建，對他們，我們僅知道一點點，在公元九世紀時，這些高棉人在北部建起了一個首都吳哥，該工程不小，四周的牆大於兩英里，高三十英尺。當初是在印度傳教士的影響下，高棉人也信仰婆羅門教，並在公元十世紀時把佛教作為國教。從婆羅門教轉而信仰佛教的變化曾引起了精神上的衝突，其表現方式之一就是處處建造廟宇和殿堂，柬埔寨的古廟宇基本上都是在公元十二世紀到十五世紀之間建造的。當首都吳哥被摧毀時，卻留下了驚人的藝術廢墟，這裡如果與我們自己那些遠近聞名的馬雅（Maya）遺產相比，馬雅文化就成了頭腦簡單的初學者作品了。

有一種說法，吳哥原本是在海中，遠在湄公河三角洲形成之前就建成了。要是此種說法成立，那就意味著大海向後退卻了三百里，如果世界上真正出現過此類自然現象，人類一定會有記錄。在歷史上，曾記錄過納拉文的海向後退卻約五英里？或許永遠是個秘密。但這兒曾建成這麼個城市，在當時比今天的紐約還重要，它現在消失了，成了明信片上的圖案，以一塊錢的價格在巴黎殖民地展覽會上向參觀者們出售。很諷刺的是，當它在過去成為文明的中心時，巴黎仍是一個由氣味難聞的簡陋房子組成的漁村，這太令人感到不可思議。

至於湄公河之間的三角洲，是法國交趾支那（越南，Vietnam）殖民地的一部分，法國在墨西哥的擴張遇到巨大災難時，為了給帝國挽回一點面子，遂於1867年占領了這塊地方。該地有個天然良港西貢（Saigon），數千法國官員因為他們受命管理著這裡的四百多萬交趾支那人時，曾辛勤的

工作，為的是期待能早日返國，能夠和平、光榮的回去頤養餘年。

交趾支那的東方是安南（即現在的越南），雖然它從1866年起受法國的「保護」，本身還是一個王國。它的產品主要有木材，只是這兒全是高山，沒有道路，幾乎處於沒有開發過的原始狀態。

北部地區有條重要的河流──紅河（Tongking），而且還生產煤和水泥。這兒實際上是中國的一部分，中國人在這裡種植並出口棉花、絲綢和糖。首都在河內（Hanoi），自1902年以來，它就成了法國統治整個印度支那的政府所在地，其中包括上面提到的四個國家及內地還有一個狹窄地，名為老撾（寮國，Laos），法國在1893年也把它吞併了。寫到這兒，我想說明的是，所提供的僅僅是些統計資料而已。半島的最南部分，被一分為二，那個稱之為「馬來聯邦」的國家包括四個英國管轄下的半獨立的大公國，因為這裡是山區，有的高八千英尺以上，山裡蘊藏著豐富的錫礦。這兒實際上不用付出任何勞動就可以獲得各種各樣的熱帶產品。在馬來亞海峽邊上的檳榔嶼，大量出口橡膠、咖啡、胡椒、木薯澱粉、黑兒茶（染料的必須品）。座落在一個小島上的新加坡，人口已經超過五十萬，戰略地位十分重要，扼守著所有從南到北，從東往西的通路。

新加坡（Singapore），也稱獅城，建城歷史與芝加哥（Chicago）差不多，最早是著名的斯坦福特‧拉弗爾斯勛爵所建，他預見到該地所處的戰略地位的重要性，當時這兒是荷蘭的殖民地，而荷蘭本國已被拿破崙帝國所吞併。在1819

年，新加坡還是個灌木叢生的地方，今日，其人口總數已經超過五十萬，在這個地方，有著操不同語言、長不同膚色的人。就如直布羅陀（Gibraltar）一樣，它是一個堅固的堡壘，其鐵路可以與暹羅的曼谷相通，但還不能通到緬甸仰光。當東西方之間出現衝突時，新加坡將會發揮其特殊的功用。在可以預見的將來，這兒一定會出現無數酒吧，它的輝煌將會遍及整個東方的每一個角落，每當這兒多賺幾塊錢，也就意味著西方都柏林（Dublin）將要損失一些錢。

中華民國（Republich of China）東亞半島上最大的國家

　　中華民國是一個非常大的國家，它的邊界總長達八千英里，約與地球的直徑相等，面積比整個歐洲大陸的面積還要大。

　　中國人口約占我們這個星球人口的1／5，當我們的祖先還在臉上塗著灰藍色，用石斧打野豬時，他們就知道用火器和用紙寫字了。要我在有限的幾頁紙中把這樣一個國家描寫好是絕對不可能的，我能給你的僅僅是個骨架，一個輪廓。其細節（如果你感興趣的話）就請自己慢慢去瞭解，因為有大量關於中國的文學作品，足可以裝滿三個圖書館的。

　　像印度一樣，中國也是一個半島，它與印度還有一個重要的不同點，它沒有明顯能將它和世界隔開的山脈，相反，中國的山脈就如同張開的手指一般，由西一路延伸過來，其結果是，寬闊的中國大平原一直到了黃海邊上才止住，另一邊的則前方界邊幾乎到了中亞。

　　為了克服這個沒有天然屏障的不利條件，中國的皇帝在公元前三世紀（就是羅馬和迦太基為了爭奪誰最後控制地中海而混戰不止的時候），建成了一座長一千五百英里，寬二十英尺，高三十英尺的巨大的城牆，從遼東一直延伸到嘉峪關（即甘肅西邊的戈壁沙漠邊上）。

　　這座花崗岩障礙一直忠實地執行自己的職責，直到十七

中國的大河流

世紀，滿洲人入關進行大屠殺時，它才崩潰，這個在那裡屹立了差不多二千年的建築才失去了其存在的價值。

至於中國本身，我這裡並沒有把蒙古和滿洲（在寫本章時這些地方正快速地落入日本人手裡）、西藏和新疆等算在內。在這個巨大的圓圈中，揚子江（長江）和黃河幾乎把它平分成三部分。北京所在的華北，冬天非常寒冷，夏天濕熱，這種天氣使當地人吃小米而非大米。由於祁連山擋住了從北邊刮來的寒風，華中地區的氣候就暖和多了，這兒人口稠密，老百姓喜歡吃大米，對其它作物既不吃也很少種。剩下一部分是華南，冬暖夏熱且潮濕，那裡的熱帶區只要種什麼就可以長什麼。

華北又分兩部分，即東部的平原和西部的山區，山區是著名的黃土地，是一種非常肥沃的土壤，看上去黃裡帶灰，水非常容易滲透，結果出現老天下的雨，落在地面就消失了，河流和小溪在上面衝出無數溝壑，如果想從這個地方到對面一個地方旅行都非常困難，這兒的地質面貌就如西班牙一樣。

渤海灣邊上的華北平原，是黃河攜帶大量泥沙快速沖積而成。黃河無法航行，也沒有像樣的港口，黃河的北邊還有一條河，叫運河，比黃河小多了，從航運的觀點看，也完全不適合，其特殊作用就如北京的護城河一樣，也可以看作北京的排水系統。中國的局勢隨時都在變化，我只能說北京是九世紀時皇朝的首都，那正是威廉姆·巴斯塔德征服英國的時候，所以我有點不確定，當本書出版時北京是否還是中國的首都，或僅僅是中國的一個城市，或者暫時是堅決在頑抗

日本軍進攻的地方。

北京是個非常古老的城市，在歷史上經歷無數次興衰。韃靼人在986年征服了它，把它定為南京，也就是「南方的首都」；十二世紀時，中國人收復了它，但並沒有把它定為首都的意思，僅打算讓它成為一個第二流的省會城市，故它稱之為「燕京府」。又過了半個世紀，另一支韃靼人攻下了它，改稱為「中都」，也就是「中部的首都」的意思。再經過一個世紀，成吉思汗的軍隊來了，但他卻愚蠢地拒絕進入城內，寧願回到蒙古沙漠中部的帳篷裡過日子，他的繼承者之一，即著名的忽必烈大汗，與他祖父截然不同，他對北京的廢墟進行全面修建，再次命名為燕京，又稱「大都」，當時它的蒙古名稱「甘巴努克」也很出名，意為「大汗之都」。

最後，這些韃靼人也被驅逐了，中國人自己當皇帝，也就是明朝，當時的第一個皇帝登上寶座，不叫燕京，也不稱大都，而稱為北京，就是「北方之都」，從那時起，北京就成了中國的統治中心。這種情況直到1860年從未改變過。1860年，歐洲諸國的大使被允許去皇帝所在地京城拜訪，在各種盛大歡迎和豪華隆重的氣氛中，他們見到了那個曾經將古希臘大理石雕送給大英博物館珍藏的皇子。

嗨！該城的權威毋庸置疑，僅城牆就厚六十英尺，高五十英尺，附有防禦性的塔牆和入口，它們本身也是要塞，牆裡面就如一個中國迷宮，還有許多小城，其中之一叫皇城，另一個叫滿洲城，一個叫中國城，十九世紀中期，又增加了一個外國城。

中國的長城是月球上的天文學家唯一能看見的建築物

　　1900年爆發義和拳造反時，外國外交使團的代表住在滿洲城和中國城之間的一塊小方地上，經過長期圍困，這個外交代表團駐地的防禦力量反而得以大大加強，各國都增派來了相當數量的警衛隊，以防止此類不幸事件再次發生。另外，北京的宮殿和廟宇很多，在這兒我想提醒你們注意，那就是中國人與印度人之間一個非常有趣的共同點，這也可以解釋為何兩個國家除了在人口大量增加外，其它毫無任何共同之處的原因。

　　印度人對他們所敬奉的神祇非常尊重，為神建廟時，必定是規模最大，外表最華麗，花錢也最多，要求貧苦農民把僅有的幾個血汗錢都貢獻出來。「從事公共設施不能花一分

錢，但建神廟不能少於一百萬」這是活佛提出的口號。中國人是正常的佛教徒，他們從地位低下的街頭洗衣工到權勢顯赫的達官貴人，每個人都受到精明的孔聖人的影響，這位生於公元六世紀後半期的人，提出一條普遍真理：不要把時間過多地浪費在討論未來那些含糊不清的事上，這是起碼的常識，他們完全按孔夫子的信條去做「看得見的事」。因此，中國的統治者把大部分錢花在改善公共設施，如修運河，築水壩，改善河道，至於他們的廟宇和神殿，使得諸神從什麼角度來看都顯得受到了怠慢。

　　至於古代中國，是個具有傑出能力的民族，他們用比恆河流域國家少得多的代價取得如此令人滿意的成就。到中國的旅行者不管在什麼地方都不可能發現像印度那樣巨大的神殿建築群。幾個大動物的雕塑守衛著北京北部六十英里處的明朝統治者的陵園，零零散散地還有幾個大人像，僅此而已。其它的都是現代建築物，雖然所占比例不大，但也完全足夠了。西方人在中國所看到的藝術，遠比在印度的多，中國的繪畫、雕塑、陶瓷、真漆都很適合進入歐洲和美國的家庭；與此同時，他們的印度同伴之藝術品就顯得很不協調，讓人看了總有些不舒服，即使是在博物館看到的也有此感覺。

　　中國近代之成就也是相當引人注目的，已探知的煤蘊藏是世界第一，鐵礦是第二，如果有朝一日英國、德國和美國的礦藏枯竭時，我們仍可以從山西省那裡得到溫暖。

　　河北省的東南部是山東省，以它所在的半島命名，該半島把渤海灣與黃海分開。這一地區除了最終流入黃海的黃河

大西洋乾涸後可能的景象

中國的大運河

平原以外，其它大都是山區。黃河1852年突然改道，此次使黃河改道的洪水才使我們知道什麼是真正的洪水。為了尋找出一個與黃河相當的例子，我們不妨這麼想一下，萊茵河突發奇想，決定改流到波羅的海去，而塞納河決定流入北海而不是比斯開灣，其後果那就可想而知。自十七世紀以來，黃河的入海口已經改了十次了，我們絕不能認為這次入海後就不再變了。在世界其它地區，河的堤壩很容易把河水控制到堤壩以內，但對黃河與長江來說，堤壩對它們無效，因為1852年黃河沖毀的河堤是五十英尺高，河水沖毀它們就如撕

毀一張紙片一樣容易。

此外，還有些比這些河流更讓人討厭的東西。你必然早就聽說過把中國人稱之為黃種人的，你也一定在報紙上讀過有關黃禍之類的文章。總的來說，我們同意用黃色或中國人的臉龐的顏色來代表中國人這一概念。但是，中國的皇帝很早前就自稱為「黃帝」，即黃色土地的統治者，他們此時想到的是他們居住的土地，並非是他們所統治的臣民。由黃河攜帶下來的黃漿，使華北所有的一切都變黃了─河裡的水，海裡的水，道路、房屋、土地、男男女女的外衣。正是那些黃塵，使這個種族得其名，但其它地方的確沒有西部城市居民那麼多的黃色。

為了讓他的臣民不冒長期海上航行的危險，就能從華北繼續向華中華南移民，中國十三世紀的一位皇帝下令修建一條連接黃河與長江的運河，它有一千多英里長，讓忠實地履行了它的義務，直到1852年，黃河把它的入海口從黃河移到了渤海灣，運河與原來的河床一起被摧毀了。但是，這條世界上最長的大運河的出現，說明這塊土地的統治者是一些思想開明的人。

現在讓我們重新回到山東半島上去，由於海岸線係堅硬的花崗岩，使得這兒出現幾個非常重要的港口，其中之一叫威海衛，在河北省府正東，直到前不久該港還由英國人控制。在俄國人占領了渤海灣另一邊的旅順港作為軍事港口和通往西伯利亞鐵路的起點站後，英國人從中國人那裡「租借」了威海衛，「租借合同」上規定，只要俄國人從遼東半島上撤走，英國人馬上就歸還該島。但是，當1905年日本人打敗

俄國人占領了旅順港，英國人卻沒有撤走。德國人不甘落後，隨後侵占膠州灣。這兒再往南一點就是青島市，它們都是山東半島的一部分。這也說明世界大戰在遠東方面，英國和德國是為了占領某些並不屬於他們的自己的土地而戰爭。

也是為了讓中國人嘗到一點點友好的甜頭，戰後威海衛和膠州灣都歸還給中國，如果日本搶奪滿洲成功的話，以前已經進行過的遊戲就會再次發生。欲知其細節，請聽下章分解。

華中、華東都是廣闊肥沃的平原，實際上是華北平原的延伸，但中部還有山，長江就是在流經這些山峰時，彎彎曲曲最終抵達東海的。長江發源於四川省，養活了大量的人口。它四周好幾條山脈把阻斷它與外界的聯絡，結果只有少數幾個白人訪問者涉足其門，這兒的人口明顯比中國其它地方的人更多。

長江從四川繼續往下流，緊接著的省叫湖北，著名的漢口就是在這個省，這兒是1911年把滿洲最後一位皇帝趕下台的那場革命的發源地，革命使世界上最古老的王國成了共和國。排水量不超過一千噸的海上輪船可以直接抵達漢口市，長江自漢口以下，是中國中部的主要商業運輸大動脈，直接與中國外貿中心上海相連，上海是中國的第一大港口，它在1840～1842年英國與中國進行所謂的「鴉片戰爭」結束時才對外國商人開放的。

長江三角洲的南邊是杭州，馬可·波羅稱這裡為「金山」，東邊是蘇州。這個地方很容易使人聯想到茶。這種聯想是對的，因為長江平原低的地處是非常富饒的地方，或許

是這個理由，長江平原起點的江邊上有南京，很長時期內不僅是華中最重要的城市，而且還是皇帝們居住的地方。

部分是歷史原因，部分是由於它是從廣州到北京的中點站之戰略地位，另一原因是它不直接受到海上外國軍艦上大炮的威脅，正當我在寫此書時（1932年1月2日0時7分），南京被選為新政府首腦所在地，當然是官方政府。

至於華南，山區居多，雖然也出產茶葉、絲綢和棉花，相對來說，還是個窮地方，以前曾經覆蓋著大面積的森林，後來被砍伐掉了，造成水土流失嚴重，山上是光禿禿的石質，因此，此地區出現向世界大規模移民的現象，而各國到現在為止還沒有制定出限制中國移民數量的法律。

華南最重要的城市是廣州，就如上海是中國向歐洲的出口中心一樣，廣州則是中國從歐洲進口的中心。在廣州的河口處（廣州市本身離出海口僅幾英里），有兩塊外國的占領地，右岸是澳門，葡萄牙當初在中國有許多占領地，現在僅存於此，它成了東方的蒙地卡羅；左岸是香港，自從鴉片戰爭後就被英國人占領的一個城市。華南沿海的兩個島嶼，海南島仍在中國手裡，但台灣，這塊原荷蘭的殖民地，自1894～1895年的中日戰爭後被日本占據了。

90％的中國人，經常或者說始終是靠自己的生產勞動養活自己，年收成不好就可能餓死。但有四十八個港口城市對外國商人開放，主要出口茶葉、棉花和絲綢，但不出口鴉片，中國皇帝始終想保護他的人民，反對受到吸毒這種不良影響，逐漸地，原來那些罌粟種植地改成了棉花種植地。

至於鐵路，中國人反對它比任何其它國家都早，理由是

為了尊重他們的前輩祖宗，當火車沿著鐵路雷鳴般地駛過來時，他們生怕驚動了平靜躺在地底下的老祖宗。1875年從上海到吳淞口建了幾公里長的鐵路，結果引起強烈反對，只好立即停工。直至今日，中國在修建鐵路時，遇到墳都要繞得遠遠的，實際上，中國建設完成投入使用的鐵路已超過一千英里，泰山附近跨越黃河上的大橋，是當今世界上最大的鐵路橋之一。

　　中國的對外貿易60％仍被英國人和它的殖民地所控制，或許這可以解釋英國為何一直不願見到滿清王朝被推翻，因為如果出現聰明的王朝領導人，對英國的產品進行反制時，英國每天就要損失數百萬美元。

　　中國人最早的祖先，在人類處於朦朧時代時，就已經生活在這塊土地上，並以黃河沿岸的黃土地為活動中心。對從事農業的人來說，肥沃的土地是最稱心如意的了，更讓人開心的是，這塊土地還為他們解決了住房問題。這裡的任何人都可以在他認為合適的地方挖出一個舒服的小家來，不用擔心牆透風，也不用擔心房頂漏雨。

　　據對該地區情況比較熟悉，又剛從那裡歸來的旅遊者的引述，在這個人口如此稠密的地區，竟絲毫也看不出老百姓居住的跡象，但到第二天早晨太陽出來時，人們就如同從洞裡爬出來欣賞陽光的兔子一樣，全部冒出來了，男男女女，老老少少聚在一起，沒完沒了地閒談，直到黃昏來臨，他們再次鑽到地殼下面去。

　　由於他們居住的西部是高山，人口多起來後就慢慢地向東擴展，湍急的黃河流水把數以萬噸計的泥土帶到下游的平

原，這等於給土地施肥，以便讓它養活更多人。中國人隨著黃河的變遷而愈來愈活躍，從公元前2000年（羅馬的是公元前1500年發現的），中國人開始向長江流域移民，他們的皇帝也開始從黃河流域轉移到中部平原。

在耶穌出生前1500或1400年，中國出了三個偉大的精神導師：孔子、孟子和老子，他們的名字沒有按拉丁字拼寫。當時中國具有什麼樣的宗教思想，得以出現這麼偉大的三位先知先覺者，我們對此一無所知。大自然作為一種力量總是被人崇拜的，特別是那些完全依靠自然而生存的人來說更是五體投地。孔子、孟子、老子都不是宗教的創造者，從這個意義來講，他們就不像耶穌、如來佛或穆罕默德那樣被人當作神來崇拜。

他們提出的精神教義僅僅是針對最低層的老百姓，而非對那些聰明的生產創造者，那些年紀大的有能力的人也都願意聽。從我們基督教的觀點來看，這三個人所宣揚的是一種非常廣泛的，有決定意義的唯物主義的觀點，他們中沒有一位大談什麼謙虛、逆來順受之類的話，他們知道，並非每一個人都具有如此高貴的品質，因此，他們似乎懷疑這樣的行為規範是否真正是社會中最好的。於是他們提出罪惡這種行為最好用正義來回答，個人的一輩子的帳，應該各自了結，與祖宗無關，做事要講信譽，要維持祖先的光榮。

這三位中國哲學家就道德問題講得不多，因為人都有自己的不足。我並非說這個體系比我們的好或壞，但它的確具有某些非常明顯的優點，這使得講數十種方言（中國北方人與南方人講話就如一個瑞士人與一個義大利人交談一樣困

難）、生活環境完全不同的四億人都具有不同的個性。但有一點絕對相同—中國人對國家興衰的認真態度，講究實用的哲學，使得統治者能用強硬手段迫使地位最低下的苦力們，讓他們認為，為了保家衛國，不是把所有的歐洲人或美國人殺了，就是自己自殺。

這種哲學幾乎被每一個人所理解。關於這件事的證據，可以從中國人自己的四千年歷史中尋找。我提醒你注意，在中國出現的奇蹟般的同化事件，在公元十世紀時，中國成了一個龐大帝國，當時的蒙古聯邦的版圖是從波羅的海直達太平洋沿岸，但所有這些蒙古人就如他們的統治者忽必烈一樣，最終成了一個地地道道的中國人。蒙古以後是明朝（1386－1644），那是最後一個純粹由中國人統治中國的王朝，明朝後來被來自滿洲的另一支韃靼人所打敗，建立了滿洲王朝，這時中國雖然在滿洲主子面前處於從屬的地位，被迫在腦袋後半部留起長髮，結一個豬尾巴辮子，另一半剃頭，但時隔不久，這些滿洲人變得比中國人還中國人。

滿洲完成入侵中國後，所要做的僅僅是護衛四周的港口，反對來自西方的侵略，其它事就任其自然發展，中國的文明得到了平靜發展的良機，但他們這樣做的結果，卻使國家出現了我們以前從未聽說過的僵化制度，政治制度比革命前的舊俄國更呆板，自由文學被凍結，甚至他們無與倫比的藝術也如古代君士坦丁堡的拜占庭鑲嵌工藝一樣，陷入了老一套。科學沒有任何發展，假如有誰發明了什麼新的東西，也會被人看成是一種愚蠢可笑和讓人討厭的玩具而丟棄，就如我們自己的軍醫開始試著鼓勵用氯模仿麻醉一樣，雖然是

新事物但卻是愚蠢的行為一樣。因為他們與外部世界完全隔絕了，從來沒有機會也不願出去看看外界現在在做什麼。可笑的是，統治者還要中國人自己覺得他們自己的方法就是世界上最好的，他們的軍隊是戰無不勝的，他們的藝術最高雅的，甚至是用手工做成的，他們自己的風俗習慣與其它國家相比是如此完美，要把兩者相比那簡直太可笑了。許多國家對此種排外政策採取溫和的政策，其結果總是災難性的。

自十六世紀初期以來，中國就允許少數幾個「洋鬼子」在太平洋沿海兩三個港口城市住下，主要來自葡萄牙、荷蘭、英國的傳教士，他們靠中國和歐洲的貿易獲得利潤。但這些外國人的命運一直很不幸，處於社會的最低層，人們把他們看成是個出色的醫生，所處的位置就如一位旅遊者剛好搭上一艘由來自維吉尼亞首批定居者的後裔們組成的團體一樣，誰也認為比他高貴。

英國人在1816年派遣阿默斯特勛爵（杰弗里的侄兒，他曾於1817年在聖赫勒拿島訪問過拿破崙）到中國，請求中國天子減少對英國商人在廣州所受到的苦難。他被告知，他能否上朝見天子，取決於他是否願意在龍庭上叩頭。所謂「叩頭」，講文雅一點，就是「在神殿之上，腦袋三次低到地面」。以前荷蘭一位船長曾這樣幹過，因為他明白，只要他在接待室外邊行了叩頭禮，他就可以帶回大量茶葉和香料，他一輩子就可以過上舒適的日子。但阿默斯特作為英國國王的代表，認為這樣幹有些困難，於是斷然拒絕，其結果是他連北京的大門也未進入。

與此同時，由於英國的詹姆斯·瓦特的發明和蒸汽機應

用的結果，在對我們這個小小的星球的開發過程中，英國變富了，吵吵嚷嚷要去進行新的征服戰，中國理所當然地被列在第一號名單上。以突然爆發出來的敵視事件為藉口發動戰爭，這對高傲的白種人來說並不十分合適，也最不喜歡那種情況。如1807年，當馬禮遜博士作為首位歐洲傳教士到達廣州時，就不斷地對中國人說，基督教才是世界上最好的教義，中國人應該抓住這個機會，即使是那些統治中國的思想最呆板的、思想最狹隘的滿洲官員（都屬於中國統治階層的貴族）都熱衷於用孔夫子的教義來阻撓滾滾而來的鴉片的影響，但是，英國東印度公司卻造出了數百英鎊鴉片，廉價賣給黃河長江流域的人民，英國東印度公司堅持把鴉片輸送給中國，中國當局就拒絕讓他們上岸。於是鴉片和感情上的傷害，導致出了1840年的鴉片戰爭。在戰爭中，中國人被嚇呆了，這才發現自己完全不是那些被他們看不起的外國人的對手，經過數世紀的閉關自守，與其它人相比，已經落後得太遠了，今後能否趕上也都是讓人大可懷疑的。

此種害怕終於成為事實。自從鴉片戰爭災難性的日子以來，中國就完全在西方人的掌握之中。那些繼續在地裡耕種收割而不問世事在附近田野裡交戰的中國人，透過偶爾目睹到的事實，已經開始認識到了，他們這個國家什麼地方出了毛病了。中國人把在他們這塊土地上發生的災難歸咎於「外國」滿人王朝的統治，於是起來造反，首次爆發出來的不滿是大約八十年前，希望通過戰爭恢復他們的自由。

此時，滿洲王朝正與英國和法國處於交戰狀態，華南卻出現了稱之為「太平天國」的造反，他們停止剃頭，把豬尾

巴辮子剪掉。但是由西方列強組成的軍隊，開始是由一個名叫華爾的美國工程師領導，隨後由一個叫查爾斯‧喬治‧戈登的英國人指揮，戈登是位虔誠的基督教徒，也是個有點神秘的人物。對那些因貧窮而誤入歧途的革命者來說，那些外國人是太厲害了，他們自己選出來準備代替滿洲人的「皇帝」在南京自己的住宅裡，用火自焚，還把所有的妻子和小妾都活活燒死，數萬人被殺。戈登返回英國後，專心於慈善和宗教事業，當他退伍後，過著休閒的日子，準備結束他的悲劇，有關他的事，你可以在非洲那一章裡瞭解到。

在1875年時，滿清政府與德國政府之間因某些事在觀點上也出現了分歧，德國人派出一個中隊的海軍，清除沿海的海盜。在1884～1885年，中國人與法國人又進行了一場戰爭，法國人把中國南部的安南和東京灣占去了。1894年，與已經歐洲化了的日本又打了一仗，結果把台灣島割給了日本。

然後，歐洲人開始爭奪中國的軍事戰略要地，俄國人搶占了東北的旅順，英國人拿到了對面的威海衛，德國人駐進了膠州灣，法國人則到湄公河左岸的金蘭灣，美國人的外交政策經常是感情複雜的（哎呀！應該是多愁善感的），美其言說什麼「保持門戶開放」，歐洲人把搶到手的土地建成了堅不可破的堡壘，不管什麼時候，當山姆大叔遠涉重洋來到這兒時，大門總是關著的，而且連看都不讓他看。

天生就具有耐心和吃苦精神的中國人民，開始懂得他們既受政府的壓制，也受外國人的欺騙。這一事實，使他們再次把受到的屈辱和苦難歸結來自「外國」的滿洲人。1901年

終於開始了不幸的義和拳造反活動，他們先是謀殺德國大使（列舉的藉口是，他是第一個攻擊中國人的），隨後他們一起到北京圍攻外國使團。於是，由俄、日、英、法、奧、義、美八國組成的一支聯合軍隊去北京解救被圍困的孤獨無援的外交使團，從絕望中把大使們和他們的家屬解救了出來。援軍沿路進行報復，在北京大肆搶劫，這座富裕的城市以前從未遭此厄運。就連皇帝居住的紫禁城也被攻破，所有珍寶無一倖免。對中國人來說，不管這兒是多麼神聖不可侵犯，但德國司令帶領他的兩萬人馬（雖然停止了射擊，但搶奪仍在大規模進行），他們按德國皇帝的命令「漢人走到哪裡就追到哪裡」——在那些日子裡，他甚至發出了可以像砍木頭一樣的殺人的瘋狂指令，他的這個不適當的指令十幾年後使他在國內得到同樣的報應，老威廉沒有好下場，惡有惡報。

中國老百姓對政府給予愈來愈侵略成性的歐洲鄰居，巨大的戰爭賠款極為反感，認為受到屈辱，他們在1911年再次舉行起義，這次成功了，滿洲王朝被推翻，中國從此也進入共和國時期。

但這一次，中國人吸取了教訓，知道西方國家不僅對孔夫子所寫教義感興趣，更重要的是想獲得中國的煤炭、鐵礦和石油的開採權。中國人雖然擁有這些寶貴的資源，但不能開發。很快，他們開始認識到應該向日本人學習，在短時間內「西化」。為達此目的，從世界各地請來許多教師來執教，主要是日本人，因為他們既近又方便。

與此同時，一切根據馬克思的理論管理的俄國，開始實行把地球上1／6的土地工業化的計畫，由於俄國在地理位置

上與中國是近鄰，可以悄悄地把一些稀奇古怪的話語傳到長期受人冷落的、生下只知牛馬似地工作的中國人的耳朵裡，這裡的中國人，已不管是誰在統治他們，也不管他們是在受英國人還是法國人或者是日本人的剝削。

所有這些互相衝突的主意、計畫和感情導致出來的結果，使中國自大戰結束以來出現前所未有的混亂，他們被迫參戰並站在同盟國一邊，可是戰後，在經過一次激烈的爭吵後，他們像通常一樣，還是什麼也沒得到，反而失去不少。

我不是一個預言家，不知道在未來的十至十五年中，中國會出現什麼情況？可能現狀不會有太多的改變，也可能很快就趕上世界的進步，因為貧窮的中國起步太晚。但是，如果他們有朝一日趕上了我們，那麼上帝或許應像以前憐憫我們那樣繼續憐憫我們才行。不然，我們不知將要付出多少代價！多大的代價！

編按：本章之中華民國係指西元1932年時的中國。

韓國、蒙古（Korea, Mongolia）

讓我們在實用經濟學中上一節簡短扼要的初級課程。

禁閉在小島上的日本人需要更多的土地，世界上所有漂亮辭彙、所有的規範都改變不了這一事實。因為這是自然界一個真正的規律。例如，我很結實強壯，但饑腸轆轆，當我在大海中以一個小木筏漂流時，這時還有一個人，他弱不禁風，但口袋裡裝滿火腿和三明治，於是我就處於如何去取得火腿和三明治，或餓死的兩難中。由於人總是要面子的，是在從小敬神的父母面前長大的，我壓制自己的慾望，一天，二天，甚至三天，但我終於還是說：「分我一個三明治，要不我就把你扔進海裡去──快點！」

當我開始明確表明我的意圖，讓他能或多或少給我一份三明治時，我是一再忍耐著，可是饑餓的痛苦令我起了歹念。如果在木筏上的人是一百萬或一千萬，你可能就會對日本所面臨的問題的嚴重性表示理解了。

日本人生活在一個比加利福尼亞還小的國家裡（加利福尼亞州的面積是155,652平方英里，日本是148,756平方英里），總共只有1,600公頃的土地可用於農業，還不到美國可耕地總數的2％，如果再想找一個比較近的地方進行比較，就找紐約州那塊經過改造的土地。即使從世界上任何地方請來最好的農業專家，只要讓他到日本一瞥，就會對這個窮島

國所面臨的實際問題一目瞭然。離海這麼近，理所當然以捕魚為生，然而現在他們雖然達到能在稻田的泥水裡飼養一種魚的程度，但要解決吃魚的問題還早得很。之所以如此，主要是基於這樣一個事實；每年的人口增加超過六十五萬。

因此，日本必然要尋找更多的土地。自然而然，他們首先把目光投自中國海對面那塊管理不善、完全被人忽視了的土地。美國是最適合於他們的胃口了，只是太遠了點，另外也太強大了點，澳大利亞也不近，那塊大陸上90%的地方是無人居住的沙漠，沒有人能使用它，滿洲近在眼前，只要抬抬腿就到，朝鮮半島正好是一個通往那裡的橋樑，日本與大陸之間僅有一個狹窄的朝鮮海峽分隔，海峽寬102海里，日本的對馬島（Tsushima）正好把朝鮮海峽隔開，1905年，日本艦隊就在這個島嶼附近一舉摧毀俄國艦隊。

至於朝鮮半島，其緯度與義大利的西西里島差不多，但大部分時間寒冷，也沒有能保護自己的天然屏障，古時這裡也稱「高麗」，之所以叫朝鮮，他們的解釋是「在寧靜的早晨剛形成的土地」的意思。國民是在耶穌出生前1,200年時占領這兒的中國移民後裔，他們來到這裡輕而易舉打敗了，住在中部山上與地下洞穴和石洞的原始部族。這些從西邊移民過來的人，在這裡建立了他們的獨立王國，但從來沒有從宗主國——中國那裡，獲得地完全的獨立，也時常受到日本的海盜們的騷擾。

西元1592年，日本首次企圖攻占朝鮮。日本人在沒有充分準備之前，絕不敢冒昧以戰爭去實現這樣的野心，準備工作包括從葡萄牙人那裏購買了數百支大口徑火槍，日本利用

太平洋乾涸後可能的景象

武器優勢，派出三十萬大軍，渡過朝鮮海峽，這場戰爭一打就是五年，日本最後被趕往救援朝鮮的中國人所打敗。

在這次入侵中，朝鮮的首都漢城被毀，出現許多令人髮指殘暴事件，這就是為什麼朝鮮人對日本人恨之入骨的原因之一。朝鮮弱小，日本強大，在十九世紀後期，朝鮮的各種政治和經濟權利都落到俄國人手裡，這正好給了日本一個重新發動戰爭的藉口。

突發事件引起一場戰爭，人們對此的興趣不大，而真正的每一場戰爭多數是悄悄地在準備。日本這次入侵朝鮮的直接原因就如1592年一樣，就是為了從朝鮮獲得糧食以養活它快速增長的人口。

當日本打敗了俄國人，把中國人趕回到滿洲與朝鮮分界的鴨綠江，朝鮮就成了日本的保護國。到1910年，宣布併為日本帝國的一部分。此外，日本於1895年從中國那裡搶奪到的台灣島和1905年俄國作為戰爭賠償的薩哈林半島（Sakhalin）南部。現在，已經有近五十萬日本人移居到有二千萬人的朝鮮，隨著時間的推移，去的日本人一定還會增加。

至於滿洲，它長期以來就是兩個大國為爭奪控制太平洋北部霸權而鬥爭的一塊骨頭。樸茨茅斯（Portsmouth）會議以後，日本戰爭劃了個句號，滿洲的命運也得到保證。但實際上，誰能留在那裡保護滿洲反對日本？從名義上來說，它仍屬於中國，可是中國自經過義和拳運動後，已經虛弱得連自己都保護不了，還能顧及他人？滿洲人為何不進行抵抗呢？一個精力充沛能征服全中國、能在占全球五分之一人口

裡建立起自己統治王國的民族，必然會知道如何進行反抗，但是，滿洲人很早以前就已經南移中國，留在原籍的人不到6%，他們都是些對大片土地不感興趣的小農，其它一千六百萬人，撒遍在比英格蘭和蘇格蘭還大四倍的原野上，過著與以前沒有什麼兩樣的日子，也就是僅僅不被餓死而已，至於反抗，那是為了什麼？

當滿洲被占領，下一個就是蒙古。因為蒙古是個非常大的國家，總面積達一百四十萬平方英里，比英倫群島大十一倍，但人口還不到二百萬，其南部是戈壁沙漠的一部分，人不能居住，其它地方是草原，非常適合放養牛羊。另外，蒙古人的成功取決於騎兵，他們已不可能騎著那種小種馬，勝利地從太平洋走到大西洋。

許多人似乎傾向於對「日本野心」表示義憤，對他們的野蠻行徑進行痛斥。我寧願稱他們為「日本的必然行為」。就國際政治而論，一個相對健康的利己主義也是一個相對合乎需要的政策，日本必然要為其國內的過剩人口找條出路，它在北亞的行為就是在尋找這樣的出口。從世界的範圍來看，北亞人口稀少，老百姓對殘忍的政府已經習以為常，他們現在過的日子不一定比以前更壞。

如果北亞這個安全門戶不復存在的話，菲律賓、荷屬東印度、澳大利亞、紐西蘭和美國西海岸將永遠暴露在日本侵略者面前，我們將不得不在波里尼西亞群島每個島前佈署一艘戰艦，免得哪個晚上日本的巡洋艦把它們「拖」走了。

總體觀之，當前這種安排似乎更妥當，對那無情無義、自私自利的人，如果我們之中有誰用感情的眼淚去譴責他們

的話，那就有禮貌地請他們為我們肩頭上的的印第安人哭泣吧！

日本 (Japan)

在開始對其它鄰國進行擴張、征服世界生涯之前，日本是由五百多個島嶼組成的島國。北起堪察加半島，南到中國廣東省沿岸，相當於歐洲的北角到非洲的撒哈拉沙漠中部。

這些島嶼總面積與英格蘭、蘇格蘭和曼哈頓的面積總和相差無幾，六千萬人口居住在五百一十八個島嶼上。根據最新統計，日本總人口超過九千萬，這是把二千萬朝鮮人和第一次世界大戰後被日本占領數幾個波里尼西亞島上的人也包含在內。

為了讀起來方便，有必要記住本州（Honnsyu）這個名字，它是日本中部的主要島嶼，北邊另一個最大的島叫北海道（Hokaido），與本州南部緊鄰的是四國（Shikoku）和九州島（Kyusyou），首都是東京（Tokyo），人口超過二百萬，坐落在肥沃的本州平原的中部。東京的港口是橫濱（Yokohama）。第二大城市是大阪（Osaka），位於本州的南部，它是日本紡織業的中心。大阪北部有個叫京都（Kyoto）的城市，是日本舊帝國的首都（東京因在京都的東邊，故有此稱）。其它一些城市，其名稱你可能偶爾在我們報紙上見過，如神戶（Kobe），是大阪的港口，九州島上的長崎（Nagasaki）是最適合接待來自歐洲的各種船隻的港口。

至於江戶（Yedo）這個名稱，你可能在歷史書上經常

日本全境圖

見到，它就是幕府時代東京的舊稱。1866年，當幕府將軍們大權失落後，皇帝從京都移居到江戶並改稱為東京，東京從此進入一個全面發展時期，很快的成為世界上最大的城市之一。

　　然而，所有這些城市都存在著隨時被毀滅的危險。處在大業洲山脈外圍邊緣的日本列島（日本海、東海、黃海，它們形成的時間都不長，正如北海形成後才使英國變成一個島嶼一樣），正好處於從薩哈林半島到荷屬東印度公司的爪哇這條巨大的火山帶中，它們幾乎隨時會有輕重不等的地震，依據地震儀觀察到的統計數字顯示，日本在1885～1903年間，共發生27,485次地震，平均每年1,447次，每天有四次。當然，它們多數為無感地震，輕微的震動就像桌上一個茶杯輕輕地晃動，僅此而已。但是如果你瞭解到，日本的古都京都在過去一千年裡共發生了1,318次地震中，有一百九十四次是「強震」，「破壞性」的震動有三十四次，其中1923年9月那次地震，京都幾乎被移為平地，1.5萬人遇難，有幾個小島，除頂尖還露在水面，其餘部分完全沒入海底。由於此事剛發生不久，所以我們每個人對此都還記憶猶新。

　　人們經常把地震與火山分布聯想在一起，某些地震無疑是與火山爆發有一定關聯，但多數地震是板塊運動突然造成崩塌所引起的。因為只要這些板塊移動二至三尺，就可以引起樹木或灌木的晃動，如果此類事正發生在人口稠密處（荒山野嶺是最好的結果），就會出現1775年發生在里斯本那種災難，那次死亡人數達六萬，1920年發生在中國廣東的地震，其死亡人數高達二十萬，據最權威的地震專家們保守的

估計，在過去有史紀錄的四千年的人類史上，至少有一千三百萬人死於地震，請記住，這僅僅是最保守的數字。

當然，地震在任何地方都可能發生，僅一年前，北海海底的大地就晃動了好幾次，引起萊茵河和斯凱爾特河口島上泥灘的跳動，使當時在上面的挖泥工產生巨大的的恐慌，當然，北海海面上仍然如一個平底鍋一樣平靜。日本地震多，另一方面日本列島正處在山脊的頂部，其東部是一直下降到我們的科學家至今仍不能測定出深淺的太平洋最深的海溝、菲律賓海溝還不到六千英尺，日本一半以上災難性的地震都發生在一直下降六英里的東部沿海地區，就不是偶然現象了。

然而，正如多數生活在地震帶的人一樣，日本人對造成永久威脅他們安全的這一現象並非夜不能寐，與我們一樣，他們照常日出而作、日沒而息，在田野耕耘，與兒童遊戲，一日三餐照吃不誤，看到查裡·卓別林的演出也捧腹大笑。有經驗的老人告訴大家，可以建造一種薄板塊低矮房，這種房子在冬天或許通風差一點，但在他們有生之年可能遇到災難性的大震時，危險性就會減到最小。當然，他們也在模仿西方，就如在東京那樣，建造摩天大樓，如果發生大地震，其損失就可能會上升數億倍！整體來說，日本人在克服這一不可避免的地理因素方面比任何其它國家都做得好，正如他們成功地把這種生活安排得比西方國家更協調也更冒險一樣。我這樣說的意思，並非是指那種漂亮的明信片上印著的在一棵風景樹旁美麗的藝妓正在悠然地喝著熱茶的場面，也非僅僅指公園裡各種各樣的蝴蝶結玩具。我只不過想在這裡

重複一點，所有剛從日本回來的旅遊者都告訴我說，日本正在放棄祖傳的風俗和思維（那些生活方式特別講究細節），正因為日本開始用新的生活習慣代替舊的生活習慣，這種改變無疑會對我們的安全產生重大的影響，我們應該用繼續保持接觸的方式去對待這些，至少應該明白幾件事，那就是不管我們喜歡與否，只要太平洋不乾枯，日本就是我們的鄰居。

與中國相比，日本的歷史不太長，中國的歷史記載可追溯到公元前2673年（大約是基奧普斯建他的金字塔的時期），但日本可查的最早的歷史記載只有四百年，那時這個現在稱為日本民族已經存在。嚴格地說，他們不是「日本族」，就如英國一樣，日本也是一個混合民族。這兒的原始民族是阿依努人，他們被來自中國南部的馬來亞半島、中國中部、滿洲和朝鮮的三次成功的入侵所引起的大的移民浪潮驅趕，慢慢地退縮到最北部偏遠的島嶼上。結果，日本文明成了中國文明延伸，無論如何，日本人都知道，他們的一切都是從中國文明那裡學來的。當日本學習中國樣子，允許佛教傳播時，兩國關係就更密切了。但是，當一個新教義代替了原來的教義，新教義並沒有辦法解決原教義所引發的問題。所有的傳教士都應該瞭解這一點，無論他們是基督教、穆斯林或佛教。

首位到達日本的佛教使者，大約公元六百年前後，他發現日本原來的宗教體系已經在其土地上失去地位，亦即佛教在此處特別受歡迎。日本人原來的宗教稱之為「神道教」，即表示這是「敬神之路」，也就是它與我們的宗教某些方面

有相同的處，與亞洲所有那些流行的幽靈、鬼怪相比，也高雅多了。佛教認為世界是一支不能摧毀的、永恆不變的力量，當我們做什麼事時都要盡於自己的義務，因為不管其結局為何，事情總會出現一個輪迴的永恆結果。現在日本的宗教就是佛教與神道教的混合體，它是建立在個人對社會承擔的義務上。與英國人一樣，實際也是島民的日本人（沒有必要只做一個島民）都有一種非常深刻的真誠的信念，即為自己的國家承擔某種明確的義務。原來的神道教也是基於對祖先的崇拜與尊重，但並沒有把這種崇拜提高到荒謬的地步，這種宗教曾在中國變成一種繁俗縟節的慶典活動，只是中國人的作法較靈活，他們可以在自己的祖墳上繼續耕種養活子孫。

當然，中國文明與日本文明直到近代還沒出現什麼明顯的不同。十六世紀後半期，日本那些獨立的諸侯間，在經過長期的爭吵與戰爭，諸侯對他們皇帝的尊重，還不如神聖羅馬帝國時對武士的尊重，政府終於落入一個強有力的人手裡。

此情況與八百年以前，遠在天邊的歐洲出現的一個事件相仿，多摩斯陛下，也就是老法蘭克人國王的議會的管理者，雖然把「黃袍」披在其主子的身上，可是國家的管理權則牢牢操縱在自己手裡，當他們覺得時機來臨時便取而代之。日本各諸侯間的內鬥持續了四百年，大家覺得只要能讓國家獲得安寧，誰來統治這個國家都行，所以當帝國的最高領導者受到威脅時，沒有人願意出來護衛。因此最富有影響的德川家族首領，成了國家新獨裁者。日本的間條道明又把

皇帝塑造成地球上最高的神，日本的精神領袖，但這種精神職位，就得像西藏的喇嘛一樣，必須永遠能對其臣民保持一種無形的統治。

這種狀況差不多又維持了兩個世紀，幕府將軍們（就是眾所周知的那些獨裁者，意思與我們的總司令相當），統治京都，皇帝們在京都寧靜宮殿裡裝飾豪華的屏幕內無所事事。正是這個幕府時期，日本實行嚴格的封建制度，對日本文化特色的形成深遠影響。直至今日，還能看到其痕跡的存在，雖然經過近八十多年的工業化，日本人在心底還是封建主義，從生活角度看，它與歐美的競爭都完全不同，要使這種新生活的細節更完美，那還得花費相當多的時間。自從1600年以後，日本社會就分成三個截然不同的集團，最高層是「大名」，即封建時期的大貴族、大地主；第二階層是「武士」，相當於歐洲中世紀時的世襲騎士；其餘的人屬於第三等級，即「賤民」，也就是普通老百姓。

這個制度不理想，但歷史事實告訴我們，廣大老百姓對所有的政府所表現出的概念或形式沒有什麼興趣，平民百姓所關心的是：政府工作嗎？能保證我的和平與安寧嗎？不管在什麼情況下能保證我辛勤勞動後的實際所得嗎？是否有人不通過法律程序，就把屬於我的東西搶走？

這個制度延續了二百多年，幕府將軍被賦予是這個國家的政治領導，「天皇」作為這個國家的精神領導，「大名」和「武士」被堅持嚴格遵守「按誓言辦，從一而終」的信條，即要他們按宣誓的規定行事，否則就應在最莊嚴的儀式中切腹自殺。這些人在做交易和履行入教誓言上真是絞盡了

舊日本圖

腦汁。

　　即使是在那個時候，日本的人口也變得愈來愈多。人們的日子並不好過，在吃的方面，他們總是相當節制，非常簡樸，沒有過多的奢望。大自然似乎也是個可信賴的朋友，發源於荷屬印度赤道地區附近的北太平洋暖流（類似我們的墨西哥暖流）流過菲律賓，越過太平洋，直達美國西岸，為美國送來一個溫暖氣候。同時，另有一條狹窄的冷流正好流過日本東海岸，使日本的氣溫就如加利福尼亞一般，即使如此，日本的天氣比中國大陸要強多了。

　　所有這些似乎都有利於日本列島快速發展，當一個叫門登斯・平托的航海家受困迷失航向，漂泊到日本島時，對日本的整個歷史過程發生了變化。因為這不僅使葡萄牙人訪問

新日本圖

這個國家，還與他們進行交易，並用基督的福音為他們祝福。

日本人接觸到了福音，許多日本人還皈依基督教。此外，還有一些其它地區的宗教團體，如原來屬於西班牙管轄的菲律賓群島，當其島民來到日本時，也受到日本人的歡迎。但幕府將軍們對這些外國人的出現深感不安（對這一事件，當地官員沒有作出什麼反應），因為這些外國人們總是頭戴鋼盔、肩扛一根奇形怪狀的鐵棍子，鐵棍子打出沉重的鉛彈，可以同時穿透三名日本士兵。

在過去的五十年中，通過對發生事件的瞭解，我們才開始理解日本的觀點。這些偶發事件，讓人覺得日本人是一個殘暴的冷血民族，與我們平常看到的相關資料大相逕庭。幕

府的將軍們決定關閉日本大門，反對基督教傳教士一切傳教活動。這一決定並非是他們一時心血來潮，而是出於害怕，惟恐整個國家被宗教引起的衝突搞得四分五裂。害怕他們的財富被外來商人們搶走，船長們來時是為日本海岸帶來和平的訊息和祝福，但離開時，他們卻必須照上級指示滿載而歸，且對運走的貨物分文不付。

耶穌最大影響力是在九州島山，那兒離中國最近。起初教父們還低聲下氣宣講著耶穌教義的好處，可是一旦占了上風，就去拆毀日本人原來的廟宇，破壞日本人的偶像，甚至用槍強迫成千上萬的農民和部分貴族接受十字架。

豐臣秀吉是當時日本的鐵腕人物，瞭解這種情況後意識到，發展下去將會出現不可避免的結局，於是聲明：「牧師來我國宣揚美德，可是這種美德中卻隱藏著一種反對我們帝制的毒素。」

1587年7月25日，就在首位日本使節覲見教皇和西班牙、葡萄牙國王後五年，所有的基督教傳教士被禁止進入日本領土。到日本經商者必須事先徵得允許，並在政府的監督之下進行。葡萄牙的教士們被遣送出境，但他們留下的空位馬上被來自菲律賓附近的「方濟會」和「多明各會」的教士們所填補。他們裝扮成前往覲見秀吉的特別大使，他們的詭計被識破了，但也沒有受到什麼刁難，只是告誡別再前往，他們服從此令，就在江戶建了一座教堂，開始為來自四面八方的人洗禮，然後他們又在大阪建起了另一座教堂，這時他們打出旗幟公開反對其競爭對手耶穌會，指責他們在給日本人民傳播福音的過程中，使用的方法太平和。簡而言之，他

們在判斷上犯了個錯誤，專門隱藏職業入教者的倉庫被發現，根據豐年秀吉的命令，他們全部被驅逐出境。可是他們走得快，返回得也快。在經過數年毫無作用的警告後，對那些不受歡迎的西班牙人，表現極大耐心和容忍的日本人，最終得出結論：「除非採取極端手段外，已別無他法」。

與其看著像四百年前一樣，一場類似內戰把他們的國家推進深淵，還不如自動關上國門，反對所有的外國侵略者，那些不顧後果的外國基督教徒，被宣布處以死刑。

在接下來的一個半世紀裡，日本心甘情願與世界其它國家處於隔絕狀態，情況雖然不完全如此。「隔絕」一字並不過分，只有一個小窗口仍對外開著，通過這個窗口，大量的日本黃金和白銀流到西方世界，西方一些先進的科學技術悄悄地潛入這個讓人奇怪的國家。在與日本經商方面，荷屬東印度公司是葡萄牙人的主要對手，但荷蘭人純粹都是生意人，他們來往比較簡單，對日本人的精神並不在意，英國人也如此，在很長一段時間裡，與日本人做生意都是碰運氣的事，不知兩個國家誰會贏？最後，由於英國人經營不善，失去了日本市場。

在葡萄牙派往日本的最後一名外交使節被處死後——這實際上等於無法辯解的官方謀殺，荷蘭人以前所享受的許多特權也被取消。但只要他們在日本做的冒險生意，每年有80％的紅利可得，就是冒上絞架的危險，也心甘情願。

荷蘭人最後被趕到長崎港外，一個叫出島的小島上，這是個長三百尺，寬八十英尺的石頭島，連他們買來作伴的小狗都沒地方安置，不允許攜帶妻子來陪伴，更不允許他們邁

上陸地一步。

　　荷蘭人不得不在憤怒中，再次表現出耐心（這確實不是該國的特徵），只要他們對日本當局作出的法規中，任何一條有輕微的違反，就會遭到無情的報復。荷蘭東印度公司有一天決定再新建一座倉庫，根據當時的習慣，寫著的日期是「A.D.」也就是公元，根據基督教徒的直接資料記載，幕府將軍們不僅把這些富有挑釁性的荷蘭人趕走，而且把他們所有的建築物全部搗毀，夷為平地。現在輪到荷蘭人處於葡萄牙人以前的地步了，葡萄牙人被這些可怕的法令驅趕時，留下的臨別贈言是：

　　　「只要太陽還照耀大地，就不能讓基督如此冒失
　　地到日本來，要讓我們所有的人，甚至菲利浦國王
　　本人以及所有的基督教人，都來懲罰這位指揮官，
　　要他們用頭顱來償還。」

　　荷屬東印度公司對此懷恨在心，卻毫無辦法，荷蘭人只得在出島上待著，而且一待就是二百一十七年。在這二百一十七年中，此地成了日本金銀的一個穩定的流通道，因為不管是日本從國外訂貨，還是向外國人交貨，荷蘭都堅持現金貿易。

　　在這方面，歐洲偶然也從這些隱士那裡得到一點有關他們的消息。所有的消息匯在一起，讓人得出結論，在日本帝國的情況並不讓人滿意。日本正迅速成為一個教條僵硬的國家，沒有誰能指望它有朝一日會自己解脫自己。然而說穿，日本的年輕人卻愈來愈變得難以控制，他們一知半解地瞭解

到西歐國家出色的科學知識，透過荷蘭人在這裡的小窗口，得到一些科學知識小冊子和醫學方面的書，他們開始怪聲怪調的學講荷蘭話，他們也瞭解到，當世界大多數國家大步地向前走時，只有日本還仍留在原地不動。

然而，到了1847年時，荷蘭國王把許多科學書籍作為禮品贈送給江戶的皇宮，並附加一張世界地圖，告誡日本千萬別自我孤立。與此同時，中國與歐洲和美國的關係正快速增多，船員因沒有有外交領事權，都非常害怕。1849年美國一位軍事艦隊指揮官威脅說要炮轟長崎，除非日本立即釋放扣留的十八名海員。荷蘭國王警告日本國王，如果繼續執行孤立政策，將會導致出一場災難。海牙這些信件所表示出來的意思，僅是世界其它地方早已預見到的，日本遲早要把自己的大門對西方商人開放，如果拒絕和平地開放，將會在武力強迫下開放。

俄國正沿著阿拉斯加海岸一步步向南推進，正計畫慢慢增加在太平洋沿岸的領土，美國是唯一在這一地區沒有領土野心的國家。1853年，美國海軍准將裴利帶者四艘軍艦和五百六十人到了浦賀灣，他們的首次來訪，對從未經歷過此事的日本政府引起極大的恐慌，當皇帝正式請求上天保佑時，裴利率眾離開了（他實際上在那裡僅停留了十天，把美國總統的一封信交給了日帝）。日本請求荷蘭提供一艘軍艦，各要塞的士兵們已經做好交戰準備，以前從葡萄牙那裡購買的老式火槍也搬了出來，防範這些從東方來的由蒸機推動的怪物的再次光臨。

整個日本的人民都被動員進來了，多數是贊成開放政

策，大權旁落的幕府將軍們就屬於後者，要求「把外國人當成友好的朋友看待」。然而，最終從阿德米爾‧裴利的訪問中最大的受益人是皇帝。

作為封建制度政府的無可爭辯的領導人，幕府的將軍具有非常大的影響力。只有那些「大名」和「武士」仍堅持像1653年時一樣攜帶著他們的佩刀，堅持對國內反對派實行全面鎮壓，而不考慮歷史已經到了1853年，到了非改革不可的地步了。

此時良機出現了，國家名義上的領袖天皇，正好也是一位才能出眾、知識淵博的人，他說服幕府的將軍們自動辭職，重新掌握了國家的統治權，他對那些反對開放的人說，進一步孤立等於自殺。他就是日本歷史上的「明治天皇」，他開創了日本的革新時期，把一個經歷了一千六百年的封建國家變成了一個現代工業化強國。

有人問，是否任何人只要在感情上進行這樣一次大規模徹底的變革，都會出現良好而有希望的結果呢？這是個沒有意義的問題。建起了大工廠，龐大的煤礦和鋼鐵鑄造，訓練出強大的海軍和陸軍，最後還是幾家歡樂幾家愁。我對此沒有進行調查，反正是有人贊成有人反對，這取決個人對問題看法。十年前俄國人維護他們的精神支柱，愛護他們的聖徒，可今天，他們在廚房的大爐灶裡焚燒他們的信徒，把他們的靈魂如圍困在蒸汽機的排氣管裡一樣，哪兒也出不去。

以個人淺見，我相信這樣的發展是完全不可避免的，但對他們本身來說，談不上好，也談不上不好，但卻是必要的，因為這種發展可以把我們自己從饑餓中及經濟發展的不

確切性中解救出來。在這種改革中，既作母親又作父親的那台機器，也將希望和美夢摧毀，沒有人能否定這一點。對訪問日本的客人來說，日本的「北勢」和「宇太丸」將會比日本人的標準汽油和東京的煤氣廠更有趣，這是毫無疑義的。但日本的「北勢」和「宇太丸」已經消失得無影蹤，而東京的家庭婦女已經喜歡在猛烈的煤氣火上烹調，而不願到木炭上慢慢地烤，這就是回答。

歷史悠久的白頭火山富士山，自1707年就從未吐露出一個字，從前的小孩向那兒路邊的神殿敬獻鮮花，現在路邊是讓人看上去彆扭的香菸廣告，神殿外邊神鹿的腿已被野餐人員扔出的罐頭盒砸壞了。

但是，富士山知道──總有一天，那些願望太多的人，最終將什麼也不會得到。

菲律賓（Philippines） 原墨西哥的領地

亞歐大陸向東伸向太平洋，其露出海平面的邊緣部分，形成了一個從堪察加半島（Kamchatka）到爪哇島（Java）的半圓弧形島嶼，菲律賓群島即是其中一部分。這個半弧形島嶼與大陸之間的低地由於被海水淹沒，遂形成了日本海、東海和南海。

菲律賓群島由七千個大小島嶼組成，其中面積在一平方公里以上的島嶼僅有四百六十二個。其它小島盡是懸崖峭壁，或者是小塊沼澤，有趣的是，其中能叫得出的僅占其1／4。菲律賓群島的總面積與英格蘭和蘇格蘭的面積相差無幾，人口約一千一百萬，當地土人占多數，也有相當比例的中國人和日本人。白人約有十萬。此地以前可能是個多火山地帶，但今日能測定到的火山只有二十五座，除兩、三座外，其餘的似乎比較安靜。

從地理學的角度看，菲律賓群島的確是充滿魅力與驚險之地，我們所能找到的大洋中最深的海溝就在菲律賓群島之東。這深溝究竟深到何等程度？如果我們能把喜馬拉雅山和聖母峰這些地球上最高的山峰移到這條溝裡，其頂端仍在海水底下三千英尺！試想一下，如果有什麼東西落入這個地球之凹處，尋找回來的希望看來就非常渺茫了。

菲律賓群島上最重要的群島算是呂宋島（Luzon），它

形態似蝌蚪，中部隆起，最高峰達七千英尺。菲律賓最重要的城市、即首都馬尼拉（Manila）就位於該島東部。1571年，西班牙人打敗了當地信仰伊斯蘭教（Islam）的當地土族人，修造此城。由於此地出產一種名叫馬尼拉的麻類植物，西班牙人遂以此命名此城為馬尼拉。1590年，西班牙人又築起城牆，不過，西班牙的殖民統治早不存在，可是城牆至今還留在那裡。

即使是在西班牙笨拙的管理之下，馬尼拉（Manila）也發展成整個遠東地區最重要的商業中心。馬尼拉港口內停滿了來自中國、日本、印度甚至遠達阿拉伯世界的商船，他們攜來貨物，與西班牙人從中美洲殖民地和墨西哥轉運來的歐洲產品進行交換。當時西班牙的商船隊如果從好望角經印度洋直航馬尼拉就有可能被英、荷艦隊攻擊，因此，西班牙人不得不選擇另一運輸線，即從馬尼拉經特萬特佩克灣（Tehuantepec）到中美洲，經陸路轉運，越過中美洲地峽，再用航運，經古巴、波多黎各駛回西班牙。

呂宋島南部分布著十幾個較大的島嶼，其中著名的薩馬爾島（Samar）、班乃島（Panay 島上名城Iloilo是菲律賓第二大城市）、內格羅島（Negros）和宿霧島（Cebú）。再往南一點就是菲律賓第二大島民答那峨島（Mindanao），島上信奉伊斯蘭教的土著人摩洛人（Moros）為了爭取獨立，曾先是與西班牙，後與美國殖民者進行殊死抗爭，島上最大城市是蘇祿灣（Sulu）海邊的三寶顏（Zamboanga），整體而言，菲律賓東向太平洋，但西班牙的真正興趣在西面的太平洋，他們與西方進行貿易，他們關於文明的概念來自西方，

菲律賓群島就是從東邊來的西方遠征隊偶然發現的。

　　麥哲倫（Magellan）率領的西班牙遠征隊於1521年到達這裡，麥哲倫冒險遠征的初衷，本是為了平息他的皇上西班牙國王和教皇之間的紛爭。教皇為了解決伊比利半島（Iberian）上兩個國家日益緊張的爭鬥，於1494年發布訓諭，在亞速爾島（Azores）和佛得角群島（Cap Verde Islands）以西，自北向南劃了一條「教皇子午線」（大體相當經50度左右的位置），將世界劃為兩半，線西屬西班牙勢力範圍，線東屬葡萄牙勢力範圍。這就是著名的「托爾德西拉條約」（Tordesillas）。西班牙人據此得到懲罰任何敢越過此線者的權力。從此英國和荷蘭遠征美洲大陸的探險活動變得危機四伏，因為他們一旦逾越雷池一步，就會被當成海盜一樣毫不客氣地被絞死。

　　亞歷山大六世（Alexander VI），這個歷史上最為荒淫的教皇，他本人是西班牙人，因葡萄牙抗議上述條約不公，其利益受損的情況下，使雙方的爭執演變成航海遠征的問題。也由此引發長達百年的爭執與戰爭。這場戰爭中，葡萄牙人麥哲倫受僱於西班牙國王，率領遠征軍向東航行至印度洋，探究摩加普島（Moluccas）依據條約是在葡萄牙的勢力範圍內，還是在西班牙範圍內。遠征隊出發不久即遭到荷蘭人攻擊，但是西班牙人無意之中發現菲律賓群島，於是他們將其劃入西班牙的勢力範圍，並通過該國在墨西哥的殖民機構對其進行行政管轄。此後，大批的修道士來到了比中美洲更為有利可圖的菲律賓。

　　事實顯示，這些修道士在菲律賓了做了許多具體成效的

工作。實際上，如果他們的工作並沒有成效的話，美國在菲律賓的統治將會更容易。我國在1898年從西班牙手中，取得其在菲律賓的權益時，才意外發現，我們面對的菲律賓人竟是百分之百的天主教徒。

從官方立場來看，我國可能不是個基督教國家，但是我們的人生哲學是屬於基督教，意即是反天主教的。我們也許會為我們給予菲律賓的一切而自得：暢通的公路，數千所學校，三所大學，眾多的醫院和醫生、護士、育嬰箱，肉類與魚類防疫，衛生保障方法等等西班牙人前所未有的進步與益處。然而菲律賓人對我們高尚而美好的行為並不特別感激，他們從小受到的教育使他們相信，舒適與進步固然很好，但與百姓得救而可進入天國相比，育嬰箱、醫院和良好的公路、學校，實在算不了什麼。

荷屬東印度公司（The Dutch East Indies）

小人物掌大權

　　前文講過，日本、台灣和菲律賓群島都是古老的亞洲大陸東部陸塊，在數百萬年前沉入太平洋後，與大陸分離而形成的一系列島嶼。

　　與此不同的是，馬來群島（有許多不同的名稱：馬來西亞群島、東印度群島等）不僅是亞洲大陸的邊緣部分，而且是一個面積與中國相當的巨大半島，從緬甸、暹羅（泰國）、交趾支那（越南），向東延伸到澳大利亞的一部分。在早期的地理史料中，這個半島被認為是亞洲大陸的大部分。後來人們發現它與澳大利亞之間僅狹窄的一帶海水，與昆士蘭和新幾內亞之間的托列斯海峽（Torres）差不多寬。

　　地質巨變把一塊巨大的陸地變成一群奇形怪狀的島嶼，包括婆羅洲（Borneo）面積與整個斯堪地那維亞半島相當，以及數千個給航海帶來極為不便，且難以發現的暗礁與孤島。這一地質巨變原因不難理解，因為該地區是地球上火山多發地區。直到今天，爪哇島（Java）仍可以看到藍色的火山活動帶。在最近三個世紀裡，爪哇島中還有一百二十座火山，一直處於激烈活動，而它西側的蘇門答臘島（Sumatra）也如此。

　　爪哇島民普遍信奉婆羅門教。僧侶們經常把人投入沸騰的火山口，以奉祀地下的神靈，奉祀很成功，火山不斷噴

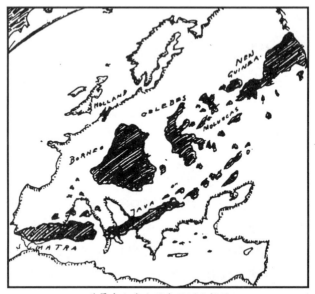

荷屬東印度公司與歐洲比較圖

發、咆哮，時常暴怒不已，數百年來卻從來產生毀滅性的後果。

　　但是喀拉喀托（Krakatoa）火山遺址卻猶如一個無言的利劍倒懸在人們心頭，它似乎隨時可能再度爆發。1883年8月26日晨，在蘇門答臘與爪哇島之間海峽上，巨大的喀拉喀托島上出現了歷史罕見的火山大爆發，全島被切割成無數的碎塊。兩天以後，該島的北部就完全消失，島上海拔一千五百英尺的山峰，沉入水下一千多英尺，變成了印度洋的一個深坑，巨大的轟鳴聲在三千公里外都能聽到，火山灰升向一萬七千公尺的高空，覆蓋了非洲、亞洲、歐洲、美洲甚至北洲，此後六週之內，天空籠罩著異色，彷彿是近處森林正在

著火。

畢竟，喀拉喀托山上原本就荒無人煙，火山爆發後人的損傷相對不大，但對海的情況就大不相同，火山爆發時爪哇島掀起五十多英尺的巨浪，淹滅了三萬六千人的性命，巨浪將無數的港口和村莊一掃而光，巨大的船隻也成了火海，海浪甚至波及到八千公里以外的錫蘭（Ceylon）和模里西斯（Mauritius），就連距離很遙遠的英吉利海峽上都能清晰地見到海水的變化。

一年之後，喀拉喀托火山遺址多次出現再活動的跡象，但是沒有人知道，地底之火將於何時、何地再度噴出，這裡的居民泰然處之，並不在意。

這種無所謂的態度可能來自於他們信仰的伊斯蘭教，也可能來自於他們的生活觀念。他們安於現狀，認為火山爆發，就如外國人在這兒統治、出現的洪水、火災等等一樣，都不是什麼大不了的事，他們自己田地照樣耕種，自古以前不受改變，兒孫也可能和他們一樣，以後還會在同一塊土地上耕耘，除非得到可靠的幫助，沒有想過要改變這裡的一切。

我在這裡似乎把爪哇島描寫成了一個世外桃源。事實上這並非我心存臆測，爪哇確實是受大自然的恩寵，這兒28％的土壤是火山土，如果耕種得當，一年可以三收，物產十分豐富。

島上的氣候適合於種植各種熱帶作物，但並非酷熱，山上的氣候比紐約和華盛頓的夏天還要涼爽宜人。爪哇島與荷屬印度的其它群島一樣地處赤道附近，晝夜差不多一樣長，

空氣濕度大，最高氣候從未超過攝氏三十四度，也未低過攝氏二十度。年平均氣候是攝氏二十六度，季節更替明顯，從西部來的季風（來自阿拉伯灣，每年一定時間即來到，很有規律性）形成的雨季時間是11月到次年3月，這期間天天在同一個時間下雨；接下來就是所謂的旱季，又很少甚至從不下雨。雨季與旱季之間有個短暫過渡期。

由於有如此得天獨厚的氣候條件，爪哇島雖然只長六百二十二公里，寬一百二十一公里（四周築有一道長方形防洪堤，以防止印度洋風暴的侵襲），卻養活了四千二百多萬人。蘇門答臘（Sumatra）島和婆羅洲（Borneo）比它面積大得多，居民還不到它的十分之一，它的富饒一開始就對白人產生了吸引力。

首先來到此地的白人是葡萄牙人，接著是英國人與荷蘭人，但英國人後來逐漸把主要精力集中到其它殖民地，如印度的開發和管理上，就把爪哇島和馬來群島的開發交給荷蘭人。在與當地居民打交道的前三世紀中，荷蘭人把歐州人的一切毛病都收斂起來，並學會一些對殖民地管理的經驗。他們盡力避免與當地居民發生直接衝突，並逐步融入當地人統治當地人的方式。因為無論如何，當地人總有一天會要求獨立的。在全島三萬軍隊中，白人只占1／5。如果當地居民一定要趕走殖民者的話，荷蘭人是不可能統治得了這塊比其母親國大五十倍的土地的。基於這一點，強制勞動和政府農場被取消，古老的強制性遠征被廢除了，島上新建起學校、鐵路和醫院。如果殖民統治者最終不得不放棄對這裡的統治的話，他們希望其獨立性的經濟結構能夠存留下去。本地居民

爪哇島圖

中安於現狀的老一代，也逐漸相信事實勝過說教、世界是不重新改變的新生代。在荷屬殖民地其它島嶼中，爪哇島是最為開化之地，摩鹿加群島的里伯島（Celebes），是最初的香料島，英國、葡萄牙、西班牙和荷蘭爭奪該島，在十七世紀進行了整整一個世紀的激烈爭奪，最終為荷蘭人所獲，成為第二個爪哇島。該島出產油料，在維多利亞時代，老人們愛用它來修理鎖，老女人們則用來織罩布，現在它是爪哇島上最重要的城市之一，與該島北面的蘇臘巴亞（Surabaya）和三寶隴（Semarang）有正常貿易往來。

摩鹿加群島並不富庶，但當地的居民阿波尼希（Amboinese）人是出名的航海家。四百多年前，他們就以太平洋上最著名的水手聞名於世，被認為是太平洋上的食人族。如今他們雖已成為典型的基督徒，但有意思的是，他們

仍為荷屬東印度所屬最英勇善戰之兵團。

婆羅洲是亞洲半島伸入太平洋形成的島嶼中最大的一個。當地習俗與信仰是取人頭來奉神，致使島上人口稀少，荷蘭人曾採取最為嚴厲的統治措施，試圖禁止此種殘暴風俗。但是直到今天，島上的年輕人除非有獲取三個以上的人頭作證明，否則就不能結婚。長期的互相戕害（婆羅洲人的殺戮令人毛骨悚然，他們征服人的榮耀，就像一名高爾夫球手領獎杯一樣）阻止了島上人口的增長。現在島上的河流開始開發，石油、煤炭和鑽石公司在修築道路，未開化的居民被勸服不再殺戮和從事農業生產。長此下去，若無意外，該島可以養活比目前二十倍的人口。

婆羅洲的北部由英國所統治，西北角是個獨立之邦，叫薩拉瓦克（Sarawak），被一位著名的英國人雷查·布魯克斯（Rajah Brooks）的後裔統治。雷查·布魯克斯鎮壓了本島的一次反叛後，就自立為王，建立了一個獨立的王國。

荷屬東印度另一個極其重要的島嶼是與馬來半島平行的蘇門答臘島，島上火山活動激烈但物產豐富，只是有一座高大的山脈橫貫島上，對鐵路建造極為不利。在發展與西方的貿易方面，飛機與汽車對於該島來說比任何其它的交通工具都來得重要。

在蘇門答臘與婆羅洲之間，是原本與馬來半島相連的邦加（Banka）島和勿里洞（Billiton）島。爪哇島東面是著名的巴里（Bali）島，史前人類曾在此繁衍；再往東就是佛羅勒斯島（Flores）和帝汶島（Timor），它們位於澳大利亞西面；最東面的是新幾內亞（New Guinea）島，它原本是澳

洲大陸的一個半島，該島只有大西島屬於荷蘭。若把該島放在地圖上，幾乎將覆蓋從西歐的巴黎到敖得薩（Odessa）的大部分。島上沒有河流，加之有食人族及不開化的部族，長期的疾病侵襲和獵取人頭的陋俗，使島上人口稀少。島上散布著一些矮女部落的遺址，顯示此地早就有人居住了。

有一種觀點認為，荷蘭東印度是猿人最早進化為人的地方。在爪哇（Java）島上發現過世界上最早的類人生物，著名的類人猿的頭蓋骨。在加里曼丹和蘇門答臘也發現了這些巨猿的頭蓋骨。

這真是個光怪陸離、無奇不有的世界。當這個世界的一部分人進化到有能力建造熱帶動物園時，我們同類中的另一半卻生活在動物園一樣的環境中。

THE NORTH POLE

Franz Josef LAND

Spitsbergen Is

Bear Island

Barents Sea

NOVAYA ZEMLYA

KARA SEA

YA PE

WAIGATS IS

...land ...ea

...on Is

Arctic Sea

North Cape

HAMMERFEST

NORWAY

White Sea

ARCHANGEL

OB RIVER

Arctic Circle

Trondheim

LOFOTEN IS

SWEDEN

FINLAND

URAL MOUNTAINS

OF

TOBOLS...

...Is

Shetland Is

ORKNEY Is

Scotland

NORTH SEA

EDINBURGH

OSLO

STOCKHOLM

BALTIC SEA

歐洲 ...INGRAD

UNION

NIJNI NOVGOROD

VOLGA R

MUSCOW

KAZAN

...land

...land

DENMARK

HOLLAND

BELGIUM

AMSTERDAM

GERMANY

BERLIN

WARSAW

POLAND

DNIEPER R.

DON R.

SARATOV

URAL R.

BRITISH CHANNEL

PARIS

FRANCE

PRAGUE

Bay of Biscay

VIENNA

BUDAPEST

ALPS

DUJESTER R.

VOLGA R.

ASTRAKHAN

CASPIAN SEA

ARAL SEA

MADRID

BARCELONA

ROME

BLACK SEA

CAUCASUS

KHIVA

MEDITERRANEAN

CONSTANTINOPLE

ATHENS

TURKEY

ASIA MINOR

TEHERAN

PERSIA

ISFAHAN

AFFGHANIS...

TUNISIA

GREECE

CRETE

ALEXANDRIA

SYRIA

BAGDAD

TIGRIS R.

PERSIAN GULF

BAL...

ALGERIA

JEROSALEM

MOROCCO

the Sahara

LIBYA

EGYPT

CAIRO

SUEZ C.

EUPHRATES R.

ARABIA

OMAN

...GAL R.

TIMBUKTU

NIGER R.

LAKE CHAD

NILE RIVER

KHARTOUM

HEGAZ

MEDINA

RED SEA

MECCA

the Sudan

MUCHA

ADEN

...hot. ARABIA

 歐洲的發現

　　歐洲的人口是北美洲和南美洲人口總和的二倍，比美國、非洲和澳大利亞的人口總和還要多。只有亞洲的人口多於歐洲，它是9.5億，歐洲是5.5億，這些數字是由與國際聯盟相關的國際統計學會收集的。國際統計學會是由一批學者組成的機構，他們能客觀的觀察問題，沒有義務去修改統計報表，以迎合某個國家的自尊心。

　　根據國際統計學會的統計，全球平均每年淨增三千萬人。這是非常嚴重的問題。如果按這個速度計算，全球人口將每六百年增加一倍。我們還要數百萬年的在地球上生存下去，我不願意去想像將來的狀況，比如說19,320年，或是193,200年，或是1,932,000年的狀況。在地鐵列車中也「只有站位」已經是夠糟糕的了，如果在我們的地球上「只有站位」，那是絕對不能容忍的狀況。

　　如果上述將是我們未來要面臨的前途，除非我們現在就面對現實，願意現在就採取適當措施。

　　上述所說屬於政治經濟學的內容。我們在這裡要探討的問題是：歐洲大陸早期的移民來自哪裡？這些移民在歷史上發揮何種重要作用？他們是最早到達那裡的？我遺憾地說，答案必然是模糊不清。這些人很可能來自亞洲，他們很可能從位於烏拉山和裏海之間的隘口進入歐洲的，他們很可能發

現，有人比他們先到了歐洲，歐洲有更古老的文明。在人類學家收集到比現在更多的資料之前，那些史前移民的故事只能是臆測，與一般的地理學用書的內容不相符。我們必須把重點放在後來的移民上。

他們為什麼要來自歐洲？出於同樣的原因，在過去的一百多年裡，數以百萬的人離開東半球到達西半球——因為他們遭受饑荒的折磨，西邊的土地能夠提供他們較容易生存的機會。

這些移民匆匆湧向歐洲各地，就像後來的移民遍及整個美洲大平原那般。他們瘋狂地爭奪土地，瘋狂地爭奪湖泊（那時候，湖泊比土地更為珍貴），「純血統種族」的痕跡迅速消失了。在大西洋沿岸難以進入的地方，在一些隱匿的深山峽谷中，到處都有一些弱小的部落繼續過著他們單調呆板的生活，他們為自己純潔的種族驕傲，一點也不為因與外部世界失去接觸而遺憾。因此，我們今天說到「種族」時，放棄了人種學絕對純種概念。

某個較大的人群，碰巧說同樣的語言（或多或少），有著相同的歷史根源（或多或少），在過去的二千多年有記載的歷史中，而發展出某種特性、思維方式和社會行為，這一切使他們意識到自己的歸屬。我們使用「種族」這一辭彙表示。根據這種種族群概念，現在歐洲有三大種族群和六、七個較小種族群。

首先是日耳曼種族，包括英格蘭人、瑞典人、挪威人、丹麥人、荷蘭人、佛蘭芒人和部分瑞士人。其次是拉丁種族，有法蘭西人、義大利人、西班牙人、葡萄牙人和羅馬尼

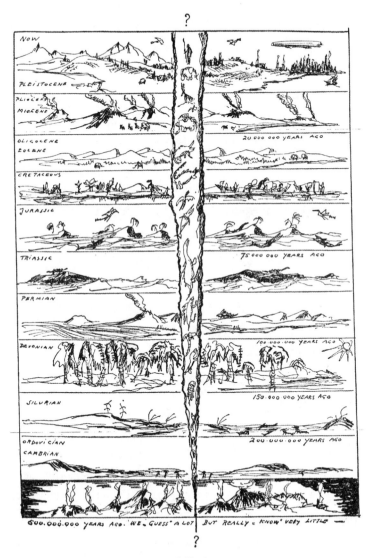

從動物到人

亞人。最後是斯拉夫種族，主要由俄羅斯人、波蘭人、捷克人、塞爾維亞人和保加利亞人組成。他們占總人口的93％。

其它還有數百萬的馬扎爾人和匈牙利人，稍少一點的是芬蘭人、約一百萬的土耳其人的後裔（古土耳其帝國在君士坦丁堡周圍留下的一些人）、約三百萬的猶太人。還有希臘人，他們已經無望地融入於其它種族中，以致我們只能猜測他們的血緣，但他們更接近於日耳曼種族群。還有阿爾巴尼亞人，他們也可能是日耳曼血統，現在似乎落後時代數千年了，但在第五、第六世紀即羅馬人和希臘人進入歐洲大地之前，他們就已舒適地定居在他們當今的土地上。最後的愛爾蘭的凱爾特人、波羅的海的列托人和立陶宛人，以及吉普賽人，他們人數不詳、血統不清，他們所以令人感興趣，主要是他們作為對遲到者和剛到者的一種歷史警告，如果最後一塊空地被別人占領了，就會發生這種情況。

關於聚居在這塊古老大陸的高山和平原上的人們，就介紹到這裡。現在我們必須認識到，他們怎樣對待地理環境？反過來地理環境又是怎樣對待他們的？我們的現有世界是從這些奮鬥產生的。如果沒有這些鬥爭，我們有可能仍像荒野裡的野獸一樣。

在進一步探討上述情形，在此處先告訴讀者怎樣使用這本書。

讀這本書應該有一本地圖集。現在有許多很好的地圖集，無論哪一種都行。地圖冊就像辭典。即使一本不怎樣的地圖也勝過沒有地圖。

你們很快就會發現，本書有許多地圖，但它們不是要代

替正規的地圖集。我畫這些地圖，只是要告訴你們，對於所
討論的主題，可以用很多方式來表述，（如果讓我說真話）
是要培養你們畫地圖的興趣，你們可以根據自己掌握的地理
知識來畫。你們可以看到，平面圖是一種獨特的構思，但總
有一點毛病。唯一比較正確的地圖，是地球儀上的地圖，但
是，即使是地球儀也不完全不受懷疑，因為它確實應該是扁
圓的。我們把地球儀做成圓形的只是出於方便。當然地球在
兩極處稍稍有點扁平，但要顯示這些差別需要一個巨大的地
球儀，所以我們不必擔心它不夠標準。給自己準備一個地球
儀（我寫本書時，就是得到了一個用十分錢買來的地球儀的
幫助，這個地球儀實際上是一個削筆刀），儘可能多使用
它，但是切記，它是「近似物」，不是「既成事實」。如果你
想取得商船船長的資格，「既成事實」才會進入你的生活。
如果是這樣的話，你就必須花幾年時間去掌握一門極其困難
的學科，本書不是為專家寫的，而是為普通讀者寫的，他們
想要知道一些有關我們所在這個星球的一般情況。

　　我要告訴你們一件事。學習地理學最有效、最簡便的方
法，是用圖畫的形式來重新認識一切。不要模仿我或其它
人。如果你們願意的話，可以參考我的插圖，但是只能把它
們當作地理學的「開胃菜」，以作為像各位一樣，打算自己
做飯的人提供的一些有益的提示。

　　我盡力用我自己的地理學知識多給你們一些實例。我畫
了一些平面圖和立體圖。掌握這些立體圖需要一定的時間，
但是，你一旦看了立體圖，就不會再喜歡平面圖了。我提供
給你們的地圖，好像是高山頂上從不同的角度看下來的那

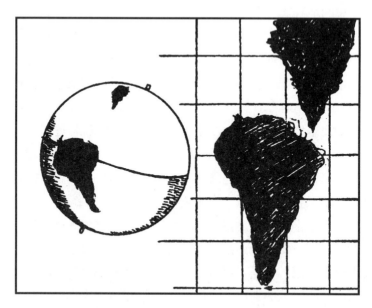

把地球上的格陵蘭和南美洲畫在同一平面圖上，
比較兩者之間的比例有多大差別

樣，你們可以那種方式去觀察地形。我提供給你們一些地圖，有的好像是從飛機上和齊柏林飛艇上俯視下來的那樣，有的好像是我們所期待看到的海水乾涸時的情況。我還提供給你們一些地圖，有的只是好看和用作裝飾品，有的類似於幾何圖形。你們自己選擇吧！然後根據你們自己對事物的認識，自己動手畫地圖。

動手畫地圖……準備一個小型的或較大的地球儀、一本地圖集、再準備一支鉛筆和一疊紙，然後畫你自己的圖。

你要學習地理學，並且想要永遠不忘記的話，就只有一種方法，就是——畫地圖。

希臘（Greece）曾經是聯結古老的亞洲和新興的歐洲的

通道

　　希臘半島（Greek Peninsula）位於較大的巴爾幹半島（Balkan Peninsula）最南端，北與多瑙河為界；西有亞得里亞海（Adriatic），把它與義大利分割開來；東臨黑海、馬爾馬拉海（Marmora）、博斯普魯斯海峽（Bosporus）和愛琴海（Aegean），使它與亞洲隔海相望；南靠地中海（Mediterranean），使它遠離非洲。

　　我從來沒有從空中俯視過巴爾幹半島，但我想，從高空看下去，它一定像一隻手，從歐洲伸出，伸向亞洲和非洲。希臘是這隻手的拇指，色雷斯（Thrace）是小手指，伊斯坦堡（Istanbul）是小手指上的指甲。其它手指是坐落於從馬其頓（Macedonia）和色薩利（Thessaly）到小亞細亞之間的山脈。這些山脈大部分隱匿於愛琴海的波濤之中，只有山頂部分露出水面，但是你如果從高處看去，毫無疑問能發現，它們的身影就像是放在臉盆裡部分被水淹沒的手指。

　　這隻手的皮膚鋪展於山脈挺拔的山梁上，這些皮膚從西北呈對角狀向東南伸展，上面有保加利亞、蒙納哥、塞爾維亞、土耳其、阿爾巴尼亞、希臘的名字。

　　那裡有第拿里阿爾卑斯山脈，從瑞士的阿爾卑斯山脈延伸到科林斯灣（Corinth）。科林斯灣是一個把希臘分成南北兩部分的寬闊海灣，呈三角形，早先的希臘人把它錯當作一

個小島（一件小小的怪事，因為與大陸相連的科林斯地峽僅有約3.5英里寬），並把它稱之為伯羅奔尼撒（Peloponniesus）半島，或珀羅普斯島（Pelops）。根據希臘的傳說，珀羅普斯是坦塔羅斯神的兒子和主神宙斯的孫子，在奧林匹亞被尊崇為所有優秀運動員的父親。

在中世紀時征服了希臘的威尼斯人，是一些普通的商人，對珀羅普斯這個年輕人差一點成為他父親的盤中飧的故事絲毫不感興趣。這些威尼斯人發現，科林斯地峽的地圖看起來很像桑樹的樹葉，因而把它叫做摩里亞（Morea），在現代的地圖冊裡你可以找到這個名字。

在地球的這塊地方，有兩座山脈各自分為互不相連的兩部分。北部是巴爾幹山脈，整個半島就是以它的名字命名的。實際上只是半圓形山地的南端部分才叫巴爾幹山脈，北端則稱作喀爾巴阡山脈。巴爾幹山脈被「鐵門」與喀爾巴阡山脈分割開來。「鐵門」是一個狹窄的深谷，多瑙河就是從這裡流向大海的。巴爾幹山脈作為一座屏障，迫使多瑙河從東筆直地向西流去，使它最終流入黑海而不是愛琴海。多瑙河離開匈牙利平原之後好像是要流向愛琴海似的。

不幸的是，這堵在羅馬尼亞半島分為兩部分的牆，不像阿爾卑斯山那樣高，不能為巴爾幹地區遮擋來自俄羅斯大平原的凜冽寒風。因此半島的北部經常下雪和結冰。雲在抵達希臘之前，被第二堵牆擋住了。第二堵牆叫洛多皮（Rhodope）山脈。洛多皮的意思是「被玫瑰花覆蓋的山」。洛多皮山脈是氣候溫和的象徵。

洛多皮山脈高達近九千英尺。巴爾幹山脈高峰只有八千

英尺左右。它位於著名的希普卡（Shipka）關口附近。1877年9月，俄羅斯軍隊艱難地占領了這個關口。洛多皮山脈對決定半島其它地區的氣候具相當大的影響，舉例來說，奧林帕斯山一萬英尺高，終年為積雪覆蓋，是為色薩利平原（Thessaloniki）站崗的哨兵。現實的希臘是從這裡開始的。

色薩利肥沃的平原曾經是一個內陸海。但是派內奧斯河（Peneus）為自己開闢出一條通道，穿過著名的派內奧山谷，巨大的色薩利湖湖水都流入了薩洛尼卡灣（Saloniki），因而成為陸地。色薩利平原作為古代希臘糧倉，土耳其人忽略了它，就像他們忽略任何事情那樣。他們的忽略與其說是出於邪惡的內心，不如說是一種穆罕默德在絕望中慣用的做法，即在回答那些又急迫又有現實重要性的問題時，只是聳聳肩，並且簡單地說：「有什麼用？」土耳其人剛剛被趕走，希臘的債權人就控制住了農民，填補了土耳其人離開後留下的空缺。現在色薩利種植菸草。它有一個港口，在沃洛（Volos），亞爾古英雄就是從這裡出發到海外覓取金羊毛的。早在特洛伊（Troy）的英雄們誕生前，這個故事就已經家喻戶曉的古老傳說了。它還有一個工業城鎮和鐵路樞紐，叫拉里沙（Larrisa）。

作為一個趣聞，也是為了顯示古代人是如何奇怪地混雜在一起的，我要告訴你們，在拉里沙這個位於希臘大地中心的城市，有一個黑人居住區。土耳其人不在乎誰在為他們打仗時被打死了。為了幫助他們鎮壓希臘人於1821～1829年爆發的起義，土耳其人從他們的埃及領地中徵召了幾個團的土著蘇丹人到希臘。拉里沙是戰時土耳其人的總部。戰爭結束

希臘地形圖

後，這些可憐的蘇丹人也被遺忘了。他們滯留在那裡，現在也還生活在那裡。

在本書結束之前，你還會遇到一些更奇怪的事情。你將會聽到諸如此類的故事：在北部有紅色印度人，在中國東部有猶太人，在大西洋一個荒無人煙的島上有馬。這些故事很適合那些熱心於「純種」的人。

我們從色薩利平原越過品都斯山脈（Pindus），進入伊庇魯斯（Epirus）。這裡的山梁同巴爾幹山脈的山一樣高，

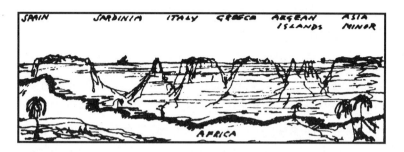

地中海

永遠是一道隔離伊庇魯斯和希臘其它地方的屏障。亞里斯多
德為什麼要把世界的這塊地方看作是人類的發源地？這將永
遠是個謎。因為伊庇魯斯是個貧窮的地方，只有高聳的山
梁、漫遊的牛群，卻沒有碼頭和像樣的道路。該地早期居民
幾乎不復存在了，因為當時羅馬人在一次戰爭中把十五萬伊
庇魯斯人作為奴隸賣掉了（羅馬人建立法律和秩序最出名的
手段）。但是伊庇魯斯有兩個地方令人感興趣。它們被一條
來自伊奧尼亞海狹長水道與大陸分割開了。其中的一個地方
是伊薩卡（Ithaca），這是傳說中的長期遭受折磨的奧德修斯
的家鄉。另一個是科孚，這是淮阿喀亞人（Phaeacians）的
早期家鄉。淮阿喀亞人的國王阿爾喀諾俄斯是瑙西卡的父
親。瑙西卡是古代文學中最美麗的女人和那一時期仁慈好客
的典範。今天，這個島〔愛奧尼亞群島（Ionian Island）中
的一個，最早被威尼斯人占領，後來分別被法國和英國占
領，直到1869年才歸還給希臘〕所以出名，主因是塞爾維亞
軍隊1916年打敗後的撤退之地，僅在數年前法西斯海軍把它
作為隨意進行打靶練習的靶子。然而，作為一個冬季度假勝

地，它有很好的發展前景，不過，它肯定是處在一條巨大的歐洲地震帶上。

第拿里阿爾卑斯山脈（Dinaric Alps）因為是地震發生地而名聲不好，附近的贊特島（Zante）在最近的1893年大地震中受災最嚴重。但是地震沒能阻擋人們前往該島，因為到那裡去是件愉快的事，而且我們能降低危險的程度。在周遊世界的旅程中，我們將會見到大量的火山，發現在它們舒緩的山坡上居住著大量的人，其密度超過地球脆弱地表上較安全的那些地方。誰能作出解釋？我要介紹伊庇魯斯以南的地方，注意，是維奧蒂亞（Boeotia）。

維奧蒂亞像一個巨大的湯盤擺在群山之中，其南面是阿提卡（Attica），北面是色薩利和伊庇魯斯山。我提及這個地區，最主要的原因是，它是大自然影響人類最典型的範本，我在本書開始的時候講過這種影響。對於偉大的經典時代的普通希臘人來說，一個維奧蒂亞人，儘管他來自繆斯的家鄉帕爾那索斯山（Parnassus），站在建有得爾福神廟的山坡上，仍是一個鄉巴佬、一個智力遲鈍的大老粗、一個小丑、一個畸形人、一個蠢人、一個呆子、一個笨頭笨腦的笨蛋，一個命裡注定成為正式演出前粗俗鬧劇中的笑料中的人。

維奧蒂亞人在本質上不比希臘其它地方的人愚笨。戰略家伊巴密濃大和傳記作家都是維奧蒂亞人，但都在早年離開了家鄉。留在那裡的人受到科皮斯湖（Copais）周圍沼澤地散發出來的有害氣體的毒害。用簡單的現代醫學術語來說，他們可能患有瘧疾。瘧疾這種病不會讓人具有光輝的思想。

十三世紀時作為雅典統治者的法國十字軍，開始排除沼

澤地的積水，維奧蒂亞人的狀況得到改善。土耳其允許蚊子自由自在地生長，維奧蒂亞人的狀況又趨惡化，後來建立了新的王國，一個法國公司和一個英國公司先後把科皮斯湖湖水排放到埃維亞海，湖床改造成肥沃的草場。

今天的維奧蒂亞人已不再是同雅典的或布魯克林擦皮鞋的人相提並論的維奧蒂亞人了。上天知道，他們思路敏捷，足可以讓蘇格蘭人或美國人多掏出一些錢來。沼澤地消失了，有害霧氣消失了，瘧蚊消失了。整個農村地區由於排乾了幾個瘴氣迷漫的沼澤地，一切都恢復了正常。而這個地方，曾經被嘲諷了幾個世紀，成為展示笨頭笨腦的笨蛋、下賤的低能人的「展品」。

我們接著要去阿提卡，這是希臘最有趣的地方。現在我們能夠從拉里沙乘火車到雅典。這條鐵路一直通向歐洲。但是在古代，誰想從北方的色薩利到南方的阿提卡，只有一條路可走，即穿過著名的德摩比利（Thermospylae）隘口。它不是現代意義的隘口——兩座山之間的峽谷，而是一條狹窄的路，寬四十五英尺，處於厄塔山（Oeta）和屬於埃維亞海（Euboic）的海拉伊灣（Halae）之間的岩石上。公元前480年，列奧尼達和他的三百名斯巴達人，為了阻止波斯遊牧部落的前進，全部犧牲在這裡，保護了歐洲不受亞洲的侵略。二百年後，野蠻的高盧人也是被阻擊在這裡，未能入侵希臘。即使在1,821年至1,822年的土希戰爭中，這個隘口也發揮著重要的軍事作用。今天已看不到這個隘口了。海水後退了大約三英里。那裡有一些簡陋的海浴設備。患有風濕病和坐骨神經痛的人喜歡在那裡的溫泉裡減輕痛苦（"thermos"

在希臘語是「熱」的意思，"thermometer"「溫度計」和"thermosbottle"「熱水瓶」都是出自這個字），因此德摩比利隘口（Thermospylae）是以這裡的溫泉命名的，也叫溫泉關。用溫泉命名這個戰場，就是要永遠紀念為已告失敗的事業而死去的人。

至於阿提卡本身，它是一個小型的三角地——一塊岩岬，周圍是藍色的愛琴海海水。這裡多山，山間有許多小山谷，所有的山谷都直接通向大海，從海上吹來的微風使這裡的空氣新鮮清純。古代雅典人宣稱，他們敏捷的思想和銳利的遠見，就是得益於他們所呼吸到的令人心曠神怡的空氣。他們說的也許對，這裡沒有維奧蒂亞那種利於瘧蚊生長的污濁水塘，因此雅典人個個健康，並保持著健康。雅典人最早認為，人不能分為兩個平等的部分：肉體和精神，肉體和精神同為一體，健康的肉體必然促進健康的精神，健康的精神是健康的肉體不可缺少的部分。

在這樣清新的空氣裡，從阿克羅波利斯（Akropolis）可以直接看到彭特萊恩山（Pentelian）。彭特萊恩山盛產大理石，俯視著馬拉松平原（Marathon）。造就雅典人的不完全是氣候，因為這個因素至今還存在。

是大海讓阿提卡人直接走向有人或無人世界的任何地方。大自然的神功鬼斧創造了地理上的奇蹟，把一座類似於方山的陡峭但頂部卻平坦的小山擺放在了平原的中間。這座小山高五百英尺，長八百七十英尺，寬四百三十五英尺。平原的四周有伊米托斯山（Hymettus）（雅典上等蜂蜜的產地）、彭代利孔山（Pentelicus）和埃格柳斯山。就是在埃格

柳斯山（Aegaleus）的山坡上，從雅典逃出來的不幸的人目睹了波斯艦隊在薩拉米斯海峽被打敗的情景。僅僅在幾天前，波斯軍隊放火燒毀了他們的城市。這座平頂陡峭的山，首先吸引了來自北部的移民，因為他們在這裡發現了所需要的東西——食物和安全。

這是一種很奇怪的現象，雅典和羅馬（現代的倫敦和阿姆斯特丹）古代歐洲兩個最主要的居住地，沒有坐落在大海邊，而與大海相距幾英里。以諾索斯（Cnossos）市為例，在雅典（Athens）和羅馬建立前的幾百年，它是地中海克里特（Cretan）島的中心。諾索斯得到了一種警告作用：緊靠海邊的城市可能會發生悲劇，因為它永遠受到海盜突然襲擊的威脅。然而雅典比羅馬更方便地進入大海。希臘水手只要到達皮里亞斯（Piraeus，即現在的雅典港）後不久就能與家人團聚。而羅馬商人需要三天才能從海邊回到家裡，這有點太遠了。他們放棄了回家的習慣，在位於台伯河（Tiber）河口的港口上定居下來。從此羅馬逐漸失去了與大海的緊密聯繫，而大海對於那些渴望成為世界霸主的國家來說，有著無限的利益。

這些方山上的人，這些「高空城市」的居民，逐步移居到平原地區，在山腳周圍建造房屋，再在四周蓋起圍牆，最後工事式居住區與皮留埃夫斯（Pireefs）的居住區連成一體，開始了經商和搶劫的光榮生活。在很長的時間裡，這座堅不可摧的堡壘是整個地中海地區最富有的。然後他們的這座衛城不再作為居住區，而變為一座神殿，矗立起用白色大理石建造的神廟，背襯著阿提卡紫色的天空。這座神殿的一

部分建築被土耳其的火藥庫炸毀了（在1645年占領雅典期間）。即使在今天，在所有最能盡善盡美的展示著人類智慧的歷史遺跡中，它是罕見的，令人崇敬的。

希臘1829年再次獨立時，雅典衰敗了，成為僅有兩千人的小村。1870年，它的人口達到4.5萬，今天擁有七十萬人，其增長速度，只與美國西部一些城市相當。如果在第一次世界大戰結束後不立即拿自己的命運來賭博的話，如果不把從小亞細亞獲得的大量珍貴財富莫明其妙地拋棄的話，今天的雅典有可能成為愛琴海強國的中心。但是這一切在不久的將來仍會發生。上帝的輪子在緩慢地旋轉，而且將晝夜不停地旋轉下去。以宙斯最機靈最聰明的女兒的名字命名這座城市，已經顯示出它擁有重振雄風的巨大能力。

接著我們要去大希臘半島最後一個也是最遙遠的一個地方，在那裡，我們的自信和祝福的話語不再起作用。珀羅普斯被他惡毒的父親詛咒，這一詛咒從未離開過以這個不幸的王子名字命名的大地。這裡，雄偉的大山遮擋了大海，阿卡迪亞（Arkadia）的大地展現出田園風光。所有的詩人讚美它，稱它是男女牧羊人簡樸、誠實、可愛的家。詩人善於把滿腔熱情獻給他們最不瞭解的東西。阿卡迪亞人（Arcadians）不比希臘其它地方的人更誠實，他們不像老於世故的其它希臘人那樣玩弄卑鄙的伎倆，這不是因為他們不喜歡這種伎倆，而恰恰是因為他們還沒有學會。阿卡迪亞人不偷竊，這是真實的。但是在一個只有棗子和山羊的地方，有什麼東西值得偷呢？他們不說謊，但是他們的村莊如此之小，每個人都知道其它人的一切。如果他們不像埃萊烏西斯

（Eleusis）和其它聖地的居民那樣虔誠而奢侈地敬奉諸神的話，就應該有自己的神——潘神（Pan）。在粗俗笑話中和智力低下的農民心中，潘是一個能與奧林匹亞（Olympia）諸神一起玩牌的神。

直到今天，阿卡迪亞人英勇善戰，這是真實的。但這對他們沒有什麼好處。因為同大多數農民一樣，他們厭惡紀律，永遠不會同意有人當他們的統帥。

在多山的阿卡迪亞南部，是拉科尼亞平原（Laconia）。這是一塊肥沃的土地，肯定要比阿提卡的山谷肥沃得多，但也是一塊貧瘠的土地，貧瘠得如同這裡沒有獨立的思想，甚至沒有日常生活所必須的各種主意。在這塊平原上，有一座最為奇怪的古城，名叫斯巴達（Sparta）。它是與北方人的一切背道而馳的象徵。雅典人對生活說「是」，斯巴達人說「不」。雅典人信奉靈感的光輝，而斯巴達人講究效率和服務。雅典人驕傲地宣揚特殊人物的神授權力，而斯巴達人把所有的人變為千篇一律的普通人，雅典人敞開大門歡迎外來人，而斯巴達人把他們拒之門外，或者將他們殺害。雅典人是天生的商人，而斯巴達人不允許讓生活玷污了雙手。如果我們對這兩種政策的最終勝利者作出判斷，斯巴達人落榜了。雅典精神擴散到全世界。斯巴達精神與誕生它的那座城市走上了同一條路——消失了。

你可以在現代希臘地圖上找到斯巴達，這是一個小村莊，村民是小型農場主和地位低下的蠶農。它於1839年在古代斯巴達傳說中的位置上建設起來的。英國的熱心人提供了資金，一個德國建築師畫出圖紙。但是沒有人想去那裡居

住。經過一個世紀的努力，現在它有居民四千人。真是珀羅普斯遭受的古老磨難。甚至在半島的其它地方也能明顯地感受到這種磨難——它在邁錫尼這個史前的堡壘裡結出了豐碩之果。

邁錫尼（Myceane）遺址距離納夫普利奧（Nauplia）不遠。納夫普利奧位於納普利奧灣邊，是伯羅奔尼撒半島（Peloponnisos）最出名的港口。在耶穌誕出生五個世紀前，邁錫尼被摧毀了。對我們這些現代世界的人來說，它要比雅典和羅馬具有更直接的重要意義。在有記載的歷史開始前的很長時間裡，就是在這個地方，文明首次觸及了未開化的歐洲海岸。

為了能理解這是如何發生的，讓我們看看從歐洲伸向亞洲巴爾幹山脈這隻大手三支半沉半浮的手指。這些手指包括島嶼。這些島嶼現在大多屬於希臘，只有愛琴海東部的一些島嶼歸於義大利，因為他們曾被義大利占據，現在仍被義大利占據，沒有一個國家願意為了這幾塊處於遙遙大海中無用的礁石去打仗。為了便於介紹，我們把這些島嶼分成兩部分：靠近格雷西亞海岸（Crecian）的基克拉地斯（Kiklades）群島和靠近小亞細亞的斯波拉地斯（Sporades）群島。如同聖保羅島為大家所熟悉一樣，這些島嶼都相距不遠，是埃及、巴比倫和亞洲文明向西傳播的橋樑。同時受在愛琴海島嶼上居住的早期亞洲血統移民的影響，這些文明早已明顯地「東方化」了，並以這種形式最終到達了邁錫尼。邁錫尼原本可以像雅典那樣成為古代希臘世界的中心。

這為什麼沒有發生呢？我們不知道，我們也不知道，馬

賽（Marseilles）作為取代雅典成為地中海統治大國合乎邏輯的繼任者，會不得不把這個榮譽拱手讓給一個非常現代化和急速膨脹的村莊——羅馬。邁錫尼短暫的光榮和突然的衰敗將永遠是一個謎。

你會表示反對，因為所有這些都是歷史，而本書是一本地理方面的書。但是在希臘，就像許多古代國家一樣，歷史和地理緊密地交織在一起，無法將它們分開來討論。用現代的觀點來看，希臘只有很少一點地理內容值得介紹。

科林斯地峽被一條運河截斷。這條運河三英里長，但太窄太淺，不適宜大型船隻航行。由於同土耳其，還同保加利亞、塞爾維亞和門地內哥羅（Montenegro）分別或一起進行了一系列戰爭，作為結果，希臘使自己的領土面積增加一倍，然後又丟失了新得土地的一半。因為為了實現它偉大的夢想，它低估了土耳其的作戰能力。現在的希臘人同古代的希臘人一樣，時刻走向大海，共和國的藍白國旗（古代巴伐利亞人Bavaria 使用的顏色，希臘第一位國王在國家於1829年重新獲得獨立時採用），在地中海的每一個地方都可以看到。偶爾也可在北海和波羅的海見到希臘的船隻，但它們不像濟慈所描繪的希臘古甕那樣華麗高貴，而是以懶散和骯髒出名。希臘還出產無花果、橄欖和無核小葡萄乾，向那些喜歡這些美味食品的國家出口。

希臘還能不能像它的人民所希望並熱切盼望那樣，重現古代的光榮嗎？也許會吧！

希臘相繼被別國蹂躪，先後被馬其頓人、羅馬尼亞人、哥德人、汪達爾人、海魯利安人和斯拉夫人占領，並成為諾

曼第人、拜占庭人和威尼斯人的殖民地,當了十字軍苦不堪言的下等人,被阿爾巴尼亞人差點滅絕種族並移入新居民,被迫在土耳其的統治下生活了幾乎整整四個世紀,在第一次世界大戰時成為補給品基地和戰場。一個遭受了如此痛苦的國家會從中發現,要復興是多麼困難。只要有生命,就會有希望。但是這是一個偉大而渺茫的希望。

義大利（Italy）

由於有理想的地理位置，只要有機會，能夠發揮海上強國和陸上強國的作用

從地理上講，義大利是塊廢墟——早先是一片巨大山地，其形狀像現代的西班牙那樣呈方形，但是慢慢縮小了，最終消失在地中海裡。現在只有在最東部還可以看到古代山脈：亞平寧（Apennies）山脈，它從波河流域延伸到靴尖卡拉布里亞（Calabria）。

在科西嘉（Corsica）島、厄爾巴（Eiba）島和撒丁尼亞（Sardinia）島上能夠看到史前高原的痕跡。西西里（Sicily）島是另外一個能看到這些痕跡的地方。第勒尼安海（Tyrrhenian）中的各處小島都表明，這裡確實有古代山峰。大海淹沒了所有陸地，這一定是可怕的悲劇。但它發生在二千多萬年前，那時傳染病在地球上肆虐，沒有人能說清到底發生了什麼。但是對後來占據亞平寧半島的人來說，這種地理環境最終成為一筆巨大的財富，它使這個國家享有諸如氣候、土壤和地理位置等異常優越的地理條件。這裡似乎注定要成為中世紀前的統治強國。這些優越的自然條件是發展與傳播藝術和適應的重要因素之一。

希臘是一隻伸向亞洲的手，抓住了尼羅河（Nile）和幼發拉底河流域（Euphrats）的古代文明，並把它傳入歐洲其它地方。但是在那個時期，希臘人本身有些疏遠了他們寄托各種希望的大陸。他們的國家也同樣有可能成為一個島嶼。

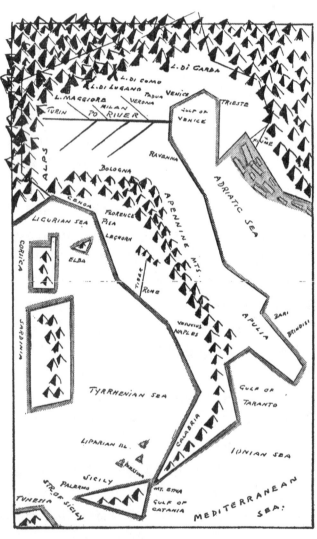

義大利

事實是，半島本身沒有什麼，但一排排的高山，整個巴爾幹山脈（Balkan），把它與歐洲其它地方隔離開來。

　　義大利正好相反，既有島嶼的某些優勢（因為它三面環水）又有大陸的某些優勢（因為它確實是北歐遼闊大地的一部分）。我們常常忽視了這個事實，在談到西班牙、希臘和義大利時，認為它們都大同小異。庇里牛斯（Pyrenees）山脈和巴爾幹（Balkan）山脈是北南兩座無情的屏障。但是波河（River Po Plain）平原是一把伸向歐洲中心的尖刀。義大利最北部城市的緯度要高於日內瓦和里昂。甚至米蘭和威尼斯的緯度也要高於波爾多和格勒諾勃（Grenoble），被我們無意地作為義大利中心的佛羅倫斯（Florence）與馬賽（Marseilles）幾乎處於同一緯度上。

　　而且，阿爾卑斯山雖然遠遠高於庇里牛斯山脈和巴爾幹山脈，卻是一條溝通南北的相對便利的通道。萊茵河（Rhine）和隆河（Rhône）與義大利北部連界線比肩而行，把阿爾卑斯山分為兩部分，因此，山間的小河小溪流入了萊茵河和隆河，與這兩條主河構成了九十度直角，形成了通向波河平原的便利捷徑。這條捷徑是由漢尼拔首先發現的，他帶著一個大象馬戲團到達波河平原，這對沒有疑心的羅馬人不利。

　　義大利因此可以發揮雙重作用，作為沿海國家，控制地中海，作為陸上強國，占領和剝削歐洲其它國家。

　　當地中海不再成為世界性海洋、美洲的發現使大西洋成為商業和文明的中心時，義大利失去了以往的優勢。沒有鐵和煤，它無望與西方的工業國家競爭。在從公元前753年到

公元後第四世紀的一千二百多年裡，義大利統治並管理易北河（Elbe）和多瑙河以南的歐洲的每一個地方。

野蠻的日耳曼部落剛從亞洲來到這裡，就激烈爭吵要求占有這塊理想的「遠西」（Far West），就在此時，義大利第一次提出了法律和秩序的概念，提出了半文明生活要優於居無定所、骯髒邋遢的遊牧生活的觀點。當然它是靠犧牲別人來豐富自己的。它一面徵收重稅，一面輸出某些「貨物」，這些「貨物」會改變所有不同時期從不同地方來的人的命運。即使在今天，比較注意觀察的人，在巴黎、布達佩斯、馬德里或特雷沃參觀時，立即會發現，當地居民中有一些外表相同和觀點相似的人。他還會驚奇地發現，他可以看懂商店的牌子，不管牌子上寫的是法語、西班牙語、羅馬尼亞語還是葡萄牙語。然後他會認識到：「我是在一個古代羅馬的殖民地裡。這裡所有的土地在過去某個時候屬於義大利，就好像今天的菲律賓屬於我們一樣。第一座房子是由義大利建築師建造的，第一個街區是由義大利將軍規劃的，第一批交通和商業法規是由義大利官員口授而成的。」他開始感嘆，這個國家擁有多麼優越的自然條件，既是島嶼，又是大陸的一部分。

幸運的地理突變使義大利占領了全部已知世界。但是這種突變本身帶有某些非常嚴重的缺陷。一個由火山噴發形成的國家，時刻都有被生育它的母親扼殺的危險。因為義大利不僅是一塊特徵鮮明的大地，它有月光下的廢墟、橘子樹、曼陀林音樂會和漂亮的農民，而且是一塊典型的火山噴發地。

每個義大利人只要活到七十歲（很容易，在那裡，爽朗的笑聲與文雅的舉止是自然的流露，就好像其它一些國家裡常常見到的不滿的咧嘴和粗魯的行為），在被恭敬地抬到坎波桑托的家庭墓地之前，必定至少遇上一次大地震和許多小地震。地震儀（最可靠的儀器，我希望我們所有的儀器都是非常精確可信的）報告，僅在1905年至1907年之間，就發生了三百次地震。在其後的1908年墨西拿被地震徹底摧毀了。如果你需要一些重要資料（資料往往比文字更具說服力），下面就是有關伊斯嘉（Ischia）島的地震紀錄，伊斯嘉島正好位於卡布里島（Capri）的對面。

　　伊斯嘉島在以下年份裡發生過地震：1228年、1302年、1762年、1796年、1805年、1812年、1827年、1828年、1834年、1841年、1851年、1852年、1863年、1864年、1867年、1874年、1875年、1880年、1881年、1883年，等等。

　　結果，數百萬年的火山噴發，使得義大利的大片大片的土地逐步被覆蓋上數層厚厚的火山凝灰岩。這是一種硬度較低的岩石，由火山噴發時帶出火山口的灰狀物構成。這種火山凝灰岩層的滲透性很好，對整個半島的地形產生非常重要的影響。一些凝灰岩層覆蓋低於四千平方英里的土地。羅馬著名的七座山，其實沒有什麼，只不過是由硬結的火山灰堆積而成的。

　　作為史前地殼隆起的後果，地理上的其它變化使得義大利的土壤附著力不那麼強，亞平寧山脈縱貫整個半島，幾乎

把它分成兩半。亞平寧山脈大部分是由石灰岩構成，這是一種硬度較低的岩石，覆蓋在較古老較堅硬的岩石上。石灰岩容易滑動。古代義大利人非常熟悉這情況，即使在火山不噴發的時候，他們每隔二十年就要察看一次較大地產的界線，看看區分每個人地產範圍的石頭標誌是否還在原來準確的位置上。現代義大利人認識到，鐵路變形、公路斷裂，以及村莊從可愛的綠色山坡上翻滾而下，這些都是土壤的「位移過程」（損失極大，痛苦萬分）。

你如果訪問義大利就會驚奇的發現，大量的村鎮坐落在高高的山頂上。通常的解釋是，早先的居民只是出於安全考慮才跑到「鷹巢」上居住。然而這種解釋僅僅是第二位的因素。他們到很不舒適的山頂上居住，就遠離了山谷中的水井與交通要道，他們這樣做，最主要的是躲避山坡地滑的危險。在靠近山頂的部位，古代地理結構的基礎岩石往往在表層，給未來居民提供了一個長久穩固的居住地。而山坡是由較易流動的石灰岩構成，就像流沙那樣不可靠。你一旦住進這些從遠處看去美麗如畫的村莊，就會感受到難以置信的不舒適。

這一切把我們引入了對現代義大利的關注。義大利與希臘不同，無暇考慮它的前途。它理智勇敢地向著新的目標前進。如果能存在較長的時間，它就要去消除數千年來因疏忽而造成的破壞，並恢復它在世界一流國家行列中古老而光榮的地位。

1870年，義大利再次成為統一的國家。爭取獨立的鬥爭剛結束，外國統治者剛被趕到阿爾卑斯山脈的另一側（他們

風蝕（腐蝕）

屬於那裡），義大利就開始了偉大卻是毫無希望的任務，重整破碎的山河。

他們首先把重點放在了波河流域上，這是義大利的糧倉，有了它整個半島的吃喝就不用發愁了。波河不如其它大河那樣長。事實上，如果將各河流的相對長度做一比較，你就會發現，伏爾加河（Volga）是有資格參賽的唯一一條歐洲河流。靠近北緯四十五度的波河只有四百二十英里長，但它的流域，即它的支流流經的土地和直接受它影響的土地，是2.7萬平方英里，波河的流域雖不及其它一些大河，但有其獨有的特點。

波河全長的5／6可以通航，它也是世界最快的三角洲製造者。它每年要增加大約3／4平方英里的三角洲，使之向外延伸二百英尺。如果這種狀況持續十個世紀，波河三角洲將會擴展到對面的伊斯特拉半島（Istrian）的海岸，威尼斯將成為湖中的孤島，一座幾英里寬的大壩將它與亞得里亞海（Adriatic）隔開。

被波河帶入大海的大量沉澱物，有一部分肯定會沉入波河河床，形成了幾英尺厚的堅硬物質層。為了防止河床不斷抬高的波河淹沒周圍的土地，沿河的居民不得不修築堤壩。他們在羅馬時代就開始了這項工作，現在仍在繼續進行。結果，波河河面要比它流經的地方高出許多。在有些村莊，堤壩有三十英尺高，水面有他們房頂那麼高。

波河流域還有一些出名的東西。在過去的某個時期，距離現在不太遠，從地理上講，義大利整個北部平原是亞得里亞海的一部分。那些在夏季遊客如織的可愛的阿爾卑斯山山

峽，原本都是狹長的海灣，就像現代挪威的高山被海水淹沒後形成的峽灣。那時歐洲的大部分地區被冰川覆蓋，阿爾卑斯山上的冰雪當然要比現在多得多，峽谷就成為冰川融水的通道。冰川在峽谷間向下移動時，夾著大量從山坡上滾落下來的石頭。這種石頭堆叫作冰磧積。當兩個冰川相遇，兩個冰山的堆積必定形成比原先大一倍的冰山堆積，這叫做「中部冰磧堆」。當冰川最終溶化，把裹夾的石頭留了下來，這叫作「終極冰磧堆」。

這些終極冰磧堆類似於河裡修築的堤壩。它們從低向高，阻塞了整個山峽。只要冰川存在，就有充足的水向下流去，這些冰磧堆阻擋不住下瀉的水流。但是隨著冰川的逐步消融，水愈來愈少，冰山堆積露出水面，湖形成了。

義大利北部所有的湖泊，如馬久里湖（Maggiore）、科木湖（Como）和加爾達湖（Garda），都是冰山堆積湖，當人們出現在那些地方，並開始進行灌溉時，這些冰磧湖就成為便利的水庫。春天來臨時，冰雪溶化了，這些湖吸納了充盈的雪水。如果這些雪水全都匯集於山峽間，就會形成破壞力極強的洪水氾濫。吸納雪水後，加爾達湖湖水能升高十二英尺，馬久里湖湖水將升高十五英尺，而且還能接納其它水源。一種簡單的控制裝置就可以控制湖水，並根據每天的需求來供應用水。

波河大平原上的居民從很早以前就開始利用這裡的有利地形。他們修建了運河，把義大利形成大平原的小河小溪聯結起來，他們修築水渠水壩，現在，運河每分鐘的流量達數千立方英尺。

這裡也是種植水稻的理想之地。1468年，比薩城（Pisa）的一個商人首次引進了水稻。現在在波河平原的中部水稻梯田隨處可見，其它農作用，如玉米、大麻和甜菜根等也有種植。這塊廣大的大平原，雖然降雨量要比半島的其它地方少，卻是全國最肥沃的地區。

　　它不僅僅向人們供給食品，還為他們的妻子提供衣著。九世紀初，養蠶必不可少的桑樹開始在這裡出現。桑樹是通過拜占庭傳入的。拜占庭（Byzantine）即東羅馬帝國，於1453年滅亡，那時土耳其占領了它的主要城市君士坦丁堡（Constantinople），並把它變為自己的首都。桑樹需要較高的溫度，波河平原的倫巴第（Lomebardy）是種植桑樹的理想地方。倫巴第是以倫巴族人的族名命名的。倫巴族是一個來自易北河河口的日耳曼部落，在這裡居住了很長時間，現在幾乎有五十萬人在從事絲綢業，他們的產品品質優於中國和日本的產品。中國和日本是蠶的故鄉。蠶，這個不引人注意的小蟲子，竟向我們提供了華麗無比的服飾。

　　毫無疑問，整個平原人口密集。早先的建設者都把村鎮建在遠離河流的安全地帶上，因為他們的工程技術還不夠先進，不能建造穩固的堤壩。而且他們還害怕每年春雨氾濫之後都要出現的沼澤。杜林（Turin）是唯一一座直接建在波河上的重要城市。杜林曾是薩瓦議會早期所在地，現在管轄整個義大利。它也是連接法國和瑞士的交通關口（塞尼斯關口通向法國，伯納德山關口，這裡的狗和寺院非常出名，通向隆河河谷）。但是杜林地勢很高，不用擔心會被河水淹沒。還有一些城市建在波河與阿爾卑斯山之間，如米蘭

（Milan）。米蘭是那一地區的都市，五條重要商路的匯合點（聖哥達、辛普朗、小聖貝納德山、馬洛亞和施普呂根）。維羅納（Verona）坐落在阿爾卑斯山的山腳下，是布倫納（Brenner）山口的終點，這是一個連接德國與義大利的最古老的通道。格里摩納（Gremona）位於波河上，是提琴製作世家、著名的斯特拉底伐利、瓜涅利和阿瑪蒂家族的故鄉。伯杜瓦（Padua）、莫德納（Modena）、菲拉拉（Ferrara）、博洛尼亞（Boga，歐洲最古老大學的所在地），都建在離波河有一定安全距離的地方，但又依賴波河維繫它們的繁榮。

　　古代世界兩個最具傳奇色彩的城市——威尼斯（Venice）和拉芬納（Ravenna），也有相同的經歷。威尼斯有總長二十八英里當作街道的一百五十七條水道，原是移民的庇護地。這些人認為他們在陸地上不安全，在移民大潮中選擇了這塊由波河和其它一些小河流沖積而成的泥濘河岸，寧願面對艱難的生活，也不願意冒被害的風險。到了那裡後，這些逃難者發現，他們面前的鹽鹼灘上埋著金礦，可以這麼說，只要去撿就行了。他們對這塊鹽鹼灘的壟斷，為他們開闢了一條致富之路。他們的茅草小棚變成了大理石的宮殿。他們的漁船建得如同軍艦那樣龐大。在將近三個世紀的時間裡，他們是整個文明世界最主要的殖民力量，是頤指氣使、不可一世同時又表現得溫文爾雅的教皇、皇帝和蘇丹。哥倫布安全返回和發現（當然是想像中的發現）去印度的道路的消息傳到他們的商業中心時，引起了一片混亂。所有股票和債券都下跌了五十點。經紀人這一次成了預言家，因為威尼斯再也沒有從這次打擊中恢復過來，保護周到的貿易通道成了無效的

投資。里斯本和塞維利亞取代了威尼斯，成為國際性的貨物集散地，歐洲各地都向這兩地求購香料、亞洲和美洲的產品。大量黃金的流入，使威尼斯成為十八世紀的巴黎。大批富有的年輕人湧入威尼斯，他們有的想接受上流社會的教育，有的想趕時髦或尋歡作樂。以狂歡象徵一年即將過去，末日已經來臨。拿破崙只用一支小分隊就攻占了這座城市。水道依舊，仍值得你去讚美。再過二十年，機動船將把它們全部毀壞。

另一個城市，也是波河泥土的產物，是拉芬納（Ravenna）。現在它是一個內陸城市，距離亞得里亞海六英里。一個尋常的水灣，變成一座城市，一定是某些名人，如但丁、拜倫等，被迫喝醉了酒造成的。在十五世紀時，它比現在的紐約還要重要，因為它是羅馬帝國的首都且有龐大的警衛部隊，是當時主要海軍的基地，有最大的碼頭和豐富的木材。

在404年，皇帝認為羅馬不再是一個安全之地。蠻族愈來愈強大。因此他遷入「海上之城」，那裡更有利於他預防突然遭受襲擊，以保護自己。他和他的後代在這裡生活，在這裡統治，在這裡戀愛。如果你靜靜地站在那些畫有一個黑眼美女的精美絕倫的肖像前，想到這個婦女是以君士坦丁堡的舞女開始她的生活，死時擁有一個聖潔的名字狄奧多拉，她是著名的查士丁尼一世大帝鍾愛的王后，想到這一切，你就能理解他們那時的狀況了。

拉芬納後來被哥德人占領，成為他們新建立的帝國的首都。後來湖水漲滿。後來威尼斯和教皇爭奪它，日後成為一

個可憐流放人的家園，他為故鄉佛羅倫斯所做的貢獻，換來的獎賞是將被燒死。他在城周圍的出名的松樹林裡度過了寂寞的餘生，並被安葬在這裡。不久這座著名古老的帝王駐地像他那樣消失了。

再介紹一點義大利北部的情況。那裡不產煤，但有幾乎是取之不盡的水力資源。戰爭爆發時，水力資源剛剛開始利用。今後二十年，這種廉價的電能將會得到長足的發展，缺乏原料永遠是個難題。但是，眾所周知，每個義大利公民都工作勤奮，生活節儉，需求適度，只要他們堅持下去，對那些有充足的原料但缺乏勞動力的國家來說，義大利將成為他們危險的競爭對手。

在西部，波河大平原從地中海起被利古里亞阿爾卑斯（Ligurian Alps）山一分為二。利古里亞阿爾卑斯山是阿爾卑斯山脈和亞平寧（Apennines）山脈之間的一個聯結點。利古里亞阿爾卑斯山的南坡，由於不受來自北方的寒風的侵襲，成為著名的里維埃拉（Riviera）的一個組成部分。里維埃拉是整個歐洲的冬季遊樂場所，而且歐洲只有這塊地方，是值得人們乘坐長途列車、支付相當昂貴的旅館費去遊玩的。這裡的主要城市有熱那亞（Genoa）。它是現代義大利的主要港口，擁有最富麗堂皇的大理石宮殿，建造這些宮殿的時候，正是熱那亞成為威尼斯對近東進行殖民掠奪的最危險對手的時候。

熱那亞的南面是一塊小平原即亞諾河平原（Arno）。亞諾河的源頭在佛羅倫斯東北二十五英里的山上。它流經佛羅倫斯市中心。在中世紀時，佛羅倫斯是把基督教中心羅馬和

歐洲其它地方聯絡的重要通道。它利用有利的商業位置，不久就成為世界最為重要的金融中心。特別是梅迪西家族（他們最初的職業是醫生，從此，他們盾形紋章上有三個藥丸似的圓形物，在我們的當鋪裡，三個圓形物變成三個金球）顯示了他們在這方面的卓越才華。他們最終成為整個托斯卡納（Tuscany）世襲的統治者，並把他們的家鄉建成十五世紀和十六世紀最著名的藝術中心。

從1865年至1871年，佛羅倫斯是新的義大利帝國的首都。之後它的重要性有所下降，但仍然是人們嚮往的地方之一。人們去那裡是要目睹，如果金錢與胃口相得益彰，是否會紙醉金迷？

亞諾河河口（Arno）附近的兩座城市歷史意義都不很大。亞諾河在爪哇（Java）島之外最漂亮的一個園林景區穿越而過。比薩（Pisa）城有一座斜塔。斜塔是建築師在地基施工時的不慎所致，但它對伽利略來說卻很重要，因為伽利略想要研究物體墜落的特性。另一個城市是利佛諾（Livorno），英國人出於某種奇怪的因素，把它稱作萊戈恩。人們能記住利佛諾，主要是因為雪萊於1822年在該城附近被淹死。

從利佛諾（Livorno）南行，古老的馬車道和現代的鐵道沿海岸比肩而行。它們為遊人提供了如霧裡看花似地匆匆一瞥愛爾巴（Elba）島（拿破崙的流放地，他後來從這裡返回巴黎，快速走向了他在滑鐵盧的末日）的機會，然後進入台伯河平原。台伯河（Tiber）是條很有名的河，在義大利也叫特韋雷河。河水流動緩慢，呈黃褐色。看見台伯河，恍

如看到了芝加哥河，但它沒有芝加哥河那麼寬，恍如看到了柏林的斯皮河，但它沒有斯皮河那麼清澈。台伯河發源於薩賓山。最早的時期，台伯河河口距羅馬以西十二英里，之後這一距離增加了二英里，因為台伯河與波河一樣，是第一流的泥沙攜帶者。台伯河平原與亞諾河平原不同，亞諾河平原健康肥沃，而台伯河平原寬闊，卻貧瘠荒蕪，而且是疾病的滋生地。瘧疾（malaria）這個詞就是由這裡的中世紀移民製造出來的。他們堅信，「malaria」——污濁的空氣——是可怕高燒的罪魁禍首，人一旦染病，身上像火燒似的。由於害怕，附近的居民只要太陽一下山，家家戶戶都門窗緊閉。這種預防方法有一嚴重問題，就是把小蚊子都留在了屋裡。但是我們只是在三十多年之後才知道瘧疾與小蚊子之間的關係，我們不應該責怪先人們的無知。

在羅馬時代，坎帕尼亞平原（Campagna）這塊有名的平坦大地，排水系統完善，村莊布局合理。但是，它面向第勒尼安海（Tyrrhenian），海岸上沒有任何防禦設施，當羅馬警察撤離後，這裡就成為出沒於地中海的海盜襲擊的理想之地。村鎮被摧毀，田地被荒廢，排水溝渠被破壞，污濁的水塘滋生瘧蚊，在整個中世紀以及在這之後的三十多年裡，從台伯河河口到奇爾切奧山（Circeo）附近的龐廷沼澤地（Pontine Marshes）的整個地區，成為人人避而遠之的地方，即使有人不得已要路過這裡，也是快馬加鞭讓馬車疾駛而過。

問題出來了，為什麼要把古代世界最重要的城市建在疾病肆虐的地方？為什麼聖彼得堡建在沼澤地上？為了排掉沼

澤地中的積水，死了數以千計的人。為什麼馬德里建在幾百里內渺無人煙、草木不生的荒涼高原上？為什麼巴黎坐落在雨水淅瀝不斷的盆地之中？我不知道，機遇與貪婪相伴——政治上的真知灼見掩蓋了這些失誤。或者只有機遇，或者只有貪婪。對此我一概不知，我不是在寫哲學書籍。

羅馬就建在那個地方了，儘管那裡氣候不好，夏天炎熱，冬天寒冷，而且交通不便。但是它仍發展成一個世界性帝國的中心，一個世界性宗教的聖地。在這種情況下，只求一種解釋是行不通，可以找出成千上萬種不同的相關的解釋。但本書不打算尋找，因為至少要寫像本書那樣厚的三大本書才能找到謎底。

我也不準備詳細介紹羅馬本身，因為我做不到客觀公正地介紹這座東半球上的不朽之城。這也許要歸罪於我們那些叛逆的先人，他們在耶穌誕生前50年到1650年間，一直醉心於同羅馬反其道而行之。站在古羅馬廣場（Roman Forum）上，我應該哭泣。我只能看到，一伙歹徒和行騙者打著將軍和政黨領袖的招牌，在整個歐洲，在非洲和亞洲的大多數地方，進行掠奪。留在那裡的只是一些道路，而這些道路似乎成為他們犯下的難以言喻的殘暴之永久托詞。站在紀念聖‧彼得和他受難的教堂前，我應該有不寒而慄之感。我只能哀嘆，建造這麼一座教堂浪費了多少錢，它既不漂亮，也無魅力可言，只是比同類建築「大」而已。我仰慕佛羅倫斯和威尼斯的和諧，也仰慕熱那亞的協調。我當然知道只有我才有這種感受。彼得拉克、哥德，以及每一個稍有名氣的人，第一次見到布拉曼泰式圓頂建築時也會流淚。讓我們忘掉這一

切吧！否則，當你親自前往時，會影響你自己的感受。我清楚記得，從1871年起羅馬就是義大利王國的首都。而且有個城中之城，即梵諦岡城（Vatican）。梵諦岡城1930年歸還給教皇，從此教皇享有從1870年以來從未有過的自由行動權。對教皇來說，1870年9月的一天是災難性的一天，那天義大利王國的軍隊進入梵諦岡，公布了一項法規，取消了它的絕對主權，歸羅馬政府管轄。

現代的羅馬城只有少量的工業。它有一些式樣難看的紀念碑，一條主要的街道。這條街道會讓人回想起費城和許許多多多身著質地良好軍裝的人們。

我們接著要去另一個城市，直到現在它一直是半島人口最稠密的城市，它也是一個地理與歷史相結合的奇特產物，再次讓我們面對這個惱人的謎：「這個位於一條普普通通小河的乾涸的分枝上，具有很多自然優勢的城市，為什麼沒有奪得羅馬擁有的統治地位？」

拿坡里（Naples）面向大海，位於一個迷人海灣的上方。它比羅馬古老。其四周的土地原是義大利西海岸最肥沃的地方。拿坡里最早是由希臘人建立起來的。他們與危險的亞平寧山脈裡的部落進行貿易時，出於安全考慮，把貿易點安排伊斯嘉島上。但是伊斯嘉（Ischia）不是長久之地，它因受火山的影響不停地震顫。希臘人只好進入大陸。移民之間經常發生的不可避免的爭吵（因為遠離家鄉和貪婪的官員管理不善），釀成了內亂，有三四個居民區被毀了（聽起來有點像我們國家剛建立的時候），這時，一批新來的移民決定重頭做起。為自己建起一個小鎮。他們把這個小鎮叫做

「新城」，或「新波利斯」，後來也叫做那波利，在英語中叫Naples（拿坡里）。

當羅馬還是一個牧民村莊時，拿坡里就已是一個繁榮的商業中心了。然而牧民們具有名副其實的管理才華，因為在公元前四世紀，拿坡里是羅馬的「伙伴」。伙伴是一個比較合適的詞，在描述類似的關係時，聽起來沒有「臣民」那麼刺耳。從那時起，拿坡里處於次要地位，隨後被蠻族侵擾，最終落入西班牙波旁家族的手中。他們的統治成為腐敗的管理和鎮壓一切具有獨立傾向的思想和行為的代名詞。

然而，拿坡里的自然優勢使之成為歐洲大陸最擁擠的城市。這些人是怎樣居住的？沒有人知道，也沒有人關心。1884年爆發流行性霍亂，迫使這個現代王國打掃房間衛生，他們是靠清醒的理智和嚴厲的措施來做這件事的。

這座奇異之城的背後，恰好是很有觀賞性的維蘇威火山（Vesuvius）。維蘇威火山是所有火山噴發最均勻最有規律的火山。它的高度約有四千英尺，四周布滿漂亮的小村莊。這裡出產一種很特殊的葡萄酒，即有名的基督眼淚酒。為什麼有這麼多的村莊？維蘇威火山熄滅了。在人們的記憶裡，它已有近千年沒有噴發了。在公元63年時，在地球的深處有過模糊的隆隆聲，但對義大利這樣的國家算不了什麼。

十六世紀之後發生了舉世震驚的事情。在不到二天的時間裡，赫庫蘭尼姆（Herculaneum）、龐貝（Pompeii）和另外一座小城被厚厚的火山熔岩和火山灰覆蓋了，它們從地球表面上徹底消失了。之後，維蘇威火山每隔一百年至少要噴發一次，這標誌著它還沒有熄滅。新的火山口比原先的升高

了一千五百英尺，一直向外冒著濃重的煙霧。最近的三百年的統計資料顯示了它噴發的時間：

　　　1631年、1712年、1737年、1754年、1779年、1794年、1806年、1831年、1855年、1872年、1906年。

　　這表示，拿坡里成為第二個龐貝不是不可能的。

　　從拿坡里往南，我們進入卡拉布里亞（Calabria）區。它因遠離國家的中心而受到影響。它有一條鐵路通向北方，但是沿海地區流行瘧疾，中部是由花崗岩構成，當地的農業生產如同第一個羅馬共和國那樣原始。

　　窄狹的美西納海峽把卡拉布里亞與西西里島（Sicily）分割開來。只有一英里多寬的海峽在古代是很有名的，因為那裡有二個漩渦，分別叫六頭女妖和大漩渦。據說，如果船舶只要偏離航道半碼，這兩個漩渦就能把整個船吞沒。對這些漩渦的恐懼可以讓我們充分意識到古代的船只是多麼無用，現代的機動船輕輕鬆鬆就穿過了漩渦的中心，根本沒注意到海水裡有什麼動靜。

　　至於西西里島（Sicily），它的地理位置位使它自然成為古代世界的中心。而且那裡氣候宜人，人口密集，土地肥沃。同拿坡里一樣，在西西里生活可能太容易、太輕鬆、太舒適了，所以他們在二千多年裡，總是平靜地接受外來統治者給予的種種不善管理。他們曾被掠奪和折磨。掠奪和折磨他們的人有：腓尼基人、希臘人、迦太基人（他們距離非洲北部海岸只有數百英里）、汪達爾人、哥特人、阿拉伯人、

諾曼第人、法國人以及在這個幸福島上獲得他們稱號的一百二十個王子、八十二個公爵、一百二十九個侯爵夫人、二十八個伯爵和三百五十六個男爵。西西里人只要不被掠奪和折磨，就動手修理他們被當地的埃特納火山（Etna）毀壞的房屋。埃特納火山1908年的噴發，仍留在每個人的記憶中。那次噴發徹底摧毀美西納城（Messina），造成七萬五千人死亡。

馬爾他（Malta）島確實有點像西西里島的水上郊區，因此應該在這裡提一下。但是從政治上講它不是義大利的一個組成部分。這是一個土地十分肥沃的島嶼，正好位於西西里島和非洲海岸的中間。它控制了從歐洲經蘇伊士運河（Suez Canal）去亞洲的貿易通道。十字軍失敗後，它被送給了聖·約翰騎士，因此約翰把他們自己稱馬爾他騎士。1798年，拿破崙是在去印度途中占領該島的。他想把埃及和阿拉伯作為跳板把英國人趕出印度（一個十分天真的計畫，但是沒有實現，因為埃及和阿拉伯的沙漠比想像的要大得多）。兩年之後，英國人以此為藉口占領了馬爾他島，並從此留在那裡。這使義大利人悔恨交加，而馬爾他人卻不然。總而言之，如果由他們本國人組成政府來管理，他們的生活就沒有這麼舒適了。

我對義大利東部沿海地區介紹得不多，因為那裡不很重要。首先，亞平寧山脈一直延到海邊，因此那裡難以形成較大的居住區。作為亞得里亞海的另一邊海岸，由於山崖陡峭，事實上不適合居住，發展貿易也不會受到鼓勵。從北部的林米尼（Rimini）到南部的布林迪希（Brindisi，郵件從

這裡送往非洲和印度），沒有什麼重要港口。

靴跟是阿普利亞（Apulia）。同卡拉布里亞（Calabria）一樣，它也因為遠離文明而受損失；同卡拉布里亞一樣，它的農業生產方法十分原始，就好比漢尼拔把他的禮物送給這個地區，當地的人等待了整整十二年，以期得到永遠不會到來的迦太基的幫助。

阿普利亞有個城市，它是世界最好的天然海港之一，可是缺少客戶。這個城市叫塔蘭托（Taranto）。當地一種毒蜘蛛被稱為塔蘭托蜘蛛，當人被蜘蛛咬後所跳的舞蹈被叫做塔蘭托舞，據說這樣可以防止被咬的人沉睡並進入致命的休克狀態。

第一次世界大戰把地理變得非常複雜，如果不提及伊斯特拉半島（Istrian），對現代義大利的介紹就不是完整的。把伊斯特拉半島給義大利，是他們背叛了自己的同盟，加入協約國行列的結果。的港是古代奧匈帝國的主要出口港。由於失去了自然的內陸貿易區，港口經營一直不佳。藏身於瓜爾內羅灣（Guarnero）最遠處是阜姆（Fiume），它也是哈布斯堡王朝的屬地。它是日耳曼人的天然出口，因為他們在亞得里亞海沿岸沒有其它的港口。但是對它有可能成為第里亞斯特的競爭對手的擔心，使得義大利人要求得到阜姆。當簽署完凡爾賽條約的政治家們拒絕把阜姆交給義大利時，義大利乾脆就去搶，或者說，他們的詩人鄧南遮，也是著名的作家、偉大的惡棍，把它交給了他們。後來盟國把阜姆變為「自由區」，但最終，義大利與南斯拉夫經過漫長的談判，它被割讓給了義大利。

除了沒有介紹撒丁尼亞（Sardinia）島之外，本章講得差不多了。撒丁尼亞島確實是個大島，但它太遙遠，也沒什麼人在那裡居住，以致我們忘了它的存在。但它確實存在，是歐洲的第六大島，面積約一萬平方英里。作為史前山脈另一個極端例子，島上的山脈是背向母國。西海岸有一些很好的港口，東海岸則陡峭、危險，沒有一個便於靠岸的地方。過去的兩個世紀裡，撒丁尼亞島在義大利的歷史上發揮了奇特的作用。1708年之前，該島屬於西班牙。後來落入奧地利手中。1720年，奧地利以撒丁島換取西西里島。那裡西西里島屬於薩瓦公爵，他們的首都是位於波河邊上的杜林（Turin）。從此薩瓦公爵把自己稱作撒丁尼亞島國王（從公爵上升到國王是果斷的一步）。這就是為什麼現代義大利王國是出自一個島嶼王國的緣由，十萬義大利人未必有一個人知道個典故。

西班牙（Spain） 非洲與歐洲衝突的地方

伊比利亞（Iberian）半島人民以顯著的「種族」特徵而出名。西班牙人可能是在「種族」方面與其它人群差別最明顯的。你無論在任何地方都能認出他們的種族優越、他們的彬彬有禮、他們的自尊、他們的莊重、他們的吉它和敲擊樂器的能力，甚至音樂也被用來充實這種「種族理論」。

可能因為這樣。我們可由他們的傲慢和自尊，比根據他們彈吉他和玩木器的能力更容易認出西班牙人。但是，針對這個論題，我有不同的看法。西班牙人善於彈吉他和敲擊樂器，是因為那裡氣候乾燥、溫暖，他們可以使用室外樂器。如果美國人和德國人也有這樣的條件肯定會比他們的樂手彈得好。但是他們不能像西班牙人那樣經常彈奏，主要是他們居住地氣候的原因。如果柏林寒冷的冬夜下著傾盆大雨，你能在這樣的環境裡玩敲擊樂嗎？當你的手指因寒冷而顫抖時，你能彈好吉它嗎？至於自尊、傲慢和彬彬有禮的特點，難道不是他們所有人幾個世紀嚴格軍事訓練的結果嗎？西班牙從地理上來講，既是非洲的一部分又是歐洲的一部分，他們的軍事生活也是這種地理特徵的反映？因此它不應該成為歐洲人和非洲人的戰場，直到決出勝負而最後的勝利還是屬於西班牙人，因為他們為了這塊大地打了長時間的仗，並在他們身上留下烙印。如果他們的背景環境是在哥本哈根或在

伯恩，他會成長為一個什麼樣的人呢？他會成為一個非常普通小丹麥人或小瑞士人。他不會打擊樂，而是學會了用常聲和假聲演唱，因為山嶽陡直的峭壁及其出色的回響會吸引他們用常聲和假聲演唱。西班牙人不再是靠小乾麵包和喝酸酒來過活。

現在讓我們看看地圖。你還記得希臘和義大利的山脈吧！在希臘，山脈呈對角走向穿過全國。在義大利，山脈從北到南幾乎成直線走向，把全國分成兩部分，但是兩邊都是有足夠的地方用於建設公路，公路沿著海岸把各地聯結起來，而寬闊的波河平原使亞平寧半島（Apennine）成為歐洲大陸的組成部分。

在西班牙，山脈的山脊呈水平走向，使人很容易把它們形容成可見的緯度線。只要看一眼地圖，你就能理解，這些山脈是如何成為發展的障礙。我們先介紹庇里牛斯山脈。

庇里牛斯山脈（Pyrenees）全長二百四十英里，從大西洋筆直不斷地通向地中海。它不像阿爾卑斯山那樣高，因此從山口處比較容易跨越。但是它還不完全是這樣。阿爾卑斯山脈雖然很高，但也很寬，翻過山脈的公路雖然很長，但坡度較緩，不會為行人和馱馬造成多大困難。庇里牛斯山脈只有六十英里寬，結果，山路極其陡峭險峻，除了山羊和騾子，人們難以通過。根據經驗豐富的旅行者介紹，該處甚至連騾子攀登起來都感到困難。訓練有素的登山者（大多數是職業走私者）可以通過，但是只能在夏天的那幾個月裡。修建聯結西班牙與世界其它地方的鐵路的工程技術人員體認到這一點，因此他們修建了兩條鐵路幹線，一條是從巴黎沿大

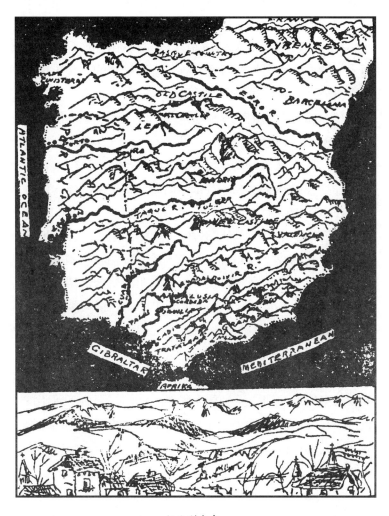

伊比利半島

西洋到馬德里，另一條則是從巴黎沿地中海到巴塞隆納
（Barcelona）。在阿爾卑斯山脈，沒有多少穿山越嶺的鐵路
線，而在庇里牛斯山脈，僅從西部的伊倫（Irun）到東部的
菲格拉斯（Figueras）這段距離內，就開挖了不止一個隧
道。一個六十英里長的隧道總不是那麼好挖的，要火車在四
十度斜坡上行走也不是那麼容易。

在西部有一個比較容易通過的山口，即著名的龍塞斯瓦
列斯（Roncesvalles）山口。查理曼大帝（Charlemagne）出
名的十二武士之一的羅蘭（Roland），忠實地執行大帝的命
令，在與撒拉遜人（Saracen）戰鬥時奮戰到最後一刻，最
終死在這個山口上。七百年後，一支由法國人組成的軍隊把
這個山口作為進入西班牙的大門。他們翻越了山口，但被阻
截在潘普羅納城（Pamplona）外。潘普羅納城控制著山脈南
部的通道。在城被圍的時候，一個名叫伊格內修斯·德·羅
耀拉（Ignatius de Loyla）的西班牙士兵，腿部遭受嚴重槍
傷。在養傷期間，他萌生一個念頭，促使他在後來建立一個
組織，即著名的耶穌會。

耶穌會會士要比其它宗教組織做了更多的工作，對許許
多多國家的地理變化產生重大影響。他們甚至比不屈不撓的
旅行說教者——方濟會修道士做的工作還要多。他們在潘普
洛納城開始進行他們的工作，保衛在庇里牛斯山脈中部唯一
一個可以過山的通道。

因為庇里牛斯山脈有難以逾越的陡峭險峻，才為著名的
巴斯克（Basqe）人提供了機會，使他們從史前直到現在得
以保護。也正是它的陡峭險峻，才使安道爾（Andorra）公

西班牙的峽谷

國得以獨立。安道爾位於山脈東部的高山上。巴斯克人約有
七十萬，居住在一個呈三角形的地區內，北部是比斯開
（Biscay）灣，東部是西班牙的納瓦拉（Navarre）省，西部
是以從桑坦德（Santander）市到位於埃布羅（Ebro）河的洛
格羅尼奧（Logrono）市沿線為界。巴斯克這個名字的意
思，與我們的加斯科尼（Gascon）差不多，只不過與著名的
德阿特格南（d' Artagnan）船長的老朋友沒有什麼關係。羅
馬占領者把他們叫作伊比利（Iberians）人，把整個西班牙
稱作伊比利半島（Iberian Peninsula）。而巴斯克人驕傲地
說，他們是埃斯卡爾杜納克人（Eskualdunak），這聽起來不
像是歐洲人的名字，更像是愛斯基摩人的。

　　對巴斯克人的情況再多作一些介紹。你們的猜想可能與
我的一樣正確，下面介紹一些有關巴斯克人的起源的最新理
論。根據以頭蓋骨和喉骨來研究人種理論的教授研究，巴斯

克人與柏柏爾（Berbers）人有血統關係。我在前面幾章提到過柏柏爾人，認為他們是前歐洲人最早的部落之一的後代，即所謂的克羅馬儂（Cromagnon）人種。還有一些教授認為，他們是神奇的大西洋島被海水淹沒時，逃到歐洲大陸上的倖存者。還有一些教授聲稱，他們一直居住在他們原先的地方上，沒有必要問他們是從哪裡來的。不管誰是誰非，巴斯克人使自己表現出非凡的才能。他們工作非常勤勞。有數百個巴斯克人移居到南美洲。他們是出色的漁民和水手，是能幹的鐵匠，他們只是默默地做自己的事，從不惹事生非。

　　他們國家最重要的城市是維多利亞（Vitoria）。該市由哥德（Gothic）國王於六世紀時建立的。它也是一個著名的戰場。有位名叫亞瑟‧韋爾斯利（Arthur Wellesley）的愛爾蘭人，但他的英語名字名氣更大，其名為威靈頓公爵，他在此處打敗了由一個科西嘉（Corsican）將軍率領的軍隊，這個將軍的法國頭銜是拿破崙國王（Napoleon），並迫使法國軍隊永遠離開西班牙。

　　至於安道爾，這個奇怪的公國，人口說多了也不過五千人，由一條馬道與外界相連。它是中世紀小侯國中唯一倖存下來的樣本。它所以能保持獨立，是因為它是邊界上的據點，它能為遠方的君主提供寶貴的服務，也因為它太與世隔絕了，引不起別人的注意。

　　它的首都有六百位居民，但是安道爾人與冰島人和義大利的聖馬利諾人（San Marino）一樣，是根據自己的願望來管理自己，這要比我們開始實行民主早八百年。作為一個具

有悠久歷史的姊妹共和國，安道爾應該受到我們真誠的尊敬。八百年是個很長的時間。2732年我們將在哪裡？

在其它方面，庇里牛斯山與阿爾卑斯山脈有很大的不同。實際上它們都沒有冰川。曾經在某個時候，覆蓋於它們之上的冰雪，要比瑞士山上的雪厚，後來僅剩下了幾平方英里的冰川。西班牙的山也同樣如此。它們陡峭，難以翻越。即使在內華達山和南部的安達魯西亞山（Andalusia）的山峰上，從十月到三月這段時間內，也只有少量的積雪。

山脈的走向當然對西班牙的河流有直接的影響。所有河流的源頭都是靠近荒蕪的中部高原，史前高大山脈經過數百年消蝕後留下的殘餘。河水湍急，奔向大海。這樣的水流，加之還有許多瀑布，沒有一條河流具有用作貿易通道的價值。而且，夏季長時間乾旱，使大多數河流河水驟減。你可以在馬德里（Madrid）看到，一年中至少有五個月的時間，曼薩納雷斯（Manzanares）河成為首都的孩子們一個類似於海灘的遊樂場所。

這就是我為什麼不想告訴你們這河流的名字的原因。除太加斯河（Tagus）除外，葡萄牙首都里斯本（Lisbon）就坐落在這條河流上。太加斯河可以通航，通航長度幾乎與西班牙和葡萄牙的邊界線長度差不多。在西班牙北部的厄波羅河，從納瓦拉到加泰隆尼亞（Catalonia），小型船只可以通行，大型船舶有很長一段距離只能在與河流並行的一條運河裡航行。瓜達爾基維爾河（Guadalquivir，荒野裡的大河），一條聯結塞維利亞（Seville）與大西洋的通道，可以通航吃水小於十五英尺的船舶。在塞維利亞與科爾多瓦（Cordova）

之間，瓜達爾基維爾河只能走小船。科爾多瓦是個很出名的摩爾人都市。在基督教占領之前，它號稱擁有不少於九百個以上的公共浴池；被占之後，人口從二十萬下降到五萬，公共浴池從九百降到零，過了科爾多瓦之後，瓜達爾基維爾河與西班牙多數河流一樣，成為峽谷河（同我們的科羅拉多河相像），這不僅嚴重阻礙了陸上貿易，對沿河地區的商貿發展實際上也沒有任何幫助。

　　總的說來，大自然對西班牙人不太友善。該國中部一大片地區是高原，被一座低矮的山梁一分為二。老卡斯蒂利是北半部的名稱，新卡斯蒂利是南半部的名字。分水嶺叫瓜達拉馬山（Guadarrama）。

　　卡斯蒂利（Castile），意思為「城堡」，是個很不錯的名字。但它類似於一盒西班牙香菸，是裝了稻草的繡花枕頭。卡斯蒂利的土地粗糙瘠薄，這種土地隨便什麼地方都能看到。謝爾曼（Sherman）將軍率部隊穿過喬治亞（Georgia）後說過，一隻想飛越謝南多厄（Shenandoah）山谷的烏鴉應該帶上食物。他這麼說有意無意地剽竊了二千多年前羅馬人說的一句話：夜鶯如要飛越卡斯蒂利必須帶上食物和水，否則就會餓死渴死。高原四周的山脈都太高了，把從大西洋和地中海上升起的雲層阻擋在這塊不幸的台地之外。

　　結果，卡斯蒂利在一年中有九個月像地獄，還有三個月被乾燥寒冷的風蹂躪，大風無情地在這塊沒有樹木的大地呼嘯，連唯一能在這裡生存的羊，都沒有一點舒適感。唯一植物是一種茅草，它很結實，可以用來編織籃子。

　　這塊台地的多數地方，被西班牙人叫作平頂

〔Spaninards，知道新墨西哥州或去克雷澤・卡特（Krazy Kat）探險過的人都熟悉這個詞〕，既像平原，又像普通的沙漠。這可以幫助你理解，為什麼西班牙和葡萄牙面積比英國大，而人口只有英倫三島的一半。

要想進一步瞭解有關這一地區貧困的情況，我建議你們讀讀塞萬提斯（Saavedra）的作品，你可能還記得一個「天真的西班牙下級貴族」。他有一個值得驕傲的名字曼查（Mancha）。曼查是種內陸沙漠，它像現在這樣散落於卡斯蒂利高原上，也是指位於托利多（Toledo）附近蕭瑟而不適合居住的荒地。托利多是古代西班牙的首都。這個名字對西班牙人來說有點不吉祥。在原來的阿拉伯語中，曼查是「荒野」的意思，而這個貴族確實是「荒野的上帝」。

在這樣的國家裡，大自然既吝嗇又固執，人們如非安心努力奮鬥，以迫使大自然給與他生活必需品，要不就選擇普通西班牙人的生活，把全部家當放在小小的毛驢背上過著貧苦的生活。這使人們看到了由不幸的地理位置所造成的淒慘悲劇。

八百年前，這個國家屬於摩爾人（Moors）。這不是伊比利半島首次遭到入侵，因為這裡埋藏有寶貴的礦石資源。二千年前，銅、鋅和銀如同今天的石油那樣重要。哪裡發現了銅、鋅和銀，敵軍就會去那裡爭奪。當地中海分為兩大軍事陣營時，當閃米特人（屬迦太基，Carthage，是腓尼基Phoenicians人的殖民地，對子民國進行殘酷的剝削）和羅馬人（不屬於閃米特族，但在剝削藩屬國時一樣殘酷）在擲灌鉛骰子（早先鉛的主要用途之一，以便於投擲）以決定誰能

擁有世界的珍寶時，西班牙不可能長期不被掠奪。像許多現代國家一樣，豐富的自然資源帶來了不幸，西班牙變成了兩個強盜團體爭奪財富的戰場。

強盜剛剛離開，來自歐洲北部的蠻族部落就把西班牙變為一座方便的陸橋，以期侵入非洲。

在十七世紀初期，一個阿拉伯人騎著駱駝高瞻遠矚。帶領一批人們從未聽說過的沙漠部落，為了統治世界，走上戰爭道路。一個世紀後，他們占領了非洲北部的所有地方，並準備對付歐洲。西元711年，塔里克（Tarik）駕船駛向著名的猴子岩（Monkey Rock，歐洲唯一一處猴子能在野生環境中生活的地方），軍隊沒有遭到任何阻擊就登上了直布羅陀（Gibraltar），即著名的岩石（它看上去不像一則眾所周知的廣告。因為它把後背朝向陸地，而不是背對大海）。在過去的二百年裡，直布羅陀屬於英國。

此後，古老的海格立斯柱子（Pillars of Hercules）——海格立斯把歐洲和非洲山脈推開，開挖出海峽，並歸屬於穆罕默德。

西班牙人能不能依靠自己的力量成功地抵禦這次入侵？他們想這麼做，但是他們國家的地理環境使他們不能採取一致的行動，因為平行走向的山脈和處於深峽谷中的河流，把國家分割成許多獨立的小方塊。請記住，甚至今天，大約有五千個西班牙村莊相互之間或與世界各地都不能進行直接交流，只有羊腸小道與外界相連，行人在此行走要不怕眩暈，即使如此，小道只在一年中的特定時間裡才能通行。

歷史與地理提供給我們極少清晰的事實，請記住其中的

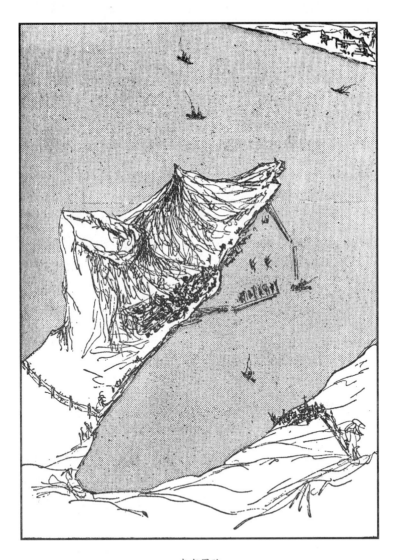

直布羅陀

一個：這樣的國家正在孕育部族領地。部族毫無疑問有一定的好處。它使同一部落的人員相互忠誠，忠於部落，忠於部族利益。但是蘇格蘭和斯堪地那維亞半島告訴我們，部族是經濟合作和民族組織最致命的敵人。島嶼居民好像是「孤獨」的，只關心自己小島的事情，其它的一概不過問。但是他們有的時候能坐在小船裡，與自己的鄰居一起度過一個下午，或者救助一個失事船隻的船員，聽他講外部世界的事情。一個住在山谷裡的人，被難以逾越的大山包圍，並與外界隔絕。只有他自己，與他的鄰居，換句話說，他們只有他們自己，和他們的鄰居。

伊斯蘭教教徒所以能占領西班牙，是因為摩爾人曾經團結在一起，他們強硬的領導人給了他們一個共同的民族目標，這使得他們放棄了自己的如意算盤；儘管他們也是沙漠民族，是嚴格的「部落」思想的忠實信徒。然而西班牙的部落只為自己部落而戰，仇恨自己的敵對部落比仇恨他們的共同敵人還真誠（往往還要嚴重）。而他們的敵人把他們趕出了家園，他們的敵人只服從一個領袖。

在七個世紀時間裡，其間爆發了偉大的西班牙解放戰爭，北部基督教小國家之間不斷的相互攻擊，聲討對方的背信與敵對。這些小國家所以能生存下來，是因為庇里牛斯山脈形成一座屏障，如果越過了這個屏障，要撤回必然會與法國發生麻煩。當夏爾馬涅（Charlemagne）作出一些模糊的姿態之後，法國人就放手不管了，由他們自己去決定自己的命運。

同時，摩爾人把西班牙南部變成了一個名副其實的花

園。這些來自沙漠的人知道水的價值，喜歡花卉和樹木，這在他們的家鄉是罕見的。他們修建龐大的灌溉工程，引種了桔樹、棗樹、杏樹、甘蔗和棉花；引瓜達幾維亞河（Guadalquvir）河水進行灌溉，把位於科爾多瓦（Cordova）和塞維利亞之間的山谷改造成巨大的花園，那裡的農民一年可以四穫；在瓦倫西亞（Valencia）附近流入地中海的胡卡河（Jucar）上修建了堤壩，使他們的領地又增加了一千二百平方英里的肥沃的土地；引進技術人員，建立大學，對農業進行科學研究；修建了這個國家至今還在使用的公路。他們對天文學和數學的發展貢獻良多，我已在本書的前幾章裡講過了。他們是那時的歐洲唯一關注過醫藥和衛生的人，對醫藥和衛生方面的傳播居功厥偉，甚至把古代希臘這方面的書翻譯成阿拉伯語傳到西方。他們還動員了另一支力量一起來工作。他們沒有把猶太人集中在一個居住區裡，或對他們採取更嚴厲的措施，而是給他們自由，讓他們發揮自身強大的經商和組織能力，以利於國家。

不可避免的事情發生了，幾乎全部國土又淪陷了，這不是基督教信徒所為，而是其它阿拉伯和柏柏爾人部落，厭煩了他們苦難的沙漠生活，聽說了陸地上有這麼一個天堂。穆罕默德的統治是專制的，統治的成敗依賴於一個人的能力。在這種奢華的環境中，由武器精良的農民建立起來的王朝墮落了，衰敗了。同樣擁有精良武器的其它農民，仍然在耕牛後面苦苦煎熬。他們向格拉納達（Granada）的阿爾漢布拉（Alhambra）宮和塞維利亞的阿爾卡扎宮（Alcazar）的尋歡作樂投注羨慕的眼光。內亂與謀殺出現了，整個家族被斬草

除根，此外另一些家族又湧現出來，北方出現強勢人物，部落與部落聯合組成了領地，小領地組合成小國家。人們開始聽到諸如卡斯蒂利（Castile）、里昂（Leon）、阿拉貢（Aragon）和納瓦拉（Navarre）等名字。最後他們徹底忘掉了他們古老的敵人，在這塊滿是城堡的土地上，阿拉貢的費迪南德（Fedinand）娶卡斯蒂利的伊莎貝爾（Isabel）為妻。

在這場偉大的解放戰爭中，足足進行了三千多次浴血奮戰。教會把這場「種族」戰鬥變成了宗教信仰的衝突。西班牙人成為十字軍士兵——其偉大的抱負為毀滅整個國家，為此他們英勇奮戰。就在摩爾人最後一個堡壘格拉納達被攻占的同一年，哥倫布發現了通往美洲的道路。六年後，達·伽馬（Vasco da Gama）駛過了好望角，發現了直接通向印度的路。因此，就在西班牙應該掌握自己家園，應該繼續發展摩爾人自身的自然力量時，它獲取了不義之財。它的宗教狂妄感，輕易地讓它把自己想像成一個神聖的傳教士，實際上它什麼也不是，只是一個不一樣的（因為不一樣的殘忍，不一樣的貪婪）強盜。1519年，它占領了墨西哥，1532年，它占領了秘魯。之後，它失敗了，它所有的長遠抱負被滾滾流入的黃金淹沒。笨重的大帆船把黃金送入了塞維利亞和加德斯的倉庫裡。當一個要求從阿茲台克（Aztec）和印加（Inca）掠奪來的贓物中得到他的一份，從而能夠屬於「金領階層」時，他絕不會對自己不用雙手勞動而感到羞恥。

摩爾人所有辛勤勞動的成果付之東流，摩爾人被迫離開這個國家。接著猶太人也搭船離開了，他們像貨物一樣擠在

骯髒的小船裡，一無所有，聽憑船主們的興趣，船停靠在哪，就在哪上岸。他們的心胸充滿了報仇的欲望，他們的頭腦因受難而變得聰穎。他們以其人之道，還治其人之身，參加由異教徒組織，旨在反對令人仇恨的西班牙的一切行動。甚至上帝也插了一手，給這些不幸的「金色的幻覺」的受害者送去了一個君主。這個君主關於生活的觀念只留存在他為自己建造的伊斯科利爾宮中的隱居地裡。伊斯科利爾宮（Escurial）位於淒涼的卡斯蒂利平原（Castilan）的邊上，他是從新都市馬德里（Madrid）搬遷到這裡的。

從此，三大洲的財富和整整一個國家的人力都被用於扼制異教徒——北方的新教徒和南方的伊斯蘭教徒的侵略。西班牙人民經歷了七個世紀的宗教戰爭，被改變成這樣一種人，在他們的眼裡，超自然現象變成了自然現象，他們自覺自願地服從於他們高貴的主人。

伊比利半島把西班牙人民造就成現在這個樣子。反過來說，由於疏於管理幾個世紀，今後西班牙人民能不能把伊比利半島改造成他們所希望的那樣？不管它以前是什麼樣的，而是要面向未來。

他們正在從事這項事業，正在一些城市裡進行著，如巴塞隆納，他們工作非常努力。

多麼偉大的事業！多麼偉大的事業！

法國（France） 得天獨厚的國家

　　我們常常聽到這樣的說法：法國不把自己看作是世界的一部分，法國人要比英國鄰居「孤獨」，而英國人是居住在多雨和與世隔絕的島嶼上。簡單地說，法國人固執又有組織地拒絕對地球事務的關注。僅憑這一點，他們是世界上最自私自利、最自我中心的人。

　　為了能更理解這個問題，我們必須尋根問源。任何一個民族的根源都是深植在那片土地上與當地人的心靈裡。土地影響心靈，心靈影響土地。我們只有掌握雙方真正的內心世界，才能開啟所有民族特徵的鑰匙。

　　我們經常聽到一些對法國人的責怪，大多數是有事實依據的。反之在第一次世界大戰期間，對他們無限的讚揚也是有事實依據的。因為，他們的優點和他們的缺點都直接反應於他們國家的地理位置。這種地理位置造成他們以自我為中心、以自我為滿足。因為他們所占據的這塊位於大西洋和地中海之間的大地，絕對有能力自給自足。如果你在你家的後院就能獲得你所要的一切，那麼你為什麼還要向外去追求，去感受不同的氣候或景觀？如果只要坐幾小時的火車就能從二十世紀返回到十二世紀，或者從一個充滿微笑、滿目青翠的古堡國到達一個到處都是沙丘和挺拔松樹的神秘之境，你為什麼還要去周遊世界，學習不同的語言、習慣與風俗？如

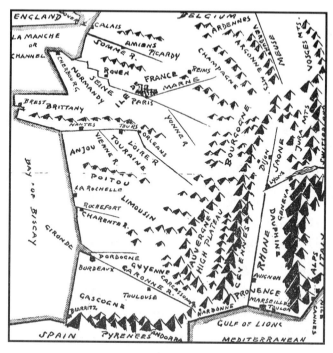

法國

　果你自己的食物、飲料、床鋪以及社交與這個世界上的任何
地方所能提供的一樣好，如果你所居住的地方（無論你信不
信）能夠把菠菜做成一道全世界人人都喜歡的菜餚，你為什
麼還去用護照和信用卡，去吃倒胃口的食物，去喝酸酒，或
者去看僵硬的北方農民那副呆板、平庸的面孔？

　　當然，像可憐的瑞士人，他們除了大山之外什麼也沒有
見過，像可憐的荷蘭人，他們只看見過一塊塊平坦的綠色草
地和黑白相間的乳牛，他們必須經常到國外去，否則就會厭
煩死了。德國人早晚也會討厭他那種鋪張的餐飲，一邊聽著

優美的音樂，一邊吃著不同配料的三明治。義大利人不可能一輩子都吃通心麵。俄羅斯人必定也渴望偶爾能吃上一頓舒服的飯，不必為買半磅人造黃油而排上六小時的隊。

但是法國人，真是幸運的人，生活在一個人間的天堂裡，所有人不必換一次車就可以得到所需要的一切，因此他就會問你：「我為什麼要離開自己的國家？」

你可以這樣回答他：「這是一種沒有希望的偏頗觀點，我的法國朋友你錯了。我願意同意你的觀點，但不得不承認，在許多方面，法國是唯一得福於大自然、得福於地理環境的國家。」

首先，法國有各種氣候，有溫帶氣候，有熱帶氣候，有居於兩者間的亞熱帶氣候。法國是歐洲的最高山峰驕傲的所在地。同時，法國已經把國內所有的工業中心和運河聯結起來，而運河流經的地方是絕對平坦的。如果一個法國人想在山坡上滑雪來度過冬天，他可搬到阿爾卑斯山西側，住在一個小村裡。如果他想游泳，不想滑雪了，他所要做的無非是買一張票，或去大西洋邊的比亞里茨（Biarrit），要麼去地中海邊的尼斯（Nice）。如果他對男人或婦女有特別的好奇心，或他想看看流亡中的君主和即將結束流亡又要成為君主的那些人、或看看前途遠大的男演員和已成名的女演員、或看看小提琴手或鋼琴家、或看看為坐在劇場的一對君王和一些普通老百姓所傾倒的舞蹈演員，他只要有興趣，就可以坐在和平咖啡店裡，買一杯咖啡和牛奶，等待著。不一會兒，可以成為世界報紙頭版人物的每一個男人、女人和小孩，都將路過這裡。而且他們路過這裡，不會引起特別的注意，因

為這個過程已經進行了將近十五個世紀，即使是國王，或者是皇帝，甚至教皇的出現，就像一個新生出現在校園裡那樣平靜。

正是在這方面，我們遇上了地緣政治一個無法解答的謎。2,000年前，飄揚著共和國三色旗（日夜飄揚，對法國來說，三色旗一旦升起，就永不會降下，除非它們被時間和天氣磨損得無法辨認）的大多數地方是西歐平原的一部分，為什麼有一天這塊大西洋和地中海之間的大地應該成為世界上最極權的國家之一？這裡沒有地理上的原因。

有一所地理學校認為，氣候與地理環境對人的命運有決定性的影響。摩爾人（Moors）和西班牙人住在同一塊土地上，西元1200年時太陽照在瓜達幾維亞（Guadalquivir）河流域上的陽光與西元1600年時一樣多，但是，西元1200年它的光芒照射在滿是水果和鮮花的天堂上，而1600年被咒罵的陽光卻照在水渠破爛、雜草叢生的荒野上。

瑞士人講四種語言，認為自己是一個單一民族的成員。比利時人只講兩種語言，但相互之間恨之入骨，污損對方士兵的墳墓成為星期日下午的例行消遣。冰島人在他們的小島上保持獨立和實行自治已有一千年時間，但他們反對一切外來的人。而島上的愛爾蘭人根本不知道什麼是獨立。情況就是這樣。不管機器、科學和各種標準化發展到什麼程度，整體而言，人的本質將永遠存在著一種極其不穩定，極其不可靠的因素。這種因素應對許多奇怪和意外的變化負責，世界地圖就是這些變化活生生的證據。法國只是說明這原理的素材之一，它證明了我的觀點。

從政治上講，法國好像是一個國家。但是，請看地圖，
你會注意到，法國確實是由兩部分組成的，這兩部分實際上
是互相對立的——東南部的隆河流域（Rhône），它面向地
中海；西北部廣袤的傾斜平原，它面向大西洋。

　　我們從這兩部分最早的時候講起。隆河發源於瑞士，但
它流出日內瓦湖（Geneva）之後，到達法國絲綢工業的中
心里昂（Lyons），與索恩河（Saône）合為一體後，才成為
一條有重要意義的河流。索恩河發源於北部，它的源頭與馬
士河（Meuse）的源頭相距不遠。馬士河同歐洲北部的歷史
有著密切的關係，就像索恩河（與隆河一起）同歐洲南部的
歷史有著密切的關係。隆河不太適合航運。它流入利翁灣
（Lion）之前，其高度下降了六千英尺，由此造成水流湍
急，現代的蒸汽船還不能完全戰勝這種急流。

　　不管怎樣，隆河為以前的腓尼基人和希臘人提供了一條
進入歐洲中心的便捷通道，因為人力——奴隸勞動力非常便
宜。船只逆流而上時，由那些史前的伏爾加（Volga）船民
（他們的命運肯定不會比他們的俄羅斯同行好）所牽拉，順
流而下只需幾天的功夫。事情就這樣發生了，古老的地中海
文明經隆河流域第一次撞擊了歐洲的內陸地區。非常奇怪的
是，馬賽（Marseilles）作為這一地區最早的商業區（現在
仍是法國在地中海沿岸最重要的港口），沒有直接坐落在河
口上，而是向東偏離了幾英里（現在已有運河與隆河相
連）。它證實這是一個非常好的選擇，因為馬賽早在三世紀
時就成為重要的貿易中心，那時，基督的馬賽硬幣還沒有在
奧地利的蒂羅爾（Tyrol）和巴黎周圍地區流通。不久整個

地區包括其北部地區都把馬賽當作自己的首都。

然而，在該城遭遇不幸的時候，市民們由於受到來自阿爾卑斯山蠻族的威脅，邀請羅馬人過來幫助他們。羅馬人來了，並按照他們的習慣做法，留在了那裡，沿隆河河口的所有地區成為羅馬人的一個「行省」（Provincia），「普羅旺斯」（Provence）這個在歷史上產生了重大影響的名字，是一個無言的證據：是羅馬人，而不是腓尼基人和希臘人，認識到這塊肥沃的三角地的重要性。

我們在這裡碰到了一個最為錯綜複雜的地理和歷史問題。融合了希臘和羅馬文明的普羅旺斯，它的美好氣候、肥沃的土地以及它面對地中海、向後可便利地通向中部平原和歐洲北部的地理位置，似乎是羅馬理所當然的繼承者。儘管它有所有的自然優勢，手中也有王牌，但是它打輸了。在凱撒（Caesar）與龐培（Pompey）發生爭吵時，普羅旺斯站在了龐培一邊，敵對一方摧毀了馬賽城。這是一次小災難而已。不久之後，市民重又在舊址上做起了生意，而此時，在羅馬無法生存下去的文學、高雅的風俗、繪畫和科學都跨過了利古里亞海（Ligurian），把普羅旺斯變成了一個被土著團團包圍的文明孤島。

當教皇們再也無法待在台伯城（Tiber）（中世紀時的羅馬暴民，比狼群好不了多少，同我們這裡的歹徒一樣無賴）時，他們就攜帶著他們的財產和權力，連同他們的教堂，搬遷到了亞維農（Avignon）。亞維農當時因要建造一座大型橋樑而出名（現在橋的大部分已沉入河底了，但是在十二世紀時它是世界奇蹟之一）。教皇們在那裡擁有一座城堡，它能

抵擋長期的圍攻。因此，在將近一世紀的時間裡，普羅旺斯是基督教領袖們的家園，這裡的騎士們踴躍參加十字軍，普羅旺斯的一個貴族家庭成為君士坦丁堡世襲的統治者。

不知什麼原因，普羅旺斯總是沒能發揮大自然為它所創造既可愛、又肥沃的浪漫大地發揮作用。普羅旺斯是產生許多抒情詩人之處。當時創立的詩風，已被認為是這種文學形式的奠基人，這種文學形式也保存在我們的小說、戲劇和詩歌中，但他們沒能把他們柔和的普羅旺斯話變成所有法國人的普通話。北方不具備任何像南方那樣的自然優勢，但正是北方建立了法蘭西國家，創造了法蘭西民族，對整個世界傳播了法蘭西文化的種種訊息。但是十六世紀前，誰也沒有預見到這種發展。從此，這塊從南方的庇里牛斯山脈到北部波羅的海的平原，成為巨大的日耳曼帝國的一部分。

對於凱撒時代的羅馬人來說，歐洲的這個地區屬於遠西。他們把它叫做高盧（Gallia），因為在這裡居住的高盧（Gauls）人，還住著一些屬於神秘種族的人，他們男男女女都有一頭美麗的頭髮，希臘人給他們起了一個總稱名字：凱爾特（Celtic）。那時候有兩種高盧人。一種居住在波河流域，即在阿爾卑斯山脈（Alps）與亞平寧山脈（Appennines）之間，這些有著漂亮頭髮的土著很早前就住在這裡，因此叫「山這邊的高盧人」。當凱撒孤注一擲、勇敢地跨過盧比孔河（Rubicon）時，這些高盧人就被留在了那裡。還有一種是「山那邊的高盧人」，他們只占這部分歐洲人口的少一部分。凱撒於公元前58年至51年進行了著名的遠征，在這之後，高盧人住地與今天法國的這一地區的關係特別密切。這是一塊

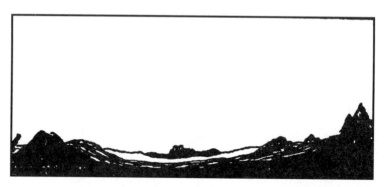

法國的地形

最肥沃的土地，從這裡徵稅不會引起當地人的反對，因而是羅馬移民集中的理想領地。

扼守北部佛日山脈（Vosges）和南部侏羅山脈（Jura）之間的山口，對一支由步兵組成的軍隊來說，不會有多大的困難。不久，法國的大平原上，遍布羅馬人的堡壘、羅馬人的村莊以及他們的市場、廟宇、監獄、戲院和工廠。塞納河中有一個小島，島上的凱爾特人仍然住在用原木搭建起來的房子裡。這個小島成為建造教堂的理想之地。這個教堂就矗立在現在之聖母院位置上。

由於島嶼可以同英國（公元開始後的四百年裡，羅馬獲得最多的殖民地）建立直接的水上交通，也是優越的戰略據點，從那裡可以監視萊茵河與馬士河之間的動盪地區，所以它自然發展成羅馬管理遠西的龐大組織的中心。

我在前面就已講過，我們有時會感到奇怪，羅馬人當時是如何尋找通向世界各處的島嶼和大陸的，但這不應該成為問題——他們有一種準確確定位置的本能，無論是建造碼

頭、堡壘，還是建立貿易點。一個臨時的考察人員在巴黎凹地的雨霧中度過了煩悶的六個星期後會問自己：「羅馬人為什麼偏偏選中這個孤獨淒涼的地方作為他們管理西部和北部領地的總部？」有一張法國北部地圖的地理學家可以告訴我們。

　　幾百萬年以前，整個大地持續不斷發生地震，所有高山、平原河川經常就像賭桌上的賭注那樣被扔過來拋過去，這個時候，四塊厚厚的且年代各不相同的板塊相互衝撞，以致疊壓在一起，這如同疊在一起的中國茶碟，我們的老奶奶們非常喜歡使用這種中國茶具。最大最下面的茶碟從佛日山脈伸展到不列塔尼（Brittany），它的西部邊緣處在英吉利海峽（British）的水下。第二個碟子從洛林（Lorraine）伸展到諾曼第（Normandy）海岸。第三個，即著名的香檳地區，環繞著第四個，它被恰如其分地稱作法蘭西島。這外「島」是個模糊的圓圈，四周是塞納河（Seine）、馬恩河（Marné）、泰韋河（Thève）和瓦茲河（Oise），巴黎正好處在其中心。這意味著安全——絕對的安全——因為它能最大限度地預防外部的入侵，因為敵人必須逐一攻擊這些碟子陡峭的邊緣，而守軍不僅占據有利的防守位置，即使被攻陷還可以不慌不忙地退守到另一個碟子邊上，他們在撤到塞納河中的小島之前有4次同樣的機會。之後只要燒毀幾座相連的橋樑，小島就可以變成堅不可摧的堡壘。

　　當然，一支決意已定、裝備精良的敵軍是能夠攻占巴黎的。但是這是極其困難的，最近的第一次世界大戰已經證明。不僅僅是法英軍隊的英勇把德國人阻截在法國首都的外

用茶碟來表現法國的地形

面，同時幾百萬年前的所形成地勢環境也功不可沒。各種地形都有可能成為侵略者從東部入侵時的自然屏障。

為了民族的獨立，法國被迫進行了將近十個世紀的戰鬥。大多數國家皆需守衛四周的邊境，而法國卻只要集中力量去保護西部邊界，這可以說明一個事實，法國可以比歐洲任何國家都要早的發展成一個高度極權的現代國家。

法國的整個西部地區位於色芬山脈（Cevennes）和佛日山脈之間，大西洋在這裡形成了一些半島和谷地，它們都被低矮的山脊分割開來。最西部的谷地是塞納河和瓦茲河谷地，它們通過一條自然通道與比利時的平原相連。這條通道自古以來一直是由聖康坦（Quentin）守衛的。在現代，聖康坦成為一個非常重要的鐵路樞紐，因此當德國人於1914年向巴黎進軍時，它成為他們的主要目標之一。

經由奧爾良山（Orleans）的隘口，塞納河谷與羅瓦（Loire）河谷兩地的來往就很容易。結果這一地區在法國的歷史上必定發揮非常重要的作用。法國的民族英雄是聖女奧

里昂，巴黎最大的火車站叫做奧里昂火車站（Gare d'Orleans）。正是位於連接南北兩地的隘口上的那個城市的地理位置，才使他們有了奧里昂這個名稱。在中世紀，身著盔甲的騎士為這些要道隘口而戰。世界變了。但往往如此，變化得愈多，留存得也愈多。

至於羅瓦河谷地與加倫河谷地（Garonne）之間的聯結，現在有經由普瓦捷（Poitiers）的鐵路。在普瓦捷的附近，查理・馬特（Charles Martel）於732年時阻止了摩爾人向歐洲的進一步推進。也是在普瓦捷附近，黑王子於1356年徹底消滅了法國軍隊，這使法國處於英國的統治之下約達二百年之久。

至於寬闊的加倫河谷地，它的南部是著名的加斯科尼（Cascony）地區，這裡出生過像達達尼昂和亨利四世皇帝這樣的人物。法國的這一部分地區，通過從加倫河畔的土魯斯（Toulouse）到納博訥（Narbonne）的谷地就可直接到達普羅旺斯和隆河谷地。納博訥曾經位於地中海邊上，是高盧地區所有羅馬人居住區最古老的一處。

就像所有的史前道路（在有歷史記載前，這些道路就已使用了數千年）一樣，對某些人來說，道路永遠是收入的一個來源。敲詐勒索和牟取暴利與人類一樣古老。如果你對此表示懷疑，請到世界任何地方的任何山口去，並住在附近，直到你確實找到了數千年以前道路最狹窄的部位。在那裡，你將會發現數個乃至數十個堡壘的遺跡。如果你懂得一點史前文明的知識，這些不同的岩層會告訴你：「這是西元前50年時，這是西元600年時，這是800年、1100年、1250年、

1350年、1500年時強盜們修築的堡壘，他們在這裡向所有的過往車馬索取買路財。」

有時你會發現一個欣欣向榮的城市，而不是一堆廢墟。但是，舊城牆上的城樓、半月形堡壘、壕溝的外崖、樓堡會告訴你，山口處的城堡要修建得多麼堅固，才能抵擋得住窮凶惡極的敵人的進攻。

關於法國的整體地形已介紹得很多了。現在我要補充一些居住在地中海和大西洋之間這塊土地上的人的一般特徵。他們看上去有一種共同的特點，即一定的平衡和協調意識。我幾乎會傾向這種說法，法國人極力保持「符合邏輯」，如果那個不幸的詞彙不是與枯燥、呆板和迂腐的概念緊密相連的話。

法國是歐洲最高山峰的所在地，白朗峰（Blanc）現在是在法國領土上，但這完全是偶然的事。法國人一點也不關心冰雪的浪費，就像美國人不關心齊佩恩蒂德沙漠（Painted）那樣。他們所喜歡的事物，例如，馬士（Meuse）地區、吉耶納（Guyenne）、諾曼第（Normandy）和皮卡第（Picardy）的山梁起伏的和諧；舒適的小河，兩岸楊樹成行，小艇在河中漫遊；晚上山谷升起靄暉並由華托（Watteau）把它畫入畫中。他瞭解得最為清楚的是這樣的一些事情，例如，一些小村莊從未發生過變化（任何國家中最強大的力量），一些小城鎮的居民們過著或試圖過他們祖先五十年或五百年以前過的那種生活，巴黎最好的生活和最好的思想一千年前就一起消失了。

與第一次世界大戰時強加於我們身上的那些荒謬的說法

萊茵河與馬士河及其三角洲

巴黎

不同，法國人不是多愁善感的空想家，而是非常理智、非常踏實的現實主義者。他腳踏實地的站在這個地球上。他知道他只能活一次，七十歲是他所能期望的。因此，只要還活著，他就盡力使自己過得盡可能的舒適，絕不浪費時間去想像美好的未來。如果這就是生活，我們就要讓它變得最美好。既然食物是為文明人準備的，就讓我們用最好的烹調方法來做，哪怕是最差的食物吧！既然酒從耶穌時代起被認為是真正的基督教徒的合適飲品，就讓我們釀最好的酒吧！既然上帝以他的智慧洞察，應該讓地球充滿各種各樣的事情，以適合眼睛、耳朵和鼻子的需要，就讓我們不要繼續高傲地藐視這些神授之權，而是要參與進去，就像大智大勇的上帝

明確要求我們的那樣去做。既然人抱成團時要比單個時更為強大，就讓我們緊緊依靠家庭這個基本的社會單位，它對其所有成員的禍福負有責任，而每一個成員也對家庭的禍福負有責任。

這是法國人生活的理想一面。他們的生活還有另一面，是不太相稱的一面，這一面直接產生於我在前面列舉過的那些特徵。家庭往往不再是一個舒適的安樂窩，而變成夢魘之地。無數的掌管家族的祖母、祖父扮演了阻止所有進步的絆腳石的角色。為兒子、孫子、為重孫而節儉的美德褪變為一種駭人聽聞的習性，採取搜刮、欺騙、偷竊、勒索和斤斤計較等手段來獲取每一件生活必需品，包括在幫助鄰里的時候也是如此。沒有鄰里之間的幫助，文明的生活就沒有意義可言。

一般說來，普通的法國人，不管他出身貴賤、住在哪裡，似乎都有比較實際的生活哲學，這種生活哲學可以讓他使用最少的花費獲得最大的滿足。舉一個例子，法國人不是我們想像中的有雄心壯志的人。他知道，人生來就是不平等的。有人告訴他，在美國，每一個男孩都希望有一天成為他當職員的這家銀行的老板。但是法國人會認為那有什麼了不起？因為他不願去承擔責任！他花了三小時去吃午餐會得到什麼呢？當然，把錢花在工作上是可以的，但犧牲享受和幸福事關重大。因此法國人本人，勤奮地工作，他的妻子工作，他的女兒和兒子也工作，是的，整個國家都在工作，都是節約，都在過著一種他們喜歡的生活，而不去嘗試一下別人認為他們應該過的那種生活。這是一種智慧，它不會產生

富豪，但是，與世界其它地方宣揚的關於獲得成功的學說相比，更能保證基本的幸福。

每當本書介紹到海洋的時候，我都沒有講到沿岸人民是否從事漁業。他們當然從事漁業。你希望他們從事什麼職業？養乳牛還是採煤？

但是，當講到與農業有關的主題時，我們將會有驚奇的發現。在大多數國家裡，在過去的數百年間，人口被吸引到城市裡，而60%的法國人卻仍舊生活在農村。今天的法國是歐洲唯一的能經受得住長期的圍困而不需要從國外進口糧食的國家。祖先的耕作方法在現代的科學方法得以提高之前就逐步有所改進了。如果法國農民像他們的祖輩們在查理大帝和克洛維時期那樣不再種地了，法國完全可以自給自足。

什麼東西能促使農民留在土地上呢？一般說來，因為他是他的土地的主人。他的農場可能並不怎樣，但這是他自己的。英國和東普魯士，同處農業占很大比重的東半球，那裡的農場屬於一些不明確的遠在外地的地主。但是法國革命廢除了地主，不管他是貴族還是牧師，並把地主的田地分給小農戶。這對從前的地主來說，往往是非常痛苦的事情。但是，他們的先輩是依靠臭名昭張的掠奪獲取了這些土地，這兩者之間有什麼區別呢？這種做法已經證實對國家極其有利。因為它讓一半以上的人直接關心整個國家的福利。同所有的事情一樣，這種做法也有不利的一面。它會在法國人中造成民族主義意識的膨脹。它會產生地方主義，使每個法國人只與本村的人交往，甚至當他移居到巴黎後也是如此。因此巴黎有許多小旅館只供某一地區的來客居住。這種狀況我

們只能想像模擬，要是紐約有專門給芝加哥人，或是卡拉馬祖人、弗雷斯人、斯黑德、紐約人居住的旅館，那將是什麼情景？這種做法還會使人極不願意移居到國外去。這又要問了，他在家裡過得非常幸福，為什麼要搬遷到國外去呢？

下面要介紹農業。種植用於釀酒的葡萄，使為數眾多農民依附於土地。整個加倫（Garonne）河流域都用於種植葡萄。在加倫河河口邊上的波爾多（Bordeaux）是賽特（Cette）葡萄酒的出口基地，它面向地中海，也是運送產於炎熱的隆河流域的著名葡萄酒的港口。波爾多的南面是一大片朗德堆積平原，那裡的牧民會踩高蹺，羊群四季都可以在野外生活。產自勃艮第（Burgundy）的葡萄酒集中於迪戎（Dijon），香檳酒則在蘭斯這個法國在古時候舉行加冕典禮的城市裡。

當糧食和葡萄酒不足以維持全部人口的生計時，工業幫了大忙。古代的法國君主們是一些傲慢的低能人，只會壓迫他們的臣民，把數以百萬計的錢財無為地浪費在凡爾賽的美女身上。他們把宮廷變成時尚和文明生活的中心，世界各地的人蜂擁而至，學習他們華麗的風俗，學會區分吃飯與進餐的不同。結果，最後一個統治者被拋進巴黎石灰堆上已有一個半世紀了，直到今天，巴黎還在向世界傳授應該穿什麼，怎麼穿。工業向歐洲和美國提供了必不可少的奢侈品，相比之下，大多數人還是喜歡物美價廉的生活必需品。法國各地也建立起了許多工業，為數百萬婦女和女孩提供了就業機會。里維埃拉（île de）一望無際的花圃是香水的原料，源源流入美國的香水，一瓶要賣到六美元至十美元（很小的一

瓶,這是一種聰明做法的結果,對我們不能生產的東西徵稅)。

　　下面再介紹法國煤和鐵礦的發現。皮卡第和阿圖瓦由於滿是一堆一堆的煤渣礦渣而變成黃褐色,顯得十分髒亂醜陋。煤和鐵在蒙斯戰役中發揮了很重要的作用。英國軍隊在蒙斯試圖阻止德軍向巴黎的進軍。洛林成為煉鐵工業的中心。中部高原冶煉鋼。戰爭結束後,法國人匆匆忙忙地吞併了阿爾薩斯,它為法國人提供了更多的鋼。在德國人統治的五十年裡,阿爾薩斯偏重發展紡織業,由於近年來的發展,1/4的法國人在從事工業生產。他們可以驕傲地誇耀,他們的工業城市從外表看,是非常可怕的,毫無誘惑力、毫無人道的,同英國和我們美國的工業城市一個樣。

比利時（Belgium）由一紙條約建立的國家，什麼都不缺，唯獨缺乏內部的和諧

　　現在的比利時王國由三個部分組成：北海沿岸的佛蘭德（Flanders）平原；處於佛蘭德平原和東部山區之間地勢較低的高原，這裡盛產鐵和煤；東部的阿登山脈（Ardennes），馬士河（Meuse）流經此地時劃出了一個漂亮的弧線，然後流向北方不遠處低地國家的濕地。

　　鐵和煤的礦床主要集中在列日（Liége）、沙勒羅伊（Charleroi）以及蒙斯城（Mons）的周圍，儲量非常豐富，如果德國、法國和英國的煤礦和鐵礦都開採完之後，它還能夠向全世界供應這些現代生活所不可或缺的資源長達兩個世紀之久。

　　但是，有幸常常被德國人稱作「重工業」的這個國家，非常奇怪的是，竟沒有一個良好的現代化港口。沿海的海岸水淺，而且淺灘淺水交錯，構成極其複雜的地形，因此沒有值得一提的港口。比利時人在奧斯坦德（Ostende）、澤布呂赫（Zeebrugge）和尼烏波特（Nieuwport）開挖了人工港，但安特衛普（Antwerp），它最重要的港口，距離北海只有四十英里，須耳德河（Scheldt）最後的三十英里流經荷蘭的大地。這是不太合理的安排，從地理學的角度來看，有人可能會把這說成是「非自然的」；但是，這個世界是仰賴莊嚴的國際會議，由各代表團簽署條約來管理的，在這樣的世界

從人到鼠

裡，這種狀況是不可避免的。而且比利時就是一些這樣的會議的直接產物。我們應該瞭解一些相關的歷史事實，他們的領導人舒適地圍坐在綠色的桌子旁，決定世界的命運時，面對的正是這些歷史事實。

羅馬的加利卡‧爾吉卡（Gallica Belgica）居住著凱爾特（Celts）人（同英國和最早的開拓者都是一樣的）和一些日耳曼小部落。所有這些人都被迫承認羅馬人具有主權，因為羅馬人一直向北挺進，穿越佛蘭德平原（Flanders），跨過阿登山脈，直抵難以行走的沼澤地──現代的荷蘭王國就誕生在這裡。接著，它成為查理曼帝國的一個小省。接著，

由於西元843年簽訂了災難性的凡爾登（Verdun）條約，它成為洛塞爾（Lothair）中央王國的一部分。接著，它被分割成許多半獨立的領地，如公爵的領地、伯爵夫人的領地和主教的領地。接著，中世紀實力最強大的不動產操縱者哈布斯堡家族占有了它。但是哈布斯堡（Habsburgs）家族不是要尋找煤和鐵，而是要找一塊安全的地方，重新去從事農業，尋找一個便利的地方，重新去經商。那裡，該國的東部地區（是最重要的）被看作是半荒地。但是佛蘭德人獲得了發展其潛力的個機會，到了十五世紀和十六世紀期間，這裡是歐洲北部最富有的地區。

這要歸功於此處幸運的地理位置，在這裡，中世紀的中型船隻可以行駛到深入的內陸地區。這還要歸功於佛蘭德（Flanders）的早期統治者，這些男男女女的統治者具有十分特殊的能力，鼓勵發展工業。而此時其它的封建領主們完全依賴農業，從內心鄙視資本主義，就像教會鄙視放高利貸的思想那樣。

由於這種非常明智，布魯日、根特（Ghent）、伊普爾（Ypres）和康布雷（Cambrai）快速成長變得富裕與繁榮。它們所做的工作，其它國家也完全能夠做，只要它們的統治者允許人民抓住機會。這些資本主義工業，初期工業中心的衰落，是由地理和人為（人為更多些）的綜合因素造成的。

地理對北海潮流的改變負有責任，北海潮流的改變使布魯日和根特的港口意想不到地淤積了大量泥沙，這些城市完全地被陸地圍住了。勞動協會（同業公會）開始時是一種巨大力量的泉源，逐步退化成專制與目光淺短的組織。它們的

熱

存在沒有什麼其它目的，只是為了減緩及阻撓工業生產形式。

舊的本地王朝滅亡，佛蘭德暫時被法國吞併，因此沒有人來干涉改革，形勢使佛蘭德成為一個靜謐的地區：農民居住在農場裡，房子與牆刷成白色，到處都有漂亮的遺跡，這個景色可以激勵起英國老太太去畫蹩腳的水彩畫。但是雜草從古老房子光滑圓石中鑽出來，它們從未停止生長過。

基督教改革運動也發揮了作用。佛蘭德經歷了一個短暫但非常劇烈的變動，從支持路德教會轉變為忠實的聖母教會。當北方鄰居獲得獨立時，荷蘭急急忙忙地關閉了對手所剩的最後一個港口。由於安特衛普與歐洲其它地方的聯繫被割斷，比利時進入了長時間的冬眠狀態，直到詹姆斯·瓦特（James Watt）的機器需要燃料，才引起世界注意到比利時極其豐富的自然資源。

外國資本迅速流入馬士河流域。在不到二十年的時間裡，比利時成為歐洲主要工業國之一。此時，瓦龍（Walloon）地區，即該國的法語區〔在布魯塞爾（Brussels）以西〕強盛起來，儘管它的人口占總人數的42％，但很快成

處於形成過程的煤

為全國最富的地區。佛蘭芒人（Flemings）則變成一個半受
控制的農民，他們的語言只能在廚房或馬廄裡使用，文明的
家庭甚至在客廳裡不允許講佛蘭芒語（Flemish Speaking）。

　　維也納會議似乎永遠是一個處理世界和平問題的機構
（就像一個世紀前的凡爾賽會議），但是為了把事情弄得更複
雜，於1815年召開的維也納會議認為，把比利時與荷蘭合併
成單一的王國是合適的，這樣就有一個強大的北方國家來抗
衡法國。

　　1830年比利時人起來反對荷蘭人，法國人（如期望的那

樣）跨刀協助比利時人，此時，這一奇怪的政治婚姻才告結束。聯盟國家（稍後也是如此）進行干預，科堡王朝的王子，即維多利亞女王的叔叔（利奧波德叔叔是個很認真的紳士，對他親愛的小侄子施加有非常大的影響）成為比利時國王。他拒絕了希臘的邀請，並對他自己的選擇無任何遺憾。這對一個新王國來說是個勝利。須耳德河的河口落入了荷蘭人手中，但安特衛普再次成為歐洲西部最重要的港口。

歐洲強權正式宣布比利時為「中立國家」。但是利奧波德國王（King Leopold）（王朝創始人的兒子）非常聰明，對這種「請勿踐踏草地」的紙牌子，不抱任何幻想。他努力去做各種工作，使這個國家的地位稍稍強於三等小國，只能靠富裕的鄰居們的恩惠才能生存下去。當一個名叫亨利·史坦利的紳士從非洲中部回來時，利奧波德國王盛情邀請他去布魯塞爾。這次面談之後，剛果國際協會誕生，在隨後的日子裡，這個協會使比利時成為現代世界最大的殖民強國之一。

今天比利時面臨的主要問題不是經濟問題，因為它有優越的地理位置，正好位於北歐最繁榮地區的中心。它面臨的是種族問題。占多數的佛蘭芒人在教育、科學和文化發展方面，已經迅速趕上了占少數的講法語的瓦龍人。在分享國家的管理權方面，雙方一直爭吵不休。從這個獨立的王國誕生的第一天起，雙方在這些方面的意見一直不一致。雙方堅持兩種語言——佛蘭芒語和法語，要絕對平等。

我最好不涉及這個內容。它讓我迷惑。我不明白他們為什麼要這麼做。佛蘭芒人和瓦龍人是同一種族的人，有著將

近二十個世紀的共同歷史。但是他們像貓狗無法相容一般的
生活著。下章將介紹瑞士人，他們講四種不同的語言——德
語、法語、義大利語和列托—羅馬語（一種奇怪的羅馬方
言，只在恩加丁的山區裡流行），他們相處融合，沒有什麼
真正根本的矛盾。這一定有原因，但坦白的說，它超出了我
的理解力。

盧森堡（Luxemburg） *歷史之謎*

　　在介紹瑞士之前，我應該提一下奇怪的獨立小公園，若不是因為他在第一次世界大戰爆發的第一天裡就具有非常重要的影響，這個小公國的名字幾乎無人知曉，只有二十五萬人民。他們的祖先就住在附近，當時比利時是羅馬行省的一部分。在中世紀時，它相當重要，是因為它的首都很有實力，據說是世界上「堅不可摧」的城堡之一。

　　由於法國和普魯士在誰應該占有它這個問題上發生爭執，1815年的維也納會議把這個小國作為公爵領地給予獨立的地位，荷蘭的國王應該是它的直接統治人，以補償荷蘭人失去他們在德國的祖傳土地。

　　在十九世紀，這個小小的公爵領地有兩次幾乎引發了德國和法國的戰爭。為防止再次發生類似的危險，防禦工事徹底拆除，盧森堡被正式宣布為「中立國」──與比利時一樣。

　　戰爭爆發後，德國違反了中立條約，它這麼做乃係出於入侵法國的地利需要，因為它可以從北部和東部平原向前挺進，去翻越西部陡峭的茶碟式障礙（參閱法國一章）。1918年之前，盧森堡被德國人占領。即使到現在，這個小公國實際上還是沒有脫離這種危險，因為它的地底下埋藏有大量的鐵礦石。

瑞士（Switzerland）高山中的國家，有出色的學校，有說四種語言的團結人民

　　瑞士人把他們的國家恰如其分地稱為赫爾維希亞聯邦（Helvetia Republic）。一個叫赫爾維希亞的不太漂亮的婦女頭像，也恰如其分地出現在二十二個獨立的小共和國的硬幣和郵票上。這二十二國的代表集合於都市伯恩（Bern），商討建立共同國家的大事。

　　在戰爭時期，國內在多數人（70％的人講德語，20％講法語，6％講義大利語，2％講列托—羅馬語），或多或少地站在德國一邊，因此，一個名叫威廉・泰爾（Willian Tell）的青年頭像被用來取代赫爾維希亞女神的頭像，我非常遺憾地說，赫爾維希亞的頭像第一眼看上去，更像一個英國人，因為這個頭像是英國維多利亞時代中期的著名藝術家雕刻的。硬幣和郵票發生了衝突，這可不是瑞士獨有的，幾乎所有國家都有類似的怪問題，清楚地表明了瑞士共和國的雙重本質。對外部世界來說，這一切都無關緊要。對我們這些不是出身於瑞士的人來說，瑞士僅僅是一個風景如畫的山地國家，這正是我在本章所要介紹的。

　　從地中海延伸到亞得里亞海的阿爾卑斯山脈，其長度幾乎是英國的兩倍，所占面積與英國差不多，其中1.6萬平方英里在瑞士（丹麥與瑞士差不多）。在1.6萬平方英里中，1.2萬平方英里的土地可用於生產，因為它們有的覆蓋著森

林，有的是葡萄園，有的是小塊的牧草地。四千平方英里的土地對任何人都沒有用處，因為它們有的是湖泊，有的是風光如畫的峭壁。還有七百平方英里被冰川覆蓋著。結果，瑞士每平方英里只有二百五十人，而比利時是六百五十五人，德國三百四十七人，而挪威僅有二十二人，瑞典三十五人。由此出現一種說法，說瑞士只是一個巨大的高山旅遊勝地，住的全是旅館的服務員和遊客，這種說法不太正確。因為瑞士除了乳牛之外，已經把位於阿爾卑斯與圖拉山（Tura）之間的廣闊的北部高原變為歐洲最繁榮的工業區之一，而且它是在沒有任何原料的基礎上做到這一點的。當然它擁有極其豐富的水力資源，並且占據了正好處於歐洲中部這個非常有利的地理位置。它可以使這個赫爾維希亞共和國的產品，悄悄地但是持續不斷地流入至少數十個周邊國家裡。

在前面的章節裡，我試圖告訴你們，以阿爾卑斯山脈和庇里牛斯山脈（Pyrenees）為代表的所有複雜的群山是如何形成的。我讓你們拿出半打乾淨的手帕，把每一塊都展開並一塊一塊地疊起來，然後用兩手同時向裡推，觀察產生的褶皺以及重疊的圓圈和皺紋，這是由四周向中心施加壓力後造成的。你們做地理實驗的桌子是原始層，或是花崗岩的核心層（已有無數個百萬年了），經過幾百萬年之後，較年輕的岩石在原始層上折疊起來，形成了那些形狀奇特的山峰，又經過數百萬年連續不斷的風吹雨打和冰雪侵蝕，那些山峰才變成現在這個樣子。

這些厚厚的褶皺，從平地往上有1萬至1.2萬英尺，逐步崩潰，變成了無數的平行的山梁。但是在瑞士的中部〔在哥

瑞士

達山口（Gottnard Pass）的安德梅特村（Andermatt）是該國
的地理中心），這些山脊相聚成一個巨大的高山體系（所謂
的哥達山系），這些遮天蔽日的冰川、峭壁和峽谷，流過雪
崩地區和由綠色刺骨的冰川融水匯合成一條條滾滾而下的山
澗，它使萊茵河流向北海，讓隆河流入地中海，而且它也形
成了山間河流，這些河流皆以瑞士共和國為發源地。

　　特殊的地理特徵，給了瑞士一個爭取獨立的機會。居住
在人跡罕至的深山峽谷裡的半原始農民，被強大的鄰居們冷
落了將近一千年。沒有東西可掠奪，打起驕傲的帝國大旗有
什麼用處？最多是從這些野蠻人那裡拿走一點牛皮而已。但
是他們是危險的野蠻人，善於打游擊戰，會使用石頭武器，
巨大的圓石從山上滾落下來，足以砸爛盔甲，就像砸爛一些
牛皮紙那樣容易。所以，瑞士人當時受到的對待，就如同居

山口

住在阿勤格尼山脈（Alleghenies）中的印地安人受到大西洋沿岸最早的移民們不平等待遇一樣，只不過瑞士人受到的不公正對待被疏忽了。

隨著羅馬天主教教會制度的重要性不斷增長，隨著義大利商人在十字軍東征期間和往後排山倒海地向北湧去，北歐人迫切地感到要有一條從德國通向義大利的直接便利通道，而不是經由伯納德山口（St. Bernard Pass，它經由日內瓦湖，到達里昂（Leon），再穿越整個隆河流域，要繞很長一段路）和布倫納山口（Brenner Pass）的通道。從這兩個地方走，就必須經過哈布斯堡（Habsburgs）的領地，而且還

要繳納難以承受的關稅。

翁特瓦爾登（Unterwalden）、烏里（Uri）和施維茨（Schwyz）等州（瑞士獨立的小共和國和地區的名字）的農民決定聯合起來，每人拿出一點錢（說真的，他們沒有多少錢），修建一條從萊茵河流域向提契諾流域（Ticino）的道路。他們開鑿了大量的岩石。如果石頭太硬，十字鎬（沒有炸藥就想修建山路）挖不動，他們就做一些窄窄的木頭裝置，把它們吊掛在山壁上，作為繞過石頭的路。他們建造了一些跨越萊茵河的原始石橋，這種橋只有在盛夏時才可讓行人通過。有一段路，他們是沿著四世紀時由查理曼大帝的技術人員勘察過的路線修建的，但是一直沒有完工。到了十三世紀末，帶著騾隊的商人可以從巴塞爾（Basel）經由哥達山口到達米蘭（Milan），這一趟走下來，他最多損失兩三頭騾子，比起摔斷腿和掉下山去，還是合算的。

早在1331年時就聽說山口上有一個小旅館，但它直到1820年才投入使用，儘管如此，這條路很快就成為南北之間最繁忙的通商道路。

當然，翁特瓦爾登、烏里和施維茨樂善好施的人，允許收取過路費，作為他們所付出的艱辛的一點點回報。這種穩定的收入，以及這條國際商道對諸如盧塞恩和蘇黎世（Zürich）等城市發展的促進，帶給這些小農民團體一種獨立的新感受。他們敢於公開蔑視哈布斯堡家族，毫無疑問與這種獨立感有很大的關係。非常奇怪的是，哈布斯堡家族原本也是瑞士農民的血統，儘管他們任何家譜從不提及這一點。他們的家譜就保存於他們老家哈比希茨博格的城堡中，

征服障礙

阿勒河就從它的邊上流入萊茵河。

我對我這種乏味的介紹表示歉意。但是，正是這種從繁忙的阿爾卑斯山商道上獲得的有形收入，而不是虛構的威廉·泰爾的勇敢，促成了現代的瑞士共和國的創立和發展。現代的瑞士共和國是一個極其有趣、牢牢地建立在世界上最有效的公共學校制度上的政治實驗體。政府機器平穩高效的運轉，以至於瑞士人被問到誰是他們的總統時不得不思考一會兒。他們的國家由聯邦委員會，一個類似於經理會的組織來管理，它由七個成員組成，每年任命一個新主席（一般由上一年的副主席擔任）。按照慣例，不是按照法律，每任主席應來自不同的語言區，如今年主席屬於德語區，明年就屬於法語區，後年是義大利語區。

瑞士主席與美國總統不同。瑞士主席只是聯邦委員會的臨時主席，聯邦委員會的決定是由七名獨立成員來實施的。主席除了主持召開聯邦國務會議之外，還兼任外交部長。這個職位如此不顯赫，以致連主席官邸都沒有。瑞士沒有「白宮」，如果有貴客需要款待，招待會就安排在外交部的辦公室裡，有的招待會很像小山村裡的普通酒會，根本不像法國總統或美國總統舉行的那種相當盛大的招待會。

行政方面的主要內容太複雜了，很難在此一一介紹。前往阿爾卑斯山裡的這個國家參觀的人，經常注意到，某個地方有一個機靈而誠實的人不斷地在觀察，事情是不是做好了，是不是做得既誠實又聰明。

以鐵路為例子。建造鐵路當然會遇到各式各樣的困難。聯結義大利和北歐的兩條鐵路，直接穿越瑞士阿爾卑斯山脈

的中心部分。塞尼斯山（Cenis）隧道聯結了巴黎經由迪戎（Dijon）和里昂（Lyons）到杜林（古代薩丁尼亞王國的首都）的鐵路。布倫納線是德國南部直接通向維也納（Vienna）的一條線路，雖然經過阿爾卑斯山，但沒有在隧道裡穿行。辛普朗線和哥達線不僅隧道多，而且陡坡也多。哥達線時間更久些。它始建於1872年，十年後才完工，其中八年是開挖隧道，隧道的長度達9.5英里，海拔高度四千英尺左右。更有意思的是，在瓦森（Wassen）和格舍切（Goeschenen）之間還修建了盤旋上升的隧道。由於峽谷太狹窄，連鋪設單軌的地方都沒有，鐵路不得不穿山而過。除了這些特殊的隧道外，還有五十九座隧道（有幾座的長度將過一英里），九座大型高架橋和四十八座普通橋樑。

第二條最重要的穿越阿爾卑斯山的通道，即辛普朗線，使我們能夠從巴黎經由迪戎、洛桑（Lausanne）、隆河（Rhône）流域和布拉格直接抵達米蘭。它是在1906年通行的，正好是拿破侖著名的辛普朗山口公路完工後一百年。這條公路有二百五十座大型橋樑，三百五十座小型橋樑，十座長距離隧道，其工程量之大，是世界建路史上從未有過的。辛普朗線要比哥達線容易建一些，它在隆河流域逐漸降低高度，在海拔兩千英尺的地方才出現隧道。隧道長12.5英里，鋪設雙軌。勒奇山隧道也是如此（九英里長），它把瑞士的北部地區同辛普朗線和義大利西部地區聯結了起來。

本寧阿爾卑斯山（Pennine Alps）是所有山梁中最窄小的一個，辛普朗線穿行其中。這座山很有特點。在這塊小小的四方形山地裡，至少有二十一座山峰的高度在1.2萬英尺

以上，一百四十座冰川為激流提供了水源。這些激流最容易
沖毀鐵路橋樑，而且毀橋事件常常發生在國際列車即將到來
前的幾分鐘裡，讓人猝不及防。橋樑一旦被激流沖毀，能立
即得到修復，這充分表現出瑞士鐵路員工的工作效率。但是
正如我在前面所說的，在這個有些僵硬的、相當官僚的共和
國裡，沒有什麼事情可以憑運氣。生活太艱難了，太危險
了，因此絕不能容忍「得過且過」這種可愛的哲學。無論在
什麼地方，出於何種原因，總有人在注視，在觀察，在留
心。

　　普遍都有一種像教師那樣嚴格守時和講究效率的傾向，
沒能產生出藝術成就，其原因是眾所周知的。在文學和藝術
方面如繪畫、雕塑、音樂，瑞士從來沒有創造出一件能跨出
他們狹小國度、流行世界的任何作品。然而，世界的確有許
多「藝術」國家，但只有少數的幾個能夠以此為傲，幾個世
紀來，政治和經濟一直連續不斷地發展和增長。制度適合每
一個普通的瑞士人及其妻子。我們還能問什麼呢？

德國 (Germany) 建國太晚的國家

　　為了介紹上的方便，我把歐洲不同的國家分為兩組：種族組和文化組。我已經討論了這些國家，它們在顯示羅馬殖民地的清晰印象的同時，又開始形成自身獨立的政治實體。

　　羅馬征服過巴爾幹（Balkan），至少有一個國家（羅馬尼亞）保留拉丁語（Latin）作為國語。但是，中世紀時蒙古人、斯拉夫人和土耳其人的大入侵，徹底消除了該地區羅馬文明的印記。將我們正在討論的巴爾幹君主國劃分在其中哪一地區內，絕對是錯誤的。因此，我現在不再談地中海的區域影響，而要介紹另一種形式的文明。

　　歐洲有一塊巨大的半圓形的平原（在介紹法國時我就告訴過你們），它從俄羅斯的東部山地，那裡是聶伯河（Dniper R.）、德維納河（Dvina R.）、窩瓦河（Neva R.）和伏爾加河（Volga R.）的發源地，一直延伸到庇里牛斯山脈（Pyrenees）。在日耳曼人部落開始奇怪地向西遷居後不久，這個半圓的南部就落入羅馬人的控制之中。東部好像仍由斯拉夫的游牧民族占領，他們的人數一直未見減少，被打死了多少，很快就會增加多少，因此他們就像澳大利亞的兔子，是戰無不勝的。當饑餓的條頓侵入者到達時，可以得到的僅是一塊較大的四方形土地，其東部是維斯圖拉（Vistula），西部是萊茵河三角洲，北部以波羅的海為界，南面以羅馬人

的堡壘為限。這些堡壘提醒新來的人，他們進入了「禁地」。

這塊四方塊地形的西部是山區。在萊茵河的西岸，首先是阿登山、佛日山，然後由東往西，依次是黑林山（Black Forest）、蒂羅爾山（Tyrolean）、埃茨山（現在叫波希米林山，Bohmer Wald）、里森格勃格山（Riesengebirge），最後是喀爾巴阡山脈（Carpathians），它幾乎伸展到黑海。

在這塊土地上的河流被迫向北流去。按順序由西向東，最主要河流是萊茵河。這是一條最有詩情畫意的河流，可以說沒有任何一條河流能與它相比，因為那裡曾有很多人為它而戰，有很多人為它落淚。萊茵河確實是一條非常溫順的小溪，亞馬遜河（Amazon R.）有萊茵河五倍長，密西西比河和密蘇里河的長度分別是它的六倍，甚至俄亥俄河也比它長五百英里。在我們國家裡，大家不把俄亥俄河當作一條重要的河流。其次是威悉河（Weser），現代化的不來梅（Bermen）市就坐落在離河口不遠的地方。接著是易北河（Elbe R.），它把漢堡造就成現在這個樣子。下面是奧得河（Oder R.），它使斯德丁（斯塞新）城（Stettin）崛起，成為柏林及其內陸工業產品的出口港。最後是維斯拉河（Vistula），但澤格但斯克（Danzig）就在邊上，但澤格但斯克現在是個自由區，由國際聯盟任命的專員管理。

數百萬年之前，這塊土地被冰川覆蓋著。冰川融化後，出現的是大片沙質荒地，靠近北海和波羅的海的地方退化成留不下蹤跡的沼澤。北部的沼澤逐步出現了沙丘。沙丘從佛蘭芒海岸（Flemish）一直排列到柯尼斯堡（Königsberg），

這是一個靠近俄羅斯邊境的普魯士老都市。隨著沙丘的擴大，沼澤地得到了保護，不再受到海浪的沖刷。這意味著植被開始出現，一旦土壤適合樹木生長，森林就出現了。這些森林轉變成泥炭地，給我們的祖先提供了取之不盡的優質燃料。

位於西部邊界的北海和波羅的海，它們被稱為「海」真是徒有虛名。它們確實是淺水池塘。北海的平均深度只有六十噚（一噚等於六英尺），最深為四百噚。波羅的海平均深度為三十六噚，大西洋的平均深度是2,170噚，太平洋是2,240噚。這些數字說明，最好把北海和波羅的海當作下沉的山峽。地球表面只要稍稍隆起，就可以再次把它們變為陸地。

現在讓我們看德國這塊陸地的地圖。我說的地圖，是現在的地圖，它也應該與人類隨著冰川的退卻把古老大地的這一部分作為永久居留地時的地圖多少有點相似。

這些早期的移民是原始人，他們靠打獵和農耕為生，但他們是具有的美感的原始人，由於他們的土地上缺乏可用作裝飾物的金屬，因此他們必須到其它地方去尋找黃金和白銀。

多數讀者可能會對我下面的論述感到驚訝，但是我還是要說，所有原始的商路都是需花費大批人力物力的通道。居住在世界不同地方的不同種族之間，所有早期所發生的競爭，都是奢侈的競爭。羅馬人從商人那裡瞭解歐洲北部的地理輪廓。這些商人深入至神秘的波羅的海，以尋找琥珀——一種石化的樹脂，因為羅馬婦女用它來裝飾頭髮。當時的婦

德國

女渴望獲得堅硬的石灰石塊——有時可以在牡蠣的身內找到
這種東西，婦女把它用作裝飾品，以吸引別人注意她們耳朵
的弧線以及纖細的手指，因為有此需求更激發了許多人到太
平洋和印度洋中去尋求這些貴重的裝飾物。

　　為了獲取龍涎香——抹香鯨內臟中的一種物質，其結果
就是向鯨發動狂暴的進攻——大量的船湧向巴西、馬達加斯
加（Madagascar）和摩鹿加群島（Moluccas）的海岸，船的
數量之多超過了捕撈鯡魚、沙丁魚或其它有用食物的船。龍
涎香可以用來製做各種香水，香水有一種清新的花香，具有
異國情調，而鯨肉本身僅僅是食物而已，沒有多少吸引力。

　　時尚的變遷，曾經使得十七世紀的婦女在長外衣裡面身
著緊身內衣並不讓人覺察出來（十二道菜的正餐對體形沒有
什麼好處）。這種變遷直接影響了我們對北極的瞭解。當巴
黎剛決定要用白鷺羽毛來裝飾帽子的時候，獵人就去追趕白
鷺，把它們頭上的羽毛拔下來（無視他們的行為是要滅絕大
自然中最可愛、最漂亮的一種鳥）。他們深入到我們南部的
環礁湖中，其深入的程度遠遠超過了他們僅為尋找日常的麵
包和黃油所到達的地方。

　　我還可以繼續寫出數十頁的例子來。什麼東西稀有，什
麼東西就昂貴，並永遠是某些人崇拜的對象，這些人喜歡用
這種鋪張方式展示其財富並給無法獲得者們留下深刻的印
象。從有歷史記載開始，即因為追求奢侈，而不是用真正需
要，但這種貪念，卻成為探險與進步的主因。如果仔細研究
史前的德國地圖，我們仍然可以找到古老的通路。

　　以三千年前的情況為例。南部的山區，如哈茨山、埃爾

茨山和里森格勃格山，離大海有幾百英里遠。向北伸展直抵北海和波羅的海的平原，早就由沼澤地變成了陸地，並被密密的森林覆蓋。隨著冰川退卻到斯堪地那維亞和芬蘭一帶，此時前來開墾的人宣稱，這裡全部荒地都是屬於他的。在南部山區裡，居住在山谷裡的部落發現，把樹砍倒並把它們賣給羅馬人，可以得到報酬。羅馬人占據著從萊茵河到多瑙河一帶的戰略要地。在其它地方，早期的條頓遊牧民族和農民幾乎沒有人見過羅馬人。有一支羅馬遠征隊想進入中部地區，在一個黑暗積滿水的山峽裡遭到伏擊，人員全部被處死。後來，沒有人敢再進行類似的遠征。但這並不代表德國北部與世界其它地方真的完全失去聯繫。

史前偉大的商道是個西向東，也就是從伊比利半島（Iberian）到俄羅斯平原的商道，沿著庇里牛斯山脈向巴黎推進，途中經過普瓦捷山口（Poitiers）和圖爾山口（Tours），這兩個山口我在法國這一章裡已介紹過。它繞過阿登山，然後沿歐洲中部高地邊緣前進，直抵北部現由蘇聯控制的低地。在向東伸展的過程中，這條通道當然要經過許多河流。凡是要過河的地方，它是選擇從水較淺的地方通過。羅馬城是在台伯河的淺水處建立起來的，而德國北部的一些早期城市卻是由史前時期和由史前初期的移民村落發展而成的。這些村落的原址就在我們今天擁擠的車站和百貨商場的所在地。漢諾威（Hanover）、柏林（Berlin）、馬格德堡（Magdeburg）、布雷斯勞（Breslau）都是這樣發展起來的。萊比錫（Leipziig）原是斯拉夫大地中部的一個小村子，從薩克森（Saxon）山區開採出來的礦產品，如銀、鉛、銅、

鐵都在這裡匯集。然後再順河而下，賣給那些對往來於歐洲東西向的大通道的商人。

這條通道一旦抵達萊茵河，水運就與陸上靠畜力來拖拉的長途車隊展開了激烈競爭。水上運輸總是要比陸上運輸便宜與便捷，早在凱撒發現萊茵河之前，河上已經有一些小筏子，把貨物從斯特拉斯堡〔Strassburg，萊茵河在這裡把內陸的弗克蘭（Franconia）、巴伐利亞（Bavaria）和符騰堡（Württemberg）連在一起〕運送到科隆，再送到低地國家的沼澤地帶，也有可能送到英國。

柏林與耶路撒冷相距遙遠，但這兩個城市都遵循了相同的地理規律，即城市必須建在重要商道的交會處。耶路撒冷坐落在從巴比倫王國到腓尼基、從大馬士革到埃及的通道交叉點上，早在猶太人得知有它之前，就已是一個重要的貿易中心。柏林位於從西流向東、從西北流向東南〔從巴黎到彼得格勒（Petrograd），從漢堡到君斯坦丁堡（Constantinople）〕的河流的交會處，必然要成為第二個耶路撒冷。

在整個中世紀期間，德國是由許多半獨立的國家組成的，直到三百年前，沒有任何跡象顯示，這個歐洲大平原的西部地區有一天會發展成為世界上最主要的國家。奇怪的是，現代德國是十字軍運動失敗的直接產物。當它即將誕生時，西亞（伊斯蘭教已經證實要比基督教強大）已沒有什麼地方可以占領了，歐洲被剝奪了繼承權的階層開始尋找其它的農業財富來源地。他們自然立即想到位於奧得河和維斯拉河對面的斯拉夫大地，那裡居住著野蠻且信仰異教的普魯士人。古老的十字軍東征這種形式一股腦兒地從巴勒斯坦移到

了東普魯士，商業中心從加利利（Galilea）的阿卡（Acre）轉移到位於但澤以南三十英里的馬林堡。二百年來，這些騎士與斯拉夫人戰鬥，把來自西部的貴族和農民安置在斯拉夫人的農場裡。西元1410年在坦納貝格（Tannenberg）的戰鬥中，他們慘敗在波蘭人的手下。也是在這個地方，興登堡於1914年消滅了俄羅斯的軍隊。儘管遭受了打擊，十字軍不管怎樣還是倖存了下來。當基督教改革運動興起的時候，十字軍仍然是一個相當重要的實體。

那時，十字軍運動正巧是由霍亨索倫（Hohenzollerns）家族的一個成員領導。這個宗教領導人不僅參加新教的活動，而且，在馬丁・路德的勸說下，宣布自已是世襲的普魯士公爵，但澤灣邊上的柯尼斯堡是他的首都。十七世紀初，這塊公爵領地被勤勞聰明的霍亨索倫部落的其它人獲得。霍亨索倫部落從十五世紀中期開始管理勃蘭登堡的這塊沙荒地。在這之後的一百年（準確地說是1701年），這些勃蘭登堡的自命不凡的人認為自己已經非常強大了，渴望獲得一個比純粹的「選帝候」要還高的地位，因此開始煽動活動，以使自己被承認為國王。

神聖羅馬帝國的皇帝們表示樂意。一般說來，狗不會吃狗。哈布斯堡家族高興地給予他們的好朋友霍亨索倫家庭一點小小的幫助。難道他們不是同一個俱樂部的成員嗎？1871年，普魯士第七任霍亨索倫國王成為聯合的日耳曼的第一任皇帝，而五十七年後，普魯士的第九任國王和近代日耳曼的第三任皇帝被迫離開皇位和他的國家。

現在霍亨索倫家族的後代們在荷蘭伐樹。我們也許該對

他們客氣一點，承認這些從前的蒂羅爾山民是具有非凡能力的人，至少是非常聰明的人，能把具特殊才能的僕人們留在他們身邊。要記住，他們故鄉的大地沒有任何自然財富。普魯士的大地上，只有農山、森林、沙地和沼澤。它生產不出一件可供出口的產品。對任何一個國家來說，出口是獲得貿易順差的唯一的手段。

當一個德國人發明了用甜菜榨糖的方法之後，情況有稍許的好轉。但是，蔗糖要比甜菜糖便宜得多，而且可以從西印度洋群島用船大量運回，因此，普魯士人和勃蘭登堡人口袋裡的錢少得可憐。當拿破崙皇帝在特拉法爾加（Trafalgar）一役中損失了海軍之後，決定採用「倒封鎖」的辦法來摧毀英國時，對普魯士甜菜糖的需求突然增多，並且穩定增長。與此同時，德國的化學家發現了鉀鹽的價值，由於普魯士鉀鹽的儲量很大，它終於開始向外國市場提供一點貨物。

霍亨索倫（Hohenzollerns）家族總是非常幸運。拿破崙被打敗後，普魯士得到了萊茵河地區。在工業革命之前，萊茵河沒有特別的價值。工業革命刺激了擁有煤和鐵礦資源的國家。普魯士意外地發現，它擁有一些屬於世界上儲量最豐富的煤礦和鐵礦。這座歷時五百年的殘酷無情的貧窮學校終於有了成果。貧窮已經教會德國人要細心和節儉，現在則告訴他們怎樣比其它國家生產得多，怎樣比其它國家賣得便宜。當陸地上已沒有多餘的地方來容納迅速增多的條頓小國時，他們就走向了大海，不到半個世紀，就成為運輸業收入最多的國家之一。

當北海是文明的中心時（在發現美洲和大西洋成為主要

的商路之前，北海一直處於這種地位），漢堡和不來梅的地位十分重要。現在這兩個城市沒有過去那麼重要了，嚴重影響了實現全面超過倫敦及其它英國港口的計畫。從波羅的海到北海之間開挖了一條大型的船用運河，即基爾運河（Kiel Canal）。它於1895年開始啟用。還有一些運河把萊茵河、威悉河、奧得河、維斯拉河、美因河、多瑙河（只完成一部分）聯結在一起，使北海和黑海之間有了一條直接的水上通道，柏林借助一條從首都通向斯德丁的運河，有了通向波羅的海的通道。

人類的智慧只要去做，是能夠確保大多數人可以獲得享受比較體面生活所需的工資。在第一次世界大戰前，普通的德國農民和工人，雖然算不上富裕，但習慣於嚴格的紀律，因此與其它任何地方相同階層的人群相比，顯然要住得更好，吃得更好，生活的保障也更好一些。

這一切在第一次世界大戰爆發時破壞了，這是一個非常令人傷心的故事，但不屬於本章的內容。德國由於被打敗，失去了阿爾薩斯（Alsace）和洛林這兩個富裕的工業區，失去了所有的殖民地，失去了商船隊，也失去了石勒蘇益格—荷爾斯泰因州（Schieswig-Holstein）的部分土地，這塊土地是它在1846年戰爭中從丹麥人手中奪來了。過去屬於波蘭的數千平方英里的土地（那裡已完全日耳曼化了）再次脫離了普魯士，歸還給了波蘭。沿維斯拉河兩岸，從托倫（Thorn）到格地尼亞（Gdynia）的一條寬闊的長條形地帶，被置於波蘭的宗主權之下，使得波蘭可以有直接的出海口。西里西亞（Silesia）的一部分仍留在德國。西里西亞是由腓特烈大帝

（Friederich Barbarossa）在十八世紀時從奧地利（Austria）奪來的。但是寶貴的礦產資源給了波蘭，而紡織業仍由德國控制。

　　至於其它，德國在過去的五十年裡獲得的所有東西都被剝奪了，它在亞洲和非洲的殖民地也被其它國家瓜分了。這些國家擁有的殖民地早已超出了它們所應得的，本國已沒有多餘的人能向外移居了。

奧地利（Austria）沒有人會感謝的國家，除非它不存在了

　　現在的奧地利共和國有人口六百萬，其中二百萬住在首都維也納（Vienna），造成國家頭重腳輕。多瑙河（Danube，是條混濁灰色的河流，根本不是華爾茲舞曲讓你想像的那樣是藍色的）上奇異的古城正在慢慢地蛻變成一座死城，失望的老年男女徘徊在廢墟中回憶以往的榮耀；年青人出走國外，在愉快的環境中開始新生活，或者自殺，因為無法忍受國內的生活。再過一百年，維也納這座快樂城（是極少數幾個城市中的一個，在那裡，人們只要常常保持一種童稚和漫不經心，看上去就像真正的幸福），一座古老與重要的科學、醫藥、藝術中心，將有可能變成第二個威尼斯。從作為帝國的首都起就有五百萬人口，維也納已經變成了一個純粹依靠旅遊業的村鎮，作為一個可以租船的港口，這是它僅存的一點重要性，船從這裡可以把波希米亞（Bohemia）和巴伐利亞（Bavaria）的產品運送到羅馬尼亞或黑海。

　　現在，這個古老的多瑙河君主國（奧地利就是靠這個名字才正式為人知道，這個名字揭示了這個國家想做的以及什麼都能做的本質）的地理是非常複雜的，因為它被分解得支離破碎，幾乎難以辨認了。但是，過去的奧匈帝國是一個絕好的例子，它告訴我們自然條件對強大中央極權國家形成的影響。讓我們暫時忘掉邊界線，看看這個地區的地圖。這個

地區幾乎位於歐洲大陸的正中心，與腳趾義大利的距離和鼻子丹麥半島的距離都差不多。它確實是一塊巨大的圓形平地和丘陵，四周被高大的山脈包圍。西部是瑞士的阿爾卑斯山和蒂羅爾山，北部是波希米亞的埃爾茨山和里森格勃格山以及喀爾巴阡山脈。這幾座山形成了一個半圓形，保護匈牙利的空曠草原免遭來自斯拉夫平原的侵入。多瑙河把喀爾巴阡山脈分成兩部分，南半部從巴爾幹山脈到第拿里阿爾卑斯山脈，即所謂的特蘭西瓦尼亞山脈（Transylvanian），是保護平原阻擋亞得里亞海冷風侵入的屏障。

　　建立這個國家的人民有著很不完美的地圖，他們的地理學理論知識也微不足道。我們的拓荒者在征服西部的過程中，只是沿著相當明顯的道路前進，根本沒有意識到要研究把他們帶向目的地道路的情況。與我們的先人一樣，中世紀的征服者在占據廣闊的土地時，依據的僅是「立即見效」的做法，而沒有讓理論方面的問題來打擾自己。這類事情自己能解決，大自然提供了一些不可迴避的「結果」，每當人類自作聰明的時候，就會悄悄地服從它的指令。

　　在公元後的第一個一千年中，匈牙利大平原是個名副其實的無人區，各個部落沿著多瑙河由黑海向西進入這個地區。那裡也沒有固定的政府形式。在與來自東部的斯拉夫人進行長期戰爭中，查理曼大帝設立了一塊小「標誌」牌，用我們的說法就是界碑，作為東部的標誌，它促成了一個公國的誕生。這個公國最終控制了這個地區的全部範圍。雖然，它有時也受到匈牙利人和土耳其人（維也納最後一次被土耳其人包圍發生於哈佛大學建立很久以後）的侵擾，這塊小小

的標誌得到了強有力的保護和有效的管理，給予保護和管理的，最先是巴本貝格家族，其後是哈布斯堡家族，我在前幾頁提到過的瑞士朋友，總是獲得勝利。後來，這個邊境小國的統治者竟然把他們自己選為神聖羅馬帝國的皇帝。它既不是羅馬，也不神聖，更不是帝國，只是一個由所有講德語的種族組成的鬆散聯邦。他們這個稱號一直用到1806年，此時，拿破崙把這個稱號扔進了垃圾堆裡，因為他打算把皇冠戴在自己光禿的頭上。

甚至在此之後，那些不是過於英明而是過於固執的哈布斯堡家族竟想染指——最重要的舉動——德意志人的事務，最終在1866年，普魯士把他們趕回到自己的山裡去了，並命令他們留在屬於他們的那塊地方。

今天，這塊古老的東部標誌，已經降為七等國家，因內部的勾心鬥角而四分五裂，沒有爭取更好前途的希望。它多半是由山地組成，是瑞士阿爾卑斯山的延續，包括著名的蒂羅爾山的殘存部分。蒂羅爾山根據凡爾賽和約被交還給義大利，原因就是它們曾經在某個時候是古代羅馬帝國的一部分。山區有兩個比較重要的城市，一個是因斯布魯克（Innsbruck），古代通往義大利的道路跨過布倫納山口後在這裡越過萊茵河，這裡的每一樣東西都能讓人回想起中世紀。另一個是薩爾茨堡（Salzburg），這裡是莫扎特的誕生地，也是歐洲最美麗的城市之一，今日以向世界展示一些音樂和戲劇表演來保持活力。

既不是這些大山，也不是北部的波希米亞高原，產生了任何有價值的東西。所謂的維也納盆地也可以這麼說。羅馬

人在那裡建立了一個叫維也納的軍營。這是一個小型的移民村落，一些名聲不太好的人居住在這裡。著名的哲學家皇帝馬庫斯・奧里利斯於一百八十年在一次戰爭後死在這裡，他一生中與北部的日耳曼平原的蠻族進行了許多次戰爭。這個村落直到十世紀後期才發展起來，那裡，中世紀的移民大潮，也叫十字軍，使它成為一個出發點，所有想通過多瑙河到達「希望之鄉」的人都從這裡出發。這些人不想把自己托付給熱那亞（Genova）和威尼斯慣於敲詐勒索的船主。

1726年，維也納成為哈布斯堡家族的駐地，也是他們龐大領地的中心，其領地最終包括了在前面提及的位於山脈之間的所有地方。1485年，匈牙利人占領了該城。1683年土耳其人再次圍困了它。維也納從所有的災難中倖存了下來，但是在十八世紀初，卻被分解了，這是由一項錯誤的政策造成的，它把公國中每一處重要的地方委託純正的日耳曼裔貴族管理。權力太多對人民來說是災難，仁慈的奧利地騎士也不例外，他們不再是仁慈的，而變得虛弱怯懦。

在這古老的奧匈帝國裡，47%的人是斯拉夫血統，只有25%是日耳曼人，其餘的是匈牙利人（19%），羅馬尼亞人（7%）和大約六十萬義大利人（1.5%），十萬吉普賽人。吉普賽人主要集中在靠近匈牙利的地方，那裡他們多少像個體面的公民。

日耳曼「主人」顯然從不吸取教訓，而歐洲其它地方的人正在慢慢地把這些教訓銘記在心裡。君主國和貴族只有承擔起領導的責任來才能夠生存下去。當他們談論「服務」而不是談論「領導」之時，就是他們滅亡之日。在拿破崙挑起

的戰爭中，奧地利軍隊屢戰屢敗後，維也納的人民義憤填膺，痛恨他們高貴的公爵男爵領導人，以實際行動把他們趕出了維也納，回到他們自己的領地，過著與世隔絕的單調生活。

從那時起，地理給予該市一臂之力，隨著貴族的離去，商人和製造商終於多了起來。從古代的防禦工事（數量極大，把出售這些設施的收入用於城市的各種發展）中解脫出來，維也納迅速發展成歐洲東部最重要的商業、科學和藝術中心。

第一次世界大戰突然毀滅了它的富裕與榮耀。這個國家現在叫奧地利熊，這與幾年前還是以它為首的那個帝國之間，實際上沒有什麼相似之處。它前途渺茫，徒有國家的虛名。法國拒絕讓它併入德國，徹底毀掉了它的前途。

它也許應該被拍賣，可是誰會買呢？

丹麥（Denmark）　小國在某些方面勝過大國的實例

　　丹麥是一個小國（只有大約三百五十萬人口，其中七十五萬住在首都），按照現代國家的概念。如果談到人的時候，數量要比質量更重要的話，我們可以不涉及它。但是，作為一個聰明才智與現實的美好生活（希臘人把「凡事應適可而止」作為智慧的最高形式）相結合，化腐朽為神奇的榜樣，丹麥以及其它斯堪地那維亞國家，值得進行完整而公正的介紹。

　　丹麥的面積為1.6萬平方英里，完全缺乏自然資源，沒有陸軍，沒有海軍，沒有礦藏，沒有高山（全國沒有一個地方高度超過六百英尺，還不及紐約帝國大廈的一半高），卻相當於數十個面積更大、抱負更大、具有軍國主義野心的國家。丹麥人民完全以自己的努力，把文盲率降至零，使自己的國家成為歐洲人民平均收入第二富裕的國家，那樣已實際上消除了富有和貧困，而達到一種平均適度富裕的平衡機制，這種機制是任何地方都無可比擬的。

　　只要看一下地圖就可以瞭解到，丹麥是由一個半島和一些不相連的島嶼組成的。島嶼都被寬闊的海峽割開，火車只能依靠渡輪才能跨越海峽。氣候極其不好，整個冬季，強勁的東風容易橫掃全國平坦的大地。陣陣冷雨，迫使丹麥人大部分時間只能待在室內。在這方面荷蘭與丹麥有許多相似之

處。丹麥人非常喜歡看書,這與這種氣候起有很大關係。因此,他們是見多識博的人群,每個人擁有的書籍量要高於其它國家的人。

但是,雨和風使牧場保持濕潤,牧草茂盛,牛群肥壯,結果,丹麥一國就向世界供應了30%的黃油。本質上民主(在社會和經濟方面不是在政治方面)的丹麥人,從不鼓勵擁向大量地產方面發展,而在其它國家都面臨這樣的問題。

丹麥現有十五萬座獨立的農場。農場一般擁有土地十至一百英畝不等,只有二萬座農場土地超過一百英畝。供出口的奶品完全按照最先進最科學的方法生產加工,這些方法都是在當地農業學校裡傳授的。農業學校只是全國中學義務教育體制的延續。黃油生產過程中產生的副產品酪乳用於餵豬,豬肉加工成鹹肉供應英國市場。

出口黃油和鹹肉要比種植糧食更有利可圖,丹麥人寧願進口糧食。他們這樣做既方便又便宜,因為從哥本哈根到但澤,船只要航行兩天,而但澤是波蘭和立陶宛這兩個大糧倉的傳統出口港。進口的部分糧食用於家禽飼養業,每年要向英倫各島輸送數百萬個雞蛋。不知道是什麼神秘的東西在作怪,英國從未種植出比甘藍球芽更為美味可口的東西。

為了保持畜牧產品近似的壟斷地位,丹麥對出口的所有東西都採取了最苛刻的國家控制,因此,為自己樹立起了絕對美好的聲譽,他們的商標被看作是絕對純正的保證。

同其他有條頓血統的民族一樣,丹麥人是不可救藥的賭徒。在過去的幾年裡,他們在銀行和股票買賣上的投機,已經花去了他們相當大的一筆錢。銀行倒閉後,孩子還在,牛

丹麥與挪威、瑞典相比

和豬還在，現在他們又開始工作了。他們必須擔憂的唯一問題是，他們的鄰居破產的現象迅速增多，只能吃一些諸如鹹肉和雞蛋的簡單飯菜，對普通人來說，也是可望不可及的奢侈了。

　　大陸上沒有什麼重要的城市。在日德蘭（Jutland，半島的舊名，來自英國的早期移民就是從這裡過來的）西海岸有一個叫埃斯比約（Esbjerg）的城市，這是一個主要的港口，大多數畜牧產品從這裡出口。在東海岸有奧胡斯（Aarhus），它是這一地區歷史最悠久的基督教中心之一，在發現美洲大陸四個世紀前，那裡的人民一直信仰英勇的異教上帝（北歐神話中的最高之神）。

　　小貝爾特海峽（Little Belt，我相信現在已有建橋的計畫）把日德蘭半島同波羅的海中的最大島嶼菲英島的中部（牛群、豬群、兒童）有奧登色市（Odense，紀念奧丁神的地方）。安徒生就誕生在這裡。他是一個貧病交加的製鞋匠的兒子，但他是人類最偉大的慈善家之一。

　　我們穿達大貝爾特海峽，到達西蘭島（Zealand）——古代丹麥帝國的中心。在寬闊的海灣邊，首都的菜園子阿邁厄小島（Amager）阻擋了波羅的海洶湧的波濤，美麗的哥本哈根（Copenhagen）就坐落在海灣邊上，它是中世紀的「商人港」。

　　在第九、第十世紀時，丹麥人統治了包括英格蘭、挪威和瑞典的一部分在內的帝國，那時哥本哈根僅是一個小漁村，往裡約十五英里的羅斯基勒（Roskilde）是皇家官邸，遠處的領地就是由這裡管理的。今天，羅斯基勒沒有多少重

要性了，而哥本哈根面積不斷擴大，重要性不斷增強，現在，帶給全國五分之一的人口於歡樂。

哥本哈根是皇家的所在地。當國王出去游泳，或垂釣，或買盒香菸，一些身著非常合體的軍裝的警衛人員才拿著武器。其它時候你看不到任何展示軍事實力的現象。丹麥在過去的歲月裡經歷了艱苦卓絕的戰鬥。最近的一次戰爭發生在1864年，在此次戰爭中它堅持了相當長時間，反抗普魯士的侵略。它自願解散陸軍和海軍，由一支小型警察部隊代替，以確保其在往後，當歐洲爆發大規模衝突時，得以繼續生存下去。

關於丹麥，已介紹得差不多了。這個國家在平靜地走自己的路。皇家成員默默寡聞，以免在報紙曝光。很少的人有三件大衣，但沒有人外出時沒有大衣穿。擁有汽車的比例比較低，但每一個男人、婦女和孩子至少有兩輛自行車。你在午餐前的時間裡，穿過某個丹麥城市的馬路時，就可以感覺到這一點。

在一個崇尚「大」這個概念的世界裡，丹麥可以說無所作為。在一個崇尚「偉大」這個概念的世界裡，丹麥可以占據相當的地位。如果大多數人民的幸福，是政府應該追求的最高目標，丹麥所做的一切足以證明，它能夠作為一個獨立的國家繼續存在下去。

冰島（Iceland） 北冰洋上一個有趣的政治實驗室

　　從古代王國獲得榮耀的時候起，丹麥（Denmark）就得到了一些土地，包括第六大島格陵蘭（Greenland）。格陵蘭似乎有寶貴的礦產資源（鐵、鋅和石墨），但被冰川密密實實的覆蓋著（全島只有大約1／30的地方沒有冰），這對任何人來說，可能沒有任何價值，除非地球的軸稍許偏一點點，讓格陵蘭再一次享受熱帶氣候。根據發現的幾個大型煤田，我們能夠推斷，幾百萬年以前，那裡必定是熱帶氣候。

　　丹麥其它的殖民地有法羅島（Faroe），它位於昔得蘭群島（Shetlands）以北二百英里，有人口二萬左右，首都是托爾斯港（Thorshaven）。哈得遜就是從這裡躍過太平洋，走向曼哈頓（Manhattan）的。還有冰島，它是個十分有趣的國家。它不但具有多火山特點，也使它成為名副其實的寶庫，保留了各種稀奇古怪的現象，我們常常把這種現象與從火神伏爾甘的爐子裡冒出來的神秘火焰聯繫起來；冰島的政治發展是這個世界上最古老的共和國，實行自治要比我們早大約八個世紀，直到今天，只經歷短暫的中斷。

　　這個島的第一批移民是從挪威（Norway）逃亡過來的，他們是在九世紀時設法到達這個遙遠的孤島的。

　　在冰島的四萬平方英里的面積中，有五千平方英里的土地被冰川和雪地覆蓋，只有1／14的地方真正適合農業。這

冰島

裡的生活條件要比母國優越得多，因此九世紀初時，已經有
四千多個住宅基地，居住著自由獨立的農民。這些人繼續保
留著實際上是早期日耳曼部落的習慣，立即成立了一個鬆散
的自治機構。這個機構的組成份子中，由一個「召集人」收
集不同地區的事情，和一些「會議人」，他們於每年的仲夏
在一個叫辛格韋德利（Thingvellir）的巨大火山平地上開
會。這塊火山平地與現在的首都雷克雅維克（Reykjavik）
相距約七英里，而雷克雅維克只有數百年的歷史。

　　在他們獨立生存的最初二百年裡，冰島人發展得非常強
大，撰寫了許多從未被記錄下來的傳奇故事，它發現了格陵
蘭島和美洲（比哥倫布早五個世紀），把這個北部島嶼改造
成比母國還要重要的文明中心。在冬季的時候，那裡的白天
僅有四個小時。

對所有日耳曼民族的詛咒——極其突出的個人主義，使得政治和經濟的合作幾乎是不可能的跟隨著日耳曼人前往西部。在十三世紀，冰島被挪威占領。當挪威成為丹麥的一部分時，冰島也跟著歸屬了丹麥。丹麥人對冰島沒有任何興趣，因此冰島任憑法國海盜，甚至是阿爾及利亞海盜的為所欲為，直到原有的財產蕩然無存，但文學和建築成果沒有受到破壞。

　　從上個世紀的中期開始，古代的繁榮又有所重現，要求獨立的呼聲又重新響起。現在，冰島又一次像十一個世紀前那樣自己管理自己，雖然對外仍承認丹麥國王是它的君主。島上最大的城市雷克雅維克仍然不足一萬人，但是有一所大學。全國人口不超過十萬，但他們有屬於自己非常出色的文學作品。沒有村莊，僅有分散的農場，農場裡的孩子由巡迴教師授課，受到了很好的教育。

　　這是世界上最有趣的小國。與其它小國一樣，它顯示了智慧與不利的外部環境進行拚鬥時所能做的一切。冰島根本不是天堂。冬天不是很冷，原因是墨西哥灣流的一股支流光顧這裡。夏季太短了，不能種糧食，也不能種水果，但是，它永遠下雨。

　　島上有二十九座火山，最出名的是海克拉（Hekla）。這些火山在我們開始有歷史記載的時期裡，共發生了二十八次噴發，使島上堆積了大量的熔岩，一些熔岩堆有一千多平方英里那麼大。地震有時摧毀數百個農場，使地表形成了無數的縫隙和裂口，裂縫往往穿過堅硬的熔岩層，長達數英里。含有硫化物的泉水和滾燙的泥湖，使島上從一地到另一地的

路程變為窒礙難行。冰島聞名於世的間歇泉，或者叫熱水噴井，十分有趣，卻不危險。大蓋瑟（Big Geyser）是最出名的一個間歇泉，有時能噴出高達一百英尺的滾燙水。但是這些間歇泉的活動正逐步減少。

　　人們不僅以冰島為家，而且還要在那裡繼續生活下去。在過去的六十年裡，有二萬多人移居到美洲，主要集中在馬尼托巴（Manitoba）。但是許多人又返回故里。下雨了，真不方便，但是，這是家。

斯堪地那維亞半島（Scandinavian）

　　中世紀的人們，就斯堪地那維亞是如何形成它現在這種特有的地貌，有一個美麗的傳說：上帝在完成創造世界以後，魔王撒旦對此並不放心，回來察看在離開的這七天裡，上帝究竟幹了些什麼，當他看到他們這個星球上首次出現了生機盎然、朝氣蓬勃的景象時，不由得怒從心起，大發雷霆，他隨手把一塊大石頭扔向這個人類新的居住地，這塊頑石落在北冰洋旁，於是就出現了現在的斯堪地那維亞半島。這裡是如此荒涼，以致寸草不生，完全不適應人類的生存。然而，上帝在完成創造其它大陸以後，並沒有遺忘這個不毛之地，他在從挪威到瑞典的廣大崇山峻嶺之中，撒下一點沃土，進行一些點綴。在這塊貧瘠的土地上，人類是不可能賴以生存的，於是這兩個國家大部分地區經常有洞穴巨人、土地神和狼人們出沒的神話。

　　現代人也有他們自己的美麗的傳說，當然這個傳說是透過他們自己的眼睛，經過仔細觀察分析後將傳說建立在科學基礎上的。根據地質學家們的理論，斯堪地那維亞半島是一個非常古老而且非常龐大的大陸殘跡，這個大陸存在於遠在煤炭形成以前的時期，它從歐洲跨過北冰洋一直延伸到美洲。

　　我們已經知道，地球上現在分布在各處的陸地，其形成

高山的土壤

的年代並不太遠，各個大陸都還在不停移動，就像池塘裡飄浮的樹葉。現在被海洋分隔開的各大陸，遠古時期曾是連接在一起的大整塊。當挪威和瑞典曾屬於其一部分的那個古老而又龐大的大陸消失在海洋之中時，只有最東邊隆起的那部分——斯堪地那維亞山脈，仍然露出水面，於是也形成了冰島（Iceland）、法羅群島（Faroes）、昔得蘭群島、蘇格蘭島（Scotland），其餘部分就沉睡在北冰洋海底。或許某一天，地球上的事要顛倒過來，那時候北冰洋成了乾燥的大地。瑞典和挪威反而成為鯨魚和其它小魚們遊戲的場所。

挪威人並沒有因為他們的家園受到某一天要沉入海底的威脅而夜不能寐，他們在為另一事擔憂，那就是如何繼續生存。當他們瞭解到，挪威的可耕地還不到其總面積的4%這一事實時（僅有四千英畝），絕對沒有一個人能笑得出聲來。瑞典的情況略為好點，可耕地占到總面積的10％，即使如此，也並不能使他們高枕無憂。

當然，上帝也給了他們一些補償，瑞典一半國土上覆蓋

著森林，挪威有近1／4的面積上長著松樹和冷杉。這些森林正被慢慢地砍伐著，當然，發展林業絕不能讓土地荒蕪，因為挪威人、瑞典人都知道，他們國土沒有更好的農業可供他們從事，砍伐林木是採用最科學的方法進行的。這兒不便從事更好的農業，這一過失是冰河時期造成的。當時整個半島，從北角（North Cape）一直到林登斯納（Lindesnaes）全部被冰雪覆蓋，冰雪把山上的土壤都刮走了，就像一只獵狗舔過的盤子那樣乾淨徹底，不僅侵蝕了山上經過長期風化才積存起來的一點土壤（經過數百年才能得到足以把這樣大片的土地覆蓋起來的土壤），而且把它們帶走並沉積在歐洲北端的大平原上，對這一點我在介紹德國的那一章已詳細說到。

誰要是對四千年前歐洲所發生的那次巨大的野蠻入侵進行探索的話，必須瞭解這種情況。歐洲人跨過波羅的海，發現斯堪地那維亞僅僅居住著少數幾個芬蘭的遊牧部族，沒費多少勁就很快把他們驅逐到北部的拉普蘭（Lopland）地區。然而，芬蘭人是被趕走了，但新來者如何生存呢！

有幾種方法。第一，他們可外出捕魚。冰河時期融化的雪水，從高山流向大洋時，把岩石沖出許多深不可測的溝槽，形成無數峽灣，如果把挪威的海岸線繪成一條直線，就像荷蘭和丹麥的海岸線那樣，這無數的海灣所形成的海岸線足比那條直線要長出六倍。挪威人至今仍對捕魚樂此不疲，墨西哥暖流對此幫了大忙。挪威所有的漁港，包括北部的哈默弗斯特港（Hammerfest），仍然整年對漁船開放。靠近水冷、乾淨的北冰洋水域邊緣的洛佛坦群島，島上的凹角和裂

挪威

縫中，似乎是供鱈魚快速繁殖的場所，僅這兒就為十多萬漁民提供工作機會，當拖網漁船回到海岸時，幾乎還有同樣多的人為加工魚罐頭而工作。

第二，如果他們不想捕魚，就去當海盜。挪威沿海分布的一系列群島和孤立海島，其面積總和占了挪威總面積的7％，它們被無數的峽溝、沙丘、海灣隔離開來，汽船從斯塔萬格（Stavanger）到瓦爾多（Vardo），船上必須準備兩名領航員，他們六小時一班輪流工作才行。

在中世紀時期，挪威一帶水域還沒有航標、浮標和燈塔（林登斯納斯是挪威海岸最早的燈塔，但也是近代的事），外來者很難進入這個危險海岸十二海里以內。雖然從馬爾斯托姆（Maelstrom）到洛佛坦群島之間那個著名的傳說是被有

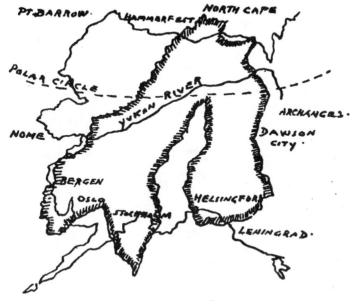

墨西哥暖流的影響

意地誇大了，然而，就是有經驗的船長，如果沒有十幾個當地人指路，他也是絕對不敢冒險進入這段迷宮般的水域。於是那些海盜利用他們熟悉的海灣作為他們行動的基地，只要是在他們家鄉看得見的範圍之內，他們就充分利用自然優勢，肆無忌憚地進行搶掠。他們不斷改良他們的船隻，精進他們搶掠的技能，甚至把冒險搶掠的範圍擴大到英格蘭、愛爾蘭一帶海域。

他們一旦發現出入附近這些地方的路非常方便，就逐漸延長他們的航程，直到法國、西班牙、義大利甚至君士坦丁堡的人都感到不舒服，這些地方的商人不管什麼時候從什麼

底下的東西

地方返回，都報告說在附近的海域看到有北歐海盜的龍骨船
在出沒。

在九世紀初，他們至少對巴黎搶掠了三次。他們順萊茵
河而上伸入到內地科隆，甚至美因茲。至於英格蘭，不同的
挪威部族為了爭奪這個國家的領地，正打得不可開交，就如
現在歐洲國家為了爭奪一塊特別誘人的產油地一樣，不惜互
相開戰一樣。

大約在這個時期，冰島被發現了。這是挪威人首次發現
斯拉夫民族國家，他們成為這兒的統治者長達七百年之久。

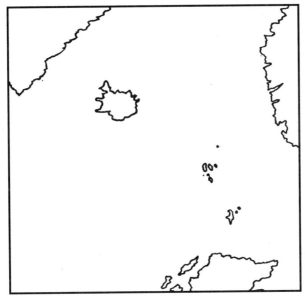

地圖上的北冰洋什麼也沒有

後來，一個由二百艘船組成的掠奪探險隊（只要有必要，小船可以抬著走陸路）從波羅的海直到黑海，這在君士坦丁堡引起極大的驚愕，使得東羅馬帝國的皇帝急急忙忙僱用這些野蠻人，作為他的特殊衛士。

從西部進入地中海，他們在西西里島以及西班牙、義大利和非洲沿岸建立統治，在世界其它地區進行的戰爭中，不停地向羅馬教皇繳納進貢最有價值的東西。

這個古老的斯堪地那維亞國家所有的光榮最終都成了什麼呢？

今天，這一切都仍然使人們對這個小小的王國產生崇高

的敬意，這個國家為了發展對外貿易，還在捕撈並出口大量的魚。他們為了人們究竟講哪種語言而進行痛苦的政治爭吵，若不是挪威當局在爭吵中違反常規，每二到三年就對他們最重要的城市和火車站更改名字的話，這類爭吵絕對不會引起世界注意。

阿拉斯加的面積是五十九萬平方英里，而人口只有六萬；挪威、瑞典和芬蘭的面積只有四十三萬平方英里，可是人口卻多達一千二百萬。

說到挪威的那些城市，它們多數是由原來的村莊擴大而成。特隆赫姆（Trondheim）是古挪威王國的首都（以前叫尼達羅斯，後來稱特隆杰姆），這是個天然良港，一旦波羅的海封凍，瑞典木材大部分就是通過這個港口運往世界各地的。

現在的首都奧斯陸（Oslo），建立在一個已經被焚毀掉了的非常古老的挪威居住地的廢墟附近，它建於丹麥克里斯琴四世時期，因此被稱克里斯蒂萊，直到挪威人決定清除所有丹麥人在語言上留給他們的痕跡時才改成現名。奧斯陸坐落在通向斯卡格拉海峽（Skagerrak）的奧斯陸峽灣上部，那兒是挪威農業最發達地區，斯卡格拉海峽實際是大西洋的一個岔灣，他把挪威與丹麥分隔開來。

像斯塔萬格（Stavanger）、阿爾桑德（Aalesund）和克里斯蒂安桑（Chrishansand）這些城市，其名稱僅僅是有汽船在九點鐘鳴笛時才出現的。卑爾根（Bergen），這個漢莎（Hansa）最老的居住地，一度是承擔整個挪威沿岸商業需要的城市，現在有鐵路與首都奧斯陸相連。特隆赫姆也有鐵路

支線通向瑞典的拉普蘭運送鐵礦石。在特羅姆塞（Tromsö）和亨墨菲斯（Hammerfest）兩個城市，人們隨時隨地都能嗅到魚腥味。這些城市出現在這裡，因為人們很難發現，有人能在緯度七十度的地方仍能生活得如此舒服。

這是一塊令人感到奇怪的土地，一塊讓人捉摸不透的土地。這塊土地曾迫使她無數的兒女背井離鄉，下海外出，希望他們能盡最大努力改變自己的現狀。然而，不知是怎麼搞的，他們之中有許多人都努力保持對故土的愛和忠誠。如果你有機會，乘小船沿岸向北駛去，所到之處，所見所聞幾乎都是一模一樣，堅硬的土壤上長著幾棵小草，還不夠一隻羊吃，偶爾看得見被上帝遺失的小村莊，五、六間小房子沒有任何生氣，海邊散落著幾隻搖搖欲覆的小船，有艘汽船每周來此處一次，每當居民們再次看到它出現時，總要激動得熱淚盈眶，因為這是故土，因為這是他們的家，更因為這是他們血肉中的一部分。

國際兄弟會的人是個令人神往的夢。

博德（Bodö）或瓦爾（Vardö）等地，是非常奇怪的地方，乘汽船走十來天都不見任何人影。

當巨大的北冰洋高原消失在波濤滾滾的大西洋底的時候，瑞典依然留在斯堪地那維亞山脈的另一邊，這是一個與挪威截然不同的國家。人們不時發出這樣的疑問：「為什麼這兩個國家不合併成一個國家呢？」如果合併成一個國家，在行政支出上可能可以省下一大筆錢。從地圖上看，這種考慮是功勳卓著的舉措，但從地理背景上來看，這是完全不可能的。挪威因受墨西哥灣流的影響，氣候溫暖，雨水充沛，

並且很少下雪（卑爾根因多雨少晴，以至於馬見到行人沒帶雨傘或雨衣就會大驚小怪）；瑞典是大陸性氣候，冬夜茫茫，多雪寒冷。挪威多深灣，有的甚至延伸至腹地；瑞典海岸低平，除哥特堡港口（Gothenburg）有點名氣外，幾乎沒有其它像樣的天然良港。挪威沒有自己的自然資源；而瑞典卻擁有世界上最有價值的東西，如鯨魚家族裡的最名貴的逆戟鯨。令人遺憾的是，由於沒有煤礦，瑞典不得不從德國和法國大量進口，但在過去的二十年裡，努力建設許多重要的水力發電廠，使瑞典減少了對煤炭的依賴，與此同時，這個王國的大部分地區都被森林覆蓋，木材儲藏非常豐富，這也是瑞典的造紙廠聞名於世的原因。

與挪威和丹麥一樣，瑞典人特別相信人的聰明才智的潛力（有人可能會說，除了英國以外，所有的條頓族國家都是這樣）。瑞典的科學家充分發揮了他們的創造力，他們的化學家在發展木材工業時，從準備扔掉的廢木料中，發現並生產了大量的副產品，如電影膠片和人造絲。由於高山正好把斯堪地那維亞半島分成兩半，但瑞典的農業遠比挪威要發達得多。瑞典的冬天不僅長，而且天氣極冷，或許這是當地居民為什麼對鮮花那麼獨有鍾情的原因。每個瑞典的家庭都用鮮花和綠色灌木妝點家裡，以便保持色彩。

瑞典在許多其它方面也與挪威完全不同，挪威古代的封建制度隨著該國出現黑死病而消亡，這種中世紀流行的可怕的瘟疫使得挪威人的野心和向外搶掠活動突然停止了下來。而與此同時，瑞典一直允許占有大量土地的大莊園主的存在，有些貴族占有的土地甚至保留至今。雖然瑞典現在由社

會黨所統治（就像歐洲其它多數國家一樣），斯德哥爾摩（Stockholm）仍然是充滿貴族氣味的城市，這兒既嚴格保持了朝廷那種彬彬有禮的行事方式，又實行最高程度的民主，這與奧斯陸和哥本哈根的生活方式形成鮮明對比。

或許這些演變也是與瑞典稀奇古怪的地形地貌有著直接的關係。因為挪威面臨大西洋，瑞典實際上看上去是一個內陸海接臨，它發達的經濟與悠久的歷史是與波羅的海緊密相關的。

只要斯堪地那維亞仍然是個不太適合人類居住的荒涼之地，不管是西岸的挪威人或東岸的瑞典人，他們的選擇餘地就非常少。對外界來說，他們都是斯堪地那維亞人，正如那句有名的古祈禱文所說：「上帝，把我們從這眾多的斯堪地那維亞人手中解救出來吧！」然而，祈禱文就沒有特別說明究竟是那種斯堪地那維亞人應該被解救出來。

自從十世紀後，情況出現轉機，北部斯維蘭（Svealand）的瑞典人與南方的哥特蘭人（Goths）之間展開了一場巨大、野蠻的內戰。斯維蘭的首都就坐落在梅納倫（Mālar）湖畔，也就是現在首都斯德哥爾摩附近。這兩個部族有非常親近的關係，他們在靠得很近的同樣的神殿裡祭祀上帝，他們的聖城就是現在烏普薩拉城（Upsala）崛起的地方，這兒是北歐最古老最重要的大學城。這次持續了二百多年的戰爭，大大地加強了貴族的地位，同時削弱了王權。也就在這個時期，基督教打開了進入斯堪地那維亞半島的大門，牧師和修道院等宗教勢力都站在貴族一方（在多數國家他們是與王權結合在一起）。終於，瑞典的王權失落了，以致在長達

一百五十年裡他們不得不承認是丹麥的附屬國。

歐洲幾乎沒有感受到瑞典的存在，直到1520年西方世界為一次最恐怖和最不可原諒的謀殺事件感到震驚時，才想起有瑞典這個國家。這次謀殺是歷史的污點。這一年，統治瑞典的丹麥國王克里斯蒂琴二世邀請所有瑞典貴族的領袖參加一個盛大的宴會，丹麥國王希望在這次宴會上與他所統治的瑞典臣民們一勞永逸地解決他們之間的各種爭端。宴會結束時，剛才還是座上賓的瑞典貴族突然又都成了階下囚，他們不是被砍頭就是被扔進河裡淹死，而只有最重要的一個人倖免於難，他就是古斯塔夫斯（Gustavus），一個叫埃里克·瓦薩的兒子，數年前，埃里克·瓦薩被這位克里斯琴國王斬首了，古斯塔夫斯於是逃到德國。當他聽到大屠殺的消息後，潛回家鄉，組織那些足智多謀的僕人們進行反抗，終於迫使丹麥人退回到他們自己的領地，於是黃袍加身，成了瑞典的國王。

這是瑞典在國內外進行各種特殊冒險活動的開始，這些活動不僅使這個既小又窮的國家成了歐洲新教徒事業的忠實衛士，而且使瑞典成了抵禦不斷增長的斯拉夫國家侵略的堅強堡壘。因為俄國在湮沒了數世紀後，終於走上戰爭擴張的道路，為了尋找出海口，時至今日，這些活動仍未停止。

瑞典顯然是受到了這種威脅的主要國家，在其後的整整二百年裡，它把所有精力都集中在如何拒俄國於波羅的海的國門之外，然而，最終的結果是，瑞典喪失了大片國土，戰爭耗盡了它的國庫，它對俄羅斯的抵抗也僅僅是使俄國地毯式的前進方式延緩了幾十年而已。當硝煙散盡時，芬蘭、列

寧格勒、愛沙尼亞、利文蘭和波美拉尼亞等地的強國，被削弱成一個二流國家，面積只有17,300平方英里（比亞利桑那州大，比德克薩斯州大），人口比紐約市還略少一些（瑞典是6,141,671人，而紐約市的人口是6,930,446人）。

瑞典的國土上仍然覆蓋著大片森林，其木材能滿足歐洲大陸市場一半以上的需求。人們在冬天把樹木砍倒，任其四處堆放，來年春天，在雪地里把它們拖到最近的河邊，再投進峽谷。當夏天烈日高照時，山上積雪融化，形成的激流把圓木沖到下游的河灣。

瑞典有些河流至今仍起著此種鐵路運輸的作用，而且還為鋸木廠提供某種動力，鋸木廠利用這種動力把圓木加工成各式各樣的木材，從火柴棒到四英寸厚的木板。在波羅的海解凍後，輪船可以直達西海岸任何港口。這兒的木材，迄今成本還很低，除去伐木、鋸木工人的工資外，其次就是輪船運費了，而運輸又沒有時效，方式也是最廉價的。

運木材的船往返都能裝貨，返回時不順便帶點什麼回來，是不會輕易放空船的。當然，回程不可能滿載而歸，瑞典進口東西多數是按計畫進行的。

在運輸鐵礦時也採用這種方法進行。瑞典的鐵礦質量是如此之好，以至於許多國家即使自己已有豐富蘊藏，也大量從瑞典進口。瑞典的國土沒有一處寬過二百五十英里，抵達海邊真是易如反掌。瑞典北部的基魯納（Kiruna）和耶利法勒（Gällivara）附近的拉普蘭（Lapland），蘊藏著大量的鐵礦石，那些貌不驚人的山丘，像是誰把大量鐵礦石專門疊在那兒似的，它們究竟是如何形成的，似乎是大自然的一個

謎。夏天，這裡的礦石被運到波士尼亞灣的魯勒（Luleå，波羅的海北部一港口），冬天，這兒封凍後，就運到挪威的那維克港（Narvik），由於受墨西哥灣暖流的影響，那兒終年不凍。

離這些鐵礦不遠處是瑞典最高峰 —— 克布內凱塞（Kebnekaise，約七千英尺高），那兒建有歐洲最重要的發電站，儘管電站坐落在北極圈內，但電的能量似乎並不受地球緯度的影響，它源源不斷地為鐵路和露天機械設備提供非常廉價的動力。

由於冰河時期從北部刮走的土壤，有部分落在瑞典南部，這兒也因此成了斯堪地那維亞半島最富有、人口最密集的地區。該地湖泊星羅棋布，事實上瑞典也和下章裡將要講到的芬蘭一樣，是世界上湖泊最多的國家之一，湖面積多達一萬四千平方英里，眾多的運河使湖泊相連，水上網絡又為全國提供了最為方便廉價的運輸，這不僅給諾爾徹平工業中心（Norrköping）帶來極大好處，也使港口城市哥特堡、馬爾摩（Malmo）受益匪淺。

世界上有的國家完全受大自然的支配，直到成了大自然的奴隸，也有一些國家對大自然破壞得過分嚴重，以至於與這個偉大賴以生存的母體失去協調，這種情況多數是在開頭和結束的時候。最終，人和大自然都學會了如何安然共處，相互理解妥協，互惠互利，如果你想找個這方面成功的例子，年輕人，請到北方去看看，就去看看斯堪地那維亞半島北部的這三個國家吧！

荷蘭（Netherlands） 北海邊上的沼澤國成了一個帝國

「荷蘭」（Netherlands）這個名稱，僅在非常正式的場合下使用，其真正含義是泛指那些比海平面還低二至十六英尺的低地區。如果出現一次史無前例的大洪水，阿姆斯特丹（Armsterdam）和鹿特丹（Rotterdam）等所有重要的城市都將從地面上消失。

但是，正因為這個國家所處的自然條件如此惡劣，卻成了這個國家自強不息的原因之一。在北海沿岸的這些沼澤，如果沒有足夠的力量是支撐不起這個國家的。前人在這裡創建了這個國家，那實屬沒辦法的事，也是人類的智慧和大自然殘酷的反覆較量的結果，荷蘭人對此洋洋得意。在這塊土地上，培養了艱苦奮鬥的精神，也迫使他們居安思危。我們有幸生活在這種世界裡，因這些環境並非一無是處。

當羅馬帝國光顧歐洲這個地處偏僻、人煙稀少的角落時（羅馬人大約在在公元前50年左右入侵該地的）。由於北海的作用，從比利時到丹麥的所有路上，處處是沼澤以及一排排狹長暗褐色的沙丘，每隔一段距離就出現的無數的河流、小溪把沼澤分隔成塊，最重要的河流有萊茵河（Rhine）、馬士河（Meuse）和須爾德河（Scheldt），每當春季之時，這三條大河就為所欲為，肆行無忌。它不走原道，也不受任何堤溝的阻撓，大水過後，一切面目全非，原本是一片河川的地

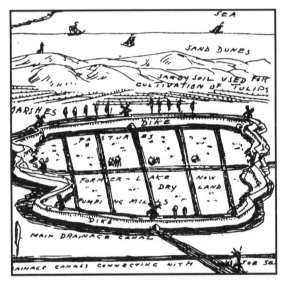

荷蘭築堤

方，突兀的冒出一個沙島來。凶猛的河水甚至可以把像曼哈
頓一樣龐大堅固的地區沖得蕩然無存。我不是誇大其詞，十
三世紀時就有過這樣的記載，七十個村莊及十多萬人一個夜
晚就消失得無影無蹤。與那些居住在土質堅固地區的佛蘭德
鄰居相比，這些荷蘭人生活是非常悲慘的。然而，不知是波
羅的海（Baltic）的水溫有了變化，還是水裡的鹽份比例發
生了改變，這種悲慘狀況不知不覺地神秘地改變了。

　　完全意想不到的那一天，現在所知的是鯡魚突然從波羅
的海游到了北海。歷史上曾有那麼一個時期，全體歐洲人被
迫在星期五都要吃魚。在人類的發展進程中，當時魚的作用
遠比現在重要，成了主要食品，這也就意味著在波羅的海沿
岸有許多城鎮從此衰敗下來，而與此同時，在荷蘭沿岸就出

現了同樣多的新城鎮，他們從這兒向歐洲南部地區提供乾魚，慢慢地，我們今天食用的魚罐頭代替了乾魚。鯡魚交換後，隨後是穀物交易，緊接著穀物貿易後的是日益增長的商業活動與來自印度群島的香料貿易，這種發展沒有什麼特別之處，每個商業國家都是通過這種正常途徑發展起來的。

然而，命運之神把所有現實的因素都拋到九霄雲外，低地國家突然合併成哈普斯堡帝國並公告天下說，他們是由強壯的農民和漁民組成的國家，相互間沒有任何等級，只有鐵一樣的拳頭並講究實際，國家是由一批脾氣乖張的人所管理，他們在西班牙式城堡的荒山野嶺中，離群寡居，餐風露宿，但完全以王權至上的模式進行訓練。這些人從荒山中走出來後，知道如何去製造麻煩，那就是自由在鬥爭中充分表現所學的技能，經過近八十年的艱苦奮鬥，最後以低地國家人民的徹底勝利而告終。

新成立國家統治者們尊重人的權利，誠心誠意地認為人人都有愛和被愛的原則，特別是在利益分配問題上更是如此。他們對那些在其它國家因信仰、宗教問題受到迫害的人，都殷勤款待並提供保護。多數難民（他們中只有少數地位低微的不同政見者來自英國，在這兒停留時間也不長）成了這個國家的忠實臣民，他們有機會開始新的幸福生活，而在他們的故國，統治者剝奪了他們所有的流動資產，沒收了所有的存款。但是，只要他們走到哪裡，便把他們的老傳統和新技術帶到哪裡，把豐富的商業知識和科學技術完全貢獻給了他們新入籍的國家。當獨立戰爭結束後，原來在湖底和沙島上建起小城鎮的近百萬人，勇敢地承擔起領導歐洲和亞

洲的重任，在約三百年裡，引導歷史的新潮流。

隨後他們發行貨幣，大量購置房地產，收購外國名畫（這些畫比他們國內那些行家的作品不知要好出多少），過著養尊處優的日子。他們竭力不讓鄰居們知道這大把的錢來自何方，然而他們的錢袋很快告罄。因為在這個世界上，沒有不坐吃山空的，特別是人的知識，如果不更新，不再努力維持已經取得的成就，以前曾得到的最終也將丟得一乾二淨，而且，他們丟失的不僅僅是知識才智，其財路也斷了。在十九世紀初，他們走向衰敗。拿破崙非常清楚，要贏得戰爭，需要盡可能的找些地理學家。他聲稱，既然低地國家是由流經法國的萊茵河、馬士河、須爾德河三條河流的三角洲形成的，從地理上說它就應屬於法蘭西帝國。他在一張大紙上潦草地寫了一個大Ｎ字，於是這個存在整整三個世紀的世界強國被消滅了。荷蘭從地圖上消失，成了法國的一個省。

直到1815年，荷蘭再次獲得獨立，並恢復了以前的權利。它擁有比自己國土大六十二倍的殖民地，從而使得阿姆斯特丹和鹿特丹這些城鎮成功地保持了印度產品在歐洲的集散中心。荷蘭從來就不是一個工業國，也沒有什麼像樣的資源，只在南部有一點點質量不高的煤炭，它向自己殖民地提供的原料還不足這些地區總進口量的6％，在爪哇、蘇門答臘、摩鹿加、婆羅洲、西里伯島等種植園發展茶葉、咖啡、橡膠、奎寧，需要大量資金，這一責任也就理所當然的落在阿姆斯特丹股票交易所裡，對荷蘭人和這個國家來說，這是他們籌措資金最容易的地方。與此同時，進出於歐洲的多數日用品都經過這裡，使得荷蘭的運輸船總噸位名列世界第五

梯形運輸運河

位。

　　荷蘭國內從事運輸的船隻噸位遠比其它國家要多，因為
境內的水路四通八達，其實1／4以上的國土根本說不上是什
麼陸地，僅僅是在利用一塊海底而已，他們在以前魚和海豹
遊玩的地方，投入大量勞力，用人工的方法把水抽乾，過後
瞪大眼睛，提防什麼地方出現意外。從1450年起，他們不停
抽乾沼澤裡的水，把湖建成「堤圍沼池」，這種辦法已經為
荷蘭增加了數千平方英里的土地。如果方法得當，把湖建成
「堤圍沼地」也並非難事。首先，在選中的湖四周築起一道
大堤，在堤的外圍再挖一條深而寬的運河與最近的河流相
通，以便日後用個完全封閉的系統向河裡排泄日用廢水，完

成這些工作以後，在大堤高處建幾個風車，為抽水機提供動力，以風車或一台小小的汽油發電機就可以維持運作。當湖水抽乾以後，就可以在新的「堤圍沼地」裡縱橫交錯地挖掘許多小溝，滲出來的水通過水溝送到由風車作動力的抽水站，就能保持整個「沼地」的乾燥了。

有的「堤圍沼地」非常大，能供兩萬多人居住。如果把艾琴爾湖抽乾（這工程可能花費不少，現在每個國家都處在破產的邊緣）至少可以為十萬人提供生存空間，當一個國家1／4以上的地方處在「堤圍沼地」中，你就可以完全瞭解荷蘭政府的河流、運河、堤岸部為何每年總比政府其它部門開支要大得多了。

不可思議的是，這個國家的低窪處都人滿為患，而東部地區處於歐洲中原中部、土地肥沃而且海拔較高的地區卻很少有人利用。這個平原處於萊茵河、馬士河、須爾德河形成的巨大冰磧和卵石，這是由於歐洲北部冰河時期造成的後果，致使荷蘭的國土正逐年下沉。在這個總面積超過1／4以上是「實際上完全不能從事生產的」國家，每平方英里的人口平均多達六百二十五人（法國是一百九十一人，俄國只有十七人）。讓一個沙土國家背上這麼沉重的重物，真有點讓人不可思議。

雅典只有紐約市區1／8大；而在荷蘭，任何一輛老爺汽車不出幾小時就能從這邊開到那邊。然而，與阿提卡（Attica）緊連的由萊茵河、北海和艾琴爾湖之間形成的狹長地帶的阿森斯（Athens）地區培養出來的藝術家和科學家遠比其它任何相同比例的人多得多。雅典城建在石頭上，荷蘭

建於泡在水裡的沼澤地,當它們一舉成名時,有兩個共同點——從國際商業的觀點看,它們都有得天獨厚的地理位置,這兩個地方的人都血氣方剛、精力充沛,在後來的日子裡他們或是進行戰爭,或是被消滅,他們的輝煌就這樣產生了。

英國（United Kingdom） 荷蘭對面的海島，讓世界四分之

一的人充滿幸福的國家

　　直到數年前，此章的題目還是「英國與愛爾蘭」。因為
人們強硬的改變了大自然的創造，把地質上一個整體二分為
兩個政治實體。使得我們不得不正視現實，不得不承認它
們，並在不同章節分別描述這兩個國家。

　　地圖上沒有標明恐龍的分布，只有化石能證明它們曾無
處不在；火山爆發時岩漿覆蓋住地表層，冷卻後它們的痕跡
留在火成岩；山崩地裂時的壓力把它們的身軀印在花崗岩
上；物質慢慢地沉積在大湖海底而形成的沉積岩，由石灰石
及黏土形成的含板岩、大理石等；變質岩上，都有它們的遺
骨。在地球深處沉積岩上的恐龍化石由於化學稀有元素的作
用，變成更有價值的物質。它們大量而零亂地堆在一起，就
如一間堆滿家具的屋子，被旋風吹得亂七八糟一樣，它們的
存在為我們提供了一個豐富有趣的地質博物館。這說明一個
事實：此地質現象為英格蘭培養出世界級的地質學家。

　　從另一方面來說，正因為英格蘭有許多著名地質學家，
我們對英國地質結構的瞭解就遠遠比其它國家來的多。

　　地質學存在哪裡？地質學家坐在哪裡？他們對於地球的
起源各自說了些什麼呢？

　　現在請你把已經存在您頭腦裡的歐洲地圖拋到九霄雲
外，自己描繪一張圖：設想一個新的世界剛從水面冒出來，

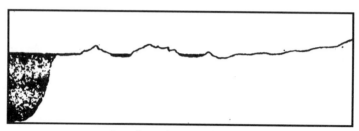

大西洋、冰島、英格蘭和歐洲

大地仍在搖晃，在紐約市區爆裂出一個噴發口，街道被撕裂開來，由於泥漿和石塊和冰雪的擠壓，另一個龐大蒼茫的陸地正從海底露出水面。與此同時，大自然實驗室的固有力量繼續耐心地雕塑著大地，從大洋深處，由東向西，連綿不斷地吹來的狂風，攜帶著數十億噸水蒸氣，反覆地澆淋著，到處霧氣騰騰，慢慢地，長出的青草和各種蕨類植物猶如一條寬大的毯子，把地表覆蓋得密密實實，日久天長，它們長成蒼天大樹的灌木。日日夜夜，年復一年，時而暴雨滂沱，時而強光猛烈。狂風不停地抽刮，大地被持續磨碾，它像各種利器，一會兒是銼，一會兒刮，它終於變枯萎，被磨得粉碎。突然，從最高山峰的懸崖處，在隆隆聲中慢慢裂出一面冷酷的死亡之牆，嘩啦一聲，深重地倒向寬闊峽谷的斜面上，懸崖的碎石和冰塊填平了山峽和狹窄的深谷。

　　陽光照射—大雨滂沱—冰雪融裂—風化腐蝕—日移星走，當人類終於出現時，這就是他所面對的世界。兇猛的洪水沖出一條大峽谷，把一塊長條狹窄地與大陸隔開來，從這裡通過北冰洋可直達比斯開灣（Biscay），另一個正在隆起

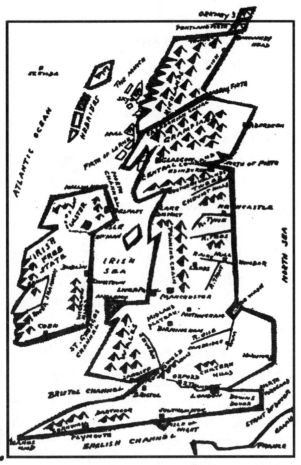

英格蘭、蘇格蘭、愛爾蘭

的大陸也被一個變化無常的波濤滾滾的大洋所隔離，大洋深
處，有幾個緩慢升起只能供海鷗棲息而非人類居住的石頭小
島。

那就是英格蘭島初期形成的過程，非常混沌。現在讓我
們再回過頭來仔細看看現代的地圖，瞧瞧能發現什麼。

從昔得蘭群島（Shetland）到地角（Land's End）之間
的距離與從哈得遜灣（Hudson）到南阿拉斯加和美國北部
邊界的距離相差無幾，如果站在歐洲來看對此可能更容易理
解，這個距離就相當從挪威到波希米亞的布拉格。英國共有
四千五百萬人口，是世界上人口最密集的國家之一，其地理
緯度與堪察加半島（Kamchatka）相似（阿拉斯加對面），
即在北緯五十度至六十度之間，堪察加島只有七千居民，完
全靠吃魚才勉強不被餓死。

英國的東部瀕臨北海，那是個古老的盆地，後來漸漸被
水灌滿，這裡什麼也沒有。當你再瞥一下地圖，就不是三言
兩語能說清楚的。英國的正東方是法國，之間可以看到一條
深溝，那是英吉利海岸（British Channel）和北海，在英格
蘭平原的中部最深谷處是倫敦城，然後是威爾斯的高山，再
過去的是另一低窪，即愛爾蘭海，還有愛爾蘭中心平原，愛
爾蘭丘陵。再往西，海面上露出幾個光滑圓溜的石島，最終
端是聖基爾達島（Kilda，是無人居住的小島，一年前要想
登上此島還很困難）。此時地勢突然下降，一直下降、一直
下降，這裡已確確實實是大洋了，水面直到歐洲、亞洲，最
終導致兩大洲一半或全部浸泡在水中。

說到英國四周的海、海灣和海峽，我最好講得詳細些，

並盡力不把地名搞混，以免你在看完這一章就忘了上章裡說到的名字。當我們站在這塊古老的土地上，這個奇怪的小島曾對我們這個星球的每一個人至少造成長達四個世紀的影響。而且這並不僅僅是個機遇或種族優越的問題。無容置疑，英國人是充分抓住一切機會，當他們經營這個可愛的海島並在隨後管理東半球大多數土地時，大自然也賜給他們得天獨厚的條件。如果你想弄清其究竟，可用英國與貧窮的澳大利亞來做比較。澳大利亞四周是浩瀚無垠的大海，可以天馬行空，獨往獨來，但沒有伙伴，也無法從他人處得到新的資訊。英國所處的地理位置，就如蜘蛛網裡的蜘蛛，之所以這樣說，是因為從這兒到地球上任何地方其距離幾乎相等，與蜘蛛網之說不同的是，它四周的海域所構成的護城河又確保它不易受外敵的入侵。

當然，只要地中海仍然是人類文明的中心，這個蜘蛛網似的特殊地理位置就沒有什麼特殊的意義。直到十五世紀末，許多人印象中，英國只不過還是一個遙遠的海島，就像冰島現在在人們心中的印象差不多。「你去過冰島嗎？」「還沒有，我有個叔叔曾去過那裡，是個好地方——很有趣的海島——可惜太遙遠了點——乘船要5天才能到達。」

公元1000年前，英國的實際情況——十天總有三、四天要在海上飄泊——別忘了，那裡的羅馬式大帆船從利恩（Leith）到雷克雅維克不比現在乘坐七百噸的汽船去那裡好受。

然而，他們對外部文明的瞭解漸漸多了，當時他們幾乎還生活在原始時代，住在圓形草房，僅在地上挖個坑，四周

是低矮的泥巴牆。他們被羅馬人征服了。被管教得服服貼貼。羅馬人斷定他們就像北部高盧地區的凱爾特人一樣，同屬於非常原始又相當老實的種族，因為他們對應享有的「權利」從不討價還價。最明顯的是，這些新的入侵者是從比他們更野蠻的入侵者手中奪得土地，這些未開化的人對外面所知之甚少，在世界東西部最偏僻地區都能看到。

據估算，羅馬人占領英國的時間大約四百年，幾乎與白人占領美洲並統治美洲的時間一樣長。突然間，羅馬人崩敗了。在長達五百年的時間裡，羅馬人都成功地把饑餓的條頓人排拒於歐洲領地之外，可是，一場突如其來的洪水，席捲歐洲西南部，把他們的禦敵工事徹底摧毀，羅馬人急忙召回駐外軍隊，那時羅馬帝王還沒有承認自己被打敗，但數年後只得流亡國外，只有少數的幾個軍團留下保衛被野蠻人侵略的英國平原東部，這些蠻人居住在蘇格蘭的崇山峻嶺中，另外還有些城堡護衛著威爾斯的邊陲地區。

但是，有一天，定期供應船沒有跨海到來，這說明高盧人被敵人打敗了。從那時起，在英國的羅馬人與他們的祖國的關係被切斷了，以後再沒回復。不久，從沿海傳來消息，在亨伯河和泰晤士入海口可看到外國船隻，在達勒姆（Durham）、約克（York）、諾福克（Norfolk）和薩福羅克（Suffolk）、埃塞克斯（Essex）附近的村莊遭到攻擊和搶劫，羅馬人想都未曾想過要在其東部沿海設防，因為沒有必要。但是，現在出現一種神秘的壓力（是饑民還是遊民或是邊遠的敵人，我們不得而知），條頓人長驅直入，他們越過多瑙河，跨過阿爾卑斯山，從丹麥和荷爾斯泰到英國沿海的

工廠征服了農田

所有路上，到處可見海盜團體。

羅馬的執政官、衛戍部隊、婦女和兒童都住在漂亮舒適的小別墅裡。我們現在仍能看見它們的遺址，但別墅的原貌已經神秘消失。正如美國維吉尼亞和緬因州沿岸最早的白人定居者的住房悄無聲息地從地球表面消失一樣。他們消失得無影無蹤，有些是被他們的僕人謀殺，至少有一群沒有乘上最後一趟船回家的「殖民地居民」受到襲擊。他們的女人與當地的善心人士結婚——這對一個驕傲的種族征服者來說，其結局是很可悲的。

於是有一騷亂來自蘇格蘭和喀里多尼亞（Caledonia）的「斧頭幫」，專殺那些在羅馬人統治時，在國內充當警察，變成軟骨頭的凱爾特。然而，在這樣悲痛的氣氛裡他們

大不列顛：一個有燈塔的國家

犯了大錯誤——尋找替他們打仗的人，並聲稱：「讓我們從什麼地方找些強壯的人，僱用他們來替我們戰鬥。」這些強悍的人來自艾德（Eider）和易北河（Elbe）之間的平原和沼澤地裡，他們屬於一個叫撒克遜的部族，對其祖先我們一無所知。因為德國北部到處是撒克遜人。

為何他們要冠以盎格魯以便與別人區別，這可能是個永遠無法解開的謎。盎格魯—撒克遜這個詞首次出現是他們進入英國舞台數百年後。盎格魯—撒克遜這個詞現在成了一個口號，有號召啟人鬥志的意思；盎格魯—撒克遜血統，盎格魯—撒克遜傳統。下個故事還更加生動，它能讓人高興地認為盎格魯比其它的民族優越（但在歷史必記載中，盎格魯係為古代以色列王國失散部落的支族——他們經常在歷史記載中提及，但無法考證），撒克遜這個族，他們與移居歐洲北

部的遊牧民族相同，有人可能在三十年前的一艘遠洋船上見
過。他們是強壯的，他們做工、打架、遊戲和搶殺時都精力
充沛，在五百年的歲月中，他們沒沒無聞從事農業活動。在
那段期間，他們迫使可憐的凱爾特族學習他們的語言，凱爾
特人很快就將學來的幾個拉丁字母忘記得一乾二淨，然後在
條頓人形成另一移民浪潮中，輪到他們被趕出家園。

　　1066年，英格蘭成了諾曼的一個屬國，這是英倫群島短
時間內第三次易主。然而，這是小人得志。很快就證明在英
國這塊殖民地比他們自己的祖國——法國更容易獲得利潤，
於是諾曼人脫離了歐洲大陸，在英國紮根。

　　他們完全放棄並丟掉了在法國的財產，對英國來說是
「塞翁失馬，焉知非福」，他們終止了與大陸的聯繫，開始意
識到大西洋的存在。雖然如此，如果不是亨利八世與一個名
叫安妮・博林的女人戀愛失敗，英國還無意與海打上交道。
對亨利八世說，在通往安妮的心路上必須經過一座漂亮的教
堂。那就意味著他必須與他的妻子——布拉蒂・瑪利的母親
離婚，這也使得英國人與羅馬人，就統治整個基督教徒的教
皇管理權上發生衝突，英國人必須學會統治及保衛自己，否
則作為一個獨立國將不復存在，最多只能落到西班牙一個省
的地位。讓人感到不可思議的是，這次離婚之爭是迫使英國
學會如何成為一個航海國家的真正原因。雖然是間接力量促
成他們這樣做，但他們從此掌握了新的貿易方法，而得天獨
厚的地理位置又讓它們完成了其它工作。

　　這是很自然的，因為羅馬人征服這裡之前，封建的地主
竭力維護傳統的農作習慣，避免轉向外界從事商業。封建主

義與資本主義之間從來就是不共戴天的敵人。中世紀的騎士們看不起做買賣的人，認為他們的地位還不如一個自由人，有點類似非法釀酒者，可以利用他，但絕對不能讓他登上大雅之堂。因此，貿易行業就被來自波羅的海和北海沿岸地區的德國人所把持。著名人士伊斯特利斯是首先教英國人，一個硬幣具有絕對價值的概念，那就是「伊斯特利斯鎊」，即今天的英鎊。至於猶太人則徹底被驅趕出英倫半島，且被拒於國門之外，以至於莎士比亞在描寫猶太人時也僅僅根據傳說。英倫沿海的小鎮有時也有少數人外出捕魚謀生，但幾個世紀中整個國家主要是以農業為主。此處自然條件非常適合於農業，尤其是畜牧業，因為土地上的石頭太多，不宜多種農作物，長的草又特別適合給牛羊作飼料。

此處每年2／3的時間裡刮西風（其餘時間風也不少），大西洋暖流使英國成天陰雨連綿。假如有人在某一個冬天的部分時間，因雨而被迫在倫敦度過，他會對此終生不忘。就如我提到北歐國家時說的那樣，今天的農業已不再像數百年、甚至一千年前那樣完全依靠老天爺的情景。雖然現在我們不能呼風喚雨，但除了那些不能防止又不能補救的不可抗拒的自然災難外，其它許多災難都能克服。另外，地質結構也給東部的農戶帶來極大的恩惠，英倫群島的橫斷面像個湯盆，西高東低，正如前文提到的，這正好證明英國以前曾是一個極古老大陸的一部分，其東部古老的群山被水和風侵蝕。而西部形成時間不長，山還在上升，這種增長在未來一千至一千五百萬年內不會停止。這新形成的山叫威爾斯（Wales），這兒是原來凱爾特人堅守的最後幾個要塞之一，

GREAT BRITAIN

英國處在我們各大陸中心位置的有利地位

　　它像一個柵欄，減弱來自大西洋的暴風雨使它抵達東部低地前的力量。它們的作用把暴風雨調理得較為溫順，使東部平原一直處於最理想的狀態，適宜種植穀物和畜牧飼養。

　　自從輪船發明之後，使兩地之間來往更加容易、便捷。人們可以到阿根廷和芝加哥去訂購穀物，為了便於從地球這一端把冰凍肉運到另一端，更採用了冷藏技術以保持冷凍肉的新鮮度。沒有一個國家能僅依靠自己的農場和農田就能養活自己的國民。但在西元100年前，誰有糧誰就是世界的主人，什麼時候他們決定把貯藏糧食的大門關閉，數百萬人就會慢慢地餓死。由南部的英吉利海峽、西部的塞汶河

（Severn）（該河是威爾斯和英格蘭的分界線，流入英吉利海峽），北部的亨伯河（Humber）和默西河（Mersey）及東部的北海之間寬闊平原就是以前英國最重要的一部分，因為這是產糧區。

當然，我們所講的平原，並非我們通常說的平原這個概念，英國中央平原與堪薩斯平原相比，前者的土層就如薄煎餅，而且還有不少的山地，泰晤士（Thames）河（二百一十五英里，幾乎與三百一十五英里長的哈德遜河相差無幾）流經平原的中部，它發源於坎特伍德山，這兒適合飼養牛羊。巴斯（Bath）城作為會議城很享盛名，甚至早在羅馬人時代，那些征服英國的美食家就時常聚集到這裡，一邊洗含鈉和鈣的溫泉，一邊品嚐煮得厚厚嫩嫩的牛排和時鮮蔬菜，一邊討論修改統治國家的章程。

泰晤士河流經奇爾特恩山（Chilton）和白馬山（White Horse Hills）時，為牛津大學城提供日常用水和實驗用水，最後進入平坦低窪、坐落在東英吉利山和北當山之間的泰晤士峽谷。如果把北海和大西洋連接起來，由白堊石構成的多佛海峽不被吞噬，說不定泰晤士河會一直流到法國去。

在這條河畔，坐落著世界最大的城市倫敦，像羅馬和其它世界名城一樣，以前這裡也是個偏僻、荒涼的地方，其起源已無從考證。倫敦的出現並非偶然，也非統治者或某個人的意志影響。它從出現到擴展至現在，純粹是經濟發展的結果。為了不使當時南來北往的英國人，受到那些惡名昭彰、任意敲詐勒索的擺渡人所擺佈，因此在泰晤士河上架起一座橋樑是件刻不容緩的事。而倫敦崛起的地方正好是航運最終

英吉利海峽乾涸後可能的景象

點，河流也不太寬，能讓二十世紀以前的工程師興築一座讓商人們從這邊走到那邊而不濕鞋的橋樑。

羅馬人離開後，英國發生過許多重要的變化，但倫敦城依舊。今天其人口已達八百萬，比紐約市還多一百萬，面積比古代最大的城市巴比倫（Babylon）要大五倍，比現在巴黎大出四倍。這是因為倫敦的建築物都很低的緣故。英國人堅持個人隱私不公開，自己的事就自己了結，不想住在蜂窩式房子裡，於是，倫敦人都在同一層樓來回活動，相反，我們美國公民有上下樣層活動的傾向。

倫敦的心臟，即「倫敦城」，現在僅僅是個工作場所。公元1800年時，全城有十三萬人，現在已急劇減少到1.4萬人。但是，英國有龐大的富裕資金投在國外企業，每天有近五十萬人來到這兒處理數十億英鎊的流動資產，監督管理那些從倫敦塔一直延伸到倫敦橋二十公里長的貨倉。

為了保持泰唔士河隨時隨地暢通無阻及處理來來往往的船隻裝卸的問題，因此必須在沿河兩岸多建碼頭和裝卸場。如果想知道何謂國際商業，你只要到倫敦碼頭看看就明白。這種景觀會讓美國人自嘆不如，因為紐約市與其相比，在某種程度上來說，還只是個鄉間小鎮。特別是，紐約的主要公路幹線到碼頭貨場皆離得太遠，不做改革無法與倫敦相提並論。另外，倫敦的外貿技術都是最優秀的，而紐約僅僅剛開始學習貿易的基本知識。

我說得離題了，讓我們暫時再回到1500年的英國平原。它的整個南部邊緣都是山，正西部是康瓦耳山（Cornwall Hills），該山在地質上來說，是被英吉利海峽切斷了的不列

塔尼半島（Brittany）的延伸，康瓦耳山是個稀奇古怪的地方，直到二百年前，那兒的凱爾特人仍然保留著他們自己的語言，山上還有許多奇怪的石刻紀念碑，記載著有關不列塔尼人的故事，這證實以下一個事實：很久以前，所有這些地區必然由同一種族居住。順便說一句，康瓦耳是從地中海來的水手，他們是最早發現英國這地方的人。當時地中海沿岸的腓尼基人為了尋找鉛、鋅、銅，曾航海往北走到夕利群島（Scilly Islands，請記住，在鐵器時代初期，這個民族曾相當活躍），他們在那裡遇到因大霧而無法繼續外出航行的大陸原住民，雙方並因此而進行交易。

這一地區最有名的城市是普里茅斯（Plymouth），它是個軍事基地，除了偶爾見到從大西洋彼岸過來的一、二艘船隻，海面上總是靜悄悄的。康瓦耳山的對面是布里斯托海灣（Bristol），這個多餘的海灣在十七世紀曾很受人關注，因為從美洲返回的船長很容易把它錯認為英吉利海峽，那兒的逆流常常掀起四十英尺高的惡浪把船弄翻。

布里斯托海灣的北部是威爾斯山。但在安格塞（Anglesey）島附近發現煤、鐵、銅以前，此地一直沒有引起任何人的關注和重視。這些礦藏的發現，使該地成了大英王國最富有的工業區之一。古老的羅馬式要塞加地夫（Cardiff）成了世界最大的產煤基地。那兒有鐵路通過塞汶河與倫敦相連，鐵路有個地下隧道，在工程學上負有盛譽，就像威爾斯本土與安格塞島上霍利赫德（Holyhead）連在一起的大橋一樣名震四海，該橋可使霍利赫德人直達愛爾蘭首都都柏林（Dublin）的港口金斯敦（Kingston）。

古代的英格蘭地形為四方形，時至今日，提到這些總會觸動地主們的痛處。英國的每個城市和鄉村都歷史悠久，以致我很怕提及它們的名字，免得我總想，這不是在說英格蘭的地理，而是講世界的歷史。在法國，有地產的小地主比英國多十倍，但大量的小地主們明明知道他們的地產在哪裡，可是極少人去爭取。丹麥小地主數量的比例比英國更高。這些鄉紳失去了他們賴以生存的土地，成為社會群體裡的一個附屬人員，有時很滑稽地被稱為「我們多餘的朋友們」。讓女人在家裡當家和消磨時間，這樣做並不是由於他們自己無德無能，而是因為詹姆斯·瓦特發明了實用的蒸汽機，突然改變了我們的經濟生活，所帶來的結果。當時格拉斯堡大學的這位對數學獨具偏好的機器發明者，開始琢磨他祖母的茶壺，那時蒸汽機只是用作玩具和實驗室的氣泵。當他死後，蒸汽機廣泛使用，土地不再是唯一的生財之道。

　　在十九世紀前四十年時，有史以來經濟發達的中心都在英國南部地區，現在向北移到蘭開斯特（Lancastershire）沿岸，由水蒸汽驅動的曼徹斯特（Manchester）的紡織機高速旋轉著。北部的約克郡（Yorkshire），蒸汽機使里茲（Leeds）和布拉福（Bradford）成了全世界的羊毛加工中心，為了開足馬力生產數百萬噸鋼板和鋼樑，伯明罕（Birmingham）因此成了黑色家園。這些鋼板的鋼樑是為了造更多的船，以便從英倫群島把生產出來的過剩產品運送到世界各地。

　　由蒸汽機代替人力所引起的經濟生產劇變，是人類有史以來最大的革命，當然機器本身不會思考，需要人去發動操作，指令機器開關。作為對這種簡單指令的回報，農民似乎

只要簡單地動動手就可以富裕起來。於是，到城裡去找份工作，對鄉下人產生很大的誘惑力，城市飛速擴張，地盤不斷擴大，公共建築一高再高，在非常短的時期間，80％的農村人口流入城市。當時英國積累了大量的財富，如果長期這樣下去，英國其它方面的資源財富將被消耗殆盡。許多人至今仍不停地自我反問，自然資源是否已用得差不多了。這個問題只有時間才能作出說明時間，即在未來的二十年內，我們將非常有趣地看到可能出現的後果如何。大英帝國的興起至今，雖有著一系列的偶然性，在這點上它的經歷與羅馬帝國相似，羅馬帝國是地中海文明的中心，為了不失掉自己的獨立，不得不四處討伐近鄰。英國在成為大西洋文明的中心後，它也被迫執行類似的征閥政策，現在，全球的掠奪似乎已經結束。商業和文明正在跨洋過海，僅在幾年前還是這個龐大帝國的中心，很快就成了人口過剩的一個島國。

　　這似乎糟透了，但確實是這麼發生的。

蘇格蘭 (Scotland)

羅馬人對蘇格蘭的瞭解，就如我們的祖先對沿大西洋海岸存在著「五個國家」的瞭解一樣，非常模糊，總認為在北部的某個地方，在大英帝國堡壘封鎖線的那邊及諾恩伯蘭（Northumbrian）最遠處的陋室，有一塊不好客的山區，山上住著未開發部族的牧羊人和牧主。他們住的房子像傳說中的那麼簡易，這兒還由母親們而不是父親管理著他們的孩子，山上除了被馬踏出來的幾條陡峭的羊腸小道外，別無其它通道。由於這裡人的性格暴戾，行事胡作非為，對傳遞給他們的文明知識全力抵抗，所以與他們相處的最好政策就是敬而遠之。他們還是難以對付的盜羊賊，似乎能突然從天而降，偷走謝維奧特（Cheviot Hills）的羊和坎伯蘭（Cumberland）的牛，防護這些地區安全的最好辦法就是從泰恩河到索爾威灣一線築起一道高牆，逮住他們後，就用匕首或鐵釘把他們釘在十字架上，讓他們痛苦地死去。

在羅馬人統治英國的四百年裡，除了進行過少有的幾次大規模的討伐戰外，平時只要一抓到蘇格蘭人，就是這樣處理他們的，很少把文明和知識傳給他們。蘇格蘭人與同族的凱爾特人繼續保持著商業交換關係係，但是，因為他們沒有什麼物質上的需求，基本上過著與世隔絕的日子。古羅馬牆早就蕩然無存，即使時至今日，蘇格蘭人大多數還是以自己

的方式生活著，他們發展了自己的文明。蘇格蘭天生就是一塊窮地方，這一現實或許也有助於他們保留自己民族的特性，大部分地區是崇山峻嶺，在人類出現前，這些山曾和阿爾卑斯山一樣高。後來經過無數年的風吹雨打，高山漸漸地被腐蝕掉了，地殼變動時產生的巨大壓力，使它們又矮了一截。曾覆蓋過斯堪地那維亞半島的那場冰雪也把蘇格蘭蓋得無影無蹤，幾經滄桑，經過多少年積累在山谷裡，本來就少得可憐的一點點泥土，被這場冰雪沖得一乾二淨。無怪乎在蘇格蘭山區只能勉強維持10%的人口的生存。90%的人都聚集在一塊低窪地區，這塊從西邊的克萊德灣延伸到東邊的福思灣的狹長地，其最寬處不到五十英里。這個在兩座山脊上的原來火山口的狹谷，建有蘇格蘭最大的兩個城市愛丁堡（Edinburg）和原來的古都、現在的鋼鐵、煤炭、造船和機械製造廠的中心格拉斯哥（Glasgow，以前多數城堡都建在死火山口上）。兩城之間有運河相通，還有一條運河從福斯灣（Forth）通往摩立灣（Moray），小輪船能直接從大西洋通到北海，就可避開從奧克尼群島（Orkneys）和昔得蘭群島（Shetland）及那個古老大陸，以及從愛爾蘭到挪威的北角之間水域的各種逆流。

　　但是，格拉斯哥出現的那種繁榮並不是那種能讓一個國家真正富裕的那種繁榮，蘇格蘭農民投入的勞力，所獲得的僅僅是不被餓死，但絕對不能讓人感到自己是真正地活著，使得人們對辛辛苦苦掙來的少許先令視若珍寶，然而這也迫使他們事事完全依靠自己的努力，依靠自己的聰明才智，對其它民族的風風雨雨充耳不聞。

歷史上的一次偶然事件，使伊利莎白女王把英格蘭的王位非常爽快地就讓給她的蘇格蘭表弟斯圖加特王朝的詹姆斯，蘇格蘭就成了英國聯合王國的一部分，這樣蘇格蘭人才得以隨時隨地進入英格蘭，在這個長而寬的帝國中任意漫遊。然而事實證明他們人窮志短，他們只注意勤儉節約，智商及對事業缺乏總體熱情，使他們只適合於在一些偏遠區充當主管。

愛爾蘭 (Irish) 自由王國

　　現在是另一個不同的故事，這是個令人費解的人類悲劇，本是一個智力超群的種族，在歷史上因沒有經過深思熟慮，就偏離了自己的目標，結果前功盡棄。與此同時，鄰近島上有個強敵對他們總是虎視眈眈隨時準備對那些還沒有學會生存基本方法、對自己得益缺乏判斷的民族，毫不留情地進行掠奪。

　　誰應該受到譴責？不得而知，也沒有人知道，是地質學家？幾乎不可能。愛爾蘭，也曾是那個遠古時期巨大的北冰洋大陸的殘留部分。如果在古大陸重新調整時期再下沉一點，比海底裡的山脊再高一點的話，其地質結構應會好一些。現在它的地形活像一個大湯盆，幾乎沒有通海的河流，也就沒有形成任何可供航行的海灣。

　　是氣候？不，因為它與英格蘭區別不大，或許僅僅是更潮濕，霧更多點而已。

　　是地理位置？回答再次是否定的，因為自從美洲發現後，愛爾蘭是歐洲所有國家中與新大陸進行商業交流時距離最近最方便的國家。

　　那麼是什麼原因呢？恐怕還是人為因素。推翻所有的預言，使自然界一切優勢變得蒼白無力，勝利者變成了失敗者，勇敢者變得沮喪，最後意志消沉，沒有一點朝氣。

愛爾蘭

　　周圍的氣氛起了什麼作用？我們都聽到過愛爾蘭人對深受他們喜愛的虛構的傳說如何高談闊論。每一個愛爾蘭人都能說上幾段，每一個愛爾蘭鄉下人都知道動聽的狐狸精和狼外婆的故事，知道變化多端和點石成金的仙，說句實在話，在他們窮極無聊時，我們還能聽到他們大談他們之間荒誕不羈的故事。

　　你會說我又離題萬里了，如果您願意設想，地質結構在這方面究竟起了多大作用？但是，大量出口煤炭和無度地進口木材的事實，證明對高山、河流、城市造成影響的例子是數不勝數，是無處不在的。但人尋找食物並非是為了填飽肚子，還需要得到精神上的滿足和享受。在這個叫愛爾蘭的國家，有些東西是非常正常的。當你從另一遙遠的國家眺望它

時，你會自言自語地說：「那是一小塊土地，有點像海平面上的一塊平坦的高地」，褐黑色中還帶有點綠色，那裡的人或許有的正在細嚼慢嚥，有的淺酌自飲，有的正悠然自得，有的心急如焚，有的興高采烈，有的卻悲痛不已。他們或生或死，有的人得到了牧師給的好處，有的人沒有得到牧師們的任何恩惠就埋葬了。

但對愛爾蘭人來說，這是困難的。愛爾蘭人有屬於另一個世俗的傳統，他們可不隨波逐流，在他們的天空中瀰漫著與世隔絕的氣氛，這種孤獨的氣氛是根深蒂固的，也是實實在在的。不管過去歷史上的事實如何，直到現在仍疑心重重，幾個小時前還是如此簡單的事情，他們會突然覺得事情複雜無比。向西走幾步就是深不可測的平靜大西洋，其某種神秘感並不比你腳下站的土地少多少。

飽經滄桑的愛爾蘭為爭得他們民族的獨立屬性，在歷史上受到悲慘折騰的時間比任何國家都要長。為此，他們怨天尤人，譴責每一個人和每一件事。然而，他們也應該對自己這個民族整體素質問題進行反思，平時不求上進，得過且過，總是自我感覺良好，古往今來，代代如此，這在有紀錄的人類編年史上恐怕也實屬罕見。據我所知，如要那些從這個地方上土生土長的人克服這一弱點，他們寧死了也不改變初衷。

當英格蘭的諾曼征服者，把剛剛占領的土地的秩序整頓好，就把貪婪的目光盯上了愛爾蘭海，也像北海一樣，與其說它是大西洋的一部分，還不如說是一個剛沉在海底的盆地。這個富饒的海島非常適合實現他們的野心。當地的首領

們之間從來就是吵鬧不休，所有企圖把全島統一起來而努力者都失敗了。正如當代征服者威廉姆說，愛爾蘭像個「發抖的小雞」，整個國家都在牧師的監督之下，他們迫不及待地希望把世界的異教徒都召集到基督教的門下。但是，愛爾蘭沒有路，也沒有橋，相互之間也沒有任何形式的交流。用常規的眼光看，這一切不利的因素，卻是使老百姓的日常生活更安寧更和諧的重要因素。比起四周邊界地區低得多的島中心，它就像個泥塘，人就像待在沼澤裡。對於沼澤本身來說，它有一個非常糟糕的習慣，就是拒絕自我排泄，當人的心靈充滿詩意時，也就對自身其它不足之處，視而不見了。

　　英國合法的統治者們都是些主權至上的人，他們君臨天下，正值鼎盛時期。教皇英諾賽恩特三世是否衝出去援助他寵愛的兒子約翰，宣布馬格拉·查特條約「無效」，並譴責貴族迫使他們的國王簽訂如此喪權辱國的條約？當一個愛爾蘭武士首領前往亨利二世面前請求援助，以便打敗比他強的對手們（我記不清當時他們究竟有多少派別），於是愛爾蘭與羅馬之間就有了一條無形的聯繫線，教皇艾德里安被迫在一堆和平協議上簽字，承認英王是愛爾蘭的世襲君主。一支由二十位武士和不足一千人的諾曼人的軍隊於是占領了愛爾蘭，迫使他們改變了封建制度，而愛爾蘭人仍然習慣於過著那種生活，並保留小部族體制，那就是爭吵的根源。這種爭吵直到數年前在官方之間還未停止，時至今日，報紙的頭版頭條還不時出現因這種爭吵而突然像火山爆發一樣的暴力事件。

　　對於愛爾蘭的地理環境，就如它的靈魂一樣，非常適於

在軍事上進行謀殺和埋伏，在這場戰爭中，崇高的理想與無恥的背叛，使他們陷入令人絕望的境地，以至於讓人認為只要那些當地人出面就能全面解決問題。有幾次，征服者們為了國王和他的親信們的利益進行了全面大屠殺，並採用大規模的流放政策，緊接著沒收了他們的全部財產。例如，在1650年，克倫威爾就無情地鎮壓了愛爾蘭人起義，這一血腥罪行雖然經過數世紀的湮沒，但至今人們仍對其記憶猶新，當時那些愛爾蘭人站在錯誤的查爾斯國王一邊，憑著他們不現實的觀感及一時的衝動，在錯誤的時刻做了錯誤的事情。用鎮壓的辦法解決愛爾蘭問題。其結果顯然是暫時的，島上人口減少到八十萬，餓死了如此之多的人（活下來的倖存者的比例顯然不高），以至於人們只要能通過乞討、借貸、搶劫到必要的路費，就急急忙忙乘船離開愛爾蘭到最近的外國海岸謀生。留下沒法走的，強忍著悲痛，把他們的親友們掩埋在公墓裡，僅靠馬鈴薯充饑，並希望能得到外界一點支持。直到第一次世界大戰，他們才得以解脫。

從地質上講，愛爾蘭常被看成是北歐的一部分，從精神上講，愛爾蘭直到最近仍處在以地中海中心文明的某些地方。今天，這個島如同加拿大、澳大利亞和南非一樣獲得自我管轄的地位，享受廣泛的自治權，它繼續成為這個世界的一部分。為了不成為聯合王國（英國）的一部分，他們把自己分成兩個陣營、兩個對立的集團，南部的居民一半以上信奉天主教，約占總人口的75％，以都柏林（Dublin）為首都，享有「自由王國」的地位。而北半部，正如通常稱的北愛爾蘭，共有六個郡，幾乎都是新教徒移民的後代，仍是英

國的一部分，並繼續向倫敦的英國議會派遣自己的代表。

　　這就是本章行將結束的情況。從現在起過一年或十年，其情況如何？沒人能預知。但是，當一千年剛過去時，愛爾蘭的命運是掌握在愛爾蘭人自己手中。他們現在自由地開拓出海港口，希望把科克（Cork）、利默科克（Limerick）、歌爾威（Galway）建成真正的港口。他們可以借鑑在丹麥證明行之有效的那種與農業相結合的經驗，它的日用產品可以與世界其它地方的各種產品進行平等競爭。作為自由和獨立的公民，他們終於與世界其它民族一樣，發揮著他們自己的作用。

　　但是，他們能否徹底忘記過去的痛苦，準備理智地投入到未來中？

俄國 （Russia） 這個受地理位置的影響，人們甚至需要查看地圖才知道它究竟是歐洲的一部分還是亞洲的一部分的國家

就美國人而言，俄國並不存在。它的統治者們是些無法無天的人物，它的外交代表們被拒之於別國的國門之外，美國公民們被這麼警告過，如果他們冒險前往俄國，一旦陷入困境，別指望華盛頓政府能對他們提供什麼幫助。但是，從地理上來說，俄國占了我們這個地球陸地的七分之一，比整個歐洲大兩倍，比我們美國大三倍，其居民比歐洲幾個最大的國家的總和還多；更有甚者，我們能在蒙羅維亞（賴比瑞亞首都）和阿迪斯阿貝巴（衣索比亞首都）有我們的牧師，但在莫斯科沒有。

所有這一切，必須有一個能說得通的理由。從廣義上來說，這個理由就是政治。因為俄國這個國家，比我們所能想起的任何一個國家更具有它物質上的背景。在我頭腦裡就從未弄清楚過它究竟是歐洲的一部分還是亞洲的一部分。這些混合的概念在文明之間所產生的衝突，在當前情況又是合情合理。我所希望的就是借助一張簡單的地圖把它說明白。

首先我們要回答的問題是，俄國究竟是個歐洲國家還是個亞洲國家？為便於理解，假設你是楚科奇部族人，生活在白令海峽（Bering St.）附近，你對當前的生活不滿意（為你在東方西伯利亞寒冷的角落裡安排一個住處，給你挑選這樣一個非常窮的地方，對此並非在懲罰你）。假設你能遵循

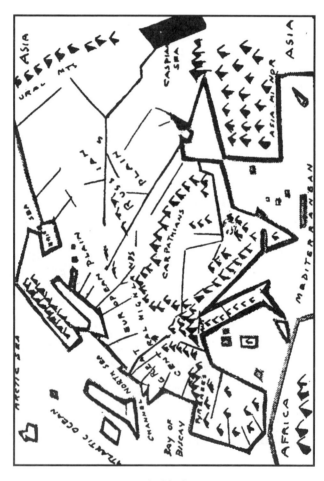

歐洲全圖

俄國的山坡

霍勒斯·格里利的忠告,一直向西,如果一路沒有遇到什麼
高山險阻,在一塊平坦的平原上暫住下來,度過先期的生
活。行呀!你可以繼續向西走幾年,除了不得不游過十幾條
廣闊的大河外,不會遇到任何其它障礙了。當然,最終你還
得爬上烏拉山(Ural),在所有的地圖上,這兒都標明著它
是歐洲、亞洲的分界線。對那些首次扛著小木船越過烏拉山
進入西伯利亞的俄國探險家們來說,此山並非真正的障礙
(所謂的探險家實際上都是些逃犯,當他們也作出了某些貢
獻後,為了給他們一定的尊嚴而提昇一點,稱之為「探險
家」)。不過你可以扛一艘類似的小船去爬落磯山(Rockies)

或阿爾卑斯山，以體會其感受。

　　離開烏拉山，只要再乘牛車走半年左右，就可以抵達波羅的海（Baltic）。你會驚奇的發現，你還沒有離開那個寬廣的大平原就已經從太平洋到了大西洋（因為波羅的海實際上只是大西洋的一個小灣）。俄國實際上只是這個覆蓋了亞洲的三分之一、歐洲的一半的大平原的一部分（說它覆蓋歐洲的一半，因為它與延伸到北海邊上才結束的德國大平原相連），這也就使俄國在地理上來說，碰到了一個巨大的不利因素，即北臨北冰洋（Arctic）。

　　那就是老俄羅斯帝國詛咒的原因，為了能抵達所謂的「溫水區」，數百年來他們不惜血本，用其大部分的鮮血和財富作了無數次努力；這也是蘇維埃社會主義共和國聯盟的巨大障礙之一〔蘇聯在政治上是古老的已不復存在的羅曼諾夫（Romanov）那座房子的繼承者〕，這個帝國活像一個高八十層、有八千個房間的龐大建築物，可是這個建築物除了在第三層後邊有兩個小窗口與逃避火災的出口相連外，就沒有其它任何出口和入口了。

　　與小得可憐的法國和英國相比，你可能習慣地認為我們美國是個廣大無比的國家，你就會感到它的力量了，它比法國大四十倍，比英國大一百六十倍，比整個歐洲大三倍，占我們整個地球面積的1／7。它的主要河流鄂畢河（Ob），有亞馬遜河那麼長，它的第二大河勒拿河（Lena），其長度與密西西比河相等。它的內海和湖泊，如西部的裏海，比我們的蘇必略湖（Lake Superior）、休倫湖（Huron）、密西根（Michigan）和伊利湖（Erie）的總面積還大，中部的鹹海

（Aral Sea）比休倫湖大四千平方英里，而在東部的貝加爾湖（Baikal）幾乎比安大略湖（Ontario）大出兩倍。

南部挺拔的山峰，把俄國大平原與亞洲其它地區分隔開來，隆起的山峰可與我們這個洲的最高峰相媲美，因為阿拉斯加的麥金利山（Mckinley）是20,300英尺，而高加索（Caucasus）的厄爾布魯士山（Elburz）是18,200英尺，西伯利亞僅僅是這個平原的一部分，而且多半是在北極圈內，但它的面積就比歐洲的法國、英國、德國和西班牙的總和還要大。在它的東北部還發現了地表層最古老的遺址。

這個政權隨時隨刻都在鼓吹極端。無怪乎連那些居住在光禿禿的大平原凍土上、其活動明顯受周圍自然環境影響的西伯利亞人，做什麼事都按一個指令一個動作行事，這在世界上任何其它地方看來都是荒唐可笑的。無怪乎他們數百年來都以最虔誠的方式按上帝的意旨行事，但突然間一個命令就把上帝的一切思想都拋到九霄雲外，上帝的名字甚至從所有的教科書上都消失得無影無蹤。無怪乎他們數百年來都心甘情願接受一個人的統治，把他看成至高無上、一貫正確並神聖不可侵犯，又突然把他趕下台殺掉，然後接受一個經濟上教條、沒有個性的暴政，這個政權承諾在將來為大家帶來幸福，可是當前它完全是殘忍、冷酷和獨裁，甚至比以前的沙皇還有過之而無不及。

羅馬人（The Romans）雖然從未聽說過俄國這個名字，正如我們現在所瞭解的那樣，當初是到黑海（Black）邊上去打獵的希臘人（還記得《黃金羊毛》的故事嗎？）突然遇見幾個野人部落的人，希臘人稱他們為「擠母馬奶的

人」。根據當時流傳下來描繪在花瓶上的圖樣來判斷，希臘人遇見的很可能是哥薩克（Cossacks）人的祖先。然而，當俄羅斯明顯地出現在歷史的地平線上時，他們是居住在一塊四邊形土地上的，其南部是喀爾巴阡山山脈（Carpathian Mts.）和聶斯特河（Dniesten），西邊是維斯杜拉河（Vistula R.），北部和東部是普里皮特沼澤（Pripet Marshes）地區和聶伯河（Dnieper）。他們的北部，即波羅的海平原，住著他們的近親愛沙尼亞人（The Lithuanians）、立陶宛人（The Letts）和普魯士人（The Prussians），對於後者，他們的名字在德國的近代史上起著非常重要的作用，但其祖先卻是斯拉夫的一個部族。東部住著芬蘭人（The Finns），他們現在被擠到了北極、白海和波羅的海之間一小塊土地上。西邊生活著凱爾特人（The Celts）和日耳曼人（The Germans）或兩者之間的混合部族。

後來，當中歐的日耳曼部族開始向外擴展時，他們發現如果需要得到一些僕人的話，最好是偷襲東部的鄰邦，因為他們最溫和馴良，不管什麼災難突然落到他們頭上，僅聳聳肩，然後就是沉默，「是！命該如此」。

這些東方部族自己似乎也有個稱謂，希臘人叫他們「斯拉維尼人」（Sclaveni），在人類活動初期，有些帶商業性質的人偷襲喀爾巴阡山地區，把搶奪來的人作為商品積囤起來，據說他們抓獲的「斯拉夫人」（奴隸）如此的多，以至於慢慢地，「斯拉夫」成了一個貿易中的名稱，這樣，那些不幸成為奴隸的人通過變賣成了另一個人的合法財產。正是這些斯拉夫人或奴隸慢慢地發展成了現代世界中最大最強的

俄羅斯的舊貿易路線

中央集權國家，這也是最大歷史玩笑之一。然而不幸歸不幸，而玩笑卻是我們不得不面對的現實。如果我們的祖先當初哪怕稍微有點遠見的話，我們現在絕對不會處於如此尷尬境地。在此我想略述幾句以便有個交待。

斯拉夫人在他們占據的小三角地安定地生活著。他們大量生兒育女，很快，就需要更多的土地才能養活大家，通往西邊的路被強大的日耳曼人所阻，羅馬人和拜占庭人封鎖了他們往地中海的大門，留下的唯一出路在東方，他們開始成群結隊向東方尋找新的謀生之地，他們越過聶斯特河和聶伯河，直到窩瓦（Volga）河岸才停下來。時至今日，俄羅斯農民還稱窩瓦河為母親河，因為是它向他們提供了取之不盡的各種魚類，養育了無數的俄羅斯人。

窩瓦河這條歐洲最大的河流，發源於俄羅斯北部的中央高原的低矮群山之中，這兒的自然環境為先期到達這兒的俄羅斯人提供了各種便於生存的條件，可以方便建造木結構住屋。正因為此，俄羅斯多數城市都建於此地。窩瓦河為匯流入海，在群山之中繞來繞去，最後向東奔去，它沿著群山邊緣和山坳小心地流著，以至於靠山的右岸高而陡峭，左岸低而平坦。正是這些山的阻撓，使它七拐八彎，如果從其發源地特維爾（Tver）到裏海（The Caspian Sea），直線距離才一千英里，但河道的實際距離卻長達二千三百英里，這條歐洲最大河流的流域要比密蘇里河多四萬平方英里（窩瓦河的流域56.3萬平方英里，密蘇里河是52.7萬平方英里），它流經的土地面積比德國、法國和英國的總面積還大。然而，正如俄羅斯人的所作所為那樣，該河也有許多讓人不可思議之

舊俄羅斯

處，它非常適合於航運（戰前，這兒的船隊就多達四萬艘），當它流到薩拉托夫（Saratov）城附近，就下降到海平面一樣高。它最後的數百英里，水面比海面還低。不要用平常那種觀點去認為這完全不可能，因為它注入的裏海，處於鹽漠的中心地帶，地質下沉非常嚴重，現在已經比地中海低八十五英尺。按此比例計算，再過數百萬年，或許它將成為死海（The Dead Sea）的另一競爭者，死海現在保持著比海平面低1,290英尺的紀錄。

　　順便提一句，正是這條窩瓦河，為我們提供了可供大家品嘗的魚子醬。由於窩瓦河時常被認為是唯一能生產代替魚

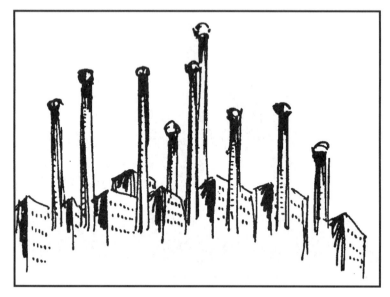

新俄羅斯

子醬的地方，我之所以要用「被認為」這個詞，因為那兒的鱘魚而不是金槍魚還有可能成為俄羅斯另一道名聞天下的佳餚。

直到鐵路廣泛使用前，內河和海洋是人類的主要自然通道，人們通過它們進行交換貿易或侵犯掠奪。由於俄羅斯西邊通往海上的路被敵對的條頓人阻止了，南邊是強大的競爭對手東羅馬帝國，他們為了尋找更多的自由土地，不得不依靠內河。從公元600年到現在，俄羅斯的歷史就一直與兩條大河緊密相連。其一是我剛才提到過的窩瓦河，另一條就是聶伯河。就這兩條河而言，聶伯河更重要，因為它是從波羅的海通往黑海的主要通道。毫無疑問，它同時也是通往德國

大平原的最古老的貿易之路。請看看地圖，讓我們從那兒講起吧！

　　瞧那北邊，我們能看到把窩瓦河與拉多加湖（Ladoga）連接起來的芬蘭灣（Finnish Gulf，拉多加湖的面積與美國的安大略湖差不多），列寧格勒市（Leningrad）聖彼得堡（St. Petersburg）就坐落在尼瓦河（Neva）畔。然後再讓我們乘小汽船從拉多加湖一路向南，就到了拉多加湖與伊爾門湖連接地諾夫哥羅德（Novgorod），在伊爾門湖（Ilmen）的南邊，是洛瓦特河（Lovat），從這兒到杜納河（Duna）之間，距離很近，地勢平坦，很方便人們在兩條水路之間進行搬運，只要克服這一困難，旅行者從北邊就能很從容地乘向順聶伯河而下直到克里木半島（Crimean Peninsula）西邊數英里之遙的黑海入口處。

　　貿易在什麼邊界上都應是一視同仁的。在這個地區從事商業競爭並非人人都有利可圖，只有那些從北歐運送商品到東羅馬帝國的人才可能獲利，那也是他們為什麼千方百計要在這些地方建立落腳點的緣故。在我們這個時代的前五、六百年中，這是條主要貿易通道，既單純又簡易。只是隨著加利西亞（Galicia）和波多利亞山（Podolia Hill，喀爾巴阡山的外圍）地質的下沉，兩山的另一邊，也就是俄羅斯中央平原那裡才出現另一條貿易走廊。

　　但是，當這一地區慢慢地被移居過來的斯拉夫人擠滿時，情況起了變化。原來的大商人成了政治上的發號施令者，已不再進行漫無邊際的奔波，定居下來成為一個王朝的首創者。但思路敏捷、智慧超群的俄羅斯人絕不是一個好的

嚴寒

東西伯利亞

管理者，與他們的近鄰條頓人相比，他們教條呆板，生性懷疑別人，他們頭腦裡總是想著其它一些事，他們善於高談闊論，也喜歡低頭沉思，這種性格對需要集中精力快速作決定的競賽是非常有用的。因此，相對來說他們比較容易就能打下一個地方定居下來，並很快成為當地首領。當然，他們起初的野心並不很大，但是，他們需要一個安身之地，在他們為自己建立起了一個半君主制居住區後，還要為他們的僕人蓋些房子，那就是多數古老俄羅斯城市出現的過程。

當城市處於新建立並朝氣蓬勃時，是很容易引起外界關注的。君士坦丁堡（Constantinople）的牧師們聽到那兒的情況後，認為這是拯救他們靈魂的天賜良機。他們蕩著小船

沿著聶伯河一路北上，就如數百年前北歐人沿著聶伯河南下一樣，他們與當地力量結合成一體，修道院成了宮廷的附屬地，俄羅斯的傳奇故事上了新建的舞台。南部的基輔（Kiev）和大諾夫哥羅德（Novgorod the Great）都是非常發達的商業城〔與窩瓦河上的奧卡河（Oka）交匯點的下諾夫哥羅德市沒有關係〕，它們如此繁華、富甲天下，以致當時的西歐人都知道它們的存在。

與此同時，耐心的農民們繼續大量繁殖人口，就像他們在過去的一萬年裡所做的那樣，他們一旦發現需要更多的土地時，撕毀了原來的契約，從烏克蘭（Ukraine）肥沃的谷地也就是歐洲的糧倉，開始向俄羅斯中部高地移動。當到達最高點後，再沿河順流而下向東而去。他們非常緩慢（對一個俄羅斯農民來說，是沒有什麼「時間」概念的），一步步地來到奧卡河谷，最終抵達窩瓦河，建立了另一座新城，或者叫諾夫哥羅德（Novgorod），這裡可以鳥瞰整個大平原，他們就世世代代定居在那兒。

但是，「世世代代」在歷史的長河中絕不是一個很長的時期。因為在十三世紀的初期，一場巨大的災難幾乎把他們所有的野心毀於一旦。數萬小個子黃種人的騎兵通過烏拉山與裏海（Caspian）之間的廣闊平原，越過烏拉河的鹽鹹荒灘，滾滾向西，最終，似乎要將所有的亞洲人全部移居到歐洲的中心。這引起西邊那些北歐人和斯拉夫人的小公國極大的震撼。不到三年，俄羅斯的所有平原、河流、山丘都落入了韃靼人（The Tartars）手裡。僅僅是一次偶然的大幸運（韃靼人的馬群中出了流行病）才使得德國、法國和西歐其

它部分免受類似的災難。

在韃靼人飼養出新的馬群之後，他們再次試試運氣。但日耳曼人和波希米亞人的城堡阻止了他們的快速前進，入侵者從匈牙利廣闊地域裡大規模地進行掠奪、燒殺，然後在俄羅斯的東南部定居下來，享受著破壞的勝利。在其後的兩個世紀中，基督教的男女老幼無論何時遇到可怕的成吉思汗的後裔都要下跪，吻他們的馬蹬，否則將處以死刑。

歐洲人聽到了這個消息，他們無動於衷。因為斯拉夫人是按希臘人的習俗祈求上帝的，而西歐人是按羅馬人的方式崇拜上帝的。正因如此，就讓那些異教徒們受報應吧，就讓那些俄羅斯人成為最淒慘悲痛的奴隸，甚至在皮鞭下垮掉吧！因為這是對他們作為異教徒應受到的最合適的處罰。而最後，這種漠不關心的態度讓歐洲付出了沉重的代價，因為那些有耐心的俄羅斯士兵們對「那些當權的人」加在他們頭上的任何枷鎖都毫無怨言，在韃靼人統治的兩個半世紀中，他們養成了卑躬屈膝、逆來順受的習慣。

把這些留給他們自己吧！他們從未能擺脫在他們頭上可怕的枷鎖。莫斯科這個小小的大公國的統治者，斯拉夫人東邊最古老的前哨開始承擔讓他們國家獲得自由的重任。在1480年，約翰三世（John Ⅲ，即大俄羅斯歷史上的伊凡）拒絕給那些金色的遊牧民族的領袖支付年貢。這就是公然反叛的開始，五十年後，那些外國移民完蛋了。但是，韃靼人雖然消失了，但他們的制度保存了下來。

新統治者對「現實」生活中的事感覺非常好。因為在三十年前，君士坦丁堡（Constantine）被土耳其人攻占了，東

羅馬帝國的最後一個國王在步入索非亞教堂（The Church Of Holy Sofia）時被殺。但他有個遠親，即那位叫佐·帕拉歐羅嘎（Zoe Palaeologa）的女人，她正好是位天主教徒。教皇見有機可乘，希望把這隻迷途的羔羊從希臘的教堂中帶回到他自己的羊群裡，於是建議伊凡與佐結為夫妻。婚禮順利進行了，佐也改名為索非亞。但是，教皇的老謀深算並沒有什麼具體結果，相反，伊凡變得更加無法無天。他認識到，讓他扮演以前拜占庭人（Byzantinum）的角色，這真是天賜良機。他採用君士坦丁堡的盾形紋章，著名的雙頭鷹圖案，代表東羅馬帝國和西羅馬帝國。他確認自己是神聖不可侵犯的，為了充實僕人隊伍，他削減了貴族人數。他把古老的拜占庭禮儀搬進莫斯科小小的庭院中，他提出他自己是世界唯一的「凱撒」（Caesar），他竭力鼓勵他的孫子將來繼承他的地位，最終，他宣布自己是所有被征服的俄羅斯領土的皇帝或凱撒。1598年，原來北歐入侵者的最後一代人，即魯雷克家庭的最後一個後裔死了。經過十五年的內戰，羅曼諾夫家庭的一個成員——莫斯科家庭中的一個無足輕重的人——宣布自己為沙皇，從那時起，俄羅斯的地理僅僅反應羅曼諾夫家庭的政治野心，他們有許多明顯的失誤，但相應也有許多非常明顯的長處，這些長處很可能讓我們忽視他們的錯誤。

有一件事，他們所有的人都固執地認為，為了解決得直接通往「開放水域」的問題，再大的犧牲他們也在所不惜。他們向南作了嘗試，開闢了直通黑海、亞速海（Azov）、塞瓦斯托爾（Sebastopol）的道路，但發現土耳其人切斷了他

俄羅斯大平原

們與地中海的聯繫。但是，在這些行動使他們得到了十個哥薩克部族對他們的忠誠。這些老哈薩克人的後裔，或者就是土匪、冒險家或逃散的農奴，在過去的五百年裡，他們為了逃避波蘭人或者韃靼人，躲進茫茫草原裡。他們參加了俄羅斯人與瑞典人的戰爭。瑞典人在「三十年的戰爭」中，成功地奪取了波羅的海（Baltic Sea）沿岸所有的領土，後來，經過近半世紀的戰爭，沙皇彼得終於命令他數萬臣民開進了尼瓦河（Neva River）畔的沼澤地，為他建造了新首都聖彼得堡（St. Petersburg）。但是，芬蘭灣每年封凍四個月以上，離「開放水域」的目的還遠得很。他們沿阿尼加河（Onega）和北德維納河（Dwina），穿過通德拉地區中心地帶——北極的沼澤平原，在白海邊上建了一座新城，後來稱之為阿爾汗格爾·明徹爾（Archangel Michael）；但卡寧半島（Kanin Pen.）太荒涼，它到歐洲中心的距離與哈德遜灣（Huason Bay）封凍港口的距離幾乎相等，而莫曼斯克沿海（Murman Coast）是所有的荷蘭人和英國人船長都竭力避諱的地方。出海的目標似乎遙遙無期，除了繼續向東試試外，別無其它選擇。

1518年，由來自歐洲六國逃亡的農奴、冒險家、戰俘組成的一支總數不超過六百人的隊伍，攜帶著日常用品，越過烏拉山脈，在向東的道路上首次向韃靼人開始了進攻，當地的統治者稱這個地方為西伯爾或西伯利亞，他們擊敗了韃靼人，並分占了所搶奪到的一切財產。由於他們也知道莫斯科對此鞭長莫及，就寧願把這塊土地獻給沙皇，這樣就既能享受貢獻土地主權的光榮，還會得到真正的愛國者稱號，還不

至於等待那些小個子黃種人皇帝派軍隊追過來把他們當成掠奪者殺掉。

　　這種奇特的殖民方式保持了將近一百五十年。在這個廣大無垠的大平原裡，在這些「惡人」來到之前，幾乎是荒蕪人煙。土地肥沃，北半部樹木稀少，南半部森林成片。他們很快就把鄂畢河拋在身後，抵達葉尼塞河（Yenisei River）。1628年春，這群名聲狼藉的入侵者的前哨到了勒拿河（Lena River），1639年，他們站在鄂霍次克海（Okhotsk）岸邊。他們繼續向南，1640年後不久，在貝加爾湖區建立起了最早的一個要塞。1648年，他們來到黑龍江（Amur）畔。也就是這一年，一個名叫德基涅夫的哥薩克人從西伯利亞沿科雷馬河（Kolyma）順流而下，進入北冰洋，隨後到了亞洲與美洲分界處的海峽就往回返，這之後，他把他的奇遇告訴了別人，然而這並沒有引起其它人過多的關注，直到一個受俄羅斯人雇傭的丹麥航海家維丘斯‧白令（Vitus Bering）在八年後再次進入並發現這個海峽，並被允許用他的名字來命名。

　　從1581年到1647年的67年中，當你覺得我們的祖先大約要花二百年的時間才能從阿勒尼到太平洋沿岸廣大領地，而俄國人並不是我們想像得那樣慢。但是他們在喬治‧華盛頓進墳墓之前很久，俄羅斯人就從歐洲跨海進入了美洲。他們在美洲的殖民地當時有一個非常繁華的要塞，後來稱之為阿爾汗格爾‧加布雷爾，現在叫錫特卡（Sitka）的，1867年美國人從俄羅斯人手裡買下阿拉加斯時的儀式就是在這兒辦理的。

如果就人的精力、個人勇氣及不顧一切的冒險精神來說，俄國這些早期開拓者與我們自己相比毫不遜色。但是亞洲人那種帝王觀念在莫斯科和聖彼得堡人的頭腦中占主導地位，這就阻礙了該地區的正常發展，豐富的寶藏正等待著知道如何開發的那些人去挖掘。然而俄國人不是發展牧場、開發森林和礦藏，而是把西伯利亞變成一個巨大的監獄。

　　十七世紀中葉，第一個犯人來到了這裡。五十年後，約邁克（Yermak）等人越過了烏拉山脈，他們之中有因拒絕根據希臘教會儀式向教徒佈道的牧師，於是這些牧師就被發配到黑龍江邊，受饑寒，直到死亡。從那以後，男人、婦人（通常還有小孩）就源源不斷地被送到荒山野嶺，而且從來就沒有中斷過。因為歐洲人講究獨立思考的觀念與亞洲人習慣於上下一統的思想發生了衝突，而這種上下一統的思想正好與俄國的統治者的基本政策相吻合。流放政策在1863年達到了高潮，當波蘭在革命爆發後不久，五萬多名波蘭愛國者從維斯杜拉河被流放到托木斯克（Tomsk）和伊爾庫次克（Irkutsk）附近。沒有確切的數字表明這種強迫性的移民總數究竟有多少。但在1800～1900年間，當外國的巨大壓力使此種流放速度稍稍緩和一點時，每年流亡的總數大約是2萬人。然而這並沒有把平常的普通罪犯計算在內，如那些殺人越貨的強盜，溜門撬鎖的小偷，對這些在思想上與他們一致的男男女女，是經常不帶鐐銬的。

　　在他們受懲罰的時間熬到頭後，倖存者被允許在流放地附近村莊分到一塊土地，並成為一個獨立的莊稼人。報紙上吹噓說，在這個地區由白種人居住，這是一個了不起的藍

圖，它還能讓帝國政府向歐洲的持股人顯示，這兒的現實並不像平時所說的那樣壞——在西伯利亞的某些部門全發瘋了——實際情況是，「罪犯」在這兒被教育成社會中一個有用的生產成員。然而，真實情況是，這兒對「罪犯」的管理如此嚴密，以至於大多數「自由居住者」都從地球上消失了，並沒有留下任何痕跡。或許他走進深山老林與一個不為外界所知的野人部族同居在一起，與基督教徒說再見了，成了伊斯蘭或其它異教徒；或許他們在外逃過程中被狼吃掉了，是否如此，我們就不得而知。俄國警察的統計數字表明，經常有三至五萬罪犯失蹤，他們可能躲藏在森林和高山之中，寧願過一種非人的生活也不願待在那個卑鄙的白人暴君的監獄裡。但是，西伯利亞監獄上空已不再飄揚帝國的國旗，現在飄揚的是蘇聯的國旗，實行的是新的政策，但辦法卻是老一套，都是來源於韃靼人。

當俄國舊式的以貨易貨和農奴制的生產體系崩潰並被資本主義的工業化所代替後，俄國的情況如何，這是一個受人關注的問題。在林肯總統簽署解放黑奴法案幾年前，俄國的農奴已獲得自由。為了讓他們能活下去，分給他們一小塊土地，但絕對是不夠用的。給農奴們的土地也是從農奴主那裡劃出來的，其結果是，農奴主和原農奴得不到足夠養活他們的收入。與此同時，外國資本家對俄國地下埋藏的寶藏一直垂涎三尺。鐵路修起來了，內河航道開闢了，歐洲的工程師們在亞洲部分的泥漿道上跋涉，附近建有模仿巴黎的極好的歌劇場，這些歐洲人自己也懷疑，這樣的事是否是事實？俄羅斯王朝的繼承者們企圖依靠原始野蠻的生產方式維持其開

支，那實在是太天真了。坐在聖彼得堡龍椅上的是一個被牧師和女人們包圍了的地位虛弱的人，當他以自己的寶座為代價，典押給倫敦和巴黎的貸款者，接受他們的條件，被迫參加他多數臣民都討厭的那場戰爭，這實際等於自己在自己的死刑判決書上畫了押。

一個小個子、禿頂的人，西伯利亞流亡學校的畢業生，把這個行將崩潰的國家掌握在手裡，開始了重建工作。他打碎了舊王朝的模式，也拋棄了亞洲方式，把一切舊的制度扔到了九霄雲外，用未來的眼光著手建設，但仍是韃靼人的眼光。

未來的情況會怎樣？我們或許會知道它一百年以後的情景。假如我們能為你畫出一個蘇聯國家體制模糊的輪廓，那也將是非常模糊的，因為這個國家總是在不停地變動，那就足夠了。布爾什維克份子（The Bolahevists）在進行一項試驗，他們殘忍地把證明行不通的一切方式全部拋棄，就如一個突然認識到他正根據一個錯誤的公式進行試驗的化學家一樣。然而，這個制度與他們在過去五百年裡已經習慣了所有的一切截然不同，如果要他們像多數歐洲國家和美洲國家一樣，繼續用「國家代表」、「民主」、「尊重少數人的神聖權利」等專有術語來管理國家，那將是十分困難的。這些詞的意義在布爾什維克學校裡成長起來的年青人頭腦一片空白，他們從來就未聽說過，除非在講他們的祖先如何愚蠢時才引用這些詞。

首先，布爾什維克的政府觀念不是基於代表所有的人民在政府中起作用，不是依靠所有的人，不是為所有的人謀利

益。不管我們對此是否完全相信，但我們在教育兒童時，都說這是最具災難性的政治。布爾什維克承認社會中只有一個階級，即無產階級，也就是工人階層，工人，這些人可以在他們手下乖乖地工作。這個階級或許能從這個政府裡獲得某些好處，但遠遠少於政府從他們身上掠奪走了。他們甚至可以對殘留在政府中的老的「資產階級」或政府中的主張私人財產和私人穀物的中產階級殘忍地宣戰，就如1932年所進行的那樣。

時至今日，這個政權的一切還不錯。暴力騷亂在這個世界上已非新鮮事。在列寧出生前，英國的查爾斯和法國的路易早就人頭落地。當他們死時，不是一個人，而是一個制度的滅亡。當尼古拉二世（Nicholas II）被殺以後，不僅是他個人，而是以他為代表的被具體化了的整個制度都從俄羅斯人的意識中鏟除掉了。老帳算完，在它的底部畫了兩條紅線，重新開張，掀開了新的一頁，在其頂部出現了這樣的標籤：「俄國共產黨」等等。

現在，共產主義作為一個經濟體制沒有什麼新的花樣。舊式的修道院式的法律才是真正的共產主義制度，他們把共產主義換了個名稱，實際是建立在早期的基督教教堂的基礎上，富人和窮人都不相信私有財產。當英國的清教徒最初到達美洲時，富人和窮人都不相信私有財產。當英國的清教徒最初到達美洲時，實際上打算組織的就是一個共產主義的社會，所有這些作法都是希望能對這個世界上所生產的相對少的財富進行更為公平的分配。他們從未在大範圍內適用過，這就是布爾什維克的實踐與其它人的不同之處。它把從波羅

的海到太平洋整個俄羅斯大地變成了一個巨大的政治經濟實
驗場，那兒所有的人都為了一個目的而工作——為了大家將
來的生活安寧和幸福，但對當前個人幸福和安寧則置之不
理。然而，正如以前的日子一樣，這個國家的一半在歐洲一
半在亞洲，自然界的雙重性使其生活也具有雙重性的特徵，
俄國人的生活從來就沒安寧過，正因為這種感情衝突對他們
的打擊太大，新俄國人也就經常處於無所適從的地步。

新的蘇聯政府結構無疑是歐洲型的，但運轉方式是亞洲
式的，卡爾·馬克思（Karl Marx）和成吉思汗（Genghis
Kham）共同創建的這種形式在延續了一千年後，其特殊試
驗將會產生什麼結果就不得而知了。預言之一是它會比下一
個要好。

雖然布爾什維克（Bolshevism）已經取得一定成果，但
卻使世界其它人與其打交道時小心謹慎如履薄冰，生怕布爾
什維克把自己的制度打碎。

在以前，俄國是由一群地主和支持沙皇的獲利者們所統
治，正如韃靼時期一樣。現在它仍由一小部分人所統治，只
不過這些人來自共產黨內部集團，僅人數上來說比舊貴族的
人還要少，但更恪守獨裁的原則。

然而，布爾什維克的獨裁與沙皇之間的獨裁又有很大區
別，現在管理俄國的小集團並不是僅為他們個人的利益工
作，他們所領到的工資與任何願意工作並接受任何工資標準
的美國管道工和裝卸工的工資相比都要少得可憐。新暴君
（他們多數比無法無天的沙皇大臣更殘忍）把他們的巨大精
力投入工作，為了一個直接目標——讓世界上所有的人都有

工作。作為交換，工人通過勞動，保證得到足夠的食物，足夠的住房空間，盡可能地舒服，更科學更知識化。

　　用我們西方人的觀點來看，所有這一切猶如愛因斯坦所說同時存在著四、五個宇宙空間一樣亂七八糟。但是占我們這個星球七分之一的人、一個比我們美國大三倍的國家，現在就生活在這個制度之中，他們自己還認為比世界所有人生活得好。更讓人擔憂的是，鼓吹這種理論的並非是挪威、瑞士這樣的窮小國家，而是地球上最富有的國家之一，世界上所有的財富它都占有一份。西方那些虔誠的佈道者和措辭嚴厲的社論並不能損其絲毫，因為俄羅斯人與世界其它地方的聯繫完全被切斷了，他們能讀到少有的幾本書都是經過嚴格審查的。報紙壓根兒就見不著，他們就如生活在火星一樣，除了知道自己的鄰居是誰外，其它一無所知。當然他們的統治者是知道存在著那種要打倒他們的批評，只是他們無暇顧及。他們忙的事多著呢！要組織白俄羅斯共和國（White Russian Republics）、烏克蘭蘇維埃共和國（Ukrainian Soviet Republics）、吉爾吉斯蘇維埃共和國（Kirghiz Soviet Republic）、塔什干共和國（Bashkir Republic）和他們的韃靼蘇維埃共和國（Tartar Soviet Republics），西方世界費了許多時間考慮他們的贊成或不贊成，因為他們寧願把俄羅斯看成是歷史悲劇的再現，一個一年前在沙皇宮殿裡開張的展示反宗教的博物館而已。

　　時間將向我們展示這個由亞洲神秘主義與歐洲的現實主義相結合的光怪陸離的實驗的具體結果。但是俄羅斯大平原將依舊如故，世界其它地方的人當然也會密切關注其發展，

因為布爾什維克主義可能僅僅是個夢，但俄羅斯卻是一個誰也不可忽視的事實。

波蘭（Poland） *經常被人看成是別人的走廊，現在才是個為自己服務的走廊*

　　波蘭有兩大不利的自然因素，其中以地理位置最為不幸。最近的鄰居是斯拉夫同胞俄羅斯人，如果從手足之情來說，那應是件好事，而在現實生活中，兩個國家之間卻很少相互看成是同祖同宗。我們無從知曉波蘭人的祖先最早來自何方。就如愛爾蘭人一樣永遠是謎。他們之間有許多雷同之處，波蘭人都非常愛國，為了祖國寧死不願苟活。他們祖先真是英雄輩出，據他們自己的歷史學家們考證，最早的要算是隱藏在諾亞方舟的英雄，他們就是波蘭人。他是在任何站得住腳的歷史文獻中首先提到的波蘭人，都是在沙勒曼和他的勇士們進墳墓整整兩個世紀之後的事了。黑斯廷斯戰爭後約五十年，波蘭這個詞成了一個模糊不清的地名，有人猜測它可能在遠東荒野某個地方。

　　我們現在知道最多的是，波蘭人的祖先最早生活在多瑙河口附近，從東方來的入侵者迫使他們拔營向西，一直走到喀爾巴阡（Carpathian）山腳下，這個地方正好是俄羅斯人騰出來的空地，他們終於在奧得河與維斯杜拉河之間那個歐洲大平原中的原始森林和沼澤地中找到了一個安身之地。

　　選中的這塊地可不錯，如果坐在入口正中處的一把安樂椅上，就可以看到隱藏在這塊土地上的農民安寧的生活。這是歐洲的前哨，是向西征服與北海接壤的歐洲和向東掠奪俄

羅斯的唯一通道。經常處於必須在兩條戰線同時作戰的波蘭，漸漸把所有的人都訓練成職業戰士，其結果，軍事方面的生活高於一切，商業事務從未在這個國家占有一席之地，戰爭狀態是正常的生活。

它的城鎮不多，都集中在國家中心地帶維斯杜拉河（Vistula）沿岸。南部的克拉科夫（Krakow）建在一直延伸到加利西亞平原的喀爾巴阡山脈。中部平原的華沙（Warsaw），以及位於河口的但澤（Danzig），與外國商人的交往主要靠這些地方。然而，再往內行，整個國家幾乎就是空白一片，除一條河與流經俄羅斯土地上的聶伯河（Dnieper R.）相通外，別無其它像樣的河流，而立陶宛（Lithuania）的古都科夫諾（Kovno），就從來未成為一個像樣的城市。

於是所有必要的交易活動就操縱在猶太人手裡，當十字軍在歐洲腹地萊茵河流域對一些著名的猶太區大開殺戒時，他們逃散到歐洲邊緣地區。少數能吃苦的斯堪地那維亞人，也就是發現俄羅斯的那些人，或許對波蘭有許多貢獻，但也絕對沒有把波蘭拉入世界範圍。為什麼會出現這種後果呢？因為那兒南北和東西之間，沒有常規的貿易路線，另外，為了解決長途跋涉後的疲勞和艱苦，也沒有像君士坦丁堡那樣的城市。

於是波蘭人處於夾縫之中，德國人恨他們，因為他們雖也信奉羅馬天主教，但卻是斯拉夫人。俄國人輕視他們，雖然他們也是斯拉夫同胞，但不是希臘天主教。而土耳其人討厭他們，因為他們不但是天主教，而且是斯拉夫人。

如果在中世紀時期為這個國家做出過巨大貢獻的立陶宛
王朝還存在的話，事情的發展可能會好得多。但在1572年，
國王賈吉蘭斯死了，隨著最後一個國王的去世，那些一直在
前線作戰並發了大財的貴族們，毫無節制地濫用權力，形成
完全獨立的集團，他們成功地把國家轉變為一個選舉的君主
主義，並從1572年一直延續到1791年。這個政權長期存在著
腐敗，當它垮台時，成了歷史上一個非常痛苦的笑柄。

　　由於波蘭的王位非常簡單地拍賣給了出價最高者，自己
沒有提出過任何疑問。法國、匈牙利和瑞典依次成了這兒的
統治者，它們除了把波蘭當成一個收取稅金和索取不義之財
的地方，其它一切事皆不管。當波蘭的君主主義者感到大權
旁落時，波蘭的貴族們正如愛爾蘭人一千多年前做過的那
樣，請求鄰居幫助他們恢復權力，這些鄰居即普魯士人、俄
羅斯和奧地利人，他們高興得有點過頭，還沒等他們採取行
動，波蘭成為一個獨立國家已經不復存在。

　　1795年，在最近的三次大瓜分中，俄羅斯搶到1.8萬平
方英里土地和六百萬人口。這種駭人聽聞的瓜分活動一直延
續了一百二十五年才停止。隨後，同盟國因害怕俄國，走到
另一極端，建立了一個比以前任何時候都要強大的波蘭共和
國，給了它一個直接出海口，還劃出了一個所謂的「波蘭走
廊」（Polish Corridor），這是一塊從原來的波茲南省（Posen）
到波羅的海（Baltic Sea）、曾把普魯士截成兩半、而現在每
一半都不再有任何直接聯繫的狹長地。

　　稍有地理和歷史常識的人都知道，這個不幸的走廊將會
發生什麼樣的後果，它在波蘭和德國之間埋下了互不信任的

種子，總有一天，一個強大到足以把另一個摧毀。然後，波蘭再次恢復到歷史原貌，成為俄羅斯和歐洲之間的一塊牛排。

首次勝利的光芒似乎是光輝的成就，但在跨越互相之間的領土上建起一座敵對的柵欄，絕不會對我們時代，所引起的社會和經濟問題的解決帶來好處。

捷克斯洛伐克（Czechoslovakia）凡爾賽條約的產物

　　所有的現代斯拉夫國家中，從經濟的觀點來看，捷克斯洛伐克的地理位置是最理想的。它的城市整體而言是屬於文化型的。但是，它是人為劃出來的國家。第一次世界大戰中，它退出奧匈帝國作為回饋，並讓其享受自治權。它現在仍然是三分天下：波希米亞、摩拉維亞、斯洛伐克，三國家能否長期共存下去，就不得而知了。

　　首先，它是一個內陸國家，其次，信天主教的捷克人與新教徒的斯洛伐克人之間缺乏愛心。前者是講德語的原奧地利帝國的一部分，與外面世界一直保持著廣泛的聯繫；而後者，在他們原匈牙利主人的嚴厲管理之下，其地位就從來沒有達到一個小農業國家的水準。

　　至於摩拉維亞，是整個捷克斯洛伐克在聯邦土地中最肥沃的一部分。但他們夾在波希米亞和斯洛伐克之間，在政治上毫無足輕重，因此，不參加兩邊之間長期的無休止爭鬥。九百萬捷克人對待四百萬斯洛伐克人的作法，就如以前匈牙利人對待捷克人的作法同出一轍，他們對少數民族的尊重只是最近的事。

　　任何希望研究種族問題的人，最好是禮貌地避開中歐地區，那兒的情景實在讓人感到毫無信心。與其它一些國家相比，捷克斯洛伐克還不是最壞的。但是，它也是由三個不同

的相互敵視的集團組成，再加上約有三百萬日耳曼人參與其中，使事情變得更加錯綜複雜。這些日耳曼人是中世紀時期移居到波希米亞，幫助開發埃爾茨山脈（Erzgebirge）和博曼奧德（Böhmerwald）豐富礦藏的條頓人後裔。

1526年，波希米亞失去在中歐的全部不動產，被哈普斯堡的主人奪走。隨後的三百八十八年中，波希米亞成了奧地利的殖民地，但它得到的待遇還不錯，德國的學校、大學和完善的教學設施，使這個完全是斯拉夫民族的每一個人都能有一份穩定收入的工作，他們對斯拉夫人非常友好，偶爾還送給他們一份聖誕禮物，可能還沒有哪個國家的主人這樣對待種族問題。然而，報復似乎完全是人的一種本能。捷克人既然已經獲得自由，再企圖回到原來的統治者懷抱，那會出現什麼後果就可想而知了。捷克語成了國家的官方語言，德語屈居到一種地方方言的地位，就如匈牙利語和斯拉夫語一樣。新一代的捷克孩子完全是在一種捷克化氣氛中長大，從愛國的觀點看，這是無可厚非。但鑑於每一個上了年紀的波希米亞人在孩提時所受的教育都是德語，他們至少有一千萬人，而現在卻要受人數只有幾百萬、只能講捷克語的人管轄，甚至還強迫他們去學習一種既沒有什麼商業價值也沒有什麼文學意義的語言。這與把頭伸出國門之外，再讓別人砍掉有什麼兩樣呢？管理捷克的政治家們，其水準還在中歐其它國家政治家們之上，也漸漸接受回到老路上去，同時使用兩種語言的辦法。但是，要達到此目的，還必須度過一段困難時光，因為語言專家們討厭大眾只使用一種語言的主意，喜歡造謠生事的政治家又不喜歡各黨各派因此聯合成一體的

現象。

　　波希米亞不僅是舊哈普斯堡王朝最富裕的農業區，而且由於地下有大量的煤、鐵和聞名於世的玻璃製品工藝，這兒還是一個工業相當發達的省分。此外，工業化的捷克農民在家庭工業方面也做得非常出色（他們通常在農田裡工作十二小時，回到家的空餘閒暇還要做些其它的事），因此，波希米亞的紡織品、小地毯和皮鞋都聞名於世。這些產品在當地可以免稅，但在哈普斯堡時期卻分成六個小公國，每個公國的邊界都關卡林立，為的是便於挖其它人的牆腳。以前從皮耳森（Pilsen）運一車啤酒到阜姆（Fiume），中途無需停下檢查，也不要交一分錢的稅，現在要在六個關卡前停下換車，交六次稅，由於路上要耽誤一個星期，到達後啤酒已變酸！

　　小國自治在理想主義者眼中確是好事，但與設關卡抽稅和經濟生活中殘酷現實發生衝突時，可不那麼理想了。但如果1932年的人們仍按1432年時的規矩辦事，我並不認為我們可以對此做些什麼。

　　為了那些到捷克斯洛伐克旅行者的利益，布拉格（Prague）已經不在流入易北河的莫爾塔瓦河（Moldau R.）河畔，但是布拉哈（Praha）是在伏爾塔瓦（Vltava）；你曾經去喝啤酒的地方皮耳森叫比爾遜（Plzen）；那些不想喝只是想多吃一點的那個地方不叫卡爾斯巴德，已叫卡羅維瓦立（Karlovy Vary）；以前去洗溫泉的馬里安，現在稱為馬里安斯克（Marianske）。當你乘火車從布爾諾到普雷斯堡，請別忘了看清楚從布爾諾（Brno）到布拉提斯瓦發

（Bratislava）的列車，如果你僱請的導遊是一位在布達佩斯
（Budapest）統治斯洛維尼亞時留在當地的匈牙利人，除非
你講清楚了你真正的意思是要到波茲索尼，否則他會死死地
盯著你。如果把所有的因素都考慮進去，我們這個西半球的
荷蘭、瑞典和法國的殖民地，現在維持的時間能否比以前的
時間要長些？

南斯拉夫（Yugoslavia） 凡爾賽條約的另一個副產品

　　這個國家的正式名稱是塞爾維亞（Serbs）、克羅地亞
（Croats）、斯洛維尼亞（Slovenes）聯合王國。這三個種族
集團（它們的名稱發音太像非洲土著人部族，這樣說可能有
點冒犯他們）最重要的塞爾維亞人生活在沙瓦河（Save）東
邊，首都貝爾格勒（Belgrade）就坐落在這條河與多瑙河的
交匯處；克羅地亞人生活在多瑙河的另一支流德拉瓦河
（Drave）與亞得里亞海（Adriatic）之間，而斯洛維尼亞人
占據著德拉瓦河、伊斯特拉（Istrian）半島、克羅地亞之間
的小三角地帶。現代的塞爾維亞人還包括其它幾個小部族，
如它接納了黑山（Montenrgro），這個風景如畫的山地國，
以它與土耳其進行長達四百年的戰爭而聞名於世，每當我們
跳《快樂的寡婦》華爾茲舞時就會對它銘記在心。它還把原
奧地利的一塊附屬地、波士尼亞（Bosnia）和赫塞哥維那
（Herzegovina）省吸收進去，該地區本是塞爾維亞（Serbia）
的領土，後來土耳其從奧地利手裡搶走，這是塞爾維亞與奧
地利之間感情上經常不和的主要原因。當1914年塞拉耶佛
（Serajevo）發生暗殺事件後，立即就爆發了第一次世界大
戰（雖然事實情況並非如此）。

　　塞爾維亞（舊觀念中它太強大——因為我寫到它時，我
的真實本意是指塞爾維亞和斯洛維尼亞聯合王國）實際上是

巴爾幹半島上的一個國家，在歷史上曾被穆斯林奴役了五百多年。由於戰爭的結果，它一邊面臨亞得里亞海，但出海口又被第拿里阿爾卑斯山（Dinaric Alps）所隔斷，但可建造鐵路跨越它（那將花不少錢），除拉古薩（Ragusa，現在叫杜布羅夫尼克 Dubrovnik）外，就沒有一樣像的出海港。這兒在中世紀曾是殖民地商品的重要集散地之一，當歐洲通往美洲和印度的新航線發現之後，它是地中海沿岸唯一拒絕投降的城市，反而繼續派遣著名的大商船隊直航卡利卡特和古巴，還愚蠢地參加注定要失敗的西班牙無敵艦隊的遠征，使它自己最後的分艦隊全軍覆滅。

不幸的是，杜布羅夫尼克對現代的塞爾維亞人也沒有提供什麼方便。至於塞爾維亞另外兩個自然出海口，阜姆和里亞斯特，其一已經被凡爾賽的老人們送給了義大利，另一處保留了下來，雖然它們可以與威尼斯相比，但他們並不真正需要，而是希望重新能獲得古代亞得里亞海主人的那種旗手和榮譽地位。其結果是，里亞斯特和阜姆的碼頭上野草叢生，而塞爾維亞，仍如古代時一樣，它的農產品必須通過三角通道之一才能送出去。其一順多瑙河而下直達黑海，這種走法有點像從紐約出口商品到倫敦，取道伊利湖（Erie）和聖羅倫斯河一樣。另一條是從多瑙河到維也納，再從那裡翻過一座山到不來梅（Bremen）、漢堡市或阿姆斯特丹，這一折騰，其產品就非常昂貴了。還有一條通道就是用火車運到阜姆，而義大利當然會竭盡全力與其競爭，打敗塞爾維亞競爭者。

第一次世界大戰前，在奧地利帝國的策劃下，塞爾維亞

一直是個內陸國，然而，從那以後它在這方面一直沒有什麼
改變。是「豬」成為突然爆發出災難性後果的主要原因，從
這點上說，實在有些傷感。因為塞爾維亞唯一能大宗出口的
就是豬——在豬身上再課重稅是不可能接受的，奧地利和匈
牙利第二國皆能使塞爾維亞唯一能獲取利潤的外貿事業毀於
一旦。已死去的奧地利公爵是以歐洲武裝現代化為藉口挑起
事端，但真正使巴爾幹東北角各國感情惡化的原因是豬身上
的稅收。

　　說到豬，養豬的主要飼料是櫟子，從亞得里亞海和多瑙
河到馬其頓之間的三角地，到處是茂密的櫟樹，那就是為什
麼這兒的櫟子那麼多的緣故。如果不是羅馬人和威尼斯人為
了造船，在這兒不負責地肆意砍伐，現在這兒的櫟樹林會更
多。

　　除了豬以外，塞爾維亞還有什麼資源可供養它一千二百
萬人的吃穿呢？還有少量的煤和鐵。或許是我們這個世界上
的煤和鐵太多了的原因，把這兒的煤運到德國的某個港口的
費用是太高了點。正如我在前面說過的那樣，塞爾維亞沒有
自己直接出海口。

　　戰後，塞爾維亞得到了匈牙利大平原，亦即伏俄蒂卡平
原的一部分，這兒非常適合於發展農業，德拉瓦（Morava）
和沙瓦谷地（Save）可以向它的人民提供足夠的穀物和玉
米，與瓦爾達瓦河（Vardar）相連的摩拉瓦谷地（Morava）
是條理想的貿易通道，薩洛瓦卡河把愛琴海與東北歐連在一
起，它還是希尼通向君士坦丁堡和小亞細亞相連的主要走廊
（這兒也是康士坦丁的出生地，是弗雷德里克‧巴巴雷薩的

主要活動地，他為了爭奪聖地，暫時獲得了著名的塞爾維亞斯特芬王子的支持，從這兒出發進行他注定要失敗的征戰）。

但是，從總體上來說，塞爾維亞很難成為一個工業發達國，就像保加利亞一樣，充其量是斯拉夫民族中比較發達的農業國。誰要把來自斯科普里（Skoplje）和米特羅維察（Mitrovitsa）六英尺高的農民與曼徹斯特（Manchester）和謝菲爾德（Sheffield）被寵壞了的工人加以比較，就會發現，這種命運安排是完全沒有什麼補償的。像奧斯陸（Oslo）和伯恩（Bern）一樣，貝爾格勒（Belgrade）永遠是個溫和的小城鎮，但它是否想與伯明罕（Birmingham）和芝加哥一比高低？或許它會的。現代靈魂是奇怪的，塞爾維亞農民或許在歷史上首次違背祖傳的價值觀念，就如好萊塢的宣揚者們的假冒文化觀念一樣。

保加利亞（Bulgaria）巴爾幹最正統的國家，第一次世界大

戰時把它美麗的蝴蝶結綁在錯誤的戰車上，因而受到肢解的懲罰

　　這個在一千二百年前由斯拉夫進行強力入侵而產生的最後一個小公國，如果在第一次世界大戰中不站在錯誤的一方，它的面積和人口要比現在多多了。然而，即使是在這個管理非常出色的國家，也一樣出現這類事。在下一次戰爭中它可能會幸運些，在巴爾幹半島（Balkan Peninsula）講戰爭，「下次」的含義是指再過十二年或過六、七年。戰爭對那些半文明的斯拉夫人來說，是一種司空見慣的現象。我們的確不知道對塞爾維亞（Serbian）和保加利亞（Bulgarian）的男兒生涯規劃，究竟繼承了他們祖先哪一種傳統？是衝突？野蠻？血腥？奴役？掠奪？還是強姦或放火？

　　對保加利亞的祖先，我們一無所知。雖然發現了早期的出土殘骸，可見頭蓋骨不會說話。他們或許與神秘的阿爾巴尼亞人（Albanians）、希臘歷史上的伊利雷斯安或長期受難的奧德修斯之間有什麼親戚關係。這個神秘的民族講一種世界上其它地方都聽不懂的方言。他們自己說，他們的歷史發源於亞得里亞海（Adriatic）沿岸的第拿里阿爾卑斯山（Dinaric Alps）中，今天所建立的國家，是由一個部族領袖出面管理。當維也納的裁縫為他提供了一套做工精美的新制服，並讓他在地拉那（Tirano）參加了受觀大典後，他的統治就被披上了合法的外衣。可是他的居民95%以上是文盲。他們是否是羅馬人所建立的一個國家？他們是否是威爾斯、

韋爾希和比利時的瓦隆薩時常提及到，後來流落到歐洲各地的沃拉奇人？我們最好把此難題留給哲學家們去解決吧！並承認我自己對此的無知。

當歷史發展到我們這個編年史時代，已經出現過多少次侵犯、戰爭和災難正如前面提到的那樣，在烏拉山（Ural）到裏海之間的峽谷中，有兩條向西的路線，其一是沿喀爾巴阡山（Corpathian）往北到歐洲森林茂密的大平原，另一條是沿多瑙河經過布倫內羅關卡，饑餓的「野蠻人」就是通過這兩條路線被運送到義大利的中心地帶。義大利人對此知道得一清二楚，因此把巴爾幹作為他們防範「外國卑賤入侵者」進入的第一道防線，他們這樣漫不經心地稱呼這些遠方來客，是因為他們的國家可能會被這些人摧毀。後因兵源不足，羅馬人被迫慢慢退出巴爾幹半島，讓巴爾幹半島人自己去決定自己的命運。當巨大的移民潮結束後，保加利亞原來的居民沒有留下任何遺跡，斯拉夫（Slavs）人把他們同化得如此徹底，以至於現在所謂的保加利亞講的斯拉夫語中，連原來保加利亞人講的語言中的一個字母也沒有留下來。

然而，這些新征服者們的地位也常常岌岌可危。在南方，他們不得不與拜占庭人打交道；東方，是羅馬帝國，當時羅馬人僅徒具名義，實際上是由希臘人主導；在北邊和西邊，時常受到部分匈牙利和阿爾巴尼亞人的襲擊。後來，東征的十字軍鐵蹄，踏過他們的家園，聖人們的軍隊可不怎麼神聖，他們所過之處，一切國家的權利都被掠奪，還準備用同樣的辦法去掠奪土耳其和斯拉夫國家。接下來的是不可抗拒的土耳其人的侵略，絕望中的保加利亞人只好向歐洲求

救，請他們出面共同抵禦這塊同是基督教人的土地。突然
間，硝煙瀰漫的大地安靜下來，因為有從博斯普魯斯過來的
逃亡者說，穆斯林撒旦的馬隊已經踏進聖索非亞，去褻瀆希
臘人最神聖的神殿，於是引起巨大的恐慌，燃燒村莊火焰，
染紅了半邊天，說明土耳其人的軍隊在不斷地向前推進，他
們通過鮮血泡浸過的馬里乍河谷（Maritza）一直西行。接
下來就是長達四百年的讓人膽顫心驚的土耳其人的統治。終
於，十九世紀初期，出現了一絲微弱的希望之光，一個塞爾
維亞豬倌（Serbie）的小吏起來造反，並一度自封為國王。
可好景不長，不久希臘人與鄂圖曼（Ottomane）之間又開展
了一場滅絕人寰的戰爭，這場戰爭後來成了歐洲的主要問
題。正如一個英國詩人後來描寫的那樣，人們在傳染病流行
的梅吉朗吉昂村蹣跚地面對死亡。接著是為爭取自由而開展
了持續了長達一百年的艱巨戰爭。我們在評論我們巴爾幹的
朋友時，讓我們給他們一些憐憫吧！因他們一直在人類殉教
者的悲劇中扮演著主角。

在巴爾幹的國家中，保加利亞是重要的一個。它由兩部
分土地都非常肥沃的地域組成：即巴爾幹山脈與多瑙河之間
的北部平原，巴爾幹山脈與洛多皮山脈（Rhodope）之間的
菲里波波利斯平原（Philippopolis），這兩個地方非常適合於
各種農作物的生長，都屬溫和的地中海氣候。南部峽谷的產
品通過布爾加斯（Burgas）港口外運，而北部平原的大宗產
品如穀物和玉米通過瓦納（Varna）運出。

另外，保加利亞僅幾個城鎮，因為它基本上是個農業
國。現在的首都索非亞（Sofia），坐落在由南到北，從東向

西的貿易古道上。約四百年前,這兒是土耳其人總督的住地,統治著除波士尼亞(Bosnie)以及希臘以外的整個巴爾幹半島整個統治系統都是從斯特魯馬(Struma)河岸堅固的宮殿裡傳達出去。

當歐洲最終由基督教統一天下後,就時常有人議論要把仁慈的愛帶給穆斯林的入侵者,格拉德斯通的選舉人開始高談闊論在保加利亞的暴行,但最先動手卻是俄國人。他們的武裝部隊兩次進入巴爾幹山脈,戰爭把希普卡城堡夷為平地,對普列芬要塞的征服至今仍讓人記憶猶新,如果人類社會更早從野蠻時期進入相對自由世界的話,人們就會體認到,經過那些戰爭是完全沒有必要的。

這些斯拉夫援軍到來的另一結果是,1877～1878年俄羅斯與土耳其之間爆發了重大的衝突,保加利亞成了在德國人保護之下的一個獨立的公國。這意味著保加利亞那些老實而智慧的農民可以得到條頓民族的訓練,於是又導致這樣一個事實:在所有的巴爾幹國家中,保加利亞的學校是最好的。大地主消失得無影無蹤,正如丹麥和法國的情況一樣,農民擁有自己的土地,文盲的比例急劇減少,每一個人都有工作。在這個由簡單的農民和伐木工所組成的國家裡,凝聚強而有力的忍耐力和能量。就像其它斯拉夫國家一樣,雖無法像西歐國家那樣的工業化,但當有些國家消失得蕩然無存時,它卻仍然屹立在那裡。

羅馬尼亞（Roumania） 一個蘊藏著石油和穩固家庭的國家

　　講完巴爾幹一系列斯拉夫國家以後，當然，我們誰也不會忘記還有另一個國家羅馬尼亞。正好它經常被人用一條讓人痛苦的消息出現在我們報紙的頭版頭條一樣，總是不能讓人忘掉。這當然並非羅馬尼亞農民們的過錯，他們仍像世界其它地方的人一樣，多數人僅在自己的故土上轉圈子，生老病死。由於盎格魯‧日耳曼王朝存在著的一種無法形容的粗俗和講不出口的壞習慣，直到第一次世界大戰前三十年，霍恩佐勒斯才有一位受人尊敬的王子查爾斯從俾斯麥和一個叫貝加明‧迪斯雷利的人所創建的王國中成功地繼承了王位。

　　在1878年，上述兩位紳士一起到了柏林，他們在為上帝盡了自己的義務後，被提升到瓦拉幾亞（Walachia）管理一個獨立的大公國。如果當時羅馬尼亞國王同意搬到巴黎去的話，羅馬尼亞的版圖可能還要大些，自然疆界會從喀爾巴阡山到特蘭西瓦尼亞阿爾卑斯山和黑海之間廣大的平原。因為法國人不在乎能否把戰場上的髒衣服洗乾淨，只要是使用法國肥皂就行。如果是那樣，不僅會成為像俄羅斯烏克蘭（Ukraine）那樣富裕的糧倉，更有甚者是在普洛什特（Ploesci）附近發現了歐洲蘊藏量最多的石油。

　　不幸的是，在多瑙河與普魯特河（Prut）之間的瓦拉幾亞（Walachia）和比薩拉比亞（Bessarabia）之間的土地都

掌握在大地主手裡，他們多數不住在當地，所收來的租金多數都花在首都布加勒斯特（Bucharest）或巴黎，因此，他們之中誰也沒有富起來。

至於石油，都是境外投資。蘊藏在西本伯根（Siebenbergan）和特蘭西瓦尼亞（Transylvania）的鐵礦也同樣是外國人經營。這些寬闊而富有的群山是第一次世界大戰後由同盟國要求匈牙利讓出給羅馬尼亞人以作為回報，羅馬尼亞人給匈牙利人雙倍以上的服務。但是，由於特蘭西瓦尼亞原本就是羅馬尼亞達契亞省的一部分，十二世紀時，被匈牙利人奪走了，匈牙利人對待特蘭西瓦尼亞的羅馬尼亞人，就如原來羅馬尼亞人對待特蘭西瓦尼亞的匈牙利少數民族一樣。我們最好把此種冤冤相報的事扔到九霄雲外去吧！那些毫無希望的錯綜複雜的民族衝突在所有民族主義觀點從地球上消失之前，是不可能解決的。在沒有任何機會的情況下硬壓著去解決，除非有出現奇蹟。

根據最新得到的統計數字，原來的羅馬尼亞共有五百五十萬羅馬尼亞族人，吉普賽人、保加利亞人、匈牙利人、亞美尼亞（Armenie）和希臘人合計為五十萬。新羅馬尼亞通常稱為大羅馬尼亞，共有一千七百萬人，其中羅馬尼亞人占73％，匈牙利人占11％，烏克蘭人占4.8％，在多瑙河三角洲的比薩拉勃和布伊拉的德國人占4.3％，俄羅斯人占3.3％。

由於不屬於同一人種，所有種族之間皆有強烈的衝突。只是在那次和平會議上被人為地劃在一起，由歷史資料推論那裡將會出現一場一流的內戰，除非外國債權人為挽救他們

的投資而出面干涉。

俾斯麥曾經說過，所有的巴爾幹人都抵擋不住一個波美拉尼亞軍隊的攻擊。這個德意志帝國的創造者在這方面的感受，正如他幹的許多其它事一樣，他的牢騷或許是對的。

匈牙利（Hungary） 它是誰的殘留物？

　　匈牙利人，或許像他們自己喜歡自稱的那樣——馬扎爾（Magyars）人，是唯一扎根於歐洲大地並建立自己王國的蒙古人。這是他們非常值得驕傲的事實，因為他們的遠親芬蘭人，直到近代還不時成為其它什麼大國的一部分。或許，由於過去的悲痛，匈牙利人仍保留了比實際需要還多了一點的尚武精神。但沒有任何人能否定，作為反對土耳其人的一個堡壘，他們對歐洲其它國家具有重大的貢獻，就連教皇在提到馬扎爾人的領袖、匈牙利按羅馬旨意行事的國王史提芬（Stephen）時，也承認他們具有緩衝國的地位。

　　土耳其人欲征服東歐時，匈牙利人把他們阻止於門外，這裡成為歐洲第一堡壘，正如當他們最後兵敗被攻破後，波蘭證明是第二個堡壘一樣。在符拉迪克（Vladic）地區有名望的貴族約翰・亨亞迪（John Hunyadi）的領導之下，馬扎爾人成立為正統宗教而戰的王國，他們因此在多瑙河和提索河（Tisia）兩岸廣大平原上吸引大量敵人的騎兵，迫使韃靼人停止進攻，尋找供給，遂造成他們內部矛盾的爆發。

　　平坦而寬闊的空間使得相對容易就能讓幾位強人統治那兒的老百姓，因為既不靠山又不臨海，窮苦的農民能躲藏到什麼地方呢？匈牙利後來成了一個大地主制國家。他們是一個個獨立王國，天高皇帝遠，地主對農民非常殘忍，以至於

他們很少留意統治他們的是馬扎爾人還是土耳其人。

1526年，當大蘇丹‧蘇萊曼向西挺進時，匈牙利最後一個國王為了阻止穆斯林的進攻，好不容易才徵集到2.5萬人，在莫哈奇（Mahacs）大平原上，匈牙利人全軍覆沒，2.5萬人中有2.4萬人被殺，國王本人遇害，他手下的王公大臣連同約十萬老百姓被押到君士坦丁堡賣給小亞細亞的奴隸販子。大部分匈牙利土地被土耳其人吞併，其餘部分被奧地利哈普斯堡占領。為了爭奪這塊土地，奧地利從此被痛苦地拖進與穆斯林的戰爭之中，直到十八世紀初葉，整個匈牙利都成了奧地利哈普斯堡的一部分，戰爭才結束。

然而，一場新的為爭取獨立的戰爭又打響了，這場反對日耳曼人統治的戰爭整整持續了二百年。匈牙利用石頭作武器英勇地戰鬥，最後，他們得到了奧地利帝國的承認，取得名義上的獨立，成立了一個按羅馬教皇旨意辦事的匈牙利王國，獲得自己管理自己的權力。

但是，他們一旦獲得本來屬於他們的權力後，就向所有的非馬扎爾人舉起了屠刀。該政策是如此短視並喪失理智，在世界上很快就成了孤家寡人。人們注意到，當凡爾賽（Versailles）管理議會期間，匈牙利的居民從原來的二千一百萬急遽減少到八百萬，3／4的領土被賠送給那些受之無愧的鄰國。

留給匈牙利的僅僅是它自己的舊光榮史，一個不喜歡奧地利的國家，一個沒有任何後勤物質供應的大城市。匈牙利從來就說不上是個工業發達國。大地主們對所有管理完善的工廠之大煙囪抱有成見，他們聞不慣煙味。其結果是，匈牙

利大平原上仍然只適應種植農作物，時至今日，它的農業用地所占比例比任何國家都高。他們的人民世代耕作，多數都一貧如洗，以至於在1896～1910年期間，就有一百萬人通過各種方式移民出去。

在十六世紀與土耳其的戰爭開始前，匈牙利平原上人口密集，約達五百萬，經過土耳其約二百年的統治，人口減少到三百萬。當奧地利人把土耳其人從普茨塔（Puszta）（馬爾扎人對平原的叫法）驅出去時，匈牙利大平原上的人口如此稀少，使中歐各地移民紛紛前來，希望能占據一塊荒蕪的土地，馬扎爾貴族認為他們才是此地主人，於是又成功地開展了一場民族戰爭，把他們自己欣賞的權力從新來的移民身上全部剝奪，從此以後，幾乎占他們人口一半的其它少數民族，再也沒有對收養他們的國家製造過真正的麻煩。

在第一次世界大戰期間，匈牙利人感到自己內部的忠誠不夠，希望對雙重皇位制進行一次改革，這種做法就如一座舊建築突然遇到強烈地震，最後震垮，他們的皇位就到此終結。人們對他們的做法真感到有些不可思議。

芬蘭（Finland） 在惡劣的自然環境中，透過努力工作證明人

定勝天的另一個例子

　　本書當談完歐洲以前，僅留下一個國家——曾占據歐洲
許多土地的土耳其，它保留住君士坦丁堡和色雷斯平原上
的一小塊，因此我們最好把它留到明天再說。但芬蘭卻是
歐洲的一部分，這可是不折不扣的事實。

　　他們曾完全由俄國人統治，俄羅斯人口太多，一直把
他們往北趕，直到抵達俄國與斯堪地那維亞相連的狹窄乾
燥地，他們遂在那兒定居下來，直至現在。當時少數住在
森林裡的拉普（Lapps）人沒有給他們製造什麼麻煩，因為
拉普人移民斯堪地那維亞半島的拉普蘭，歐洲文明在那裡
給了他們一個更寬闊的活動餘地，使他們很滿足。

　　說到芬蘭，它與歐洲任何一個國家都不盡相同。因為
數萬年前，這兒完全是冰雪覆蓋，冰水把原來少量土壤沖
得如此乾淨，以至於這兒只有10%的土地適合於耕種。由
於冰川形成，由山上慢慢流下來的冰水把冰磧、石塊和污
物填滿了所有的大峽谷。後來地面解凍，大峽谷因此積滿
了水，那就是芬蘭山上湖泊星羅棋布的原因。山湖這個詞
並不是瑞士所專有，因為芬蘭也是個低地國家，僅比海平
面高五百英尺，湖的總數約四萬個，如把湖與湖相連沼澤
地也算上，水面積的總和約占國家總面積的30％，另有62
％即約2／3的面積上覆蓋著茂密的森林。世界上印刷書報

刊物，所需的大部分紙漿就來自此地，部分木材還能就地製
成紙外運。然而，芬蘭沒有煤，但有許多水流湍急的河流可
供建造發電站。只是這兒的氣候嚴寒，與瑞典一樣，每年約
有五個月時間冰雪封凍，這期間，發電站當然運轉不起來。
木材通過輪船外運，赫爾辛基（Helsinki）〔直到戰前還稱赫
爾辛火斯（Helsingfors）〕不僅是政治首都，也是芬蘭木材
外運的主要港口。

在我結束本章之前，讓我把你的注意力拉到一個教育人
民的有趣題目裡。連接斯堪地那維亞半島和俄羅斯的這座花
崗石橋樑，完全是由蒙古人居住著。然而，西半部，也就是
芬蘭人居住的那部分，曾被瑞典人征服，而東半部，由卡累
利阿（Karelians）人居住，成了俄國人的領土。芬蘭人在受
了瑞典人的影響和統治之後，成了歐洲一個文明國家，儘管
有好幾個國家的地理位置比它優越，但芬蘭人在許多方面都
要比他們強。在俄國人統治這兒的五百年期間，他們總是希
望有一天能開發富饒的科拉半島（Kola）和莫曼斯克
（Murmansk）沿岸。當莫斯科沙皇首次提出他們的看法時，
卡累利阿人實際上早就在那兒了。芬蘭人並沒有與斯拉夫文
化進行接觸，直到1809年，瑞典人把這個地方的統治權交給
俄國人時，當地的文盲只有1%，而在俄國統治下的卡累利
阿一帶，不識字者多達97%。當然，他們也經常受到莫斯科
的一些影響。或許這兩個民族本是同根生，所以他們在拼寫
「貓」和「尾巴」時都是一樣的。

ALASKA

Mackenzie Bay　AMUNDSEN GULF

MAGNETIC POLE

BAFFIN ISLAND

DAVIS STRAIT

DENMARK STR.

the Iceland

Reykjavik

Cape Farewell

Rockall

IRE

GREAT BEAR LAKE

GREAT SLAVE LAKE

YUKON RIVER

KLONDIKE

MACKENZIE R.

JUNEAU SITKA

Vancouver Is.

Victoria Is.

CALIFORNIA

Francisco

Los Angeles

San Diego

HUDSON BAY

HUDSON STRAIT

LABRADOR

R O C K Y

C A N A D A

SASKATCHEWAN

WINNIPEG

MINNEAPOLIS

LAKE SUPERIOR

LAKE HURON

LAKE MICHIGAN

OTTAWA

MONTREAL

QUEBEC

ST. LAWRENCE

BUFFALO

NEWFOUNDLAND

CAPE RACE

NOVA SCOTIA

EUROP

DETROIT

CHICAGO

INDIANAPOLIS

LA CROSSE

PITTSBURG

CINCINNATI

OHIO R.

BOSTON

NEW YORK

PHILADELPHIA

BALTIMORE

WASHINGTON

SALT LAKE CITY

PORTLAND

U N I T E D

S T A T E S

OMAHA

MISSOURI

ST. LOUIS

ARKANSAS R.

RED R.

GRANDE

AZORES

PORTU
LISE
S.ROF.GO

MADEIRA
Rio de ORO

CANARY IS.
TENERIFE

美洲

CHARLESTON

BERMUDAS

FLORIDA

NEW ORLEANS

Gulf of MEXICO

HAVANA

CUBA　HAITI

SAN DOMINGO

PORTO RICO

VIRGIN IS.

Bahamas

the Atlantic Ocean

CAPE VERDE IS.

Mexico

YUCATAN

Jamaica

GUADELOUPE

DOMINICA

MARTINIQUE

BARBADOS

SIERRA LEON

LIBE
IVOR

HONDURAS

CARIBBEAN SEA

MANAGUA

COSTA RICA

COLON

CURACAO

Venezuela

TRINIDAD

Central American Isthmus

Panama Canal

CARACAS

BRITISH GUIANA

DUTCH GUIANA

FRENCH GUIANA

Galapagos Is.

Bogota

RIO NEGRO R.

Jura

HERE THE E

Colombia

Ecuador

Peru

Callao

QUITO

AMAZON

LIMA

LA PAZ

BOLIVIA

SUCRE

Matto GROSSO

Campos

Bahia

BRAZIL

Rio de Janeiro

Santos　TRINIDAD IS.

CHILE

Paraguay R.

Paraguay

URUGUAY

Easter Is.

the Pacific Ocean

JUAN FERNANDES

VALPARAISO

Santiago

Montevideo

LA PLATA RIVER

BUENOS AIRES

SOUTH AMERICA

美洲（America） 最幸運的大陸

　　美洲是地球上最樂善好施的大陸。當然，我現在所說的，是把美洲僅僅作為一個地理單位，而不是把它看作工業發展中的一個經濟因素，也不把它看作新政體的政治實驗室。但是，從地理這個角度看，美洲幾乎是盡善盡美的了。

　　美洲是西半球唯一的一個大陸，因而不像非洲、亞洲和歐洲那樣，有直接的競爭對手。它坐落於世界最大的兩個海洋之間，在大西洋成為文明的中心時，就有白人向這裡移居。

　　它位於北極和南極之間，因而具有各種類型的氣候。最靠近赤道的那一部分也是最高的地方，那裡的氣溫適宜，適合人類居住。

　　它實際上沒有沙漠，但擁有廣闊的平原。平原位於溫帶區內，因而注定要成為世界的糧倉。

　　它的海岸線既不平直，也不犬牙交錯，因而極其適合修建深水碼頭。

　　它的主要山脈是北南走向的，因而那裡的動植物得以自由地躲避冰河時期冰川的襲擊，比歐洲的動植物有一個更好的生存條件。

　　與其它各洲相比，它擁有更豐富的自然資源，如煤、鐵、石油、銅等，工業時代對這些原料的需求日益增長。

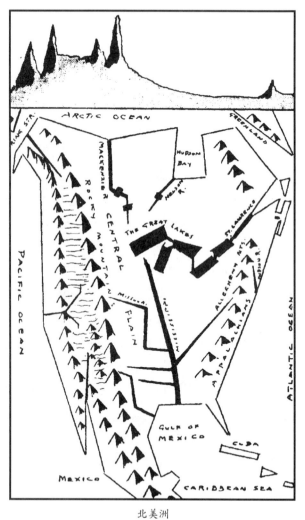

北美洲

白人到達之前，它實際上是個人煙罕見的地區（整個大陸只有一千萬印地安人），土著人無法阻擋外人的入侵，也阻擋不了侵入者為所欲為的行為，更無法制止他們建立國家的計畫。結果，美洲除了有一些自身的不幸問題外，並沒有存在嚴重的種族問題。

　　它是一片新的空曠大陸，巨大的經濟機會，吸引了各國最有活力的那一部分人前往。大家在一起形成了一種獨有的混合種族，並在極短的時間內就適應了新大陸的新奇、獨特但又十分簡單的地理環境。

　　最後也可能是最重要的一點是，現在居住在這個大陸上的居民沒有值得讓他們流連忘返的歷史。沒有沉重的包袱（任何地方都已證實這不是好事，而是壞事）、拖累，他們可以比其它民族跑得更快。而其它民族必須推著祖傳的獨輪小車前進。

　　兩個美洲的實際地形不僅十分單純，也比其它大陸更為勻稱，而且南北美洲的主要特徵非常相似，我們可以同時介紹它們而不會造成讀者的困惑。

　　南北美洲像兩個三角形，其唯一區別是，南美洲三角比北美洲三角稍許偏東一點。這點確立南美洲要比北美洲更早被發現，當南美洲已經聲名遠揚時，北美洲的大多數地方仍處於「未知領域」階段。

　　南北美洲三角的西端，都有南北走向的山脈。山脈面積大約占總面積1／3，其餘的2／3在東部，是一塊大平原。

　　平原被兩座較低矮的山脈把它與大海（兩地都是如此）隔離開來。兩座山脈是：北美洲的拉布拉多山（Labrador）

（加拿大）和阿帕拉契山（Appalachians）（美國），南美洲的
圭亞那（Guiana）高地和巴西高地（Brazilian Highlands）。

南北美洲的河流非常相似。一些不太重要的河流向北
流，而聖羅倫斯河（St. Lawrence）和亞馬遜河（Amazon）
幾乎是比肩前行，巴拉那河與巴拉圭河（Paraguay）酷似密
西西比河（Mississippi）與密蘇里河（Missouri），都是在中
途相會，然後分別與聖羅倫斯河和亞馬遜河成直角向下流
去。

至於中美洲，一條東西走向的狹長地帶，從地理上講是
北美洲的一部分。因為在尼加拉瓜（Nicaragua），地形與動
植物都突然發生了變化，這一狹長地帶屬南美洲。中美洲的
其餘部分是高山。這就是墨西哥為什麼人口稠密和氣候很好
的原因之一。墨西哥與撒哈拉大沙漠一樣都非常靠近赤道。

南美洲當然要比北美洲更靠近赤道，亞馬遜河從安第斯
山脈（Andes）流向大西洋時實際是沿著赤道線走的。就整
體而言（我現在就是這樣做的），這是一個非常理想的例
子，可以用來研究地理環境對人的影響以及人對地理環境的
影響。

自然界為自己創造兩種環境，而且是採用同一種方法完
成。以地理環境而言，它的右面是一條主通道，左面是高
牆，中間是一塊開闊地，有一座儲物豐富的倉庫。她把北部
的舞台交給了日耳曼的流浪藝人。這些藝人長期在小城鎮的
小劇場演出，是水渠底下的劇團，習慣於長時間的演出，適
於扮演屠夫、麵包師和燭台製作工作的角色。南部的舞台租
給了畢業於最好的地中海學校、有聲望的老悲劇演員。這些

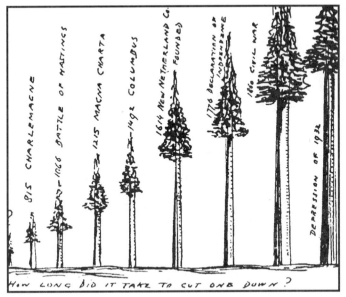

與歷史同期的紅杉

演員習慣於只為皇親國戚表演，每個人都能瀟灑地舞刀揮劍，這一切對他們的北方同行來說是前所未聞的。北方同行們的手臂因拿鏟子和斧頭而呈僵直，脊背因長期在不毛之地上工作而過早佝僂。

自然界於是同時打開了兩個舞台的序幕，邀請世界來觀看節目。請看吧！第一幕演出一半後，兩個舞台的演出開始有變化。第二幕開始後，戲中的女士、男士和小孩都出現明顯的變化，這讓觀眾大吃一驚，竊竊私語地說：「會有這樣的事情嗎？」請讓我來陳述。

古維京人（Old Vikings）海盜船看起來非常別緻，但駛入波濤洶湧的大海裡就不那麼實用了。結果，這些魯莽的挪

威人在航行中不斷偏離航線，因為他們既沒有羅盤，也沒有測程儀，他們船帆與三千年前埃及船帆一樣拙劣。但當你看到三千年畫在莎草紙上在尼羅河上航行的小帆船時，你更會驚嘆不止。

現在請你們看看墨西哥灣流（本書已數次講到了它）的地圖，你們會發現，墨西哥灣流從非洲穿過大西洋抵達美洲後，由西南向東北重新緩緩地穿越大西洋北部。流經挪威海岸，再往北冰洋，然後再經由冰島和格陵蘭返回。在冰島（Iceland）和格陵蘭（Greenland），它改變了名字和溫度，繼續向南流去。它先叫格陵蘭海流（Greenland），然後叫拉布拉多海流（Labrador）。拉布拉多海流是一條被詛咒的海流，因為它把格陵蘭的巨大的蔚藍冰山攜帶了出來，拋灑在大西洋的整個北部。

挪威人憑著運氣（我的祖輩就是這麼說的），在九世紀時到達冰島。一旦冰島和歐洲之間有了固定的通道，發現格陵蘭和美洲是早晚的事了。一個從特洛德海姆（Trondheim）到冰島去的挪威人，因大霧（即使在今天，已有了各種儀器，大霧仍非常可怕）迷失了方向，不知目的地在何方，早晚有一天會發現，自己已到了冰島的東海岸。如果大霧持續不散，他的運氣也好，就有可能到達東面的大陸海岸，早先來到這裡的人把它叫作瓦恩蘭（Vineland），這裡出產一種葡萄，可用來釀製美酒。

我們應該記住，世界上有許多發現是我們前所未聞的。普通的船長有一種天生的習慣，惟恐自己在同行面前丟人現眼。例如，告訴他們一件神奇的事情，但誰都不信，後來證

格陵蘭

實海市蜃樓，是由幻覺引起的，或是將低低的雲層誤認為高
山，也許是將一線陽光當作了平坦的海灘。早在艾貝爾·塔
斯曼（Abel Tasman）登上澳大利亞海岸拔了一鵝毛，並向
巴達維亞（Batavia）當局報告當地有高大的土著人之前，
法國和西班牙的水手就從遠處看到過澳大利亞。亞速群島
（The Azores）被重複發現了好幾次，以致我們學校的課本
都根本無法弄明白它們最早被列入世界大發現之列的確切時
間。法國漁民肯定要比哥倫布早幾個世紀發現去紐芬蘭大淺
灘的路線。但是，他們只告訴鄰居，那裡捕魚容易，可以去
那裡云云。他們對魚感興趣，另外的土地僅僅是另外的土
地。不列塔尼（Brittany）的每一個人已有足夠的土地。為
什麼要為與家鄉相隔千里之遙的事情發愁呢？

　　在我的著作中，我總是毫不動搖的支持這樣一種觀點：

紐芬蘭

人性總是先於民族性。我絕不會參與那種情緒性的爭辯，如是否有必要在哥倫布日、利夫‧埃里克森日或從諾曼地的檔案館裡挖掘出來某個船員的日子裡舉行紀念活動。我們現在有足夠的證據證明，挪威人在十一世紀初的十年裡就到達過這裡的海岸；一些以西班牙人為主的船員，在一個義大利船長的指揮下，於十五世紀末的最後十年裡也曾到過這裡的海岸，他們抵達那裡時發現，他們不可能是最早的發現者，因為那裡已經有亞洲血統的居住於當地。因此，如果非要把「第一個到達」的榮譽給予任何一個人的話，蒙古人理所當然是榮獲所有紀念牌的候選者。

我們已有一座無名英雄紀念碑。如果再建一座更大、材質更佳的大理石無名發現者紀念碑，不是不合適，這些人的親屬，現在因法律的限制無法到我們的大陸來，因此這個計

畫並無法實質意義。

對於最早從遠東來的勇敢移民後裔，我們已有相當的瞭解。但有一件我們感興趣的事可能永遠成謎。那就是：亞洲人是怎樣來到美洲的？他們是乘船渡過太平洋狹窄的北部，還是徒步穿越白令海峽的冰面？他們是在美洲和亞洲一座狹窄的陸橋相聯的時候過來的？對此，我們全然不知。我認為這無關緊要。當白人抵達遠隔重洋的海岸時，他就與當地的民族交往。這個民族除了一些居住在偏僻地方的人外，或許這些土著，剛剛走出石器時代的後期，還沒有進入發展階段，但因接觸文明，因此可以立即用車輪來減輕背負的負擔，或以家畜群業的方式把自身從原有之繁重的打獵捕魚，以維持生計的勞作中解脫出來。這些有著紅銅色膚色的土著，即使有弓箭，也敵不過擁有槍能在遠距離射殺對手的白人。

反主為客的紅人將會繼續存在幾個世紀，然後被他們的敵人徹底同化，並將僅僅作為一種淡淡的歷史記憶留存下來。這太可悲了，因為他們無論在身體上，還是在思想上都有許多非常出眾的品質。

事情就是這樣的發展，但我認為我們對此束手無策。

讓我們看最後一次地圖。

從白令海峽到巴拿馬地峽（Isthmus of Panama），美洲的西海岸是由高山作為屏障與太平洋相隔。這一屏障不是一樣寬，有些地方有幾座並列的山。但所有的山都是一個走向，即從北向南。

在阿拉斯加可以清楚地看出，這裡的高山脈系是東亞山

美洲的三次發現

脈的延續。阿拉斯加被育空河（Yukon River）盆地分為兩部分，育空河是北部的一條主要河流。阿拉斯加原來是俄羅斯帝國的一部分。1867年，美國以七百萬美元購買了這塊五十九萬平方英里的荒地。

俄羅斯人對如此低價感到滿足，其原因是不知道這塊土地具有無窮的潛在財富。七百萬美元交換幾個漁村和一些被雪覆蓋的山，在當時是一筆非常豐厚的買賣。1896年克朗代克（Klondike）發現了金礦，而阿拉斯加被劃在地圖上。溫哥華到朱諾（Juneau），再經斯卡圭（Skagway）、奇爾庫特（Chilkoot）和奇爾卡特山口（Chilkat）到克朗代克（Klondike）地區的中心道森（Dawson）（必須自己肩背行李，因為牲口價格昂貴，而且難以在靠近北極南面海拔達三千五百英尺的高原雪地上行走），這一長達一千多英里的路程，就像其它人類為尋找物質財富所走過的艱苦道路一樣，走起來十分不便。但是，有一個金罐放在終點，等待著最先到達的人。在這種情況下，每一個人總是堅信自己是第一個到達終點的人。

從那以後，阿拉斯加（Alaska，整個地區被厚厚的冰川覆蓋著）不僅有黃金，還有大量的銅、銀和煤，而且也是獲取皮毛和捕魚的理想之地。結果，從成為美國領土一部分起的最初四十年裡，美國從阿拉斯加得到的收入，就已是當初購買時二十倍。

在阿拉斯加的南部，山脈分為兩部分，東部為落磯山脈（Rockies），延伸入至內陸，西部繼續與大海並行。落磯山融入墨西哥高原（Mexico Highland）前名字一直沒變。而

太平洋沿岸的山脈離開了阿拉斯加山脈中最高的山和北美洲大陸最高的山峰麥金利山（Mckinley）（二萬零三百英尺）之後，就有許許多多不同的名字。在加拿大叫聖伊萊亞斯山脈和海岸山脈。它們穿越溫哥華島（Vancouver Island，一座石島，約翰斯頓海峽和喬治亞海峽將它與大陸分割開）後分成兩部分，西半部叫海岸山脈，東半部在華盛頓州和俄勒岡州（Oregon）叫喀斯特山脈（Coast Range），在加利福尼亞州叫內華達山脈（Nevada）。兩山脈之間的開闊地是薩克拉門多河流域和聖華金河流域，這兩條河在中途相匯合，然後流入舊金山灣（San Francisco）。舊金山灣開闊水深，是世界上最好的海港區，並通過著名的金門大橋與太平洋相連。

當西班牙移民的先頭部隊到達時，兩河流域是未開發的荒地。今天，依靠灌溉，這個地區成為世界的果園，只要稍加管理，蘋果、桃子、梅子、桔子和杏子就能生長得很好。

兩河流域看來，確實是上帝賜給加利福尼亞州的禮物，因為在上個世紀四〇年代興起的淘金熱已經夕陽西下，礦主和他們的工人發現，只要他們改變職業，不再找礦，而去當果園農工，就能過著非常舒適的生活。在阿拉斯加和澳大利亞，一旦金礦開採完了，就不可能養活這麼多人，就像來時蜂擁而至，去時煙消雲散，留下的只是空蕩蕩的城鎮、村莊和無數的錫罐。加利福尼亞卻不同，不像大多數產金國那樣因黃金而致窮，而是因黃金而致富，這應該作為人類歷史上獨一無二的事例載入史冊。

當發現地面深層有豐富的石油資源時，這個地區的未來

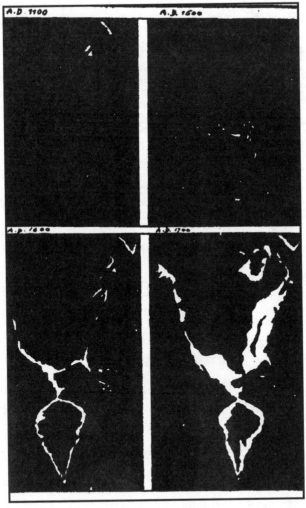

美洲是如何被歐洲認識的

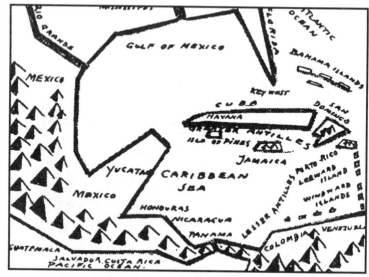

加勒比地區

有了保證。確實，這地區不太穩定，加利福尼亞灣有深深的缺口，有時會引起不同岩石板塊移動，這是很危險（尤其是引發大火）。但地震只造成短暫的不便，而陽光、適中均衡的氣候卻是永久的幸福。作為北美洲人口最密集的地區之一，加利福尼亞剛開始起飛。

在內華達山脈和落磯山主山脈之間，是一塊巨大的谷地，它包括三部分。北部是哥倫比亞高原，斯內克河（Snake）與哥倫比亞河從這裡流向太平洋。南部有沃薩奇山脈（Wasatch）和科羅拉多高原，科羅拉多河就是在穿越高原的過程中開挖出著名的大峽谷。兩大高原之中是凹地，即大盆地。摩門教信徒被趕出美國東部後，把盆地作為他們永

久的居住地，這一地區比較乾燥（大鹽湖水很豐富，但它比海水還鹹），他們花了不到一個世紀的時間，把這裡變成了收益最好的地方。這時的整個地區是火山相當活躍的區域，以前一定發生過劇烈的震動。此一狀況從下面的事實中可以得到驗證：你如果站在死谷（Death Valley，位於海平面以下二百七十六英尺）的谷底，可以看到美國的最高峰惠尼山峰（Whitney，14,496英尺）。

在落磯山脈的東面是一望無際的大平原，平原的北邊是北冰洋，南邊是墨西哥灣，東邊是美國拉布拉多和阿帕拉契山脈的倫琴高地（Laurentian）。如果精心耕種的話，僅這一個地區就可以供養全球所有的人。所謂的大平原（落磯山脈的山坡逐漸緩形成平地）和中部平原是一個巨大的糧倉。密西西比河、密蘇里河、俄亥俄河、阿肯色河（Arkansas）和雷德河（Red Rivers）都流經中部平原後流入墨西哥灣。北部地形不怎麼好，因為馬更些（Mackenzie）河、阿薩巴斯卡河、薩斯喀徹溫河（Saskatchewan）以及奧爾巴尼河（Albany）如非流入北冰洋，就是流入哈得遜灣（Hudson Bay），一年之中大部分時間處於封凍狀態，因而它們的重要性只是地區性的。密蘇里河發源於蒙大拿州黃石公園附近，密西西比河（加上密蘇里河是世界上最長的河流）發源於加拿大的溫尼伯湖（Winnipeg）和蘇必略（Superior）湖之間的分水嶺。這兩條河從源頭到三角洲幾乎全部可以通航，所流經區域的人口密度幾百年後可達中國東部地區的水平。

在這個地勢稍高的地區是哈得遜灣（北冰岸）、大西洋

第一條鐵路

和墨西哥灣的分水嶺。這裡有密西根湖（Lake Michigan）、
休倫湖（Lake Huron）、伊利湖（Lake Erie）和安大略湖
（Lake Ontario）。後兩個湖之間有一條較短的河相通，但不
能通航，因為有瀑布，即尼加拉瀑布（Niagara，比三比西
河上的維多利亞瀑布稍寬一些，但只有它的一半高，約塞米
蒂瀑布最高，超過一千英尺），因而開挖了一條名為書蘭的
運河連結兩湖。在休倫湖和蘇必略湖（Lake Superior）之間
也有運河相連，即聖蘇瑪麗運河（Sault Ste. Marie）。通過
聖蘇瑪麗運河船閘的船隻噸位量超過了巴拿馬運河、蘇伊士
運河（Suez Canal）和基爾運河（Kiel Canal）三河的總噸位
量。

這些湖的湖水通過聖羅倫斯河流入聖羅倫斯灣，再流入大西洋。聖羅倫斯灣類似於內海，它的西面是加拿大，東面是紐芬蘭島（1479年由約翰·卡伯特發現，1,500年設葡萄牙總督）。南面是布雷頓島（Breton）、諾瓦斯科西島和新不倫瑞克島（New Brunswick）。把紐芬蘭島與布雷頓島分割開的卡巴特海峽（Cabot）可以證明，最先到達這一地區的是義大利人。

　　至於加拿大北部，即西北地區，氣候太嚴寒，不適合白人活動，所以對這一地區的情況知道較少。這裡湖泊交錯，其大部分曾經歸哈得遜公司所有。該公司創建於哈得遜死後十九年的1670年。哈得遜灣是由哈得遜發現的，因而以他的名字命名。後來他的部下叛亂，把他殺害了。那些創建公司的英國「投機家」，依然沿用他的名字。這些人沒有遠見的投機客，如果再讓他們繼續開發五十年，則當地湖泊和森林中的一切生物，恐怕都要滅絕（在繁殖季節，他們照殺不誤）。他們向印地安人提供大量的酒，恐怕酒也要毀滅一切。後來，英國女王出面干預，把公司管轄的大多數地方併入加拿大自治的殖民地。哈得遜公司雖然還在原地（經營了262年，對任何公司說，這是相當長久的了）經商，但規模縮小了，也不像以前那樣為所欲為。

　　位於哈得遜灣和聖羅倫斯河之間的拉布拉多半島，因太靠近格陵蘭冰封的海岸，氣候寒冷，對人類價值不大。加拿大自治的殖民地，剛描繪出宏偉藍圖，但為當地人口太少感到遺憾。

　　從政治上講，加拿大是一個大帝國夢想破滅以後的奇特

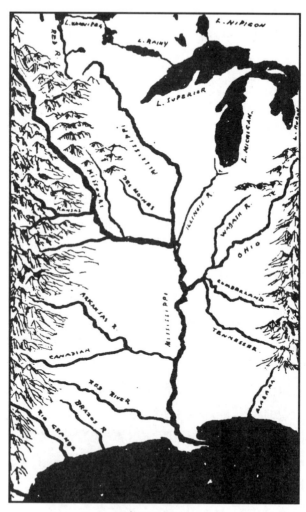

密西西比河

產物。當喬治·華盛頓出生時，北美洲的大部分地區屬於法國。大西洋沿岸的一些地方才是西班牙和英國的殖民地，他們四周為對手包圍。早在1608年法國人就到達了聖羅倫斯河河口。後來他們把目光轉向內陸，首先是向西，到達了休倫湖。他們又在大湖區勘察，發現了密西西比河的上游。1682年，拉瑟爾順河而下，直抵河口，占領了整個密西西比河流域。他們以法國國王路易十一的名字命名這一地區，把它叫做路易斯安那（Louisiana）。十七世紀末，法國的領地伸展到落磯山。山外屬於西班牙的領地。阿利根尼當時是要衝，正好處於法國、英國、荷蘭的殖民地以及西班牙在佛羅里達殖民地的中間，將他們的殖民地分割開來。

如果路易十四和路易十五兩位法國國王具有多一點的地理知識，如果這兩位風流人物多關注地圖而不是新地毯上那精緻的圖案，那麼新英格蘭等地的人可能都要講法語了。然而，這兩個國王卻不知道新世界的含意。由於他們無動於衷，加拿大講起了英語，魁北克（Quebec）和蒙特利爾（Montreal）不再是法國的城市。再過幾代之後，新奧爾良和整個遠西被出賣給大西洋沿岸，幾個反叛的英國小行省，並建立起共和國。連偉大的拿破崙也認為，他用一些土地換得一堆美國金圓，這是一筆聰明的交易。現在這些土地成為美國最富裕的地區。

1819年，佛羅里達併入新近獲得的領地裡。1848年，德克薩斯、新墨西哥、亞利桑那、加利福尼亞、內華達、猶他被從墨西哥手裡搶了過來。看來必然將成為兩個拉丁強國腹地的美洲北半部，在不到一百年的時間裡被徹底易手，成為

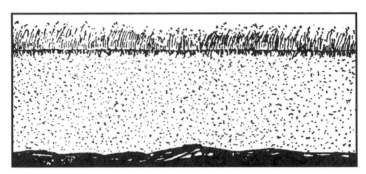

大平原的土壤

歐洲北部大平原的延伸。

這個由不同民族組成的地區。因經歷幾次的戰爭，尤其是原來主人的淡漠和眼光短淺，現在突然意外地被合併在一起。隨後其經濟發展速度之快，世人聞所未聞。很快，第一條鐵路鋪設起來，第一艘蒸汽船下水，數以萬計的移民隨著河道湧入大湖區，或跨越阿勒格尼山脈進入大平原，把這些地區開發出來供人們居住，並在此地種上小麥，使芝加哥成為世界最重要的糧倉中心。

當位於大湖區、阿勒格尼山脈（Alleghenies Mt.）和落磯山麓之間的三角（Rockies）地，發現極其豐富的煤、石油和銅資源的時候，這一地區成為新共同體的巨大工廠區。像匹茲堡、辛辛那提、聖路易斯、克利夫蘭、底特律和布法羅這些城市，吸引了世界各地的工人，他們幫助先來的人，一起開發這些寶藏。由於這些城市需要港口，以便向外輸送

火山的內部

鐵、銅、石油和汽車，大西洋沿岸的老殖民地紐約、波士
頓、費城、巴爾的摩，獲得了前所未有的顯赫地位。

　　同時，南部各州度過了重建階段的黑暗時期（比內戰本
身還要艱難），積聚了足夠的資金，在沒有奴隸的幫助下開
始種植棉花。加爾維斯頓、薩瓦納和新奧爾良都重現生機。
鐵路和電報電話線把整個地區轉變成巨大的農場和工廠，不
到半個世紀，六千萬歐洲人遠渡重洋，與先來的人一起規
劃、建設、生產、出售，他們建起了一個世界上從未有過的
大工廠。大自然從未如此慷慨把無限的機會給予過其它國
家，卻給予了我們一塊無邊無際的平原、良好的氣候、肥沃

的土地，兩邊由通行方便實際上又荒蕪人煙的山脈護衛——山中有著無窮無盡的資源——便利的水道，還有一個最重要的禮物，即一種民族，一種語言，沒有過去。

我們只要再往南走，到達墨西哥和中美洲，就能認識到這些優勢的真正意義。墨西哥除了過去馬雅人居住的猶加敦半島外，都是山區。從里奧格蘭德（Rio Grande）開始向南，地勢逐步升高，直到馬德雷（Madre）和阿納海克（Anahuac）高原，這裡的山峰高度一般是1.6萬至1.7萬英尺。像皮皮卡特佩特山（Popocatepet，17,543英尺）、奧里薩巴山（Orizaba，18,564英尺）以及伊克斯塔華特山（Ixtaccihuatl，16,960英尺）原來都是火山，科利馬山（Colima，13,092英尺）是現存的唯一一座活火山。

在太平洋沿岸，馬德雷山脈在海岸邊陡然直立。但大西洋沿岸，山坡平緩，歐洲移民從東部靠岸，從這裡很容易進入內地。第一批移民是十六世紀的最初幾年到達這裡。那時是西班牙人最倒霉的時候，因為可惡的熱那亞人（Genoese）的新發現被證實是假的，是徹底的失敗，那兒沒有金子，沒有銀子，只有赤身裸體、要讓工作就躺下來裝死的野蠻人，還有無數的蚊子。

後來傳來謠言，說山的那一邊住著阿茲台克人（Aztecs），他們的皇帝住的是金城堡，睡的是金床，吃飯用的是金盤。費迪南德·科斯特茲（Ferdinand Cortez）帶領三百名勇士於1519年在墨西哥登陸。他們依靠數十門大炮和十三支大口徑短槍，占領了可憐的蒙特朱馬（Montezuma）的所有領地。不久前，這裡秩序井然，管理有方，不亞於哈

水壩

最古老的山並不是最高的

布斯堡王朝。蒙特朱馬被以哈布斯堡國王的名義絞死，未能
親眼目睹他的王國被徹底消滅。

　　在這之後的約三百年裡，確切地說是直到1810年，墨西
哥始終是西班牙的殖民地，得到的也是殖民地的待遇。幾種
當地的農作物不允許被種植，唯恐與母國不太受歡迎的產品
競爭。農產品的收入多數流入了少數富裕地主的口袋裡，或
者送給宗教團體。這些宗教團體至今還在爭取要擁有公地。

　　在上個世紀中期，可憐的奧地利人馬克西米利安，到這
裡進行一次荒誕的探險活動。他想借助法國人的幫助成為蒙

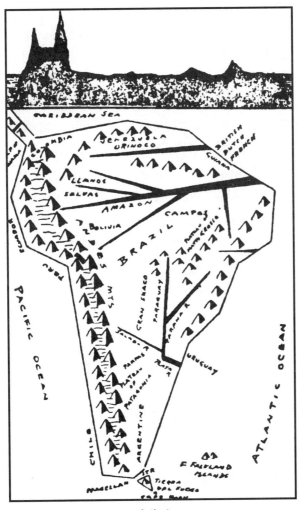

南美洲

特朱馬的繼承人。事後不久，有人發現，墨西哥不僅是一個物產豐富的農業國，而且擁有的鐵礦和石油儲量超過美國。此處一千五百萬墨西哥人，其中的40%完全是印地安血統，生活極度貧困，貧困的程度與科斯特茲初來時一樣。現在銀行界插手他們的內部事務，組織革命，而當地人則以反革命予以回擊。在第一次世界大戰之前，他們打破了百年紀錄（平均每年要進行二十次革命），整個國家捲入暗殺與殺戮之中。幸運的是，第一次世界大戰期間，大的金融機構資金吃緊（戰爭耗費極大），墨西哥得到了喘息機會。今天，一些有才能的人正在消除三百年來蔑視、疾病和愚民政策所造成的創傷，而且獲得了成功。從維拉克路茲（Vera Cruz）和坦比哥（Tampico）（墨西哥灣的兩個港口）出口的數量日益增長。幾年之後，華盛頓和墨西哥城不僅建立了關係，而且事實上是面帶微笑，以禮相待。

　　聯結南北兩洲的中美洲地峽，其土地極其肥沃，可以種植咖啡、香蕉、甘蔗以及任何外國資本想要的植物。但這裡的氣候白人受不了，而黑人又不願為白人幹活，加之這裡火山很多，無論對白人還是黑人，都是一種威脅。

　　對大多數人來說，瓜地馬拉（Guatemala）、宏都拉斯（Hondaras）、尼加拉瓜（Nigaragua）和哥斯大黎加（Costa Rica）僅僅是些很浪漫的名字，除非他們集郵，因為這個規律是放之四海而皆準的：「國庫越空，郵票越精」。巴拿馬共和國對我們有重要意義，它是我們的孩子。我們只能接受它，因為我們是唯一的獨立國家，必須保護太平洋和大西洋的濱海區。如果我們等著哥倫比亞（Columbia）把它賣給我

穿越安第斯山脈的鐵路

們，我們可能還在與哥倫比亞的議員們討價還價，他們只想
在對他們有利的契約上簽字。

　　地峽是一條狹窄的陸地。巴爾博（Balboa）站在達連
（Darien）的高地上，同時凝視兩洋後，西班牙人就瞭解了
這個地峽。早在1551年西班牙人就想自己開挖一條運河。從
此，每一代人都聽說有了新的計畫。科學界稍有影響的人每
人至少拿出了一套藍圖，提出解決難題的辦法。從堅硬的岩

委內瑞拉的平原

石中開挖出一條三十英里長的運河，確是一個難題。諾貝爾（Alfred Nobel）完成了他的不幸發明之後，這個難題才得以解決。諾貝爾發明了炸藥，他本來想用這些炸藥幫助農民去除地裡的樹根和大石頭，他從未想到它會被用作殺害鄰居的重要工具。

隨後出現了加利福尼亞的淘金熱，數以千計的人匆匆湧向巴拿馬（Panama），因為從這裡走，不需要繞道合恩角（Cape Horn）。為此於1855年修建了穿越地峽的鐵路。十五年後，蘇伊士運河（Suez Canal）開挖成功的消息傳遍世界。運河的發起人費迪南德·萊斯普斯（Ferdinand de Lesseps）決定要修建連接太平洋和大西洋的運河。由於公

司管理混亂，技術人員在設計中錯誤百出，勞工因受瘧疾和黃熱病的折磨而痛苦地死去。經過八年與大自然的搏鬥，也經過了與巴黎交易所不那麼直接但卻更為艱苦的鬥爭，這家法國公司聲名狼藉，最後銷聲匿跡。

之後的數十年裡，一切工作都停頓了，萊斯普斯遺留下來的火車頭上的煙囪裡甚至都長出了棕櫚樹。1902年，美國政府購買了這家破產公司的所有權。隨後華盛頓與哥倫比亞共和國，開始就美國想購買一塊可用於修建運河的土地討價還價。西奧多·羅斯福（Theodore Roosevelt）對談判遲遲未果忍無可忍，於是在這個世界的偏僻之處策劃了一起小政變，並在不到二十四小時之內就承認了這個新誕生的獨立巴拿馬共和國。運河的修建工作又重新開始了。事情發生於1903年，運河完工於1914年。

加勒比海從內海轉變為一條連接歐洲與亞洲的商道，那些把加勒比海與大西洋分割開的島嶼的地位也因此不斷提高。英屬巴哈馬（Bahamas）和古巴（Cuba）遠離航道，百慕達（Bermuda）也如此，它由英國占領，位於紐約和佛羅里達的中間。但是牙買加（Jamaica）（英屬）、海地（Haiti）和聖多明哥（名義上獨立實則聽命於華盛頓），位置較優越，可以從運河得利。波多黎各（Porto Rico）同樣可以獲利，小安的列斯群島以及其東南部面向大安的列斯群島、古巴、海地、牙買加和波多黎各的所有島嶼都一樣受益。

小安的列斯群島在十七世紀時對歐洲國家比對美國大陸更有價值。那裡氣候炎熱濕潤，適於種植甘蔗，奴隸上岸後就無法逃離。現在島上仍出產蔗糖、可可和咖啡。如果這些

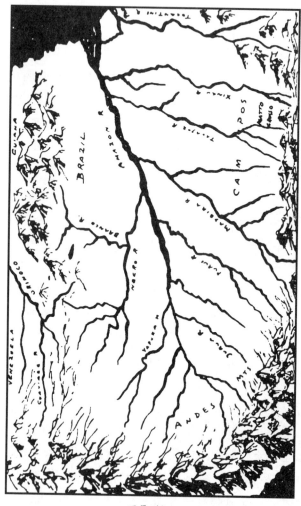

亞馬遜河

產品能由從歐洲前往巴拿馬運河途中的船載走，就可以多賺些錢，這就是好事。這些島嶼依次是：背風群島、聖托馬斯（St. Thomas）島、聖克魯斯群島（St. Cruz）、聖馬丁島（St. Martin）、薩巴島（Saba）、聖約翰島（St. John）、聖尤斯塔蒂尤斯島（Eustatius，一個小岩石島，在大革命時期是走私物品主要集散地）、瓜德魯普島（Guadalupe）、多米尼加島（Dominica）、馬丁尼克島（Martinique，火山活動像其它地方一樣頻繁，1902年差一點被培雷火山噴發摧毀）、聖露西亞島（St. Lucia）、聖文森島（St. Vincent）和巴巴多斯島（Barbados）。

向風群島包括布蘭亞島（Blanquilla，屬於委內瑞拉）、博奈爾島（Bonaire）、庫拉索島（Curacao）和奧魯巴島（Oruba，屬於荷蘭）。所有這些島嶼曾經在某個時候是把委內瑞拉的圭亞那山脈和墨西哥的馬德雷山脈相聯山系的外延部分。那部分大山消失了，留下的單個高峰形成了島嶼。

從工業上看，這些島嶼都無所作為。奴隸制消滅了，從前的富裕也消失了。現在，它們是聞名於世的冬季旅遊勝地，也是裝煤港和石油集散地。只有奧利諾科河三角洲之外的千里達島仍保持幾分繁榮，因為火山帶給它大量的瀝青礦，印度人取代了以前的奴隸在這裡幹活，現在他們占全部人口的1／3。

第一次世界大戰期間我們學到了更多的地理知識，而且學習的時間也要比以前短〔我們不需要知道庫特埃勒阿馬拉（Kut-el-Amara）或伊索佐（Isonzo）在什麼地方，因此學得快忘得也快〕，年輕的一代自然放棄德語（很快就會變成死

如果麥哲倫海峽乾了之後

胡同的語言）而學習西班牙語，因為「在南美洲西班牙語前
途遠大」。這種前途在戰時還沒有明確地表現出來，與大陸
的貿易往來卻出現了嚴重的衰退。

　　後來我們發現了其中的原因。在秘魯、巴西、厄瓜多爾
以及其它一些國家裡，對外貿易的手續都委託於那些耐心的
德國小職員去做。這些德國人被認為是行家，但不幸的是，
老闆們沒有他們精明能幹。當南美洲加入協約國時（多數國
家的港口裡沒有德國船停靠，也不需要貸款），這些可憐的
日耳曼辦事員被送入了集中營，這些南美洲的貿易機構與國
外的來往立即中斷。和平來臨，德國職員重新回來工作後不
久，一切都恢復正常。

我們逐步明白了真相。南美洲雖然擁有豐富的自然資源，但人口太少，在許多方面遠遠落後於世界的其它地方，至少要再經過五十年的努力才有可能給大家帶來一點益處。但對幾個特別富裕的家庭來說是無所謂的，他們的財富，在西班牙統治時就已攫取，就是以走馬燈似地，輪流由南美洲總統的叔叔侄子等名義占有。

　　如果我在本章裡紹介了較多的南美洲情況，請不要懷疑我有反拉美的情緒。相反，作為一個北美洲人的後代，我能比南美洲人更正確評價他們民族的美德。但是在本書的開始部分，我告訴你們我要寫一本「人」的地理學。我堅信，任何一塊土地，無論是大是小，其重要性完全取決於這塊土地上的人民，取決於他們在科學、商業、宗教或任何一種技術，造福人類方面所作的貢獻。

　　從這個角度說，南美洲如同澳大利亞、蒙古一樣，沒有任何貢獻可言。我反覆說過，這可能是人口稀少的緣故，反之又可能是由下列事實造成，即南美洲的大部位於赤道，白人根本不可能取代土著人，因此聚集了不同膚色的混血人（有白人和黑人的混血兒，有白人和印地安人的混血兒，有黑人和印地安人的混血兒），他們從來就不可能發揮自身的政治的智力才能。

　　南美洲成為一些奇怪的政治實驗舞台。巴西帝國雖只延續了不到一個世紀，是一個比較新穎的事物。巴拉圭奇特的耶穌會自由邦（Jesuit free state）（要比東部的帝國存活長久）總是在研究烏托邦的專著中占有一定的位置。南美洲至少產生了一個特殊的人物，那就是偉大的玻利瓦爾（Boliva）。

他不僅使自己的國家獲得自由，如我們的喬治·華盛頓所做的那樣，而且還直接或間接地發起了整個南美洲的革命運動並獲得成功。我從不懷疑，在烏拉圭（Uruguay）和玻利維亞的歷史上，還有許許多多人發揮重要作用，但是我們大多數人不知道他們。在深入瞭解他們之後，我認真地在思考，他們是否具備列入世界名人行列所必需的條件。因此，我向你們簡單介紹一些高山、河流和國家，對於本書來說足夠了。我向你們真誠地保證，我將把人類千年之後的詳情蒐錄進來。

南美洲的西海岸是我國的落磯山脈和墨西哥馬德雷山脈的延續部分，叫安第斯山脈（Andes）。安第斯是西班牙的名字，占領者把印地安人在他們居住的山坡上修建的灌溉水渠叫作安第斯。西班牙人後來摧毀了這些水渠和水壩，使許多土著人因饑荒而死亡。既然征服者遠渡重洋歷經萬險，就是想在新的世界裡攫取財富並建立永久的家園，掠奪土著人的財產無疑是一個好辦法。

安第斯山脈在接近南極的地方形成一些島嶼，其中最有名的是火地島（Tierra del Fuego）。位於智利和火地島之間的海峽，麥哲倫（Magellan）作為第一個環繞世界航行的白人，在這裡遇到了極大困難，因此這個海峽以他的名字命名。火地島的最南端是合恩角（Cape Horn），它是由發現者的鎮名〔荷蘭的合恩鎮（Horn）〕而命名的，不像大多數人所說的是以一種牛命名的。麥哲倫海峽具有重要的戰略意義。保護它的福克蘭群島（Falkland）是英國的領地。

安第斯山脈與所有的從北冰洋延伸到北極圈的大山脈一

樣，是多火山區。厄瓜多爾的欽博拉索山（Chimborazo，現已熄滅）高2.07萬英尺。阿根廷的阿空加瓜山（Aconcagua）最高，有22,834英尺。19,550英尺高的科托帕希（Cotopoxi，也在厄瓜多爾）是全球最高的活火山。

南美洲的安第斯山脈同北美洲的山脈有兩點相同之處。高聳的大山圍繞著一些開闊的高原平地，為玻利維亞和厄瓜多爾這樣的國家提供了自然的疆界。其次，沒有便於通行的山口，因此唯一一條穿越安第斯山脈的阿根廷到智利（Chile）的鐵路，不得不翻山越嶺之後才能進入隧道，其爬坡的高度遠遠超過瑞士的聖伯納德山口（St. Bernard）和哥達山口（Gothard）。

南美洲的東海岸有阿巴拉契亞山脈，它包括北部的圭亞那山（Guiana）和東部的巴西高原。它們各自都由一些獨立的山構成，形成了一個巨大的山系支脈。整個山系被亞馬遜河流域分割成兩部分。亞馬遜河不僅是世界上最長的河流，而且水量也要多於其它河流。它有數百條支流，其中像萊茵河那樣長的支流超過十五條，像馬代拉（Madeira）河和塔帕若斯河（Tapajos）則更長。

圭亞那山的北麓是另一個河谷，即奧利諾科河谷（Orinoco）。奧利諾科河實際上通過了神奇的內格羅河（Rio Negro，想一想俄亥俄河是密西西比河的一部分，又是波多馬克河的一部分）與亞馬遜河相連。奧利諾科河比亞馬遜河更便於航運，因為它在進入大海之前不必像亞馬遜河那樣在山裡蜿蜒前進，它的河口有二十多英里寬，河本身水量豐沛，數百英里長的水道，水深保持在三百英尺，非常適合於

海輪的航行。

巴拉那河是南美洲一條南北走向的河流，在通向大海的途中，與巴拉圭河和烏拉圭河匯合，形成拉布拉他河，烏拉圭首都蒙得維的亞（Montevideo）就坐落在這條河上。與奧利諾科河一樣，巴拉那河也是條很好的內陸河。

南美洲有一個優於其它洲，但不及歐洲的地方。即它實際上沒有沙漠。除智利北部外，其餘地方雨量充足。亞馬遜地區以及巴西的整個東部地區多赤道暴雨，因此亞馬遜地區林木繁密均衡，這是剛果河流域所不及的。由於雨水充沛，南美洲的其它地區，特別是南部地區（不是太靠近赤道），非常適合於農業生產，阿根廷的大草原、奧利諾科草原（Orinoco）和巴西的大草原都是我們大平原的強勁對手。

至於我們現在看到的南美洲國家，沒有一個像我們所說的那樣，是歷史的必然產物。它們是成功的革命意外偶然的的產物，而不是緩慢發展的結果。委內瑞拉有人口321.6萬，離赤道太近，因此他們的民族沒有活力。在北部的馬拉開波（Maracaibo）環礁湖中發現了石油之後，馬拉開波成為委內瑞拉最重要的港口，其地位超過了首都加拉卡斯（Caracas）的港口瓜伊拉（Guaira），加拉卡斯位於一座小山之後，不能直接面對大海。

委內瑞拉（Venezuela）的西部是哥倫比亞，首都是波哥大（Bogota）。波哥大地處內陸，進出極其不便，現在和位於馬達雷納河河口的巴蘭基拉（Barranguilla）有了定期的民航班機，才稍有好轉。哥倫比亞土地肥沃，自然資源豐富，而且和美國一樣，它位於兩洋之間。不過，它需要從歐

洲大量移民後才能開發它的自然資源。

厄瓜多爾（Ecuador）也是一個窮國。雖然首都基多的港口瓜基爾（Quito）港自從巴拿馬運河開通以來，效益很不錯，但這個國沒有什麼可值得介紹的東西，它只是出口奎寧，現在出口最多的是可可。

沿太平洋沿岸繼續南下是秘魯（Peru）。當西班牙人第一次到達新世界時，它是一個強大的印地安人國家的所在地。這個國家是由貴族（即太陽的子孫印加人）統治。他們選出一個國王，然後國王被授予專制權。秘魯人創造出的文明形式，要比阿茲台克（Aztecs）人的文明形式更高，更具人性。

皮扎羅（Pizarro）到達這一地區時，印加（Inca）帝國已有四百年歷史了，對任何一個政府來說，所統治的時間算長的了。那時有許多黨派與不同的貴族之間發生爭鬥。皮扎羅挑動一方反對另一方，1513年他占領了全國。他把印加領袖關入監獄，把印地安人變為奴隸，並把一切可偷可搶的東西都運回西班牙。從的的喀喀湖（Titicaca Lake）的周圍一直到安第斯山（水面三千三百平方英里，海拔高度為12,875英尺），到處是印加的廢墟，破損的道路和城堡，無數陶器以及藝術品的碎片。這一切告訴我們，一個優秀的有能力的民族，突然之間淪為麻木的悲慘土著人時，損失是多麼巨大！現在，他們這些人不是盲目地徘徊在原先的首都庫斯科（Cusco）的大街小巷裡，就是參加了革命。

利馬（Lima）是一座現代化的都市，秘魯的銀、銅和石油寶藏的未來命運將由利馬來決定，除非共和國的總統和

他的外國銀行朋友早已把這些寶藏運走，把它們儲存在法國的圓屋頂裡。這種事情是有可能發生的。這也是本章如此簡略的原因。

玻利維亞（Bolivia）是個可憐的內陸國家。它並不是內陸國家，其首都拉巴斯（La-Paz）曾經有一個直接的海口。但是在1897年至1882年發生的著名的鉀硝戰爭中，秘魯和智利為爭奪亞里加地區不惜使用武力，玻利維亞愚蠢地站在反對智利的一邊。智利贏得了戰爭，玻利維亞失去了沿海地區。玻利維亞非常富裕，它是世界第三大錫生產國，但人口稀少，每平方英里不到五個人，全部人口不足三百萬，其中大部分是印地安人，他們印加帝國被摧毀之後留下來的——要使這塊不幸的大地有所作為，需要長久的時間。

最南端的兩個國家是智利（Chili）和阿根廷（Agentina）。它們是南美洲最重要的國家，但其繁榮完全是由地理位置造成的。它們處在溫帶，因而沒有多少印地安人（熱帶使他們生得多），所吸收的移民都有較好的條件。

智利的自然資源要比阿根廷多。亞里加（Arica）（從這裡可坐火車到玻利維亞）、安托法加斯大（Antofagasta）、伊基圭（Iquique）和法耳巴拉索（Valparaiso）是南美洲四個重要的港口，首都聖地亞哥（Santiago）是整個地區最大的城市。智利南部飼養牛，牛宰殺冷凍後，從位於麥哲倫海峽的旁塔亞雷納斯（Arenas）運往歐洲。

至於阿根廷，它是南美洲的養牛場。沿巴拉那（Parana）河的平坦大地，幾乎有歐洲的三分之一那麼大，是美洲最富裕的地方。肉、羊毛、皮革、黃油的出口量極大，可以直接

影響世界市場價格。在過去的十年裡，義大利的工人和農民源源不斷地向那裡移民，這將使阿根廷成為西半球最大的糧食和亞麻產國，羊的飼養將使巴塔哥尼亞（Patagonia）成為澳大利亞最危險的競爭對手之一。

阿根廷首都是布宜諾斯艾利斯（Bueros Aires），也坐落在拉布拉他河上，與烏拉圭這個國家隔河相望。烏拉圭的土壤與氣候同阿根廷相似。它現在已沒有印地安人。發展較慢，但非常成功。而阿根廷卻大步前進，但因過於投機和財政管理不善而常常出現危機。

巴拉圭是第三個拉布拉他河流域國家，在許多方面是三國中最好的。如果不是因為參與發生於1864年至1870年的那場災難性的戰爭，現已相當繁榮。當時，可憐的印地安人接受了他們過去的耶穌會主子（1769年把國家讓給了西班牙國王）的軍事訓練後，為了一個狂人的利益，走上戰爭的道路。這個瘋狂的人後來成為他們的總統。這個人無緣無故地同時向三個強大的鄰國發動了戰爭，全國5／6的男人被打死。殺戮的結果，巴拉圭不得不實行一夫多妻制，以使國家的人口得以恢復。至少還需一個世紀，這個富裕的小國才能從這場大災難中完全恢復過來。

還剩一個國家需要介紹——巴西。作為一個殖民地，它備受歧視，先是受荷蘭人，後是葡萄牙人。葡萄牙人禁止當地人和移民進行貿易，只能與少數由里斯本授權的商人往來，使整個地區的經濟處於窒息的境地。這種狀態一直持續到1807年，那時葡萄牙王室躲避拿破崙的打擊，逃到了里約熱內盧。其後形勢發生了變化，昔日受歧視的殖民地反而管

理起母國來了，時間長達近十二年。1821年，葡萄牙國王返回里斯本，把他的兒子彼得羅（Dom Pedro）留下來作為他的代表。一年之後，彼得羅宣布自己是獨立的巴西國皇帝。從此之後，葡萄牙語是把這一殖民地與從前的母國聯繫起的唯一樞紐。這位布拉干薩（Braganza）人的後代給予巴西一個開明的政府，這是其它南美洲國家所沒有過的。但是在1889年，因一次軍事政變，他被迫退位。美洲最後一個皇帝去了巴黎，並死在那裡。

巴西面積是3,285萬平方英里，與美國面積差不多，占有南美洲的半壁江山，是赤道以南的所有國家中最富裕的國家。全國分三部分為——亞馬遜低地，或叫亞馬遜（Amazon）河流域；大西洋沿岸地區；高原那裡的桑托斯（Santos）是一個小鎮，世界日用咖啡的一半是由它提供的。除了咖啡外，巴西還在帕拉（Parthenon）和貝倫（Beirun）地區種植橡膠樹，這兩個地區正好位於亞馬遜河河口的南面，在內格羅（Niger）河與亞馬遜河的交會處，瑪瑙斯也種植橡膠樹。東海岸的巴伊亞（Mbeya）種植煙草和可可。馬托格羅索（Matto Grosso）的高地是牧場。那裡還出產鑽石和其它珍貴的珠寶。這些寶石埋藏得很深，還沒有得到充分的開採。鐵礦和其它金屬礦藏也是這樣，只有修建起更多的鐵路，這些礦藏才能得到充分利用。

在南美洲還有歐洲的三個小殖民地，它們是十七世紀和十八世紀所占領的殖民地。它們是英屬蓋亞那（Guiana），或稱德梅拉拉（Demerara）；荷屬圭亞那（Guiana），或叫蘇利南（Surinam），這是荷蘭用新安地列斯和新阿姆斯特丹

換來的;法屬圭亞那,或叫卡宴(Cayenne)。如果法國不是
把卡宴用作囚犯的監禁地,如果我們不是偶爾得知一些從那
個非人之地傳出的種種醜聞,並把它披露在報紙上,我們可
能早已忘記圭亞那島的存在。不管是記住還是忘記都無所
謂,因為它們對人類的繁榮和幸福沒有任何貢獻。它們是活
生生的回憶物,使從海上來的遊客回想起整個南美洲的過去
——一個有著豐富儲物卻被任意掠奪的倉庫。

BRITISH CH.
D E. BAY OF
BISCAY
PARIS
FRANCE
ANGORA
DNIEPER
DON R.
URAL R.
CASPIAN
SEA
ASTRAKHAN
VIENNA
BUDAPEST
ALPS
PORTUGAL
MADRID
BARCELONA
ROME
BLACK
SEA
CAUCASUS
KHIVA
TEHERAN
PERSIA
ISFAHAN AFGH.
AR
S
GIBRALTAR
MEDITERRANEAN
ATHENS
CRETE
ALEXANDRIA
GREECE
TUNISIA
ALGERIA
MOROCCO
LIBYA
EGYPT
CAIRO
TURKEY
ASIA MINOR
SYRIA
JERUSALEM
BAGDAD
TIGRIS R.
PERSIAN GULF
EUPHRATES R.
HEJAZ
MEDINA
MECCA
ARABIA
RED SEA
OMAN
the Sahara
SENEGAL R.
TIMBUKTU
NIGER R.
LAKE CHAD
NILE RIVER
KHARTOUM
非洲
MUCHA
ADEN
GULF OF ADEN
ARAB
Cape G
SOMALI
LAND
ABYSSINIA
KENYA
AZANIAN
SEA
LIBERIA
IVORY COAST
GOLD COAST
SLAVE COAST
Gulf of Guinea
CAMEROONS
SAN THOME
EQUATOR RUNS
BELGIAN
CONGO
UGANDA
ALBERT
VICTORIA LAKE
MOMBASA
Zanzibar
DAR ES SALAAM
Seychelles
ASCENSION
LOANGO
CONGO
RIVER
ZULUA
KWANZA
TANGANYIKA
NYASA
ALDABRA IS
COSMOLEDO IS
AFRICA
ANGOLA
ST. Helena DAMARALAND
ZAMBESI R.
LIMPOPO R.
PRETORIA
TRANSVAAL
Mozambique Channel
TANANARIVO
Rodriguez
Mauritius
Reunion
Madagascar
DELAGOA BAY
ORANGE R.
DURBAN
CAPE TOWN

非洲（Africa） 一塊充滿矛盾和對比的大陸

　　與澳大利亞相似，非洲陸塊也曾是一個非常古老大陸的一部分，只不過在大約一百多萬年以前，這個古老大陸的絕大部分都沉降於海底。目前非洲大陸仍與歐洲陸塊相連，從地理學的角度看，阿拉伯語源於撒哈拉語，馬達加斯加島則有非洲、亞洲、澳大利亞所有的動植物品種。這實際是顯示，這三個陸塊在地球上出現生命後不久，應當是互相連接在一起的。這個問題非常複雜，我們必須得到足夠的事實才能斷言「是這樣而不是那樣」，我們必須弄清這些理論，因為它告訴我們，地球是經常處於變動的，今天我們看到的地球，與過去的迥然不同，如果人類再過一百萬年以後來看我們今天的地圖（如果他們已經飛到別的星球上了，但仍對我們這個可愛的小星球感興趣的話），一定會大吃一驚，就如我們現在察看推算出來的第三紀和志留紀時期的地圖時，會發出的驚愕一樣：「地球真的就是這個樣子嗎？」

　　這塊古老的陸地塊變動後，形成較大陸塊，從有歷史以來就未再變遷過。這兒共包括兩部分，赤道以北是一大塊的方形陸地，南半球是由一些小三角形組成的陸塊。但是這兩塊陸塊都有其地理上的不利之處：他們都是四周高，中間低，就像兩個巨大的碟子般。這種形狀就像澳大利亞一樣，實在是非常不佳。其四周是高地，阻擋海風吹入腹地，使腹

地更易沙漠化，同時也隔絕內地通往海洋的道路。非洲大陸的河流在流入大海之前，需先在內陸高山之中盤旋蜿蜒好一陣子，最後沖開一系列高山才能入海。非洲的河流、瀑布太多，不利於內陸至海岸邊的航行，只有在人工海港修建好或繞過瀑布的鐵路修建好後，非洲的商業發展才有希望，內地的孤立狀態才能克服。

　　大多數的人認知中，非洲就是黑非洲，充滿熱帶、雨林和黑人。實際情況並非如此。非洲大陸共有1,130萬平方英里的土地（是歐洲的三倍），只有1／3是荒涼的沙漠。全非洲1.4億人分為三類：黑人、含米特人（Hamites）和閃米特人（Semites），膚色從黑巧克力色到象牙白色都有。毫無疑問，黑人要比其它膚色的人更加引人注目，這不僅是他們的膚色奇特，加上我們的祖先在荒謬的經濟觀念驅使下，把非洲人當做是卑賤而馴服的勞工，將他們當做奴工帶到世界各地。回憶起這不光彩的歷史真令人難堪。黑人乃世界上最為悲慘的人種，其不幸超過所有的白人和其它有色人的總和，對此，我們下面還將詳述，不過這裡我們還是先講一講黑奴制度產生以前的非洲。

　　希臘人是很熟悉埃及尼羅河（Nile）流域的含米特人，含米特人在很久以前就占領非洲北部，壓迫當地原有的黑人，將黑人驅趕到蘇丹以南，而將地中海沿線據為己有。含米特人一詞籠統，不像瑞典人、中國人那麼含義明確。他們是亞利安（Aryans）和閃米特人的混合種族，再加上黑人和其它一些古老人種的血統混在一起，這些古老血統早在東方強盜入侵時就留在此地了。

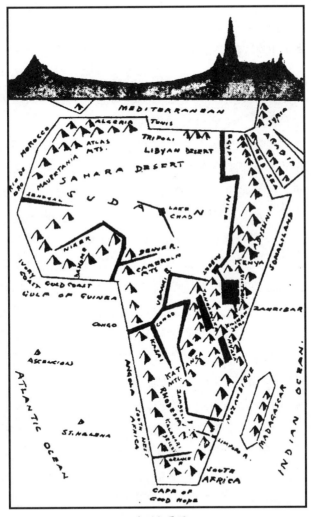

非洲全景圖

上述這些人進入非洲時，仍處在遊牧遷徙狀態，後來他們就分別到尼羅河流域各地。向南深入阿比西尼亞（Abyssinia）即衣索比亞（Ethiopian），向西到達太平洋沿岸。亞特拉斯山（Atlas）上的伯柏人是最純粹的含米特人。撒哈拉沙漠（Sahara）裡幾個流動部落也是含米特人。但是，阿比西尼亞人則與閃米特人混合過，他們已經失去了很多含米特人的特點。尼羅河上的矮小人費拉哈人，就是含米特人在數千年中與外界部族通婚而形成的。

　　通常，我們要借助對語言的劃分才能確定不同的種族。但是在北非我們就很難做到這樣。在此，閃米特部族人講含米特語，含米特部族講阿拉伯語，只有古埃及的基督教徒科普特人（Copts）還保存著古代含米特語。對此，希臘人、羅馬人和我們同樣感到迷惑不解。為了解決分類的問題，他們統稱其為衣索比亞人或黑人。他們對其建造的金字塔和獅身人面像的像黑人一樣的嘴唇（或者是含米特人的嘴唇？問專家去！）充滿了驚奇；旅遊者對當地的農夫那種驚人的忍耐力，和當地人對數學的智慧充滿了敬意，並嘗試去瞭解他們的哲學思想。但是他們似乎不願自找麻煩，探究其到底從荷蘭或是其它地方來的，他們統稱為衣索匹亞人。

　　你要是去北非的話，警告你千萬不要看見當地人的膚色就稱其為黑人。他們會極感憎惡，而他們又是世界上極為好鬥的種族。他們打敗過征服了整個西亞的埃及軍隊。他們可能是曾在羅馬人手中攫取了整個地中海的閃米特的迦太基人（Carthaginians）的後裔，他們可能是以前占領過南部歐洲的阿拉伯征服者的後裔，他們也可能是曾以惡戰對抗法國、

奴隸前往海岸的路上

義大利侵略的阿爾及利亞酋長的子孫。他們的頭髮有些奇特，記住，在1898年的一個致命日子裡，正是這些細絨頭髮的衣索比亞人將義大利白人扔進了紅海。

　　歐洲人首航地中海最先看到的就是這麼一群含米特人。他們對閃米特人倒並不怎麼注意，因為歐洲人在很久以前，當迦太基的將軍漢尼已把馴化的大象引進到波河平原上時，就與閃米特人有過接觸，但是一旦貨物運輸路線被破壞，通往非洲之路就會破損，事實上，幾乎沒有一個歐洲人，當他前往非洲時，除了浩瀚的沙漠以外還能看到什麼。

　　在所有羅馬的帝王中，尼魯（Nero）是第一個真正對非洲進行探險的人。他的探險隊到達過法索達村（Fashoda），一個三十多年前英法為之戰爭動武的地方。但是尼魯的探險隊似乎沒能夠到這非洲最南部白人居住地。在數世紀前，迦太基人可能跨越過撒哈拉沙漠到達過幾內亞灣（Guinea

Gulf）。但是迦太基國被滅亡之後，有關中部非洲的資料就再也無跡可尋。即使是現在對一個優秀的探險家而言，撒哈拉還是一個充滿恐怖與障礙的地方，探險活動只能沿海岸地區進行。但是因為海岸邊沒有港口，因此海水就成為對外聯絡最大的困難。非洲的海岸線長達一萬六千英里。歐洲只有非洲的1／3大，其海岸線卻長達二萬英里。船舶要從海上接近非洲海岸的話，只能在離岸數英里之外拋錨，然後乘風破浪抵達海岸，這是十分艱險的旅程，幾乎無人身先士卒。

因此直至十九世紀初期，我們對非洲的真實地理環境才有進一步瞭解，但是非洲的相關訊息也只能從葡萄牙人遠征印度返航時，在非洲西海岸探險中獲得片刻。而偏偏葡萄牙對赤身露體的黑人又毫無興趣。當時他們前往印度和中國只有向南環航非洲。他們想到他們沿著非洲環航就像是一個盲人試圖鑽出一間黑屋子，他們對這個大陸一無所知，無意之中撞見了一些島嶼——亞速群島（Azores）、加納利群島（Canary）、維德角群島（Verda）。1471年他們到達赤道線，1488年巴托羅美·迪爾（Bartolomeu Dias）發現風暴角——如今被稱為好望角（Cape of Good Hope）。1498年，瓦斯科·達·加瑪（Waska de-Jama）經過好望角，發現了從歐洲到印度最短的航線。

此後，非洲更為人們所漠視，僅僅只是海上航線的一個障礙物而已，它不是既熱又乾，就是又熱又濕。當時大陸上居民荒蠻而又不開化。十六、十七世紀遠征東方的船隻只有遇到水手的壞血病或瘟疫時，才在沿途的亞速島、亞森欣島、聖赫勒各島停泊，並要水手們上島去撿些新鮮蔬菜。但

尼羅河三角洲

是非洲在他們眼裡只是一塊很糟的土地，僅可中途停泊一下。

　　巴托洛美·德·斯拉·卡薩斯（Bartolome·dé·las·Casas），一個哥倫布式的美洲探險家的兒子，被任命為墨西哥濟阿巴的主教，他從印度占領者手中取得一塊土地，於是成了一名奴隸主。當時每一個在新殖民地的西班牙人都擁有一群印度人來服侍。這是一個很壞的制度，像許多別的不好的制度一樣，但它被公認，因此，不用感到慚愧。然而有一天，卡薩斯突然意識到這種制度實在不佳，對土著人太不公平，他們被迫去採礦，做白人的僕役工作，而當他們是自由人的時候，他們根本用不著如此去做。

　　卡薩斯前去西班牙試圖改變現狀。但此種制度改變大權，握在主教卡迪爾·詹姆斯（Cardinal Jimenes）和神秘的伊莎貝拉女王（Queen Isabella）手裡。女王認為他的想法有道理，就任命他為「印度人的保護者」，並讓他回美洲進行調查。卡薩斯回到墨西哥後發現，他的上司們對此問題非常冷漠。而印度人就像田裡的牲畜、空中鳥兒、海中的魚一樣都是為基督徒們所擁有與驅使。

　　謹行上帝宗旨的卡薩斯最後終於明白印度人寧死也不願受奴役。在當地，奴隸的數量在不到十五年裡由一百萬人降至六萬人。但是非洲黑人的祖先並不在乎被人奴役。1516年（世界歷史上可怕的時代）拉斯·卡薩斯（Las·Casas）出版了他的著名的解放印度奴隸的人道主義方案，方案允許每一個生活在殖民地的西班牙人可以購買十二個非洲黑人為奴，印度人可以回到被統治者拋棄的農場裡。

非洲水沼區

可憐的卡薩斯直到他生命的最後才真正意識到他做了些什麼。他為自己感到羞恥（他是個誠實的人），最後躲入當地的一所修道院。後來他又重新回到社會，為不幸的奴隸們爭取人道，但是再也沒有人聽他講道了。1556年當他去世的時候，新宣布的法令把印度人更嚴格地束縛在土地上，而販賣非洲黑奴的貿易正高度活躍進行中。

三百年的奴隸貿易給非洲造成了巨大的破壞，我們僅從以下幾個可靠的事實中就可以窺見一斑：獵奴不專是白人的

專利。逐漸轉移到由信仰伊斯蘭教的阿拉伯人包辦了此項工作。從1434年起，他們時常將非洲黑人整船賣給葡萄牙人，但是直到1517年販奴才成為阿拉伯人一項巨大的貿易活動，他們從中獲取了巨額暴利。神聖羅馬帝國的查理五世（即著名的哈布斯堡王朝）一次授予他一個弗萊密斯朋友，准許他每年運送四千個非洲黑奴到海地、古巴、波多黎各。這位弗萊密斯朋友又轉手將此專賣特許權賣給了一熱亞拉人，這一轉手就獲得二萬五千金幣，而熱亞拉人又將此轉手交給了一位葡萄牙人，葡萄牙人於是前往非洲與阿拉伯人掛上了鉤，他們共同襲擊了一個蘇丹部落，捕獲了一萬人（這沒有把在路上損失的奴隸算在內），這些奴隸被關進密不透氣的船艙裡，運往太平洋另一方。

由於這種發財的方法新鮮而又輕鬆，於是出現許多流言，並流傳很廣。教皇敕書，將世界分為兩部，一半為西班牙所有，另一半為葡萄牙所有，這實際上使得西班牙無法染指非洲的奴隸貿易，販賣黑奴的事業實際上被葡萄牙人所獨占。當葡萄牙被英國和荷蘭打敗以後，奴隸販賣就被英、荷兩國所占，他們持續不斷地向世界各地運送所謂的「黑色象牙」（這是布里斯托爾在倫敦對黑奴的戲弄叫法）。此種狀況一直持續到1811年。這年，英國國會通過一項法令，對販賣黑奴的人科以重罰並流放，販奴活動才得以控制。但是從1517～1811年之間，是何等的漫長的一段歷史，即使到了1811年，販奴走私貿易仍然避開英國軍艦的監視，還持續了三十年，直到十九世紀六〇年代，歐美各國相繼實行廢奴法規才真正停止（阿根廷是1813年廢除奴隸制，墨西哥是1829

年，美國是1863年，巴西是1888年）。

在歐洲統治者和政客眼中，奴隸貿易是如此的重要，以至他們竭力想獨占其利。由於西班牙拒絕奴隸貿易，在英國商人的鼓動下，導致英西兩國兵戎相見。根據著名的烏得勒支和約，英國從荷蘭手中獨占了西印度奴隸貿易。荷蘭人並未屈服，1620年它將首批非洲黑奴運往維吉尼亞（美國的一州），促成了威廉和瑪麗王朝時代關於其殖民地可與世界各國進行奴隸貿易法案的產生。其實，荷蘭東印度公司因在阿姆斯特丹的大肆揮霍而可恥地結束之前，也是靠著它從奴隸貿易中賺取的巨額財富而免於破產。

有關奴隸貿易的統計數據非常稀少，因為奴隸貿易者對於我們所需要的統計數據毫無興趣，根據精通非洲事務的法國樞機大主教迦太基總主教、著名的佩萊期·布萊恩斯的估計，非洲每年因奴隸貿易損失的人口至少有二百萬人，其中包括在獵奴活動中被殺者，包括那些年幼無依無靠而死去的兒童和被轉運到國外去的奴隸。

利維·斯通博士也是一位公正的旁觀者，他統計每年被掠奪的奴隸數目（不計他們在轉運途中是否會死亡）是三十五萬人，其中僅七萬人能活著到達海洋的另一邊。

從1700年到1786年，僅僅兩家最小的英國奴隸公司就將二百萬名奴隸從非洲運往西印度群島，其間從非洲運往牙買加的奴隸至少在六十萬以上。到十八世紀末，利物浦、倫敦及布雷斯特爾的二百多條船艦上總共使用四萬七千名黑人奴隸，這些船艦定期往返於幾內亞海灣和新殖民地之間。1791年「朋友會」及反奴隸主義者發起了反奴隸制運動，當時進

行的一次調查顯示，貝南海岸布滿了販奴公司，英國十四家，荷蘭十五家，葡萄牙四家，法國三家，丹麥三家，其中英國公司的裝備最為精良，整個奴隸貿易一半為其獨享，另外一半則為其它國共享。

在此期間，非洲大陸上出現了許多慘絕人寰的事情，對此我們以前知之甚少，直到後來英國人自己也希望剷除這類商業交易，派人前往非洲沿海巡視並捉拿違法者，外界才略知一二。原來當地的首領多數都參與此事，他們違背良心將自己的人民出賣，就像十八世紀德國國王將其招聘來的軍隊出賣給英國去平息麻薩諸塞（美國的一州）的叛亂一樣。不過普通的商業機構都在阿拉伯人手裡，令人奇怪的是，阿拉伯人雖然如此，但《可蘭經》卻是一直反對這種不人道的做法。穆斯林對奴隸的態度也比基督教要寬容得多，按白人的法律，奴隸所生的孩子仍然只算是奴隸，而《可蘭經》上說，奴隸的孩子除了應服從命運的安排外，但也應承認他所應有的地位。

後來比利時的里利普爾德開始經營剛果時，需要大量的低價勞動力，使一度沉寂下來的葡萄牙所屬的安哥拉殖民地和剛果內地的奴隸販賣再次活躍起來。幸運的是，那個可惡的老頭（其思想是中世紀的，卻又想做個近代民主立憲制國王）死了，而此時剛果也已經歸比利時所有，於是這種靠賣人發財的事才中止。

因此，白種人對待黑人態度從一開始就很不正常，後來也不正常，其原因略述如下。

白種人在亞洲所遇到的民族，都和自己的一樣，是文明

進步的民族，而且有的比白人更文明，也就是說，他們都有再次征服歐洲的可能，白人們非常害怕這一點，不然就要吃大虧。

1850年發生在印度的大叛亂，二十年前幾乎使荷蘭喪失爪哇的尼果羅叛亂，日本人大規模驅逐外國人的運動以及前不久發生在中國的義和團運動，印度現在還在進行的暴亂，以及日本公然蔑視歐洲列強對中國滿洲的照會等，都使白種人不得不關注亞洲的存在。

在澳大利亞，白種人與還處於舊石器時代的可憐的野蠻土著人打交道時，就像槍殺吃羊的野狗一般，任意地殘殺他們，在良心上絲毫不覺得痛苦。

白種人到達美洲的時候，大部分地區還杳無人煙，只有中美洲高原上的安第斯山脈西北部、墨西哥和秘魯有人居住。其它地方根本是一片荒原，人煙稀少，僅少數漫遊不定的牧民來往其間，因此很容易就被驅逐。加上疾病流行，也死得所剩無幾。

但非洲的情況就大不相同，非洲人不過問奴隸制，不知道制止疾病流行，不知道什麼是陰謀詭計，也不過問什麼是不人道的虐待，白人早上殺戮掉的人，第二天晚又彌補起來了。於是白人就拚命搜刮黑人財富，也發生史無前例的大流血，這種流血至今仍沒完沒了，白人與黑人還在熱帶叢林中進行較量。

讓我們對著地圖，把非洲的情況大致上說一說。

粗略地說，非洲可分為七大部分，現在讓我一一地列出來討論。我們先從左上角開始，西北部就是那有名的巴巴利

尼羅河

海岸。這兒曾使我們的祖先聞之不寒而慄,但他們從北歐到
義大利各港口及利凡得又不得不路過此處,這兒是巴巴利海
盜們經常出沒的場所,商船一旦落入他們之手,不僅人要當
數年奴隸,還必須由家屬籌措巨款才能贖回。

此處高山峻嶺,是至今還沒有被白人征服的原因。這些
山,非常險惡,布滿坑陷,如果有人來犯,難攻易守,不要
什麼出色的軍事指揮家,敵人不久就會自行死亡。

飛機與射程較遠的大炮,在這些地區也發揮不了作用。
就在幾年前西班牙人還大敗於里夫人之手。我們的祖先曾在
此處吃過大虧,所以情願每年拿出一些禮品進貢當地的首領
蘇丹,而不用海軍貿然遠征,去攻打那些還未有白人到過的
海港。他們在阿爾及爾和突尼斯設立特別領事,其目的就是
為了設法營救被抓去的人,並幫助那些也在探聽如何解救失
蹤水手們下落的宗教團體,除此以外,就別無其它什麼事可
做了。

非洲大陸的西北角,從政治上來說,現在分為四大部
分,不過他們都聽命於巴黎,法國人是在1830年就開始侵入
並占領這些方。彼此之間的仇恨隨時都可能爆發,但其真正
的原因是中世紀時期發生在地中海的海盜行為。在維也納會
議中,歐洲列強曾決定「一定要有所作為」,掃平地中海的
海盜,但由哪個國家出來擔任這一責任,就定不下來,因為
誰出面就意味著他可多占領一些土地,有些人認為這就有些
不公平了,這在外交會議上是常有的事。

有兩個阿爾及利亞猶太人(數世紀以來,北非各地的商
業事務基本上都是操縱在猶太人的手裡),在拿破崙以前就

曾反對把當地的糧食運往法國，此要求後來時常被提出來，亦為近兩個世紀引起誤會的首要原因之一。如果民族之間也和個人一樣，當分割，只要把帳付清，那我們之間就會因此而幸福安全得多。

　　正當雙方就糧食問題進行調解時，某日，阿爾及爾的總督突然大發脾氣，用他的蒼蠅拍猛地向法國總領事打擊，於是法國就來了一個封鎖，並開火射擊（此事或許是偶然事件，但在軍艦包圍的地方是經常出現的），1830年7月15日，法國遠征軍渡過地中海，向阿爾及爾進攻，總督當然被流放，於是戰事處於嚴重狀態。

　　阿爾及爾人在山區擁立了一個他們自己的領袖，就是阿布德‧埃‧卡達爾。他不僅是個虔誠的穆斯林，而且是個很有學問並且勇敢的人。他不屈不撓地抵抗著敵人，堅持了十五年，直到1847才投降。不過投降前，得到特赦，讓他繼續留在本國。但後來法國食言，還是把他抓到巴黎。後來拿破崙三世把他放了，只是提出一個條件，要他不再造反，破壞他的國家的和平。阿布德‧埃‧卡達爾後來被流放到大馬士革，慘度餘生，專門從事宗教及哲學的研究，卡達爾於1883年死去。

　　就在他去世前，阿爾及爾的叛亂已經平息，成了法國一個省。他們自己選舉產生的代表可以參加巴黎的國會，以保護他們的利益。青年男子可以在法國軍隊裡服役，但這並非好事。不過從經濟的觀點看，法國人還是做出了一些成績，改善了新國民的生活。

　　亞特拉斯山脈（Atlas）到海邊之間有一平原，名叫特

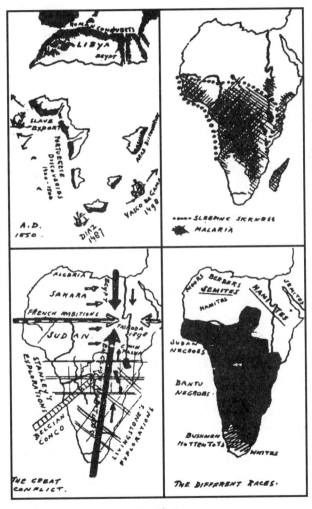

非洲簡圖

爾（Tell），盛產糧食。其中的阿特高原，因裡面有許多小鹽湖而得其名，這兒是天然牧場。當地人喜歡釀酒，出產的各種熱帶水果，多供給歐洲。於是大規模的灌溉工程就建起來了。鐵礦、銅礦也發現了，鐵路與首府阿爾及爾（Algiers）和奧倫（Oran）、比塞大（Bizerta）三個主要港口連接起來了。

突尼斯（Tunis）在阿爾及尼亞的東部，名義上是個獨立國家，有自己的國王。但自從1881年後，已成為法國的保護國。只是因為法國人口不多，在這兒的多數是義大利人。義大利人有一陣子與猶太人競爭得十分激烈。遠在數百年前，當這兒還是土耳其領地的時候，猶太人為避免基督教徒的迫害而遷移至此。

沿京城突尼斯而下，斯法克斯城（Sfax）乃是一座重要的都市，早在兩千年前，突尼斯這地方比現在重要，因為當時的卡特·哈薩德——羅馬人稱迦太基的領地的部分。那兒的港口可一次停泊二百二十艘船隻，現在還可見其遺跡，但其它遺物所留不多了。羅馬人做事總是乾淨徹底，他們對於迦太基人的仇恨（部分是來源對他們的恐懼和嫉妒）達到無法形容的地步，所以在公元146年最後占領該城時，一把火將其燒毀，一座房屋都未留下。現在發現的埋在地下十六英尺的廢墟，就是當年這座擁有百萬居民城市的遺跡。

在非洲的西北角，緊接突尼斯的，有個官方稱摩洛哥（Morocco）的獨立王國，國王自1912年後就是法國的傀儡，他本人也沒什麼能力管理國家。但亞特拉斯山中的山民卡拜爾民族也因所受到的壓迫太甚，無力去騷擾其它人。而

沙漠中的綠洲

國王為保全自己性命,也只是在南部的京城與北部費菲茲之
間走走。不過這種矯健的山民,卻是一個十分危險的威脅,
他們連地都不想種,生怕來年的收穫被別人掠奪去。

　　一個人要在此地反對法國人,他能列舉出許多反對的理
由來。但要說到安全,他們的確有不少驚人之舉,他們將首
府移到大西洋之濱的拉巴特,以便認為必要時法國海軍可以
出來助一臂之力。拉巴特在大西洋另一港口亞加迪爾北部數
百里。這兒出名,確實出人意料之外,在一次大戰前四年,
德國派了一艘軍艦前往亞加迪爾,警告法國說,摩洛哥絕不
可以變成第二個阿爾及爾,此事大有促成戰爭提前爆發的可
能。直布羅陀海峽(Gibraltar)對面的摩洛哥一個小角落,
是西班牙的殖民地,這是法國人占領摩洛哥時作為禮品送給

西班牙的。最近的報紙透露,在西班牙人被困於里夫卡拜爾土著人之中時,休達和美利拉兩地就很出名。里夫山脈的西邊是丹吉爾,是十八世紀和十九世紀時的世界名城,歐洲各國公使及摩洛哥蘇丹都受命駐於此地,因蘇丹不願公使們離他太近,於是他們選擇丹吉爾作為駐地。

這個山脈縱橫的三角地帶,它將來的命運已經沒有多少討論的餘地了。或許整個區域,包括我們馬上就要討論的非洲第二個自然區——那褐色的大沙漠,阿拉伯人稱之為阿斯撒哈拉,而我們近代地圖叫撒哈拉(Sahara),都有可能成為法國的領地了。

撒哈拉的面積幾乎與歐洲的面積相等。它從大西洋邊開始直到紅海邊上,它還越過紅海,把阿拉伯半島也包括進去了。它的北部除了與摩洛哥、阿爾及爾和突尼斯相接外,其它就靠地中海、南部與蘇丹相連。撒哈拉是個不太高的高原,多數地方僅一千二百英尺。內部各處都可見到被風沙腐蝕過的山脈的遺跡,其中也不乏水草地,地下水可供那些生活簡單勤儉節約的阿拉伯人生活。每平方英里的人口平均不到0.04人,這實際上意味著這兒是個無人居住之地。在這個大沙漠中最著名的遊牧民族算是柏柏爾人,他們都是英勇善戰,其它還有阿拉伯人和埃及人以及蘇丹黑人的混血種人。

來這兒的遊客們的安全由法國的國外軍團負責。這些法國軍團(他們被禁止住在法國)雖然有些粗暴,但他們卻面臨一個極為困難的問題,要他們這麼少的人去防守比歐洲還大的區域,就是人人都是三頭六臂也應付不過來。過去的駱駝路線已經漸漸失去其重要性,汽車開始代替腥臭味的駱

沙漠

吉力馬扎羅山

駝，旅行起來既安全又經濟實惠。由汽車取代成千上萬的駱駝將撒哈拉西部的廷巴克圖遠送食鹽的歷史也要結束了。

　　1911年前，撒哈拉沿地中海一部，始終歸帕桑統治，他一直把土耳其國王蘇丹當成其宗主國。義大利見法國在非洲得利不少，奪得了摩洛哥也沒有引起德國的不滿，遂也起了歹心，想一舉奪得利比亞（Libya，的黎波里的拉丁名稱）。這兒以前曾是羅馬人的殖民地。於是派軍隊越過地中海，把國旗插上了這塊有四十萬平方英里的領土，然後又很客氣的對其它國家說，他們對於此地什麼要求都沒有。當時確實無

人對的黎波里（Tripoli）有什麼感興趣的地方（因為除了一片沙漠，又無鐵礦，也無石油）。於是凱撒的子孫就得到了這塊新殖民地，現在已經開始忙著修建鐵路，以讓它出產棉花，供給倫巴蒂（Lombardy）的紡織廠。

與義大利這塊殖民試驗地接連的東部是埃及，這可是個極為富裕的國家。之所以富，因它的地理位置實際上與個島嶼差不多，此島的西部是利比亞沙漠，將其與外界分割，南有努比亞沙漠（Nubian）的保護，而紅海的地中海又幫助警戒著東北部邊界。所謂真正歷史上的埃及，他們法老的領土、古代世界科學、藝術、學問的寶庫，只是在那條和我們密西西比河一樣長的狹長地上。真正的埃及，除去沙漠不算外，其領土不比荷蘭王國大多少。荷蘭只能供養七百萬人，可肥沃的尼羅河三角地帶能養活七倍於荷蘭的人口。如果英國人建造的大規模的灌溉工程成功的話，那就可以安排更多的人居住。但是其它的貧苦農夫（最辛苦的種地人，他們無一不是穆斯林），只能困守於農業，因為這個國家缺少煤炭和水力，要發展工業，真是談何容易。

自公元八世紀，穆斯林教徒進行大規模的征伐後，埃及就屬於土耳其管轄，但仍有自己的國王出面管理。1882年，英國以埃及的財經管理混亂為由，認為這樣有害於英國的經濟利益，遂將這個國家占領。但是在大戰後，「埃及是埃及人的」呼聲非常強烈，英國迫不得已，放棄了這兒的權利，於是埃及獲得了獨立。與外國的交往中，除了商業條約要事先徵得英國的同意外，其它一切都可以自作主張了。英軍除繼續留在塞德港（Said Port）外，從其它所有地方撤退。不

剛果河與尼日爾河圖

過英國在亞歷山卓港還有一個海軍基地，自從尼羅河三角洲的達米爾塔（Damietta）和羅斯塔（Rosetta）失去了光輝後，亞歷山卓（Alexandria）就成了地中海地區最要的商業港口城市。

這是個慷慨協定，也是一個比較安全的協定，因為英國當時還占領尼羅河流經的東蘇丹，此河控制一千二百萬棕色矮小的埃及人賴以生存的羅馬河上游，英國完全可以對遙遠的開羅（Cairo）提出一些其它要求。

無論是誰，只要是熟悉遠東情況的人，都對英國堅持要控制這一地方表示理解。埃及境內的蘇伊士運河是前往印度洋唯一的捷徑，如果英國人讓別人掌握這條商業大動脈，無疑等於自殺。

蘇伊士運河不是英國人開鑿的。實際上，英國政府當時還盡力阻止德·雷萊塞布斯著手開鑿運河。英國為何要反對呢？據說理由有二：首先，英國不相信拿破崙三世所說的，法國的工程師和法國的資本就能完成上項僅為商業服務的工程；其次，維多利亞女王或許更愛她自己可愛的人民，唯恐這條捷徑會大大損害好望角城的繁榮。

然而運河建成，包括著名的愛達歌劇團在內的人參加了慶祝落成典禮。埃及國王盡其所有，熱情招待外國觀光者，宴會住宿全都免費提供。觀看歌劇的和參觀運河的人從塞德港到運河的沿線直到紅海，另外還足足裝了六十九船。

於是英國改變政策，首相班傑明·蒂斯雷利原來就是個極富有商業頭腦的人，於是設法取得埃及國王所擁有的大部分股票。蘇伊士運河已經成為歐亞兩地最好的捷徑，運河每

年收入約四千萬美元（1931年經過蘇伊士運河的貨物達二千八百萬噸，差不多是緬因河運輸總量的1／3），英國政府對此沒有半句怨言。

如果要說埃及的著名古蹟，那簡直是遍地皆是，在開羅附近就可以看到著名的金字塔。開羅城，也就是古代孟菲斯城的所在地，但古代上埃及的京城，還在尼羅河上游數百里。只可惜阿蘇大灌溉工程把菲拉爾變成許多小島，最後被尼羅河沖毀。著名的金字塔——公元前十四世紀死掉的塔特・阿克・阿門的陵墓就在該地，此外當地還有許多其它國王的陵墓。由陵墓所取出的木乃伊和他們的家庭用品都蒐集保存在開羅博物館裡。此博物館真如一個墓地一般，不過它才真正是世界上最有趣的古物收藏所。

非洲的第三部分是蘇丹（Sudan），該地的自然環境與其它地方截然不同。蘇丹大致上與撒哈拉大沙漠平行，但並不像撒哈拉那樣在東方延伸得那麼遠。因為阿比西尼亞突然出來把它阻止住，把它與紅海隔開。

現在，世界各國都把非洲當作大賭場，只要有人出三張「梅花」，馬上就有人出四張「方塊」。英國在十九世紀初從荷蘭人手中奪得好望角，原來的荷蘭殖民者為了抵制他們，將所有家當裝在車上，往北揚長而去。這次英國人玩的把戲就如俄國人十六世紀征服西伯利亞時，玩的把戲如出一轍，當時俄國的玩命之徒只要進駐一個地方，俄國的軍隊就隨著開進，並宣布說既然他們都是沙皇的臣民，那麼這土地就是沙皇的財產，而莫斯科政府要他們知道何時去做稅務人員。

英國人緊跟著普爾人北進，想吞併他們的領土，幾次與

其發生激戰。因為這些普爾人都生活在原野之中，他們善於射擊，遠比鬥志鬆懈的可克聯隊為好。1881年的馬杰巴戰役之後，普爾人也因此而獲得了暫時的獨立。

但英國與少許農民的戰爭結局如何，全世界都知道得清清楚楚。英國各土地公司既然從各土著首領處得到大塊的土地，於是繼續向北推進。與此同時，英國陸軍為了穩定埃及的局勢，也沿著尼羅河慢慢向南推進。這時一位英國傳教士在非洲中部的探險，又獲得了驚人的成果。說白了就是英國正在整個「黑非洲」從事著挖掘一條貫通南北的大隧道。他們在開羅和好望角同時開工（通常挖隧道的辦法），他們遲早會在尼羅河和剛果河（Congo）發源地的大湖區相遇。英國人的火車總有一天會從亞歷山卓直通卓灣（Table Bay，因卓山而得其名，它的形狀奇特，是開普敦的自然背景），中途就不要換車了。

英國既然有如此明確的南北經營目的，法國也想在東西向從紅海到大西洋開闢一條路線，也就是想從塞內加爾（Senegal）的達卡爾（Dakar），直接通到法屬索馬利亞（Somaliland）的吉布地（Djibouti）。該地是阿比西尼亞（Abyssinia，即衣索匹亞）的出海口，已經有鐵路與阿比西尼亞首都的阿迪斯阿貝巴（Addis Ababa）相通。

這些大計畫當然需要很長時間，讓我們看著地圖設想其困難度時，就會瞭解大約需要多久時間了。正如我們在地圖上看到的那樣，此路還未到尼日（Nigeria）北部之前就發現，那兒有個查德湖，那將是困難的一段路，因為那兒也和撒哈拉大沙漠一樣，完全是荒涼無人居住之地。

然而，當資本掌握在現代強國手中時，如果它可以出現成倍的利潤時，它是很容易在時間和空間發生威力的。同時也有點像坦克輾過一群鵝一樣殘忍。法國第三共和國想恢復第二共和國時的威望，為了得到必要的資本，他們希望農民大量生產香菸。現在南北和東西兩條道路的競爭，由於權利互相衝突，自十七世紀以來，法國就與英國和荷蘭為爭奪塞內加爾及甘比亞河流域之間的土地鬧得不可開交，現在它正希望這些土地作為政治動力，從而為獲得全蘇丹那一望無際的大片土地的寶藏。

　　在法國提出蘇丹西部的大片土地歸法國所有前，它玩弄了各種陰謀手段，開展多種外交活動，甚至進行商業欺騙，其詳情我就不一一描述了。就是現在他們還假惺惺的用所謂的保護國或委任統治等名義進行統治。不過全世界都知道其真正含義是什麼。就如在紐約偷牛奶的小偷們，他們明明是唯一的禍害，卻還要加上「牛奶商保護會」的頭銜一樣。歐洲各國的政治家也跟美國的小土匪們學，自己戴上一頂冠冕堂皇的「委任統治」的帽子，而實際上搞的什麼把戲人們自然明白。

　　從地理上講，法國這一手的確高明。蘇丹大部分土地肥沃，所有的黑人又是全非洲黑人最聰明勤勞的，他們的土地就如中國北部那樣都是黃土，塞內加爾與海之間又沒有山脈可隔阻，內部有充分的雨水，人民既可以放牧，也可以耕作。只是非洲黑人不喜歡吃大米。這種玉米與美國的穀麥有點相似，只不過製作不太精美而已。非洲人也是讓人稱讚的藝術家，他們的小雕刻和陶器非常精美，凡陳列在歐美博物

三比西瀑布

館裡的藝術品，無不引起觀眾的注意，因為它們特別像歐美未來派的佳作。

然而，在白人眼中，蘇丹人有個很大的缺點，他們是穆斯林先知狂熱的信仰者。他們的傳教士遍及非洲北部每一個角落，尤其是塞內加爾河東南各地。在社會起主導地位的黑人和柏柏人的混血兒，很長一段時間以來就是法國最頭痛的。不過飛機、大炮、坦克和火車終究要比《可蘭經》的威力大，但現在這些混血兒也都學會開車了，羅曼蒂克的事會很快在車站的出口發生。

在法國、英國、德國人到達蘇丹之前，這兒的土地屬於當地的酋長們管理。他們私下把人們當奴隸出售，所以都很富有。其中有長得特別醜，性情又特別暴躁，可以說是惡霸。如掌握著名的「亞馬遜」軍團的達荷美的國王就是這類人。歐洲軍隊來到這些地方時，本地土人們很少認真抵抗，就是其中的原因之一。白人的新主人無論如何貪婪，他們推翻專橫的土著酋長總是一個進步。

南蘇丹的大部分被幾內亞灣海岸山脈將其與大西洋隔斷，這使尼日河不得占有重要位置，也和剛果河（Congo）一樣，九曲折騰繞過無數高山，才到達海邊。一路形成許多沒有必要的瀑布，上游還可以，下游的航行大受影響。

但尼日河（Niger）的真相我們至今還未弄清楚，當1805年曼柯柏克（Mungo Park）發現它，它似乎不是條河，僅是些長長的湖泊和沼澤。曼柯柏克還年少時，在夢中夢見一條河，於是他決心把這條河探查清楚，他發現該河不適合於航運。這樣蘇丹人所有的水路都被阻擋住了。然而陸

上交通得以大力發展。尼日河上游的丁布克土（Timbuktu）以此發展成為重要的商業中心，成了非洲在這一地區東西南北商人們雲集之地。

丁布克土之所以名聲不凡，與它奇怪的名稱有關，說起它的名字來就如非洲的巫醫的藥方似的。遠在1353年，阿拉伯世界的馬可‧波羅——巴圖他就曾到過此地。二十年後，西班牙的地圖上就標出了其名。當時這兒是黃金和食鹽集散地，此兩者在古時的價值幾乎相等。1862年，英國人戈登‧雷恩少校從的黎波里出發，穿過撒哈拉沙漠，來到此地，該城已經受到土匪多次搶劫，只剩一片廢墟。雷恩在返回海岸線的路上，被尚比亞人殺害。自那以後，丁布克土不再是第二個麥加或希瓦或西藏那樣神秘的地方，而是成了法國統治西非的武力中心。

1893年，丁布克土被法國軍人占領。所謂法軍，其實就只有一名海軍旗手，另有六名白人相伴，再加十二名塞內加爾隨員而已。然而，當時沙漠中各種部族力量還相當強大，不久他們就殺死不少白人，並擊退二百多名企圖前往報復的白人軍隊。但是西非全部落入法國之手，也只是個時間問題而已。蘇丹中部的查德湖地區的命運也差不多，這兒交通四通八達，其中有一條貝努埃（Benue）河，其航運遠比尼日河為好。

查德湖海拔七百英尺，湖內很淺，最深處也不過二十來英尺。它不像其它內陸湖，多為鹹水，它是淡水。然而，它現在的面積已經愈來愈小，照此下去，恐怕到下個世紀，它就成了一個沼澤了。有條河流入該湖，叫沙立河，它是條內

陸河，其長度與萊茵河相差不多，由此可見，非洲內陸的面積有多大了。查德湖的東邊是瓦代地區，這裡高山峻嶺，是尼羅河、剛果河和查德地區的分界線。政治上屬於法國，也是法國在非洲的終點站，它的東邊就是英屬埃及蘇丹。

當英國人著手測量從好望角到開羅的路線時，遂決定占領這個具有重要軍事戰略意義的地方，唯恐落入他人之手。東蘇丹全是沙漠，平坦單調，尼羅河上又不能通航，沒有一條像樣的道路相通，當地人民非常貧困。從地理上來說，瓦代地區真是毫無價值，但在從政治上而言，其利用價值就大得很。因此英國早在1876年就命令埃及總督將這數十萬平方英里的土地以「埃及名義上的土地」委託給了戈登將軍——就是我們在講中國那章時幫助北京政府鎮壓太平天國的那位。戈登在蘇丹待了兩年，其助手是義大利的羅莫勒·蓋希，他足智多謀。他們曾做了一件很有影響的事，那就是破除奴隸的最後堡壘，打死那些可惡的酋長們，使一萬多名男男女女獲得釋放，得以重返故里。

然而，當這位清教徒一轉身回到蘇丹，那裡的無政府狀態和以前那種可怕的壓迫又死灰復燃，其結果就出現了一種完全獨立運動，提出「蘇丹是位蘇丹人的蘇丹，我們需要奴隸買賣」等口號。這次反叛的首領自稱是馬蒂，也就是忠實執行穆斯林信仰的穆罕默德·阿哈德。阿哈德成功了，他於1883年攻克了科爾多凡艾爾——歐柏得——該地現在已經有鐵路與開羅相通——當年稍後一點，又擊退埃及總督手下的英國上校司各斯·帕夏指揮的埃及陸軍一萬多人。不過到1882年，埃及已經成為英國的保護國，所以馬蒂不得不與一個更

危險的敵人作戰。

由於英國對殖民統治非常有經驗，知道那裡的困難不少，始終不敢輕易發兵，還勸說埃及政府的軍隊從蘇丹撤退。派戈登將軍在喀土木親自布置撤退埃及的軍隊。當戈登一進喀土木（Khartum）城，馬蒂的人馬就鋪天蓋地而來，喀土木成了孤島，他一再發急電請求救兵，但戈登是個清教徒，當時英國政府首領格拉斯通是監理會派出的教徒，一個是在泰晤士河邊的倫敦，一個是在尼羅河岸的喀土木，兩人互相之間很不相容，所以也就不能很好地合作。

格拉斯通（Gladstone）是派出了援軍，但為時已晚，當他們距喀土木數天路程時，喀城被馬蒂的軍隊攻破，戈登被殺。這是1885年2月間的事。同年6月，馬蒂也死了，他的繼承者一直把他留下的王位保持到1898年。這一年，英埃聯軍在英國克撒爾的指揮下，才將馬蒂的殘餘勢力在沙漠深處消滅，收復了蘇丹全境，前鋒甚至到達烏干達（Uganda）。

英國人在此地還是做了一些好事的，為了改善土人的生活狀況，他們修公路，建鐵道，建立治安，為消滅各種疾病作了努力。白人為黑人做這些平常事，本是希望得到黑人的感謝，只要他不是傻瓜，一般都會這樣認為。但黑人卻還是在背後想設法射殺白人，如果白種人有二百年的殖民經驗，對此事一定會瞭解得非常清楚。

從亞歷山卓到開羅再向南的鐵路，現在已經西到奧伯特（El Obeid），向南已經到了蘇丹港，如果在最近幾年中突然有個敵人出來破壞蘇伊士運河，英國還可以使用鐵路由西向東，跨過埃及谷地，越過努比亞沙漠，運送軍隊。

現在讓我們回過頭來看看馬蒂造反一事對非洲的發展所產生的影響有多大，使他成了這塊土地上爭取獨立之父。

馬蒂造反時，埃及的部分軍隊被迫退入非洲中部某地，當時當地人對此還茫然無知。儘管在1858年斯派克就已經發現了維多利亞湖——如果我沒有說錯的話，可以說是尼羅河之母湖——但在亞伯特湖與維多利亞湖之間的廣大地區，人們還是知之不多。這次埃及軍隊由一位德國醫生愛道德·斯切尼慈爾和一位土耳其軍官埃米恩·帕桑率領，在喀土木失陷後，就失蹤了，誰也不知其去向。

後來，他們託一美國新聞記者斯坦尼去打聽消息。斯坦尼本名羅蘭茲，本是英國兒童，他是從工廠逃走後到了美國，有位新奧爾良商人對他不錯，收為義子。斯坦尼曾於1871年航海去尋找已成名的非洲探險家利斯通。由於英國人已經知道向非洲這個大餅中伸手的重要性，於是由英國《每日電訊報》和《先驅》通訊社共同出資贊助斯坦尼進行三年的探險活動。斯坦尼的探險證明盧阿拉巴實際上就是剛果河的源頭。剛果河一路彎彎曲曲，流經區域很廣大。他還帶回許多有關當地土人的最新消息，人們以前從未聽說過有這些部落的存在。

斯坦尼的第二次探險活動引起了世界對剛果是否有商業開發可能性的興趣，於是促使了比利時的利博得在剛果建立剛果自由聯邦。

埃米恩等人的命運最終成了世界關注的大事。要向外探險，斯坦尼當然是最合適的人選。從1887年起，他開始進行察訪，第二年就在亞伯特湖（Albert）找到了他們。這位德

國人似乎對當地的土人有很大的權力。斯坦尼勸說埃米恩參加比利時的事業，意思是想把非洲這片大湖區併入剛果殖民地的版圖。但埃米恩似乎另有所圖（他並不急於獲救），他開始與德國官員進行接觸，最後德國政府決定向他提供人員和金錢，讓他在維多利亞湖、亞伯特和坦干伊喀湖（Tanganyika）區間建立一個受德國保護的國家。德國的東非公司就設在桑給巴爾（Zanzibar），早在1885年就已經大獲贏利，如加上這些大湖區，德國就能把英國要從好望角直到開羅把非洲分為兩半的計畫變成肥皂泡。但在1892年，埃米恩在剛果河的斯坦尼瀑布處被可拉伯販賣黑奴的人所殺，因為在他們年輕時，德國人殺了他們的同胞，於是就來報仇。於是埃米恩希望在坦干伊喀高原上建立新德國之夢破滅了。由於他們的失蹤並尋找，使非洲的剩餘部分得以探明並標上地圖，也就把我們帶進了非洲第五個自然區域——高山區。

　　非洲的高山區北起衣索比亞，南至南非的起點尚比西河（Zambesi）邊。這裡面，北部有含米特人居住，衣索比亞和索馬利（Somalis）居住的不是黑種人，南部則包含黑人和歐洲人。衣索比亞人是很古老的基督教徒，遠在四世紀，即歐洲最早創立基督教團體前四百年，他們就信仰基督教，但是基督教的教義並未阻止他們與鄰國發生戰爭。526年，他們就越過紅海征服了阿拉伯南部，就是羅馬人菲力克斯阿拉伯（與內地的阿拉伯沙漠正好相反）。年輕的穆罕默德認識到一個強大統一阿拉伯，為他開創的宗教事業和世界大帝國的需要，就是在這次遠征的影響下進行的。穆罕默德的第一

件事就是要把埃塞俄比亞人（Ethiopians）驅逐出紅海地區，破壞他們與錫蘭、印度和君士坦丁堡的商業聯繫。埃塞俄比亞自那次失敗後就變得與日本一樣，對外界所有的事都索然無味。到前世紀中葉，歐洲列強開始覬覦索馬里半島，這並非索馬利有什麼特殊價值，只因其地理位置在紅海之上，而紅海又是蘇伊士運河的唯一通道。首先登上這個舞台的是法國，占領了吉布地港。英國人立即向衣索比亞皇帝特雷多爾興師問罪，很有骨氣的皇帝並不想陷入敵手，被迫自殺。於是英國得到了英屬索馬利，這兒與亞丁隔海相望，可以控制亞丁灣。義大利在英法兩地之間，也搞到一小塊，希望利用這裡靠近海邊的有利條件，為來往船隻提供給養，並可以為日後征服衣索比亞作些準備。

1896年，義大利終於發動了對衣索比亞的光榮遠征。損失四千五百名白人，士兵二千名，還沒有把少數囚犯算在內。從那以後時至今日，義大利雖然也是英屬索馬利以南那塊土地的主人，但對於衣索比亞，就不敢有非分之想，總覺得力不從心。

衣索比亞的將來，免不了還落得個像烏干達、桑給巴爾（Zanzibar）的下場。但此地運輸不便，僅從吉布地（Djibout）到阿迪斯阿貝巴（Addis Ababa）的那條鐵路就無法貫通。而全境內高山險峻，處處都是天然要塞，如果不付出較大的犧牲，不可能把黑人擊退。或許正是這個天然的保護條件，才使得這個非洲古國至今還沒有被歐洲列強所征服。

衣索比亞的南部、剛果的東部，有三個巨大的湖泊，其

中的尼亞沙湖（Nyasa）有一條支流流入了尚比西河。維多利亞湖（Victoria）乃是尼羅河的發源地，坦干伊喀湖與剛果河相連，由此可見，這一地區就是非洲全境的制高點，五十年前已經對此考證清楚。維多利亞湖南邊吉力馬扎羅山一萬九千英尺，魯文佐里山（Ruwenzori）一萬六千英尺，（月山和普托里密山是斯坦尼在二十世紀重新發現），肯尼亞山高一萬七千英尺，埃爾根（Elgon）一萬四千英尺。

這個地區全是火山區，只是非洲的火山已經有好幾個世紀沒有爆發過了。在政治上可分為幾個區域，然而，它們都由英國統治。

烏干達是個產棉區，1899年淪為保護國。以前英國東非公司的領地，也就是現在的尚比亞，在1920年被吞併成英帝國的一部分。德國最早的東非殖民地，也成了英國委任統治的殖民地，現為坦干伊喀領土的一部分。

沿海最重要的城市是桑給巴爾，是古代販賣奴隸的土著酋長的京城，1890年，英國在這裡建立了一個由其保護的國家。這兒也是阿拉伯商人在印度洋活動的中心。斯瓦希里語之所以能在這些地區廣為傳播，應歸功於這些阿拉伯商人。現在東非沿海地區基本上都說此語，就像荷屬馬來亞半島上的人講的由各國混合而成的一種地方方言一樣。現在無論是誰，要想在印度洋三千里海岸沿線及數百萬平方英里的非洲內地混碗飯吃，如果通曉一點斯瓦希里語，那就是很好的資本。如果再有興趣不妨再學點南非各地黑人的土話班圖語，那他從非洲這端走到那端就保證不會餓肚皮。

以下我們就可以結束非洲北部了。此外還有大西洋、蘇

丹各山脈、喀麥隆山脈間狹窄的沿海地區，這塊狹長地，四百年前都稱之為上幾內亞、下幾內亞和幾內亞，我在講奴隸制的時候已經談過了。所有的「黑色象牙」在運往世界各地之前都要在此地先集中，現在這兒也已被各國瓜分乾淨，但除了集郵者對此地感興趣外，其它人關注的並不多。

塞拉勒窩內（Sierra Leone）是英國最古老的殖民地，它的西邊賴比瑞亞（Liberia）是西方國家認為最早的黑奴來源國，然而，無論是塞拉勒窩內還是賴比瑞亞——首都是蒙羅維亞（Monrovia，取名於美國總統門羅）都沒有什麼出產。許多誠男信女，自己出錢，把被賣到外國的一些黑奴送回到此地，但其結果還是很讓我們失望。

象牙海岸（The Ivory Coast）屬於法國，阿克拉（Accra）以後也必定被法國非洲蘇丹帝國掌握。奈及利亞是英國的，首都叫拉哥斯（Lagos）。達荷美（Dahomey）原是一個獨立國家，1893年被法國吞併。

喀麥隆（Cameroon）在大戰前屬德國，現成了法國的保護國。這地區其它的地方都是法屬剛果，他們總有一天會在這兒建立一個法屬赤道大帝國，唯一的困難就是這裡多多少少夾雜著一些其它外國的土地，法國遲早會用金錢或用其它國家所需要的東西與之交換。

荷蘭東印度公司以前曾想縮短巴塔維亞（Batavia）與阿姆斯特丹（Amsterdam）的距離，曾取道波斯、敘利亞、亞歷山大，自闢一條陸路。但美索不達米亞的兩位國王總是發生爭吵，加上郵車和駱駝行走非常緩慢，於是大多數商品還是不得不走好望角這條通道。

　　荷蘭人為了保證運往東印度的貨物安全可靠，於是占領了還可用來販賣黑奴的幾內亞沿岸港口，奪取了聖赫勒拿島。在好望角也建立了要塞。

　　荷蘭人的性格有點像無論什麼事情都喜歡記帳的商人一般（人們一定記得他們曾想以價值二十四個金飾價格「買」下曼哈頓那幕可笑的滑稽戰！）他們在1671年從霍特頓茨人那裡將開普敦四周的要塞買了下來，這也意味著，霍特頓茨人的末日到了，他們一旦失去了土地，不得不向北遷移橘河（Orange）以北，與他們的世仇布西門人爭奪瓦爾河流域。這似乎是上帝在懲罰他們。荷蘭的農夫對待霍特頓茨人和布西門人非常殘酷，可是後來，當英國在1795年占領了開普敦後，於是這些荷蘭人也向北撤，遭到同樣下場。他們多次鬧獨立，直到1902年，德蘭士瓦和橘自由聯邦才允許獨立，但最終還是讓英國人吞併了。

　　雖然開普敦（Capetown）仍然是非洲南部三角洲最重要的港口，但沿海地區與富饒的內地比起來，還是算不上什麼。內地是高原，上面有許多小山，當地人稱之為「科普加」，這個高原通往大西洋的路被一個叫科馬斯高地所隔阻，東往印度洋的路被一個叫馬托普山（Matoppo）相攔擋，而南部又有一座德拉堡山（Drakensberg）與開普敦分隔。

　　此地所有的山脈都沒有冰河，所以河流裡的水，全靠上天的雨水，夏季河水咆哮，冬天則流水極少。所有河流入海前都要七拐八彎費好大勁，也都不能通航，只有納塔爾河（Natal）平靜入海，所以河口處乃南非最富裕的地方。

為了使內地通海，建築了不少鐵路。大戰前最重要的鐵路算是葡萄牙非迪拉果阿灣至普勒托利亞（Pretoria，現屬於南非聯邦的委任統治地）和羅蘭各—馬魁斯（Lourenco Marques）之間的那段。大戰後，原德國所屬的西南非洲境內到斯瓦科普蒙德的呂德里茨一段已經完成，人們乘火車可直達坦干伊喀湖邊，再換小船過湖，轉車就到桑給巴爾。

　　不過若要到非洲的最北端，那就還要費些時間，也要費精力越過喀拉哈里大沙漠，越過那裡可不是好受的。不過，到了這個地方就進入了羅得西亞領地。這兒之所以稱為羅得西亞（Rhodesia），是為了紀念英國的基西爾·羅得斯。他是英國南非公司的創辦人，也是他最先提出建立一個在英國統治之下的南非聯邦政府。他的夢想已經有一部分成了現實。1901年，南非聯邦政府宣告成立，以前所有的各公司，包括荷蘭非洲公司和祖魯族國都成了南非聯邦的一部分。但自從在約翰尼斯堡（Johannesburg）附近發現金礦、慶伯利（Kimberley）發現鐵石後，那些住在鄉下的荷蘭後裔布爾人，與住在城內的英國人為爭奪統治權，雙方之間又起風波，出現猛烈衝突。經過調解，後來決定，開普敦作為國會議會所在地，將原來德蘭士瓦共和國的首都普勒托利亞作為政府所在地。

　　南非聯邦的土地中，還有從大西洋到印度洋之間兩個葡萄牙商國的殘留地，也就是西邊安哥拉和東邊的莫三比克（Mozambique）。由於管理不善，遲早要被強大的鄰居奪走。現在農產品價格低廉，牲口出口也完全停止，南非聯邦也不需要開闢新的牧場和稻田。將來一旦時局有變，別人將

不費一槍一彈，整個東非葡屬領地將入他人之手。南非現在
正在發展成為一種新的民族，既非荷蘭人，也非英國人，而
是純粹的南非人。這裡土地肥沃，物產豐富，資源很多，
銅、鐵、煤樣樣都有，有朝一日，它將會發展成為一個僅次
美國的國家。

莫三比克海峽對岸是馬達加斯加島（Madagascar），此
島約為二十三萬平方英里，較其所屬國法國稍大，人口約四
百萬。該國為一山陵交錯的海島，東方面向印度洋之處盛產
木材，質料精美，由塔馬塔夫（Tamatave）出口，塔馬塔夫
有鐵路與京城安塔那那利佛（Tananarivo）相連。

該地人民容貌很像馬來人，而不像黑種人。馬達加斯加
一定在地質史上很早即與非洲分開，因此島上沒有普通的非
洲動植物。

馬達加斯加東有兩個小島，即模里西亞島與留尼旺島
（Reunion）。當印度商業取道好望角時，這兩島極其重要。
模里西亞島為古荷蘭東印度公司供給淡水與蔬菜的地方，現
在屬於英國，而留尼旺島則屬於法國。

還有其它的島嶼，照地理上來說屬於非洲，我已提到
的，如大西洋上的聖赫勒拿島，再向北，在大西洋上的另一
個加煤站與海底電線站——亞森松島（Asension），又有維
德角群島（Cape Verde，屬葡萄牙），在茅利塔尼亞海岸
（Mauretania）以西數百里，現為不著名的西屬奧洛河殖民
地所占。有西屬加那利群島（Canary）、葡屬馬迪拉群島與
亞速群島和騰涅立夫島，島上有著名的火山。至於布蘭頓島
（Bradon），十七世紀至十八世紀時，所有誠實的船主都堅信

此島的存在，其信仰之堅就像我們信仰九九乘數表似的。但從沒人知道這個島在什麼地方，因為船一靠近該島，立刻就沉沒到海底去了，人一走，又出來了。站在非洲島嶼方面來說，我認為這倒是件很好的事，這倒是避免外國占領的唯一的好辦法。

每個大陸都有少數的象徵。就說歐洲吧，我們即看見聖彼得大教堂的大圓頂，萊茵河上的遺址，挪威幽靜的峽灣，聽到俄國馬車的鈴聲。說起亞洲，即想到古塔，河中沐浴的矮小的黃色人，寺廟以及古代富士山的寧靜融和的景象。說起美洲，意思就是高樓大廈，工廠煙囪，老印地安人騎著小馬信蹄亂跑。就是荒遠的澳洲也有它的象徵；即十字星座，可愛的袋鼠，以及其機靈的眼睛。

但對於非洲，我們如何能為這含有各種極端矛盾的地方找一個簡單的象徵呢？

非洲是個燥熱的地方，沒有河流！然而尼羅（Nile）河卻差不多和密西西比河一樣長，剛果河比亞馬遜河只短一點，尼日河與黃河一樣長。非洲是個多雨、潮濕的地方。然而世界最乾燥的沙漠——撒哈拉沙漠卻比全歐洲還大，喀拉哈里也和不列顛群島相等。

非洲人民弱小無援，黑人不知自衛。然而自古以來，組織起最完備的軍事組織，卻是從祖魯人中發展出來的，沙漠中的貝都因人和北部其它部落抵抗用機關的歐洲軍隊竟能勝利。

非洲沒有像波羅的海和美國大湖那樣便於交通的內陸海。但維多利亞湖卻和蘇必略湖一樣大。坦干伊喀湖和拜喀

爾湖一般大，尼亞沙湖則大於安大略湖。

　　非洲沒有山，但吉力馬扎羅峰比美國高峰惠特尼山（Whitney）還高出一千五百英尺。赤道北部的盧溫佐里山（Ruwenzori）比白朗峰（Blanc）還高。

　　那麼非洲有什麼毛病呢？我就不得而知。這地方什麼都有，而無一樣對人有利，它所有的一切都似乎排列錯了。除尼羅河外，所有的沙漠、湖泊、河流都是徒勞無用的。雖然尼羅河流入了一個商業上很有用處的海，但也以其瀑布太多，使航運大受影響。至於剛果河、尚比西河都沒有很好的道路。橘河應出口的地方，卻是尚比西河的發源地，而尚比西河出海的地方，又成了奧蘭多河的發源地。

　　現代科學或許將來可以使沙漠長出糧食和水果來，荒漠地裡能掘出河道。現代科學能把疾病從剛果和蘇丹驅逐出去，就像現代科學把我們從黃熱病和瘧疾中救出來一樣，近代科學或者可以把非洲中部南部很高的高原變成像法國的普羅旺斯或義大利的里維埃拉一樣。但赤道森林卻極其頑強，這大森林已為數百萬年大阻礙。若近代科學放鬆一刻，則此赤道大森林會極其殘忍地立即扼住白人的咽喉，將其勒死，放出毒氣，吹入他的鼻孔直到他為螞蟻、豺狼所食。

　　踏碎全非洲文化者，也許就是這暗無天日的大森林。沙漠或許是可怕的，但陰森黑暗的森林，卻更恐怖。它充滿了生命，但卻是死氣沉沉的。生存的鬥爭，必須鎮靜的進行，否則，獵人會變成了獵物。造物都日夜在無情的樹蔭下互相吞噬。形狀最可愛的昆蟲，有最致命的毒螫，最豔麗的花草，暗藏著最可怕的毒質。蹄、角、堅喙、利牙互相傾軋，

互相搏擊。生存的脈搏，伴隨著折骨裂膚。

這許多事我都和非洲人談過。他們都笑我。他們以為生活就是如此。生活或者是極貧窮，或者是極富有，沒有什麼中庸。一個人只有結冰或者燒烤。只有在摩加多爾和阿拉伯商人才用金杯喝咖啡，或者在霍屯督老太太家裡玩一玩對打，總之，非洲各方面都不好，這極其矛盾的使人產生邪念，還破壞了人們對人生之美的感受力。那遼闊的曠野和幽暗的森林中不斷的屠殺，都因為他們的血液中存在著邪惡的基因。來自比利時閉塞鄉村的頑固氣息培養出獐頭鼠目的小官，在此地簡直變成了魔鬼，有許多婦女，因為沒有給他過量的橡膠，被他打死；有時有些可憐的黑人，因欠他象牙，竟被斷去手足，任蟲類吃掉，而他卻正安閒地在飯後吸著雪茄菸。

我一定極力免除不公正。人類殘忍狠毒的種種手段，並非全部源於其它的地方的溫順，因為他們有耶穌的諄諄勸導，孔子的循循教誨，釋迦牟尼的苦苦哀求以及穆罕默德的嚴懲凶惡。非洲則有一個先覺。其它各洲自然也貪婪、吝嗇，然而有時他們的靈魂卻克服著肉體，他們會做偉大的巡禮，其巡禮的目的，則遠藏在天堂之內。

在非洲沙漠及其深處，唯一的足音，即那眼如火石的阿拉伯人，他是在搜尋達荷馬人和阿馬人，準備趁人酣睡之時，攻入村莊，綁架小孩，賣往外國去做奴隸。在世界其它地方，婦女總設法把自己打扮得很美，使其在丈夫眼裡看來可愛，因此可以迷惑他們，得到他們的寵愛。在非洲則不然，非洲婦女總把自己弄得叫人感到可怕，如此她們才可以

抵抗那邂逅相逢的男子。

　　這小小的議論，可以講到無窮無盡，但這章已太長了，最好你自己去找個答案吧！

　　有許多人第一次凝視過金字塔的偉大，滿心懷疑的注視過那沙漠中遠去的道路，也遇到過這同樣煩雜的問題。但沒有一個人變聰明一點。

大洋洲
SIAM
BANGKOK
ANNAM
SAIGON
SOUTH
MANILA
ISLANDS
GUAM
YAP
MINDANAO
CAROLINE IS.
PENANG
SINGAPORE
BORNEO
CELEBES
SUMATRA
BANKA
MOLUCCA IS.
NEW GUINEA
JAVA SEA
BATAVIA
FLORES SEA
JAVA
BALI
TIMOR
TORRES STRAIT
CAPE YORK
DARWIN
GULF OF CARPENTARIA
COCOS IS
Coral Sea
N.W. Cape
LAKE EYRE
Perth
Sydney
Canberra
Cape Leeuwin
Adelaide
Melbourne
AUSTRALIA
Hobart
Tasmania
New Zealand
Macquarie Is

澳大利亞 （Australia） 造物的繼子

　　談到自然理論的空虛與造物的盲目性時，德國科學家、生理光學家赫爾姆霍斯（Hermann Ludwig Von Helmholtz）曾下過這樣的言論：若有一名機械匠自誇能製造出跟真人眼睛一樣的器物，那麼此人其實是對其技能一無所知的笨蛋。

　　我所高興的是赫爾姆霍斯並沒有把他的研究理論擴張到物理學和電學領域之外，因為我就不同意把他的言論引伸到地理學上來，把上帝說過關於地球上地質安排的話再重複。

　　以被數千英尺厚的冰雪覆蓋的格陵蘭（Greenland）島來說吧！把這塊面積達四萬七千平方英里的土地移到大洋的中央，它將可以成為一個數百萬人的家園。但目前的狀況是該島上的生物稀少，只有八千隻冰熊，和經常處於半饑餓狀況中的愛斯基摩（Eskimo）人。如果造物主真如人願好嗎？例如澳洲這塊土塊，儘管葡萄牙人、西班牙和荷蘭人為了認識它，花了一千多年的心血，但其三百萬平方英里（相當於美國那麼大）的巨大面積卻從來沒能被歐洲人直接發現，這種狀況一直持續到1682年，當時荷蘭東印度公司的阿佩爾·達斯曼（Abel Tasman）環行該洲，把該公司之旗幟插在這片土地上，後來並以聯邦名義占據該洲。

　　實際上這樣做毫無用處。荷蘭人對這塊荒地毫無興趣，直到1769年（達斯曼航行一百二十五年後），杰姆斯·庫克

（James Cook）到太平洋上觀察金星時，阿姆斯特丹和倫敦的地圖製作人仍然拿不定主意，不知把這個巨大的澳洲放在煙波浩瀚的太平洋的什麼地方。其次，澳大利亞不僅位置不佳，另外它的氣候也很不好。其東海岸和南海岸，氣候條件非常溫和，城市有阿得雷德、墨爾本（Melbourne）、布里斯班（Brisbane）、雪梨（Sydney）四大名城。但北部沿海，空氣則非常潮濕，讓人感到極為不快。西岸則乾燥難受。意即，在澳大利亞最適合人類居住的地方，是與歐洲、亞洲和非洲聯絡起來最為不便之處。

第三，澳大利亞的內地全是大沙漠，幾乎滴雨不見，而發現地下水的地方，地理位置又不十分適合於開發，因此利用地下水灌溉困難重重。

第四個不利之處，大陸四周邊緣地區全是高山，因此內地就如一個大空盆，水總是往下處流，所以所有的水路都不能稱得上是什麼河流。達令（Darling）河算得上是澳大利亞最大的河流（全長1,160公里），發源於昆士蘭州山中，昆士蘭（Queensland）州離屬於太平洋的珊瑚海只有數英里之遙，但此河並不東流進入太平洋，而是掉頭西去流入恩考特爾（Encounter）灣，一年之中的大部分時間（請記住，南半球的冬季正好是北半球的夏季）這兒只能開發成零星的幾個小水塘，對當地人來說，實在用處不大。

第五個不利之處是，澳大利亞的土著人缺少訓練，不能成為白人工作中的好幫手。至於澳大利亞土著人的來源，我們至今知之甚少，似乎他們與人類其它種族的關係極為疏遠，他們就如來自另一星球一般。他們使用自己祖傳下來的

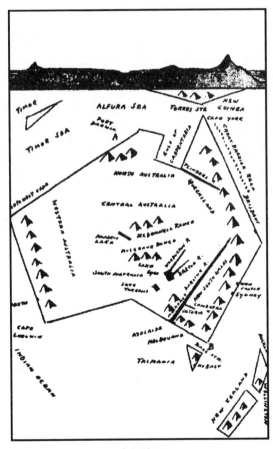

澳大利亞

原始工具，與我們瞭解到的原始時代的工具差不多。他們甚至還不知道如何建造房子，不知如何種植水稻，更不知如何使用矛、箭和斧頭，只知道使用飛鏢，實際上在地球，其它地方的人，早就把這種落後的武器扔掉了。當地土著還停留在用後腳走路，用前手扶持老祖宗使用的工具上，而且是停滯不前。不過也不必為難他們，因為他們本來就還是石器時代的人，或許真正石器時代的人對於澳大利亞的土著人來說，還是蠻不錯的藝術家呢！

　　現在，這塊貧瘠的大地已經被人精確地測繪出來了，原來它是個遠在地球上出現植物之前，就與其它大陸分離出去，這裡的樹木給了我們無數的快樂和幸福。澳大利亞土地上生長一種特別耐乾旱的植物，毫無疑問，我們的植物學家對它有非常濃厚的興趣，但對那些只想獲取商業利潤的白人殖民者來說，將來能否得到什麼好處就很難說了。袋鼠草和鹽鹼草固然是羊的飼料，但多刺，就是不挑剔的駱駝也不喜歡吃它，種植尤加利樹也不能很快讓人致富，雖然有的尤加利樹能長到四百英尺，高度只有加利福尼亞的美洲松才與之相媲美。

　　到了1868年，澳大利亞不再用作流放犯人之地，於是來自世界各地的農民蜂擁而至，但很快發現他們所面對的是一堆不能被人馴化的活化石。於是澳大利亞再次被人所冷落。只有那種體形特殊的史前動物，在地球其它地方早已消失了，唯獨在這兒還繼續繁衍著。澳大利亞也不像亞洲、非洲和美洲，沒有體形高大、智商較高的哺乳動物，由於這兒沒有必要競爭，也就沒有進化，也沒有出現什麼動物被消滅，

孤立的澳大利亞圖

所以它們始終保持著它們的原始狀態。

　　所謂袋鼠這種奇特的動物，實際上我們對它們相當熟
悉。它屬有袋動物，腹部有個袋子，出生未成熟的小動物就
放在袋子裡，等待長大。在當時，地球上到處都有此種有袋
動物，現在美洲只剩下一種，即美洲袋鼠，但澳大利亞卻還
有不少。

　　這兒只有一種史前遺物，即單孔類哺乳動物，屬於最低
等的哺乳動物。全身只有一個排泄孔，其中最著名的就算鴨
嘴獸，深褐色，毛短，長二十英寸左右，其嘴像鴨嘴（幼年
時期有的鴨嘴獸甚至還長有牙齒），爪長而有蹼，雄性的爪

發現了澳大利亞

部還長一條有毒的觸角——這真是個活的博物館，大自然在數百萬年的進化和退化中所創造或遺棄的一切，都珍藏在此。

說到動物，澳大利亞真是一個巨大的珍貴動物博物館，無奇不有：有羽毛像人的頭髮一樣的鳥，有只能走而不能飛的鳥，有叫起來似鬼哭狼嚎一般的鳥，杜鵑大如野雞，鴿子大如斑鳩；有的老鼠腳有蹼，有的老鼠長著數條尾巴；雙腳行走的蜥蜴，有鰓有肺具有魚類與兩棲動物混合特徵的魚；既像胡狼又像狼的狗，可能是印度南部貧民們的家狗的後代，由早期的拓荒者從亞洲大陸帶來。整體而言，整個澳大利亞就如一個異獸之國。

當然，整個澳大利亞所有的遠不止這些，這兒的昆蟲也與世界其它地方一樣，比毒蛇猛獸還要可怕。這裡是跳行動物的天堂，有跳蟻，所有的哺乳動物、鳥類、昆蟲，無論是會跑或會飛的，都喜歡跳躍，實際上都是在跳躍。螞蟻住的

海底採珠圖

地方，築造出來的穴，像樓房一樣高大。有的螞蟻能將鐵門
咬穿，其奧秘就在於它們能分泌出一種特殊的酸性物質，腐
蝕金屬，它們藉此暢行無阻，大肆進行各種破壞活動。

　　這裡有種飛蟲，產卵於牛羊的身上，還有一種飛蟲，搞
得澳大利亞南部潮濕沼澤地區根本沒法讓人居住。還有蚱
蜢，它們能將人們數年心血建造起來的成果毀於一旦。有一
種扁蟲，擠作一團，專吸人和動物的血。有一種白色的鸚
鵡，看上去美麗可愛，但如果全身動作起來，則可能造成極
大的破壞作用。但是這裡真正讓人討厭的動物不是澳大利亞
本土的，而是從歐洲來的舶來品——野兔子。一兩隻野兔

子，在澳大利亞原本並無什麼大害，但這種東西在沙漠荒涼之地，能悠然自得地過日子，就成為讓人可怕的動物。最早的兔子是1862年英國的殖民者為了改變在此地叢林中無聊的沉悶生活，帶到這裡以利射獵，其中有一部分兔子逃走，開始在這片土地上繁殖。弄慣了大數字的天文學家估計，現在在澳大利亞的野兔數量，大約有四十億隻左右，如果每四十隻兔子所吃的草等於一隻羊所吃的。讀者諸君，整個大陸的草地就被這種嚙齒動物破壞殆盡。為防止牠們進一步破壞，澳大利亞在雪梨修築了一巨大的中國式的防兔網，這種網埋入地下兩英尺，地上僅有三英尺高。但很快，饑餓的兔子學會了攀登，牠們仍然在這裡蔓延。後來還使用過農藥毒殺，依然無濟於事。這裡沒有兔子的天敵，人們也曾引進過它的天敵，只是這類天敵完全不適應在這個地方生存很快就自然地死亡。白人所做一切都是徒勞，兔子還是飛快地繁殖。另外從歐洲引進的其它動物，也大量生殖，它對森林造成很大損失。從歐洲帶來的刺梨樹也在像海豹飲水一般攫著乾旱的澳大利亞土壤中的水分。

儘管面臨著如此種種困難，移民們還是成功地把澳大利亞建成了世界上最重要的羊毛產區。現在澳大利亞的羊有近八千萬隻，世界上的羊毛1／4出產於此，羊毛的出口價值占他們出口總額2／15。

澳大利亞大陸比歐洲大陸更古老，不言而喻，這大陸上蘊藏著豐富的礦藏。五十年前，在黃金熱潮中，人們開始關注這裡的金礦，此後，鋁、銅、鐵、煤等也得以開始開採，但是這裡沒有發現石油，卻有鐵石，只是儲藏量較少。質量

差一些的寶石如貓眼石、藍寶石的儲量相當可觀。由於沒有一定的資金和必要的條件，限制了這些資源的開採。當澳大利亞結束長期以來的財經紊亂，成為一個有信譽的國家後，礦藏將有可能全面開發。

澳大利亞又是一個十分適合探險的大陸，探險之難僅次於非洲大陸。但在十九世紀初，其主要的三大部分都已研究清楚。西部是高原，平均海拔二千英尺，其它地方高達三千英尺，黃金主要儲藏在這些地區，但此處沒有港口，只有一個普通城市伯斯（Perth）。東部是山地，本是條古老的山脈，長期受風雨的侵蝕，最高峰科西斯科山（Kosciusco）的海拔也不過七千英尺。這裡有本州最好的港口，當初的殖民者們就是沿著這裡的港口進來的。中部地區是廣闊的平原，最高不過六百英尺，其中艾爾湖（Eyre）位於海平面以下。此處平原被兩座高山一分為二，西邊的是弗林德斯嶺（Flinder Ranges），東部的是格雷嶺（Grey），北部與昆士蘭山地相連。

澳大利亞的政治發展平穩，但成功的地方並不多，這兒的第一批移民，都是英國十九世紀後期被判決為「罪犯」的人，但他們大多數並非窮凶極惡的歹徒，只不過是因為貧窮而偷了一片麵包、幾個蘋果的小偷而已，他們被送到塔斯馬尼亞島（Tasmania）定居，這個名字來源於最早發現這裡的庫克船長，當時這裡山花爛漫，遂給此名。這塊殖民地叫新南威爾斯（New South Wales），其首府是雪梨（Sydney），塔斯馬尼亞島是新南威爾斯的一部分。從1803年起在這裡關押囚犯。犯人們被集中在如今叫做荷巴特（Hobart）市的地

方，1825年，移民建造了昆士蘭的首府布里斯班市
（Brisbane），十九世紀三〇年代，移民們在菲利普（Phillip）
海灣──得名於墨爾本爵士──建造居民點，後來這裡變成
維多利亞首府墨爾本（Melbourne）。南澳大利亞的首府阿得
雷德（Adelaide）也是這時期建造的，但是西澳大利亞的首
府伯斯（Perth），在十九世紀五〇年代早期黃金熱到來之
前，始終只是個毫無任何特色的小村子而已。北部地區為英
國管轄，正如我們這個國家以前由華盛頓管轄一樣，儘管這
兒有五十萬平方英里的面積，可是人口只有五千人，其中約
二千人居住在離帝汶島（Timor）附近的達爾文（Darwin）
港，此港口係天然良港，只是與外界的貿易往來不多而已。

到1901年，上述六州的總人口是六百萬，其中3／4居住
在東部地區，各殖民地組成的澳大利亞聯邦成為大不列顛聯
合王國的成員國，幾年之後，澳大利亞決定建造他們自己的
首都坎培拉（Canberra），該城處於雪梨西南一百五十英里
的地方，距離澳大利亞最高山科西斯科山不遠。

1927年，坎培拉成了英國人對澳大利亞統治的總部，為
了讓澳大利亞擺脫當時的困境，大不列顛不得不為它大傷腦
筋，首先是因為自一次世界大戰以來，一直把持著政權的工
黨政府過分的支出政策，使不列顛政府王國喪失了在歐洲債
權國中的一切信譽，工黨政府之後的新政府不得不做出過多
妥協，在此情況下他們能否克服財經困難實在值得懷疑。此
外，澳大利亞人口嚴重不足，塔斯馬尼亞島和新南威爾斯州
每平方英里只有八人，維多利亞也只是二十人，而昆士蘭和
南澳大利亞只有一人，西澳大利亞只有0.5人。澳大利亞不

僅人口少，而且工會影響很大，他們都自信是世界上最出色的工人，不能沒有大量的休息時間從事各種運動和賽馬活動。

如果如此，那麼誰來工作以保持國家的發展？

義大利人是不受歡迎的，雖然他們非常願意來此地，但是在大不列顛王國政治生活最具有影響的中產階級宣稱，「澳大利亞是屬於澳大利亞人的」，此義就是說，如果不是真正的白人和英國的中產階級，一概不受歡迎。義大利不是真正的白人，因此更不受歡迎，馬來人、玻里尼西亞人、爪哇人為黑褐色，那就相當受排擠，於是我就要再次問，那麼究竟由誰來工作呢？其答案就不得而知了。然而，這裡三百萬平方英里的面積上，沒人居住，與此同時，世界其它地方的人口又嚴重過剩，此問題的解答就不言而喻了。

紐西蘭（New Zealand）

　　加上最近加入的薩摩亞（Samoan）群島的領土，紐西蘭的面積比英格蘭與蘇格蘭的總面積大1／4，總人口一百五十萬，其中14.3萬人居住在位於北島的首都威靈頓（Wellington）。

　　1642年，達斯曼遠航發現了紐西蘭，並根據其本國荷蘭南部的島名，將之命名為紐西蘭，這一點本書前面已經述及。大約三個世紀前，划獨木舟的玻里尼西亞（Polynesian）人以及航行於太平洋上的水手也發現了這裡。這些玻里尼西亞人使用一種奇形怪狀、然而非常有用的草製地圖，他們可以藉此航行數千英里而不至於找不到回家的路。

　　這些玻里尼西亞人，也就是後來英勇善戰的毛利人（Maoris）的祖先。到1906年時，他們的總數約有五萬人之眾，以後其人口不斷增加。毛利人在世界各種土著人中顯然是頗為獨特的，一方面他們為維護自己的種族生存而與白種人英勇對抗。另一方面他們又在不失去自我的情況下學會了適應西方文明，他們捨棄了自己傳統的舊習慣和舊習俗，如紋仇人的臉、烹食仇人的肉等。他們還派代表參加了紐西蘭議會，修建了與白人一模一樣的漂亮的教堂。儘管教堂的吸引力不夠，但對於他們的將來一定具前瞻性，因為這可防止日後的種族磨擦。

紐西蘭看上去與挪威相似

　　在十九世紀初的二十五年裡，法國、英國都以派出高位
階的傳教士的名義，試圖控制紐西蘭。但是在1883年，毛利
人主動將自己置於英國的保護之下，1839年，英國正式奪得
紐西蘭。

　　如果法國的將軍早到三天的話，紐西蘭社會就很可能像
今天新喀里多尼亞（New Caledonia）和馬克薩斯群島
（Marguesas）及太平洋其它一系列群島一樣，成為法國的殖
民地。1840年，紐西蘭群島脫離澳大利亞的新南威爾斯州獨
立，並於1847年直接成為英國殖民地。1901年它本可以成為
澳大利亞聯邦的一員，但是驕傲的紐西蘭拒絕了，原因之一
是紐西蘭不像澳大利亞曾是懲罰刑事罪犯之所。1907年，紐

西蘭終於成了大不列顛聯合王國統治下的主權國家，擁有自己的政府。

以紐西蘭南北兩島的地質狀況來看，它們可能與澳大利亞沒關聯，它們之間的塔斯曼海溝（Tasman）深一萬五千英尺，寬一千二百英里，它們可能是形成太平洋西海岸一座高大山脈的一部分。但其真實情況就很難精確得知。紐澳的地質情況完全不同，其原因更是不得而知，北島是一個巨大的火山帶（類似於太平洋上的黃石公園），南島與它隔著庫克海峽（Cook Strait），寬僅九十英里，結構與瑞士非常相像。

紐西蘭遠離赤道，不屬熱帶，氣候與義大利相似，這就意味著它比澳大利亞更能為歐洲人所鍾愛，各種各樣的歐洲水果如桃、杏、蘋果、葡萄、桔子都能在此種植。山坡更是優良牧場，在古老潮濕的澤蘭生長的亞麻也能適應此地，北島從奧克蘭（Auckland）引進的慢生樹是優良的木材。

1901年紐西蘭取得了太平洋的眾多島嶼，在其中的庫克島（Cook）和拉羅通加島（Rarotonga）上紐西蘭有了第一批玻里尼西亞人。庫克島僅是一個死火山口，現在我們扔下火山不管，先去看看這兒具自然奇觀的珊瑚群島。

這些島嶼是由一種微小的海洋生物珊瑚蟲，也稱花蟲的死後遺骸堆積而成。這種美麗的生物只能生活在乾淨與特定溫度的海水中，稍遇微寒立即斃命，它們生活的空間係在海裡一百二十英尺以上，所以如果我們在低於此深度的海裡發現到珊瑚礁，那麼就說明此處海岸曾發生過沉降。珊瑚堆積成島需要經過百萬年的時間，此項工作就是最優秀的水泥匠

也絕難勝任。因為它們在大海內隨波逐流，生活在海中的蟲體首先死亡，邊緣部分的蟲體繼續生長，最後形成所謂的珊瑚島，它們由外緣細小，質地堅硬的物質組成，礁瑚通常只有一個出口，當海上風暴刮來之際，大量的水中浮游生物擁入珊瑚內，使其生長更快。

　　紐西蘭有許多這樣的環島，上面長著椰子樹，出產大量的椰子肉乾。一次世界大戰時，紐西蘭和薩摩亞群島（Samoa）本屬德國管轄，因紐西蘭軍隊表現較好，戰後變成委託管理地，以後將如何演變那就不得而知了。

太平洋群島 那裡的居民不耕不織，卻照常生活

大西洋上罕見島嶼，太平洋上卻島嶼極多，北太平洋上有加羅林群島（Caroline Islands）、馬紹爾群島（Marshall Islands）和夏威夷群島（Hawaiian Islands）；複雜的島嶼都在南太平洋。它們均成群島狀，有巨大而神秘的石像的聖誕節島是個例外，離南美洲比澳洲要近一些。

太平洋島嶼可分為三大類。第一類就是史前地質時代曾屬澳洲大陸的一部分，像法國關押囚犯的新喀里多尼亞（New Caledonia）就屬於此一類；另外就是像斐濟（Fiji Island）、薩摩亞群島、夏威夷群島；再有一類就是珊瑚群島，如新赫布里底群島。

在這數千個島嶼中（珊瑚島多數只露出海平面幾英尺），最重要的要數夏威夷群島了。1779年，著名的庫克船長就是在此島斃命的。1810年，夏威夷成了南太平洋的中心，直到1893年美國占領了它為止。該島除了物產極豐以外，還扼守美、亞交通要道，戰略地位極為重要。

夏威夷群島在緩慢地運動。高達四千四百英尺的冒納羅亞（Maui）火山現在還相當活躍，該群島上的毛伊島上的火山，是全球最大的火山口，島上氣候宜人，但平時人們除了偶爾驚恐的望望島上火山爆發的煙塵以外，沒有人敢於登覽。它是從美國到澳洲和紐西蘭的船舶中途停靠站。

珊瑚島圖

薩摩亞群島的首府是阿皮亞（Apia）。

另一個你可能聽到過的島嶼是馬里亞納群島上的關島（Guam），它處於日本與新幾內亞的中間，是美國重要的海底電報站。

社會群島（Society Islands）中的大溪地島（Tahiti）屬於法國的領地，很多有關南太平洋群島的電影多數在此拍攝的。

最後，數量相當龐大的群島，就是美拉尼西亞（Melanesia）、密克羅尼西亞（Micronesia）和玻里尼西亞群島（Polynesia），它們由西北向南平等排列，這就使它們成了太平洋上自由航行的主要障礙，而在大西洋航行則要安全方便得多，只有愛爾蘭到美洲的航線的羅德島（Rockall）對航行造成某些不便。

據說，對許多厭倦了工業文明社會裡的繁榮事務，試圖返璞歸真的人們來說，這些島嶼是安寧舒適的理想隱居之地。以我之見，它們要比紐約的百老匯和第四十二大街安寧

得多，只是它們實在是太遙遠了。在這些島上真有一種神奇
異草能使凡夫俗子忘了自己嗎？

第三篇

結語

The NORTH POLE
Spitsbergen Is
Bear Island
Barents Sea
Franz Josef
Novaya Zemlya
Waigats
Arctic Sea
Arctic Circle
Greenwich Meridian
Hammerfest
Norway
Lofoten Is
White Sea
Sweden
Finland
Archangel
Trondheim
Shetland Is
Orkney Is
Scotland
Edinburgh
North Sea
Baltic Sea
Leningrad
Ural Mountains
Union
Oslo
Denmark
Nijni Novgorod
Kazan
Volga R
Moscow
Berlin
Holland
Belgium
Amsterdam
Warsaw
Poland
British Channel
Paris
France
Bay of Biscay
Saratov
Dnieper R
Don R
Ural R
Vienna
Budapest
Astrakhan
Caspian Sea
Alps
Madrid
Spain
Barcelona
Rome
Adriatic
Black Sea
Caucasus
Constantinople
Athens
Turkey
Asia Minor
Teheran
Mediterranean
Tunisia
Greece
Crete
Persia
Ispahan
Syria
Algeria
Alexandria
Jerusalem
Baghdad
Tigris
Morocco

 新的世界

　　我想知道吉力馬扎羅山的高度。一本書寫了一遍又一遍，數字一個又一個，不斷出現新玩意。抄了一遍又一遍，改了又改，搞不清它們是怎麼回事了。一會兒是這樣，一會兒是那樣。你如果患過雪盲症，就理解我所說的了。

　　你會說：「那不會有多大問題。查一些可靠的地理手冊，或查百科全書，或查地圖冊，然後抄下來就是了。」

　　如果這些該死的地理書、百科全書和地圖冊確實與事實相符，事情就非常簡單。但它們顯然不是。我手頭有一些規範的地理書，但它們只能用於消遣，但不是專門的消遣讀物。地理學也不是一種非常有趣的學科，但講到高山和海洋時，這些書就擺出架子玩起花樣來了。河床和內陸海的排水面積，一會兒大一會兒小；世界某一地區的平均氣溫，不是平均，也不均衡，使不同地區的氣象台裡的氣溫表變化無常，就像股市出現危機時的股市行情自動收錄器；海底忽高忽低，就像一個傻子玩命地追完貓後在呼呼喘氣的肚子。

　　我不想對一個世界作進一步的幻想，這個世界在許多方面已經失去了人們的信任，我不願與「地理事實」發生矛盾，對所有極其重要的數字表示深深的懷疑。我猜想，不同的意見是由我們身上不可救藥的民族主義惡習造成的，這是多麼不幸。每一個小國必定有一些自己的數字，以為只有如

發現南極

此才能表明其主權的獨立。

　　這僅僅是細枝末節，還有其它問題，我舉幾個為例。世界上有一半國家是以十進制來稱重和量長的，另一半仍沿用十二進制。把公尺和公里精確地換算成碼和英里，不是大約數，這不是一件簡單的事情，第一次世界大戰時製造槍炮的人吃盡這方面的苦頭。然而，借助一種勝任的數學手段（在這方面我是外行），可以完成所需的計算。但是國家的名字以及大山河流的名字怎麼辦？怎樣去拼寫？如：The Gulf of Chili、Gulf of Tjili、Gulf of Tschili、Gulf of Tshi-li，朋友你該選哪一個！Hindu－，Kush、Hindoe－Koexch、Hindu－Kutch、Hindu－Kusj，你喜歡哪一個？如果幾個不同語言的

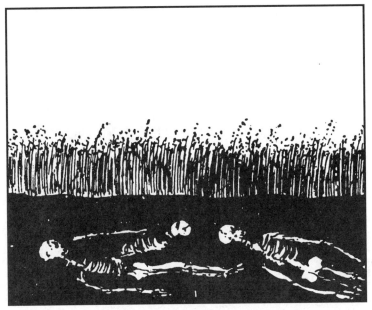

我們的許多土地就是這樣肥沃起來的

大國能夠就俄語、中文、日語和西班牙語的名字拼寫方法達成一致，就不會產生很多問題。但是每一種主要語言要翻譯成本國語言時至少有二種，有時有三種不同的拼寫方法。

每一個小地方都有自己的語言，加劇了語言上的混亂。這些小地方現在都要求維護「祖先的神聖語言」充分平等的權利。戰前的歐洲地圖相當簡單，現在卻變得五顏六色，用各種不同的顏色標出不同的語言區域，這使得看庫克先生的老的可靠的《大陸鐵路指南》變成一個苦差事，其艱苦程度足可以與錢普林研究的幾個埃及的象形文字相比。

我不是在找託辭。我所寫的，我已經寫成的，無論寫得

怎樣，請你們對我寬容一些。一些有名的百科全書和統計手冊都有可能在三、四頁中就出現三、四次自相矛盾的地方，對於一個可憐的非專業作者來說，何必苛求呢！

我想他最終會按我的方法去做的。他一定會討厭所有的專業著作，買一本《世界年鑑》，說：「我就以這本書為準了。如果有人要告我，說我把吉力馬扎羅山的高度變成了19,710英尺（在大英百科書中是19,321，安德魯的地理學中是19,000，在塔爾和麥克穆里的書中是19,710），我就讓他去見世界電信公司的老闆，由他和他們去爭個明白。」

當我著手去查找吉力馬扎羅山的高度時，我想說的就是這些。我在尋找我自己的《世界年鑑》，它被壓在一堆地圖冊下面。在尋找過程中，我翻出一本小冊子，是前不久收到的。它是專門介紹羅納德‧羅斯的生平。作者用非常委婉的手法寫道，羅納德先生不很貧困，也不富裕，我們應該為他做些事情，至少使他的晚年過得稍許舒適些。當然他的要求並不很高。科學家不關心金錢的回報。長年的伏案工作損壞了他的身體，如果有一張舒適方便的輪椅，他就能更好地工作。

我把小冊子放在一邊，想起了我們的沃爾特‧里德。我記不起我們國家對他的遺孀做了些什麼。如果我沒記錯的話，這個善良的婦孺只獲得「免費郵寄」的待遇（任何一個國會議員都享受）。當然她還得到一筆撫恤金，醫療機構的官員的遺屬都可獲得這種撫恤金。有一所醫院用里德的名字命名。

在遐想之中，我尋找一本有關傳染病史的書。我突然有

個想法。他們兩人，里德和羅斯，沒有多少人聽說過他們，但他們對人類所作出的貢獻，遠遠超過小學低年級學生所熟識的數百個探險家。里德和羅斯發現了瘧疾和黃熱病的原因，找到了如何防止感染這些傳染病的方法，他們開闢出的新大陸，我們恐怕再開發數百年也無法超越他們，肆虐一時的數以億計的蚊子不再橫行了，瘧蚊被驅到角落裡了，正在接受死刑的審判。

在本章中再加入一些有關「醫藥對世界地理的影響」的內容，相當容易。只有先征服了天花、腳氣病、昏睡病等一系列疾病後，我們這個世界的大多數地方才能適合人類永久地居住。但是這一切有點超出了我的「領域」。我對這方面知識太缺乏了。但這兩個醫生的名字引起我的思考和感嘆。

這個世界還有許多不安定的因素。打開地圖就可發現上面有許多紅的斑點。不滿的呼聲有如嚴重的麻疹病那樣爆發出來。為了解決這些問題，已經出版了數以萬計的書，以提供一些治病良方。我在寫本書之前，從未仔細考慮過這些問題（作者過的是與世隔絕的生活）。突然，所有的問題都變得非常簡單，這要歸功於羅斯和里德。

看著地圖遐想，確實是一種愉快的有教育意義的消遣。這裡是羅得西亞——自成一體的世界。塞西爾·羅德是一個發起人，只使少數人富裕。他殘殺了大量的土著人。他做了土匪，打了幾次仗就失敗了。他當上政治家，打了大仗，贏得了勝利。無數被害的婦女和兒童的墓碑上刻著：「塞西爾·羅德所作」。但有一個國家卻不看重這些小事，用他的名字來命名一個巨大的新省。

再往北一點是剛果，它有斯坦利維爾和利奧波德維爾兩個城市和大量沒有碑的墳地，無數的土著人因沒能及時交足橡膠和象牙而被折磨至死。

哈得遜用自己的名字命名了一個海灣，然後又把這個海灣的名字送給了一家大土地公司。這家土地公司對當地居民的所作所為令人髮指，可以記載於人類殉難史上。我們不必到遙遠的國外去。我們自己也沒有遵守與印地安人達成的條約。三百年前我們的祖先征服了香料島，對那裡的棕色人所犯下的一切，荷蘭的公立學校不向學生講授。在南美洲的普圖馬約地區所發生的一切至今仍留在人們的記憶。非洲不同部落的首領和阿拉伯奴隸販子在沉寂的森林裡犯下的暴行，應該讓坦丁在地獄一書中留出篇幅，用以囚禁特殊的魔鬼。

使用馬和狗來獵人，造成澳大利亞和新西蘭的土著人幾乎滅絕，對這些遙遠之地的歷史，很有少有人提及。

我為什麼還要介紹呢？

我只是重複人人皆知的一些事實。

但是少數人知道，偉大的開發時代已經結束了，當今的多數不安因素是由從前的受害者不甘心扮演那種角色而造成的。

坐在高高的審判桌前，對過去的罪過進行審判沒有什麼用處。最有利的辦法是集中我們的智慧和辦法，去避免未來我們有可能發生的錯誤。類似羅德和里斯的男男女女們正在為我們出主意想辦法。

傷感地憧憬不能實現的烏托邦的光榮，會使我們大家無所作為。即然我們已經「索取」了數十個世紀，我們現在也

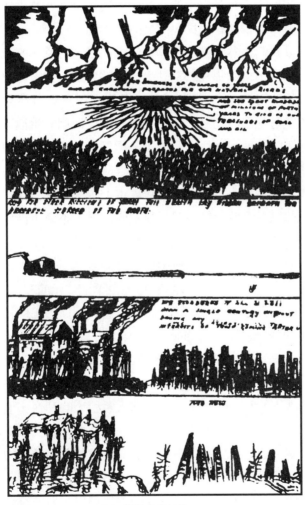

答案在哪裡？

必「奉獻」數十個世紀。既使這樣，還不能解決問題。施捨與掠奪一樣都是壞事。施捨對於施者和受者來說都是不公平的。把印度人從英國君主的專制中解脫出來，又讓毫無保護的他們聽命於穆斯林山民，這又釀成大錯。

如果我們突然收回了我們在中國、日本、緬甸的鐵路、汽車、飛機，拆除那裡的電話亭、車站，讓他們重新使用甘地的纏腰布和舢板，那麼，對那裡的人民到底有什麼好處呢？工業時代已經到來。當地的人必須使他們的生活適應交通和通訊的快速。他們已養成了一種習慣，孩子患了白喉，他們寧願求診於白人醫生，也不會讓巫醫來看。他們去探望朋友寧願花錢坐車，也不願艱難地走上十小時。

一個已習慣於貨幣和銀行存摺的世界，不會再沿用過去那種用一桶蜂蜜、一匙鹽進行交易的以物易物制度。

不管是好是壞，我們這個星球已經變成了一個大公司，時間也跨入了1932年，不是932年，也不是公元前32年。

然而，存在著一種解決方法，里德和羅斯的工作給我們指出了我們前進的大方向。這兩個人既不「取」也不「給」，他們只是「合作」。沒有千百個人的幫助，他們不可能完成他們所做的一切。他們消滅瘧疾和黃熱病，不僅僅是為了白種人的利益，也是為了黑種人黃種人的利益。他們不問膚色與種族，而是要造福全人類，戈特爾斯和戈加斯博士開挖巴拿馬運河（戈特爾斯畫出藍圖，戈加斯組織人力，將藍圖變為現實）時，並不是只想到太平洋或大西洋或美洲，他們考慮是整個世界。馬科尼發明了無線電，他並沒有規定「只有義大利的船在遭遇危險時才能使用無線電」。桑給巴爾

的不定期貨輪和來往於大西洋中的快船一樣使大家受益。

你們也許看出了我們目的所在。

我不是在勾劃一個新的社會，那是不必要的，問題自己能解決。如果自己解決不了，數個世紀後也就沒有什麼問題了，因為那時沒有人會去關心這些問題。

我們不可能生活在一個聽其自然的世界裡，權謀沒有了，蒸汽機、電力出現了；巴塔哥尼亞、拉皮蘭德、波士頓和漢口都成了鄰居，用不了兩分鐘大家就能坐在一起進行協商。我們不僅為自己生產產品，也不僅為自己的村莊種植糧食，日本能生產火柴，其價格大大低於我們所能做到的。阿根廷能以很低的成本生產小麥，足可以讓德國人免於饑荒。

我們不能再把只相當於白人1／20的工資付給中國的苦力和南非黑人，因為莫斯科有廣播電台，它用各種語言廣播，覆蓋面很廣，它會告訴黑人和黃種人，他們受騙了，本應屬於他們的許多東西被騙了。

我們也不能再像我們的祖先那樣偷搶竊掠了，因為——如果你確實想知道——因為我們的良知不允許我們，即使生來就沒有一種精神上的羅盤，人類的集體良知也已達到一定的高度，大家都知道，誠實和言行一致的美德，不僅在國際事務中，而且在私人交往中，都是不可或缺的。

我不是在說教，我也不準備用「預言」把你們打發回家。如果你們看了這本書，我希望你們再靜靜坐上半個小時，然後提出自己的結論。

我們已經生活了這麼長久，似乎具有一種偶然性——就好像我們在這個星球上只住了數年，最多是幾個世紀。我們

貪婪的不文明舉止，就好像是一列旅客列車上的乘客，他們知道，只有十分鐘就該下車了，因此狼吞虎嚥地吃下有三道大菜的正餐。

我們開始慢慢地認識到，我們已經在這裡生活了相當長的時間，我們還將永遠地生活在這裡。為什麼要如此匆忙？為什麼要如此急迫？你如果搬到一個小鎮，想在那裡安度餘生，那一定會設計你的未來。你的鄰居，無論是賣肉的，還是麵包師傅、雜貨店老板、醫生，或者從事其它任何職業的，都會為自己的未來作出規劃。如果不是這樣，整個地區必混亂不堪，毫無希望。

你可以想一想，世界與你當地的小村莊之間是不是確實存在著巨大差別。如果存在著差別，那只是量的差別，而不是質的差別。本書到此結束。

你會說，我什麼都涉及了。從吉力馬扎羅山，到里德博士，到羅斯博士，到未來的規劃。

艾麗斯有可能問：「不去旅行，學地理有什麼用？」

1931年4月，巴黎
1932年5月，新奧爾良

發現地球的故事──房龍的地理書　　　公共圖書館 01

著　　　者／亨德里克·威廉·房龍
譯　　　者／李銘輝、趙紹棣、黃其祥
出 版 者／揚智文化事業股份有限公司
發 行 人／葉忠賢
執行編輯／陳冠霈
登 記 證／局版北市業字第1117號
地　　　址／台北市新生南路三段88號5樓之6
電　　　話／(02)2366-0309　2366-0313
傳　　　真／(02)2366-0310
E - m a i l ／tn605547@ms6.tisnet.net.tw
網　　　址／http://www.ycrc.com.tw
劃撥帳號／14534976
戶　　　名／揚智文化事業股份有限公司
印　　　刷／鼎易印刷事業股份有限公司
法律顧問／北辰著作權事務所　蕭雄淋律師
初版一刷／2000年12月
定　　　價／新台幣500元
ISBN ／957-818-168-X

國家圖書館出版品預行編目資料

發現地球的故事：房龍的地理書／亨德里
克・威廉・房龍（Hendrik W. van Loon）；
李銘輝、趙紹棣、黃其祥　譯—初版—臺
北市：揚智文化，2000〔民89〕
　　面；　公分—（公共圖書館；1）
譯自：Van Loon's geography：the story of the
world we live in
ISBN957-818-168-X（精裝）

1.世界地理

716　　　　　　　　　　　　　89010118